# КНИГА ЗОАР

Глава Берешит, часть 2

Глава Ноах

Под редакцией проф. М. Лайтмана

**Под редакцией проф. М. Лайтмана**
**Книга Зоар, глава Берешит, часть 2**
Laitman Kabbalah Publishers, 2015. – 464 с.
Напечатано в Израиле.

**Edited by Prof. M. Laitman**
**The Book of Zohar, Genesis chapter, part 2**
Laitman Kabbalah Publishers, 2015. – 464 pages.
Printed in Israel.

ISBN 978-965-7577-38-7

DANACODE 760-83

До середины двадцатого века понять или просто прочесть книгу Зоар могли лишь единицы. И это не случайно – ведь эта древняя книга была изначально предназначена для нашего поколения.

В середине прошлого века, величайший каббалист 20-го столетия Йегуда Ашлаг (Бааль-Сулам) проделал колоссальную работу. Он написал комментарий «Сулам» (лестница) и одновременно перевел арамейский язык Зоара на иврит.

Но сегодня наш современник разительно отличается от человека прошлого века. Институт ARI под руководством профессора М. Лайтмана, желая облегчить восприятие книги современному русскоязычному читателю, провел грандиозную работу – впервые вся Книга Зоар была обработана и переведена на русский язык в соответствии с правилами современной орфографии.

Copyright # 2015 by Laitman Kabbalah Publishers
1057 Steeles Avenue West, Suite 532
Toronto, ON M2R 3X1, Canada
All rights reserved

# Содержание

**ГЛАВА БЕРЕШИТ,
ЧАСТЬ 2**

Семь чертогов Эденского сада .................................. 10

   Первый чертог, Есод .................................. 14

   Второй чертог, Ход .................................. 18

   Третий чертог, Нецах .................................. 20

   Четвертый чертог, Тиферет .................................. 20

   Пятый чертог, Гвура .................................. 23

   Шестой чертог, Хесед .................................. 24

   Седьмой чертог, Бина .................................. 25

Семь пределов высшей и нижней земли .................................. 33

Семь пределов высшей земли .................................. 36

   Первый предел, Есод .................................. 38

   Второй предел, Ход .................................. 41

   Третий предел, Нецах .................................. 43

   Четвертый предел, Тиферет .................................. 45

   Пятый предел, Гвура .................................. 47

   Шестой предел, Хесед .................................. 49

   Седьмой предел, Бина .................................. 50

## Семь чертогов высшей земли .................................. 52

### Первый чертог, Есод .................................. 52

### Второй чертог, Ход .................................. 52

### Третий чертог, Нецах .................................. 53

### Четвертый чертог, Тиферет .................................. 54

### Пятый чертог, Гвура .................................. 55

### Шестой чертог, Хесед .................................. 55

## Обозрение Сулам
## Введение в семь чертогов .................................. 56

## Семь чертогов парцуфа Аба ве-Има мира Брия .................................. 65

### Первый чертог белизны сапфира, Есод .................................. 68

### Второй чертог, Ход .................................. 78

### Третий чертог, Нецах .................................. 85

### Четвертый чертог, Гвура .................................. 94

### Пятый чертог, Хесед .................................. 110

### Шестой чертог, Тиферет .................................. 119

### Седьмой чертог, святая святых .................................. 128

## Да будет свет! .................................. 134

## И был вечер и было утро .................................. 137

## Да будет свет .................................. 139

## Да будет свод .................................. 141

## Да произрастит земля .................................. 143

Неполные светила ................................................. 148

Да воскишат воды ................................................. 152

Создадим человека ................................................ 156

И увидел Всесильный всё, что Он создал ..................... 158

И завершены были небеса ........................................ 161

И завершил Всесильный в седьмой день ..................... 164

Которую создал Всесильный, чтобы сделать ................. 169

Шатер мира ........................................................... 174

И отстроил Творец Всесильный эту сторону .................. 178

Баал и Ашера ........................................................ 182

Примирение и получение разрешения ......................... 186

Тот, кто отправился в путь ....................................... 194

Голос и речь .......................................................... 199

Слово Творца господину моему ................................. 203

Поднимающееся пламя ............................................ 205

В мире различаются сорок пять оттенков и светов ......... 211

И услышали голос Творца Всесильного,
расходящийся по саду ............................................. 232

И сняли сыны Исраэля украшения,
полученные у горы Хорев ......................................... 234

И сшили листья смоковницы ..................................... 242

И изгнал Адама ...................................................... 247

И познал Адам Хаву .................................................................251

Ведь если склонишься к добру – возвысишься ...............257

Когда Каин убил Эвеля ........................................................258

Вот книга порождений Адама .............................................264

Мужчиной и женщиной создал Он их ...............................267

И ходил Ханох перед Всесильным......................................275

И увидел Творец, что велико зло человека.....................277

И огорчился он в сердце своем ..........................................279

Да не судит дух Мой...............................................................284

Исполины были на земле.....................................................286

Истреблю человека................................................................287

Идите, зрите дела Всесильного,
который произвел опустошение на земле......................289

## ГЛАВА НОАХ

Ноах и ковчег..........................................................................296

Рабби Йегуда...........................................................................303

Пей воду из твоего водоема................................................307

И развратилась земля ..........................................................309

Если бы не грех – не породил бы потомство .................311

И увидел Всесильный землю..............................................313

Свершил Творец то, что задумал.......................................315

Ибо еще через семь дней ....................................................318

И породил Ноах троих сыновей...........................................320

Законы преисподней .........................................................326

Конец всякой плоти .............................................................328

Кричи в голос – бедный Анатот..........................................331

Этот иудей ............................................................................335

Таинства жертвоприношений ............................................343

Вознес я вверх руки в молитве...........................................346

А Я – наведу потоп ..............................................................357

Я сказал: «Не узрю Творца».................................................359

А Я – наведу потоп (2).........................................................363

И установлю союз Мой .......................................................365

И восстановил он разрушенный жертвенник Творцу .......367

Войди со всем семейством Твоим .....................................370

Творцу земля и всё наполняющее ее.................................371

Когда грешники исчезают из мира ....................................373

И вошел Ноах в ковчег........................................................379

И понесли ковчег..................................................................383

И стер всё сущее .................................................................385

И вспомнил Всесильный о Ноахе ......................................386

И построил Ноах жертвенник Творцу ...............................390

И обонял Творец благоухание приятное ....................... 392

И благословил Всесильный Ноаха ............................ 400

И боязнь и страх ................................................ 403

Радугу Мою поместил Я в облаке .............................. 407

Камень этот, который я поставил памятником................ 414

И были сыновья Ноаха, вышедшие из ковчега................ 420

Эти трое – сыновья Ноаха ...................................... 424

И стал – и насадил виноградник ............................... 426

Бат-Шева и Урия ................................................ 431

Он был сильным охотником .................................... 434

И когда строился этот дом ..................................... 435

Город и башня .................................................... 442

Тайны Торы ....................................................... 448

Ворота внутреннего двора ...................................... 452

И сказал Творец: «Ведь один народ» ........................... 457

# Глава Берешит,
## часть 2

# Семь чертогов Эденского сада

1) Когда Творец создавал мир, Он утвердил печати веры, т.е. Малхут, внутри светов высших свойств, иначе говоря, поднял Малхут в Бину. Таким образом, печатью, которая была в Малхут, Он отметил также высшие сфирот Бины, и это называется «включение меры милосердия Бины в суд Малхут», произведенное Творцом с целью создания мира. Он установил печать наверху, в Бине, и установил внизу, в Малхут. И всё это является одним целым, т.е. две печати, утвержденные Им, были одной формы, относящейся к Бине. И Он создал нижний мир, Малхут, подобным высшему миру, Бине. И сделал один в точном соответствии другому, чтобы оба стали одним целым, и поднялись в полном единстве.

Пояснение сказанного. Нижние, корнем которых является Малхут, мера суда, сократившаяся с тем, чтобы не принимать в себя высший свет, становятся вследствие этого недостойными получать высший свет, так же, как и их высший корень, Малхут, и поэтому нижние не могли утвердиться и достичь цели, ради которой созданы. Поэтому совместил Творец меру милосердия, Бину, с мерой суда, имеющейся в Малхут. Иначе говоря, Он поднял Малхут в Бину, и Малхут утвердилась, как и свойство Бины, т.е. достигла места получения высшего света, как и Бина.

И после того, как Малхут была совмещена с Биной, Он сотворил от нее всех нижних. Благодаря этому нижние становятся достойными получить все высшие мохин[1]. И Он сделал нижний мир, Малхут, таким же, как высший мир, Бина. И Малхут стала достойной получения высшего света так же, как и Бина. И один устанавливается в точном соответствии другому, т.е. в то время, когда Бина находится в катнуте, Малхут из-за нее тоже находится в катнуте, и поэтому, когда Бина возвращается к своему гадлуту, Малхут тоже достигает гадлута, как и она. То есть обе они установились таким образом, чтобы быть вместе в полном единстве. После того, как Малхут установилась в подобии Бине, рождается от нее душа Адама Ришона и все нижние, и они тоже достойны получить все света, имеющиеся в Бине.

---

[1] См. главу Берешит, часть 1, п. 3, со слов: «В свойстве суда...»

2) И так же, как создал Творец мир во взаимодействии с мерой милосердия Бины, так же создал Творец и душу Адама Ришона, т.е. и душа Адама Ришона получила соединение с мерой милосердия, благодаря которой был создан мир, называемый Малхут. Поэтому и он достиг всех высших светов, имеющихся в Бине, так же, как Малхут.

Сказано: «А они, как Адам, нарушили союз»[2]. Ведь Творец увенчал Адама Ришона высшими облачениями, т.е. мохин де-ГАР, и создал его в шести окончаниях мира, в мохин де-ВАК, чтобы он был совершенен во всем. И все создания трепетали перед ним и боялись его, ведь при создании Адама Ришона он был создан по высшему образу, и создания смотрели на этот образ и трепетали перед ним и боялись его.

3) Затем Творец ввел его в Эденский сад, чтобы отведать там от высших наслаждений, и окружали его высшие ангелы, служа ему и сообщая ему тайны своего Господина. Когда ввел его Творец в Эденский сад, он видел и изучал все высшие тайны и всю мудрость, чтобы познать и изучить величие Господина своего. И все это было у Адама Ришона благодаря тому, что создан он был по высшему образу Бины.

4) Семь чертогов и пределов наверху, относящихся к свойству высшей веры, т.е. Бины. И семь чертогов внизу, в Малхут, подобных высшим чертогам, в Бине. Шесть таких же как наверху, и они соответствуют шести сфирот ХАГАТ НЕХИ (Хесед-Гвура-Тиферет Нецах-Ход-Есод). И один чертог, который скрыт и упрятан над ними свыше, соответствующий сфире Бина. И все эти чертоги Малхут, и даже шесть нижних, устроены по высшему подобию, т.е. по образу Бины.

Потому что каждый из всех этих чертогов находится в подобии как высшим свойствам, так и нижним, для того чтобы они были включены и в высшую форму, Бину, и в нижнюю, Малхут. И эти чертоги были местом, в котором жил Адам Ришон.

5) А после того, как Адам Ришон был изгнан из Эденского сада, переустроил их (чертоги) Творец для душ праведников так, чтобы вместе с ними наслаждаться свечением Его

---
[2] Пророки, Ошеа, 6:7.

высшего величия, как и подобает им. И каждый из этих чертогов установлен в подобие высшему, Бине, и в подобие нижнему, Малхут.

Пояснение сказанного. Название «чертог» относится главным образом к Малхут, так как десять сфирот КАХАБ ТУМ (Кетер-Хохма-Бина, Тиферет и Малхут) называются корень-сущность-тело-облачение-чертог. Таким образом, Малхут называется чертогом. Но после того, как Малхут поднялась и включилась в Бину, Бина тоже стала называться чертогом, как и Малхут. И это – в отношении келим.

Но в отношении света, чертогом называется Бина, а не Малхут. Потому что у Малхут самой по себе нет ничего. А название «чертог» говорит о том, что эта ступень уже достигла всей величины света, которую она способна получить в течение шести тысяч лет.

Поэтому объясняется в Зоаре[3], что слово «берешит (בראשית вначале)» состоит из слов «бара (ברא создал) шит (שית шесть)» – т.е. шесть чертогов, а «Всесильный (Элоким)» – это седьмой чертог. И есть также семь чертогов внизу, о которых не сказано «бара шит (ברא שית)» – т.е. создал шесть чертогов, а «Всесильный (Элоким)» – это седьмой чертог. Потому что «берешит (בראשית вначале)» – это состояние, при котором «ашер (אשר)» выходит из свойства «решит (ראשית)», Арих Анпина. Иными словами, вследствие подъема Малхут Арих Анпина в Бину Арих Анпина, в рош, вышла Бина Арих Анпина из его рош в гуф, то есть потеряла ГАР и стала свойством ВАК без рош. И тогда рош (ראש) превратился в «ашер (אשר)». И на это состояние указывают буквы «бара (ברא создал) шит (שית шесть)» слова «берешит (בראשית вначале)» – что Он создал в Бине состояние ВАК[4] без рош.

И поэтому там еще не вышло свойство чертогов, потому что они не выходят во время катнута. Но затем, когда выходят мохин состояния гадлут, и буквы ЭЛЕ Бины возвращаются в рош, и становится полным имя Элоким в Бине, Бина становится седьмым чертогом. И ВАК, которые предшествовали выходу

---

[3] Зоар, глава Берешит, часть 1, п. 194.
[4] ВАК – аббревиатура слов «вав кцавот (досл. шесть окончаний)».

Бины, тоже получили свое исправление от седьмого чертога, являющегося свойством ГАР, т.е. нешама-хая-ехида, и тогда ВАК становятся шестью чертогами. Таким образом, все семь чертогов выходят одновременно, т.е. после притяжения ГАР. Итак, чертоги в начале их образования вышли только в Бине. Шесть чертогов вышли в ней вследствие состояния «бара (ברא создал) шит (שית шесть)», т.е. ВАК Бины, в котором «ашер (אשר)» выходит из свойства «решит (ראשית)». А седьмой чертог вышел в свойстве ГАР Бины.

После этого также и ЗОН получают эти мохин, и в ЗОН тоже выходят семь чертогов, как в Бине. И это те семь чертогов внизу, в ЗОН, которые получают наполнение от семи чертогов Бины. Таким образом, хотя со стороны келим свойство «чертог» находится главным образом в Малхут, все же со стороны света наоборот – «чертог» относится главным образом к Бине.

«Семь чертогов и пределов находятся наверху, в Бине» – потому что там они выходят вначале. Чертоги являются свойством ГАР, а пределы – свойством ВАК. «И семь чертогов внизу, в Малхут, подобных высшим чертогам, в Бине» – поскольку затем ЗОН получают мохин де-ГАР от Бины, и устанавливаются семь чертогов также и внизу, в ЗОН. И поскольку семь чертогов Бины поделились на ГАР И ВАК, как объяснялось в понятии «берешит (בראשית вначале)» – «бара (ברא создал) шит (שית шесть)», что они делятся на шесть чертогов, а Всесильный (Элоким) – это седьмой чертог, поэтому в Нукве тоже есть шесть чертогов, как и шесть чертогов в Бине, а седьмой чертог – высший по отношению к ним, как Бина. Таким образом, шесть нижних чертогов – это свойство Малхут в шести сфирот ХАГАТ НЕХИ Нуквы, а седьмой чертог – это Малхут в сфире Бины Нуквы, являющаяся свойством ГАР чертогов, так же как в семи чертогах Бины.

Таково расположение этих двух видов чертогов в общем виде. Однако в частном их виде есть два этих вида чертогов в любом парцуфе и на любой ступени так, что семь высших чертогов расположены в нем от хазе и выше, где находится свойство Аба ве-Има этого парцуфа, а семь нижних чертогов расположены от хазе и ниже, где находится свойство ЗОН этого парцуфа. И те семь чертогов, которые мы будем рассматривать, относятся к семи чертогам Эденского сада, в которых жил Адам

Ришон. А после того, как Адам Ришон был изгнан из Эденского сада, переустроил их Творец для душ праведников так, чтобы вместе с ними наслаждаться свечением Его высшего величия, как и подобает им. И каждый из этих чертогов установлен в подобие высшему, Бине, и в подобие нижнему, Малхут». Здесь говорится о семи чертогах, имеющихся в Эденском саду. И нам уже известно, что есть высший Эденский сад, относящийся к свойству Бины, и нижний Эденский сад, относящийся к свойству Малхут. И выясняется здесь, что оба они равны – говорится о нижнем Эденском саде, но имеется в виду также и высший.

И эти чертоги также состоят друг из друга. И так же, как есть семь чертогов в общем виде, так же и каждый состоит из всех семи, и они делятся на три части:
1. НЕХИ.
2. ХАГАТ.
3. Седьмой чертог, являющийся свойством ГАР в частном виде каждого из этих чертогов.

## Первый чертог, Есод

6) Первый чертог – это место, которое было установлено внизу, чтобы стать подобным высшему, т.е. Есод, имеющийся в Малхут, которая установилась внизу, на своем месте, чтобы стать подобной Бине. И уже установили товарищи, что по законам Эденского сада все свойства в ней должны быть как в высшем, в Бине, а свойство Малхут меры суда не будет там различимо вовсе.

Глаз не способен разглядеть ее, потому что точка Малхут укрыта там во внутренней сущности и не проявляется в ней, и лишь точка милосердия проявляется в ней[5]. И только души праведников, поскольку они отмечены как высшими, так и нижними свойствами, т.е они восполняются как от Бины, так и от Малхут, способны достичь точки Малхут. Но более того – с ее помощью они приходят к изучению свойств Господина своего и наслаждаются высшим блаженством.

---
[5] См. «Предисловие книги Зоар», статью «Две точки», п. 122.

7) И достигают свойства Малхут чертогов те праведники, которые не поменяли величие Господина своего на других божеств, и они постигают эту Малхут в виде «доблестная жена – венец мужу своему»[6]. Потому что сила веры, т.е. Малхут, заключается в том, что постигающий ее удостаивается слиться с Господином своим, и всегда бояться Его, не уклоняясь ни вправо, ни влево.

Человек не должен идти за другими божествами, называемыми «жена прелюбодейная»[7], и поэтому сказано: «Чтобы уберечь тебя от женщины чужой, иноплеменной, чьи речи льстивы»[8]. И человек удостаивается всего этого лишь через Малхут. Поэтому очень велико достоинство тех праведников, которые постигают ее. Об этом сказано: «Праведники получают питание от силы ее». Однако остальные люди не могут постичь ее, так как нуждаются в мере милосердия. И поэтому свойство ее укрыто во внутренней сущности и не проявляется, и только точка меры милосердия раскрыта в ней.

Есть возможность постичь только шесть чертогов, т.е. ХАГАТ НЕХИ, поскольку седьмой чертог непостижим. И они считаются десятью сфирот, потому что первый чертог, чертог Есод, включает в себя также и Малхут. А последний, высший чертог, чертог Бины, включает в себя ГАР, т.е. КАХАБ (Кетер-Хохма-Бина). Здесь Зоар выясняет первый чертог снизу вверх, чертог Есод.

8) Этот чертог устанавливается по высшему образу, т.е. в свойстве Бины, потому что в то время, когда души праведников уходят из этого мира, т.е. оставляют его навечно, они входят внутрь тех чертогов, которые находятся в нижнем Эденском саду, и каждый из них поселяется там на то время, которое необходимо душе для пребывания там.

Потому что души (нешамот) праведников – это свет Бины, так как свет Бины называется нешама. И поэтому в момент кончины праведника эта душа должна подняться в высший Эденский сад Бины. Но поскольку она была облачена в тело этого мира, т.е. Малхут меры суда, она находится под впечатлением

---

[6] Писания, Притчи, 12:4.
[7] Пророки, Ошеа, 1:2.
[8] Писания, Притчи, 1:16.

от него, и даже после ее кончины не может подняться на свое место, в высший Эденский сад, так как должна очиститься от тела, под впечатлением которого она находится. Поэтому уготован для нее нижний Эденский сад, который в основе своей относится к свойству Малхут, т.е. у него имеется связь с телом, поскольку в основе своей он относится к Малхут. Но есть у него связь также со свойством души (нешама), так как он включен в свойство Бины.

9) В каждом из чертогов нижнего Эденского сада есть свойства, подобные высшему, Бине, и нижнему, Малхут. Поэтому, хотя душа еще не очищена со стороны тела, она может войти туда, чтобы пребывать там в свойстве Малхут, которая связана с телом. И также сама душа, являющаяся свойством Бины, может войти туда, чтобы находиться там в свойстве Бины.

И там, в нижнем Эденском саду, душа облачается в одеяния, подобные одеянию ее в этом мире, т.е. телу. И она наслаждается там всё то время, которое должна наслаждаться от этих светов для того, чтобы окончательно очиститься от скверны тела, пока не наступит время, когда эта душа сможет подняться в высшее место, как необходимо ей. И когда исчезнет у нее впечатление, полученное от тела, в которое облачалась она в этом мире, она может подняться на свое место в высший Эденский сад, как необходимо ей.

Потому что любая душа (нешама) исходит от Бины, и она должна подняться к своему корню, в высший Эденский сад. И благодаря тому облачению, в которое облачилась эта душа, она постигает высшие формы, получаемые от Бины, чтобы познать величие Господина своего. Иными словами, облачение, подобное облачению этого мира, включает также высшие формы, получаемые от Бины, и поэтому через него душа может постичь высшие света, исходящие от Бины, и познать величие Господина своего.

10) В этом чертоге находятся высшие света, предназначенные для постижения, и души пришельцев, принявших сторону веры, находятся там. И души этих пришельцев входят туда, чтобы постичь высшее величие, и облачаются в одно из одеяний света, которое светит и не светит. Ибо с помощью светов, которые находятся в этом чертоге, праведники постигают

и наполняют души пришельцев, находящихся там, чтобы эти души смогли войти и получить от высшего величия после того, как они облачаются в это облачение света, которое светит и не светит. Иными словами, есть в этом свете два действия сразу – он светит достойным его, и не светит, т.е. наводит тьму на недостойных его. И это облачение несет им радость от того, что они заслужили и достойны его.

Этот чертог отделан вокруг драгоценными камнями и золотом. Света правой линии называются драгоценными камнями, а света левой – золотом, как сказано: «С северной стороны золотом выложен»[9].

11) И там есть один проход, нисходящий к проходу преисподней. Оттуда принявшие веру смотрят на всех грешников, занимающихся идолопоклонством, которые не приняли веры и не вошли в знак святого союза. И они изгоняются ангелами-губителями, которые прогоняют их пылающим огнем. И эти пришельцы видят и радуются тому, что приняли сторону веры и освободились от этого сурового суда.

12) Трижды в день они светятся высшим светом и наслаждаются там. Это указывает на света ГАР, нисходящие в этот чертог. Ибо так же, как есть три свойства, НЕХИ, ХАГАТ и ГАР, во всей совокупности чертогов, так же есть три этих свойства в каждом из чертогов:
1. НЕХИ в этом чертоге – высшие света постижения, и души праведников, принявших сторону веры, находятся там.
2. ХАГАТ – света драгоценного камня и золота.
3. ГАР, о котором сказано здесь, что «трижды в день они светятся высшим светом и наслаждаются там».

И выше них находятся принявшие сторону веры Овадья и Онкелос и все остальные, такие же выдающиеся, как и они. И подобно тому, что выяснилось в этом чертоге, расположенном в нижнем Эденском саду, есть также и в нижнем чертоге высшего Эденского сада, в который поднимаются души в то время, когда они могут подняться и украситься там, т.е. после достаточного их пребывания в нижнем Эденском саду.

---

[9] Писания, Йов, 37:22.

## Второй чертог, Ход

13) Этот чертог находится внутри первого чертога и светит от первого чертога. Здесь находятся все драгоценные камни, окружающие его. Объяснение. Это является первым свойством светов этого чертога, т.е. света НЕХИ, являющиеся только светами хасадим, называемыми драгоценными камнями, и эти света относятся в основном к первому чертогу, окруженному драгоценным камнем. Однако, благодаря их включению друг в друга, раскрываются света драгоценных камней также и во втором чертоге.

Поэтому сказано, что этот чертог светит от первого чертога. «Здесь находятся все драгоценные камни, окружающие его» – потому что благодаря тому, что этот чертог получает свечение от первого чертога, есть у него и здесь света, получаемые от драгоценных камней.

14) Во внутреннем свойстве этого чертога есть один свет, включающий все четыре оттенка ХУБ ТУМ, и он светит сверху вниз. Объяснение. У светов первого свойства был лишь оттенок хасадим, т.е. света НЕХИ, но здесь светят все оттенки, и даже оттенок Хохмы. И они считаются светами ХАГАТ, которые находятся в этом чертоге, и это второе свойство, имеющееся здесь.

И сказано, что свет, включающий все четыре оттенка ХУБ ТУМ, светит сверху вниз, и это состояние единства шести окончаний: четырех сторон неба, южной-северной-восточной-западной, называемых ХУБ ТУМ, а также верха и низа, называемых Нецах и Ход. То есть свечение Нецах дает свет четырем сторонам ХУБ ТУМ на каждой ступени снизу вверх, от хазе и выше, а Ход дает свет ХУБ ТУМ на каждой ступени сверху вниз, потому что продолжает их свечение от хазе и ниже, до окончания этой ступени. И поэтому Нецах считается свойством верх, а Ход – свойством низ.

Этот чертог Ход светит сверху вниз, потому что Ход продолжает ХУБ ТУМ сверху вниз. В этом чертоге находятся все те, кто перенес страдания и болезни в этом мире с тем, чтобы исправиться в полном возвращении. И они благодарили и восславляли каждый день Господина своего и никогда не прекращали своей молитвы.

Объяснение. Человеку, беспокоящемуся о том, чтобы исправить себя перед Творцом, свойственно видеть себя полным недостатков, и поэтому молитва его всегда направлена на восполнение его недостатков. Однако он не может благодарить и восхвалять Творца, так как ему кажется, что не за что благодарить и восхвалять. И если укрепляется в том, чтобы благодарить и восхвалять Творца за меру блага Его, увеличивающуюся по отношению к нему непрестанно, с каждым днем, то несомненно, что он чувствует удовлетворение в своем состоянии и больше не может так молиться и негодовать перед Господином своим на свои недостатки.

Таким образом, усердие в молитве отдаляет его от восхваления и благодарности, а усердие в восхвалении и благодарности отдаляет его от молитвы. И достоинство этих праведников заключалось в том, что они были совершенны с двух этих сторон. С одной стороны, они каждый день воздавали благодарность и хвалу Господину своему, и вместе с тем не теряли силы молитвы, никогда не прекращали свои молитвы, и всегда испытывали страдания и боль, чтобы исправить деяния свои, обращая молитвы свои к Творцу, и поэтому удостоились войти в чертог Ход Эденского сада.

15) Во внутренней части этого чертога, т.е. внутри второго свойства, относящегося к ХАГАТ, находятся все те праведники, которые всеми силами освящают имя Господина своего и отвечают всеми силами: «Амен. Да будет имя Его великое благословенно!»

Это третье свойство чертога – ГАР, которых удостаиваются праведники, заслужившие всеми силами освящать имя и также отвечать всеми силами: «Амен. Да будет имя Его великое благословенно!» И это те, кто находится в самых внутренних покоях этого чертога, потому что ХАГАТ этого чертога находятся внутри НЕХИ чертога. А ГАР этого чертога находятся внутри ХАГАТ чертога. Таким образом, ГАР чертога являются самыми внутренними в чертоге. И тот свет, который имеется в ХАГАТ чертога, включающий все оттенки ХУБ ТУМ, светит также праведникам, находящимся в ГАР чертога.

Благодаря силе того света, который они получают от ХАГАТ чертога, они поднимаются и видят другие света, постижимые и непостижимые в них. Иными словами, из-за огромного величия этого света они не могут постичь его в совершенстве, и он, словно постижим и непостижим для них. Выше праведников находится Машиах, который входит и пребывает среди них, и опускает к ним свет, который они смогут постичь.

## Третий чертог, Нецах

16) Машиах выходит из второго чертога и входит в третий, и там находятся все те, кто больше всего страдал от болезней и болей с тем, чтобы исправиться. Иными словами, больше, чем те, кто во втором чертоге, и поэтому они и удостоились третьего чертога, и это – первое свойство в этом чертоге, НЕХИ. А второе свойство – это все те дети, обучаемые Торе, которые не прожили полагающихся им дней и умерли безвременно. И они не отведали вкус греха, и поэтому эти чистые души поднимаются в МАН и притягивают света второго свойства этого чертога, ХАГАТ.

Третье свойство – это все те, кто скорбят о разрушении второго Храма и проливают слезы, т.е. они притягивают света ГАР этого чертога, и поэтому обитают в свойстве ГАР чертога. Все эти три вида душ праведников находятся в этом чертоге, и Машиах утешает их, т.е. светит им их светами.

В чертоге Ход говорится, что Машиах опускает им света, а здесь сказано: «Утешает их». И не сказано, что «опускает им», потому что только света сфиры Ход притягиваются сверху вниз, однако света де-Нецах светят только снизу вверх, и поэтому не говорится «опускает им», что означает – сверху вниз, и это происходит только лишь в чертоге Ход.

## Четвертый чертог, Тиферет

17) После того, как он восполняется всеми светами, имеющимися в третьем чертоге, и выходит из этого чертога, он может войти в четвертый чертог, Тиферет. И там находятся все, оплакивающие Цион и Йерушалаим, и все те, кто был убит иными

народами-идолопоклонниками. Остальные народы означает – все народы, кроме народа Исраэля. Потому что в тех, кто были убиты другими народами, содержится святость настолько большая, что души их поднимаются в МАН и притягивают высокие света этого чертога, и они удостаиваются их. И также оплакивающие Цион и Йерушалаим соединяются с ними. Машиах, при виде оплакивающих Цион и Йерушалаим и убитых народами, начинает плакать, и тогда все правители из рода Давидова, все они поддерживают его и утешают.

Здесь говорится о Машиахе бен Йосефе, происходящем от Малхут, расположенной ниже хазе Зеир Анпина и зовущейся Рахель. Поэтому конечный уровень его подъема достигает только четвертого чертога, Тиферет, и только места хазе этого чертога, но не выше хазе. Однако правители рода Давидова происходят от Малхут, расположенной выше хазе Зеир Анпина. И поэтому, когда Машиах бен Йосеф входит в чертог Тиферет, он получает света и утешается правителями из рода Давидова, относящимися к уровню выше хазе этого чертога, и восполняется с их помощью, и это является первым свойством этого чертога, т.е. ступенью НЕХИ.

18) Машиах начинает плакать во второй раз, пока не раздается голос, соединяющийся с голосом Машиаха, и тогда голос его возносится наверх, потому что глас плача Машиаха бен Йосефа – это голос Малхут, находящейся ниже хазе. И поэтому содержатся суды в голосе его, и он не способен поднять МАН, пока сверху не опускается голос Бины, соединяющийся с голосом Машиаха.

Тогда возносится наверх голос Машиаха благодаря зивугу (соединению) голоса и речи[10], и остается там до начала месяца. То есть, он поднимается и включается в зивуг голоса и речи, представляющих собой свойство Зеир Анпин и Нуква чертога Бины, и остается там в виде МАН, до тех пор, пока не притягиваются туда мохин де-рош, в Нукву, которая называется месяцем, и тогда Нуква исправляется благодаря этому и называется началом (рош) месяца.

---

[10] См. «Предисловие книги Зоар», статью «Кто она», п. 170.

И когда он опускается из Бины, опускаются вместе с ним многочисленные света и всевозможные сияния, светящие всем этим чертогам, несущие исцеление и свет всем убитым народами мира и страдающим от болезней и болей вместе с Машиахом с тем, чтобы приблизить избавление.

19) И тогда Машиах облачается в одеяние Малхут, и все те, кто был убит народами-идолопоклонниками, запечатлены и записаны на этом одеянии Малхут. И это одеяние Малхут Машиаха поднимается в Бину, наверх, и запечатлевается в высшем одеянии Малхут Царя, Зеир Анпина, облачающего Бину.

Иными словами, убитые народами-идолопоклонниками, записанные в одеянии Малхут Машиаха, запечатлеваются в одеянии высшей Малхут, где запечатлены те, кто больше всех страдали от болезней и болей, и оба они (эти одеяния), становятся МАН для высшего зивуга Зеир Анпина и Нуквы (ЗОН), и высший свет нисходит благодаря им в этот чертог. И в будущем Творец облачится в эти одеяния (досл. мантию) Малхут Машиаха, чтобы судить народы мира, как сказано: «Судить будет Он народы, наполнится трупами (вся земля)»[11]. И это будет «во время наступления конца»[12].

Однако до этого одеяния Малхут Машиаха получают подслащения благодаря соединению с одеянием Малхут Творца, и тогда они оба поднимаются в МАН вместе, и происходит на них высший зивуг, и тогда они притягивают свои света, пока Машиах не опустится снова с места зивуга и не утешит души. И вместе с ним нисходят света и благо для наслаждения. И множество ангелов и колесниц (меркавот) опускаются вместе с Машиахом, и каждый из них несет одеяние для всех душ, убитых народами мира, идолопоклонниками. И там они наслаждаются всё то время, когда Машиах поднимается и опускается.

Объяснение. «Наслаждаются» означает, что получают света Эдена (наслаждения), т.е. Хохмы. Известно, что свечение Хохмы можно получить только снизу вверх. Поэтому говорится, что души наслаждаются, т.е. получают свечение Хохмы лишь в то время, когда Машиах поднимается и опускается, так

---

[11] Писания, Псалмы, 110:6.
[12] Писания, Даниэль, 12:4.

как свечение в это время находится в состоянии снизу вверх. Однако после того, как уже опускается Машиах, они не смогут наслаждаться, ибо тогда они вынуждены притягивать это наслаждение (эден) сверху вниз, а оно может быть принято только снизу вверх. Итак, выяснилось здесь второе свойство чертога Тиферет – свойство светов ХАГАТ этого чертога.

20) А во внутреннем свойстве этого чертога, т.е. во внутреннем свойстве ХАГАТ этого чертога, стоят на высшей ступени десять назначенных правителей, и это рабби Акива и товарищи его. И все они возвышаются в подъеме внутри высшего зеркала, в свойстве светящего зеркала, и светятся сиянием высшего величия. И о них сказано: «Глаз, не видевший иных божеств, кроме Тебя»[13]. И это третье свойство – ГАР этого чертога.

## Пятый чертог, Гвура

21) В пятом чертоге находятся все те, кто совершил полное возвращение, обратившись от грехов своих и успокоившись после них. Иными словами, они совершили возвращение от любви, при котором злодеяния обратились для них заслугами. И тогда они получили утешение за совершенные ими грехи, ведь благодаря им, у них добавились заслуги. И вышла их душа очищенной, и также все те, кто освящал имя Господина своего и готов был пожертвовать своею душой во имя величия Его, находятся в этом чертоге.

И на входе этого чертога стоит Менаше, царь Иудеи, который совершил полное возвращение за свои грехи, и Творец принял его возвращение и вырыл ему углубление под престолом величия, чтобы принять его. Иными словами, Он скрыл его, словно в вырытом углублении, от взора обвинителей, чтобы они не выступали против него. И это – свойство НЕХИ этого чертога.

22) А во внутреннем свойстве НЕХИ этого чертога находятся все те, кто совершил великое возвращение, и они усилились в возвращении своем настолько, что душа их вышла из состояния негодования на их плохие деяния. И они наслаждаются в высшем Эдене каждый день. И это – свойство ХАГАТ этого чертога.

---

[13] Пророки, Йешаяу, 64:3.

Трижды в день входит свет в этот чертог, и души наслаждаются им, каждая как подобает ей. «Трижды в день» – это три линии, с помощью которых притягиваются света ГАР этого чертога.

И каждого сжигает внутри свет хупы товарища, как внизу, так и наверху, т.е. как в нижних чертогах, так и в верхних, достоинства праведников не равны между собой, и у каждого есть своя хупа. И никто не может прикоснуться к хупе товарища своего, находящейся выше него, потому что обжигается об нее, словно касается огня.

23) Этот чертог стоит над всеми нижними чертогами, и даже законченные праведники нижних чертогов не могут войти в этот чертог и постичь его. Этот чертог Гвуры является ступенью, расположенной над всеми чертогами, кроме ступени приверженцев, т.е. чертога Хесед, являющегося ступенью, расположенной над всеми, и даже над этим чертогом Гвуры.

## Шестой чертог, Хесед

24) Этот чертог является чертогом приверженцев – тех, кто относится к свойству «моё – твоё, и твоё – твоё», т.е. отдавать, а не получать. Этот чертог является высшим над всеми чертогами, потому что ступень Хесед является самой высокой из шести сфирот ХАГАТ НЕХИ. И это – чертог, стоящий над всеми чертогами, и удостоиться его возможно лишь после восполнения на всех ступенях нижних чертогов. И поэтому считается, что он словно опирается на их ступени и стоит на них.

Это чертог правой стороны, потому что ступень Хесед считается правой линией, и постичь ее не может никто, кроме святых приверженцев и тех, кто любит Господина своего огромной любовью. На входе этого чертога стоят все те, кто каждый день приводил к единству Господина их, т.е. каждый день притягивали единство Его из мира Бесконечности ко всем сфирот и во все миры. И они первыми поднимаются оттуда к более возвышенным чертогам, то есть они поднимаются раньше приверженцев этого чертога. И это свойство НЕХИ этого чертога.

25) Выше этого входа, т.е. выше светов НЕХИ, стоит Авраам, правая рука Творца, Хесед. А на другом входе стоит Ицхак,

который был связан на жертвеннике и был невинной жертвой перед Творцом, и это Гвура. А на другом входе внутри чертога стоит Яаков, «человек непорочный» и двенадцать колен вокруг него, и Шхина над головами их – т.е. света ХАГАТ (Хесед-Гвура-Тиферет) этого чертога, так как Авраам, Ицхак, Яаков являются свойствами ХАГАТ.

26) И когда в Исраэле настает час бедствия, поднимаются три праотца и пробуждают Шхину, чтобы защитила Исраэль. И тогда поднимается Шхина и украшается венцами наверху, т.е. получает ГАР, называемые «венцы (атарот)», и защищает Исраэль, потому что Шхина не может защитить Исраэль иначе, как достигнув мохин ГАР, благодаря пробуждению праотцев, ХАГАТ. Иными словами, благодаря тому, что ХАГАТ Зеир Анпина поднимаются и становятся свойством ХАБАД, они притягивают ГАР к Шхине. И здесь находятся света ГАР этого чертога. И подобно тому, как есть чертоги в нижнем Эденском саду, есть в высшем Эденском саду исправленные чертоги, относящиеся к свойству веры, т.е. Малхут. Потому что Малхут в совершенстве своем называется верой. И каждый чертог является свойством Малхут[14].

## Седьмой чертог, Бина

27) Все эти чертоги соединяются и украшаются все вместе в одном чертоге, в седьмом, скрытом и утаенном более всех остальных чертогов. Объяснение. Этот чертог является свойством ГАР. И сказано, что «берешит (בראשית вначале)» – это «бара шит (ברא שית)» – т.е. создал шесть чертогов, а «Всесильный (Элоким)» – это седьмой чертог. И уже выяснилось, что «Всесильный (Элоким)» – это мохин ГАР и седьмой чертог[15]. В центре этого чертога находится один столб, содержащий в себе много красок – зеленого, белого, красного и черного цвета. И когда души должны подняться на ступень, они проходят в этот чертог к столбу, находящемуся в нем. И тот, кто удостоился цвета, содержащегося в этом столбе, поднимается с помощью него, а тот, кто удостоился другого цвета, поднимается с его

---

[14] См. главу Берешит, часть 1, п. 193, со слов: «Пояснение сказанного».
[15] Зоар, глава Берешит, часть 1, п. 194.

помощью, каждая из них (душ) поднимается посредством цвета, содержащегося в столбе и соответствующего ей.

Пояснение сказанного. Во время второго сокращения опустились ТАНХИ (Тиферет-Нецах-Ход-Есод) каждой ступени на ступень ниже нее таким образом, что НЕХИ (Нецах-Ход-Есод) Кетера мира Ацилут опустились в Абу ве-Иму, НЕХИ Абы ве-Имы – в ИШСУТ, НЕХИ ИШСУТ – в Зеир Анпин, НЕХИ Зеир Анпина – к Малхут мира Ацилут, а НЕХИ Малхут мира Ацилут опустились в ГАР мира Брия. НЕХИ свойства ГАР мира Брия опустились в Зеир Анпин мира Брия, НЕХИ Зеир Анпина – в Малхут мира Брия, НЕХИ Малхут мира Брия – в ГАР мира Ецира. И так же опустились НЕХИ каждой ступени мира Ецира на ступень под ней, пока НЕХИ Малхут мира Ецира не опустились в ГАР мира Асия. И то же самое – на всех частных ступенях мира Асия.

Таким образом, НЕХИ Малхут мира Ацилут облачены в ГАР мира Брия. И также НЕХИ Малхут мира Брия – в ГАР мира Ецира. А НЕХИ Малхут мира Ецира – в ГАР мира Асия, т.е. в седьмой чертог Эденского сада, чертог ГАР. И основой НЕХИ является средняя линия в них, т.е. Есод. И знай, что когда Есод высшего находится в любом нижнем, он называется столбом, так как он находится во внутренней части каждой из ступеней, от Кетера мира Ацилут до окончания мира Асия.

В тот момент, когда высший передает мохин нижнему, посредством того, что поднимает его НЕХИ на свое место, то и нижний, слитый с этими НЕХИ, поднимается вместе с ними в место высшего и получает там мохин[16]. Поэтому считается, что посредством этого столба, НЕХИ высшего, поднимается каждый нижний в место высшего.

В этом столбе содержится четыре цвета: белый, красный, зеленый, черный – ХУБ ТУМ (Хохма, Бина, Тиферет и Малхут). И эти подъемы нижнего, восходящего к высшему с помощью этого столба, происходят согласно мерам. Бывает так, что поднимается только белый цвет, а бывает, что также и красный, и иногда – также и зеленый, а иногда – также и черный. И в каждом цвете есть много ступеней.

---

[16] См. «Предисловие книги Зоар», п. 17, со слов: «И это означает: "Мать (има) одалживает свои одежды дочери..."»

«В центре этого чертога» – седьмого чертога Эденского сада мира Асия, «находится один столб» – Есод свойства Малхут мира Ецира, включающий НЕХИ мира Ецира, «содержащий в себе много красок» – много ступеней, и совокупностью их являются четыре ступени, т.е. цвета зеленый, белый, красный и черный – ХУБ ТУМ. Зеленый – это Тиферет, белый – Хохма, красный – Бина, черный – Малхут. «И когда души должны подняться на ступень, они проходят в этот чертог к столбу, находящемуся в нем. И тот, кто удостоился цвета, содержащегося в этом столбе, поднимается с помощью него, а тот, кто удостоился другого цвета, поднимается с его помощью».

И в то время, когда души удостаиваются подняться над миром Асия, они восходят в этот седьмой чертог, и каждая поднимается к свойству, соответствующему ей в столбе. Относящаяся к белому цвету, Хохме, поднимается с помощью белого цвета в этом столбе. А если душа – от свойства Бины, она поднимается с помощью красного цвета в этом столбе. Каждая – согласно цвету, соответствующему ей. Здесь говорится о подъеме из мира в мир в общем виде, т.е. только с помощью столба седьмого чертога. Однако в частном виде в каждом из чертогов есть столб, с помощью которого нижний поднимается к высшему, и это – НЕХИ высшего чертога, облаченные в нижнего.

28) Эти шесть чертогов относятся к пределу душ, однако седьмой чертог не относится к пределу душ, а к восхождениям душ с помощью столба, находящегося в нем. Объяснение. Можно постичь только шесть чертогов, но не седьмой чертог, являющийся свойством ГАР, поскольку никакие ГАР невозможно постигнуть. И все шесть чертогов относятся к свойству «шесть». То есть, даже третье свойство каждого из этих чертогов, являющееся свойством ГАР, мы не можем постичь, а только свойство НЕХИ ХАГАТ каждого чертога. Поэтому сказано, что «берешит (בראשית вначале)» – это буквы слов «бара (ברא создал) шит (שית шесть)», и это указывает на то, что есть шесть ступеней наверху, в самой Бине, а есть шесть ступеней внизу, ХАГАТ НЕХИ парцуфа ЗОН, называемые шестью днями творения. И всё это является одним целым. Иначе говоря, свойства ВАК в любом месте, – как нижние ВАК, так и свойства ВАК, относящиеся к ГАР, – равнозначны, и мы можем их постичь. А ГАР в любом месте мы не можем постичь.

29) Было два Храма, первый Храм и второй Храм, один из них, высший – Бина, а другой, нижний – Малхут. И также есть две буквы «хэй ה» в имени АВАЯ (הויה), первая «хэй ה» – Бина, и нижняя «хэй ה» – Малхут. И есть также шесть ступеней наверху и шесть ступеней внизу. И всё является одним целым. То есть первый Храм и второй Храм являются одним и тем же, что и первая «хэй ה» и нижняя «хэй ה», и это – Бина и Малхут.

Высшая «бэт ב», «бэт ב» слова «берешит (בראשית вначале)» – это первый Храм, т.е. Бина, и он открывает врата во всех сторонах, потому что они включены друг в друга, т.е. Малхут, второй Храм, включена в Бину, первый Храм. И благодаря этому Бина открыла врата во всех сторонах – как свои собственные шесть сторон, так и шесть сторон, включенные в Бину. Иными словами, вследствие подъема Малхут и соединения ее с Биной в одно целое, Бина открывает также шесть сторон Малхут, чтобы та стала достойна получить мохин, как и она сама.

«Начало (решит ראשית)» – указывает, что тогда стала Бина свойством «начало», чтобы включиться в расчет здания, т.е. Зеир Анпина и Нуквы его (ЗОН), называемых зданием мира. И она считается первой ступенью, передающей мохин парцуфу ЗОН и мирам БЕА, вследствие ее соединения в одно целое с Малхут. Однако ступени, которые предшествовали ей, еще не считаются началом. И на это указывает слово «берешит (בראשית вначале)», с которого начинается Тора. «Бэт ב» указывает на высший Храм, Бину. «Решит (ראשית начало)» – указывает, что она стала началом для передачи мохин мирам.

И кроме того, слово «решит (ראשית начало)» в слове «берешит (בראשית вначале)» указывает, что Бина стала началом исчисления. Объяснение. Мохин числа и исчисления – это мохин свечения Хохмы, и они начинаются с Бины, но не выше нее.

30) «Берешит (בראשית вначале)» это общее понятие, т.е. Малхут, называемая «лик человека» – форма, в которую включены все имеющиеся в реальности формы. Сказано об этом: «Вид образа величия Творца»[17]. Это «видение», в котором

---

[17] Пророки, Йехезкель, 1:28. «Как вид радуги, появляющейся в облаках в день дождя, так и вид этого сияния вокруг – это вид образа величия Творца. И увидел я и упал на лицо свое, и услышал голос говорящий».

открываются шесть других ступеней. Иными словами, с помощью Малхут притягиваются мохин свечения Хохмы к свойству ВАК Бины, потому что «видение» и «зрение» указывают на постижение Хохмы.

И это означает слово «берешит (בראשית вначале)», состоящее из слов «бара (ברא создал) шит (שית шесть)», потому что при подъеме Малхут в Бину, образуются в Бине шесть окончаний (ВАК). И она также поднимает МАН и пробуждает в них мохин свечения Хохмы. И когда входят ВАК Бины в Малхут, называемую «видение», то она исправляет себя, т.е. поднимает МАН, чтобы видеть их, иными словами, чтобы привлечь к ним это открытие посредством мохин свечения Хохмы и осуществить с помощью этих мохин созидание мира. И это – мохин свечения Хохмы, которой создана вся реальность шести дней начала творения.

И хотя все мохин приходят от Бины, основой их является Малхут, поскольку благодаря подъему Малхут в Бину, образовались ВАК (шесть окончаний) состояния катнут в Бине, на которые указывают слова «бара (ברא создал) шит (שית шесть)». И также мохин их состояния гадлут выходят лишь благодаря Малхут, потому что мохин свечения Хохмы раскрываются только в месте Малхут, находящейся ниже хазе Зеир Анпина. И поэтому она называется нижней Хохмой – ведь Хохма раскрывается только в ней. Таким образом, состояние гадлут мохин тоже устанавливается благодаря Малхут.

Но неправильно будет сказать, что от Малхут исходит созидание мира, т.е. мохин Хохмы. Поэтому написано «бара (ברא создал) шит (שית шесть)», что указывает на достоинство ВАК Бины, поскольку они осуществляют созидание на ступени Малхут. Иначе говоря, не надо ошибаться, думая, что от Малхут исходят сами мохин. Именно поэтому слова «бара (ברא создал) шит (שית шесть)», содержащиеся в слове «берешит (בראשית вначале)», указывают, что действуют здесь ВАК (шесть окончаний) Бины, так как у Малхут самой по себе нет ничего. И имеется в виду только то, что вся слава и величие этих ВАК (шести окончаний) раскрываются посредством их действия в Малхут, и поэтому сами мохин называются по имени Малхут.

31) Сказано: «Ростки показались на земле, время воспевания пришло»[18]. «Ростки» указывают на шесть ступеней ХАГАТ НЕХИ. «Показались на земле» – Малхут, потому что они являются формами, проявляющимися на этой ступени, и они не проявляются ни на какой ступени, а только в Малхут. И поэтому сказано: «Показались на земле», потому что эти ростки показываются только «на земле», в Малхут. «Время воспевания пришло» – указывает на то, что в это время, после появления Шхины, называемой воспеванием, вместе с мохин Хохмы, приходит время восславления и украшения.

Поэтому называется Малхут «псало́м». Сказано: «Псалом для Давида»[19], но не сказано: «Для Давида псалом». Это указывает, что сначала над ним воцарялась Шхина, а затем он возносил песнь. Таким образом, Малхут называется «псалом». То есть, вначале, благодаря проявлению Шхины, он достиг мохин состояния гадлут, а затем воспевал и восславлял. И это означает: «Время воспевания пришло»[18] – т.е. Шхина, называемая «воспевание», приходила к нему сначала, а затем он воспевал и восславлял. «Время воспевания пришло»[18] – т.е. после постижения мохин приходит время восславления.

32) Высший мир, Бина, скрыт, и всё, имеющееся в нем, скрыто. И даже семь ее нижних сфирот (ЗАТ), поскольку она пребывает в высшем свойстве, в свойстве трех первых сфирот (ГАР) Бины, и называется днем, включающим в себя все дни. Объяснение. ГАР Бины называются днем, включающим в себя все дни, или днем, уходящим вместе со всеми днями. Потому что день означает Хесед. И поскольку она является корнем всех хасадим в мирах, то называется днем, включающим в себя все дни. И она никогда не получает Хохму, как сказано: «Ибо желает милости (хесед) Он»[20].

Однако ЗАТ Бины получают свечение Хохмы для того, чтобы передать ЗОН. И даже ЗАТ Бины считаются скрытым миром, и хотя они и получают Хохму и передают ЗОН, все же, поскольку они находятся в Бине, то нет раскрытия Хохмы на ее месте вообще, а только в месте ЗОН.

---

[18] Писания, Песнь песней, 2:12.
[19] Писания, Псалмы, 20:1.
[20] Пророки, Миха, 7:18.

И когда Арих Анпин создал и вывел Бину за пределы своего рош, он вывел только эти «шесть», т.е. ВАК Бины, а не ГАР. И так как он скрыт и всё находящееся в нем скрыто, поскольку Бина скрыта как в ГАР, так и в ВАК, поэтому сказано, что «берешит (בראשית вначале)» состоит из слов «бара (ברא создал) шит (שית шесть)», и это указывает на шесть высших дней, т.е. ВАК Бины. Но не говорится, кто создал их, эти шесть дней, на которые указывает слово «берешит (בראשית вначале)», поскольку они являются высшим скрытым миром. Ведь они являются ВАК (шестью окончаниями) Бины, которая скрыта, и свечение Хохмы не раскрывается на ее собственном месте.

33) А затем это открылось, и сказано: «В нижнем действии», в ЗОН – т.е. сказано, кто создал их, поскольку это мир, пребывающий в раскрытии. И тогда сказано: «Создал Всесильный (Элоким) небо и землю»[21] – т.е. ЗОН. Потому что о высшем мире, ВАК Бины, на который указывает «берешит (בראשית вначале)» посредством «бара (ברא создал) шит (שית шесть)», не сказано, кто создал его, так как он является скрытым миром. Однако о нижнем мире, т.е. ЗОН, называемых «небо и земля», сказано, что Всесильный (Элоким), Бина, «создал небо и землю», потому что они представляют собой открытый мир, так как хасадим в нем раскрываются благодаря мохин свечения Хохмы.

И поэтому не сказано «создал (ברא бара)» в скрытии, т.е. «создал (ברא бара) небо и землю» в скрытии, так как они являются открытым миром. И поэтому сказано: «Создал Всесильный (Элоким)» – конечно, Всесильный (Элоким) создал их, поскольку это является открытым именем, так как имя Элоким указывает на совершенство мохин со свечением Хохмы[22].

Первый мир, Бина, находится в скрытии, так как он является высшим миром, а нижний мир, ЗОН, находится в раскрытии, так как действия Творца находятся всегда в скрытии и раскрытии. И также свойства святого имени находятся в скрытии и раскрытии. «Йуд-хэй יה» имени АВАЯ (הויה), т.е. Хохма и Бина, находятся в скрытии, так как нельзя постичь ГАР. А «вав-хэй וה» имени АВАЯ (הויה) находятся в раскрытии, и это ЗОН, которые можно постичь. И так происходит в любом действии Творца,

---

[21] Тора, Берешит, 1:1.
[22] См. «Предисловие книги Зоар», п. 14.

т.е. на всех ступенях свойство ГАР ступени находится в скрытии, а ВАК ступени раскрыты.

34) «(Эт) небо и (эт) землю»[21]. Слово «эт» сказанного «(эт) небо» указывает на включение нижних небес, расположенных внизу. А слово «эт» сказанного «и (эт) землю» указывает на включение в нее также нижней земли, а также на то, что деяния, производимые на нижней земле, подобны деяниям высшей земли.

# Семь пределов высшей и нижней земли

35) «Земля же была пустынна и хаотична»[23]. «Земля» – это высшая земля, Нуква Зеир Анпина, у которой вообще нет своего света. Слово «была» указывает, что земля уже была вначале во всем подобающем совершенстве, однако теперь превратилась в «пустоту, хаос и тьму». «Была» – означает, что была в совершенстве, а затем сократила себя и сократила имеющийся в ней свет. И тогда стала она «пустынна и хаотична, и тьма и дух…» И это четыре основы мира, получившие свое завершение на земле.

36) «И (ве-эт) землю» указывает на включение нижней земли, которая стала подобной высшей (земле) в этих пределах, как сказано: «Земля же была пустынна и хаотична, и тьма и дух…»[23] Это пределы земли, называемые Эрец (поверхность земли), Адама (почва), Гай (долина), Нешия (могильная земля), Ция (сушь), Арка (пропасть), Тевель (земной мир). И самая большая из всех земель – это Тевель (земной мир), и о ней сказано: «И Он будет судить землю (тевель) по справедливости»[24]. И такого не сказано об остальных землях. Отсюда видно, что она важнее всех.

Зоар выясняет, как эти семь земель делятся на четыре основы «пустота, хаос, тьма и дух» таким образом, что речение «и земля была пустынна»[23] устанавливается на нижней земле мира Асия, а не на высшей земле.

37) Рабби Аба говорит, что земля, называемая Ция (сушь), это место преисподней, как сказано: «сушь (ция) и могильная тьма»[25], и также как «могильная тьма» – это название преисподней, так же и сушь (ция) прилегает к ней. Сказано: «И тьма над бездною»[23] является местом преисподней, и это сушь

---

[23] Тора, Берешит, 1:2. «Земля же была пустынна и хаотична, и тьма над бездной, и дух Всесильного витал над поверхностью вод».
[24] Писания, Псалмы, 9:9.
[25] Пророки, Йермияу, 2:6. «И не спросили: "Где Творец, который вывел нас из земли египетской, по земле степей и пропастей, по земле иссохшей и могильной тьме, где никто не проходил, и где не жил человек?"»

(ция) – место ангела смерти, который омрачает лица творений. И это место высшей тьмы, как сказано: «Земля же была пустынна и хаотична, и тьма и дух...»[23]

38) «Пустынна» – это Нешия (могильная земля), и называется она так, потому что там не проявляется никакой образ, пока она не покроется полностью тьмой. Потому что Нешия означает «тьма», и в пустынности не проявляется никакой цвет и образ[26]. «И хаотична» – это земля Арка (пропасть), место, которое не забывается. Есть у него форма и образ, поэтому оно не забывается, как пустынность. Рабби Хия говорит, что хаосом является земля Гай (долина), а не Арка (пропасть). «И дух Всесильного (Элоким)»[23] – это земля Тевель (земной мир), получающая питание от «духа Всесильного (Элоким)», т.е. от духа Бины, называемого Элоким. И все они как одна ступень.

И выяснились, со слов рабби Аба, только четыре верхних земли: Нешия (могильная земля), Ция (сушь), Арка (пропасть), Тевель (земной мир). Нешия (могильная земля) соответствует пустынности, Ция (сушь) – тьме, Арка (пропасть) – хаосу, Тевель (земной мир) – духу Всесильного (Элоким). И это – четыре основы мира, получившие свое завершение на земле: огонь, воздух, вода и земля. Нешия (могильная земля) – это пустынность и основа «земля». Ция (сушь) – это тьма и основа «огонь». Арка (пропасть) – это хаос и основа «вода». Тевель (земной мир) – это дух Всесильного (Элоким) и основа «воздух». И почему он совсем не выясняет три нижние земли: Эрец (поверхность земли), Адама (почва), Гай (долина)?

Потому что эти семь земель считаются как один парцуф, рош и гуф. Высшая земля, Тевель, соответствующая Бине – это рош. А нижние шесть земель – это тох и соф парцуфа. Арка, Ция, Нешия являются свойством тох, т.е. ХАГАТ до хазе, где Арка – это основа «вода» и Хесед. Ция, являющаяся основой «огонь», это Гвура. Нешия, являющаяся основой «земля», это Тиферет и Малхут вместе, до хазе. А от хазе и ниже – это свойство только Малхут. Таким образом, во всех четырех землях уже есть все свойства парцуфа, т.е. Бина, ХАГАТ и Малхут. И поэтому нет необходимости выяснять три нижние земли. И несмотря на то, что они представляют собой три свойства НЕХИ, всё же

---
[26] См. главу Берешит, часть 1, п. 20.

являются распространением одной только Малхут, т.е. распространением пустынности от хазе и ниже. И поэтому нет в них никакого нового свойства, и неправильно будет спросить – ведь Тевель является основой «воздух», т.е. Тиферет, а не пустынность? Но дело в том, что Тевель – это воздух Бины и считается Биной. А Тиферет этого парцуфа находится в свойстве Нешия.

39) Подобно тому, как выяснились семь пределов в нижней земле мира Асия, есть такие же в высшей земле – т.е. в Малхут мира Ацилут, являющейся свойством земли в Малхут мира Ацилут.

# Семь пределов высшей земли

40) Семь пределов есть наверху, в Малхут, следующие ступень за ступенью в установленном порядке. И во всех пределах находятся высшие ангелы, одни выше других, согласно порядку их ступеней. И также находятся ангелы внизу, в семи землях мира Асия, и все они включаются друг в друга, чтобы быть им всем единым целым. Семь пределов имеется наверху, в мире Ацилут, и высшая земля, Малхут, включает их все, и все включаются в нее.

Семь этих пределов являются распространением Малхут в семи сфирот: Бина и ХАГАТ НЕХИ. Поэтому все они включаются в нее, ведь все они являются только частями этой Малхут. И во всех вместе облачается слава Творца. Однако эти ступени отличаются друг от друга, и также места этих ступеней отличаются друг от друга.

Пояснение сказанного. Сначала были приведены два объяснения сказанному: «Земля же была пустынна и хаотична, и тьма над бездною. И дух Всесильного (Элоким) витал над поверхностью вод»[23]. В первом объяснении, указывающем на высшую землю, Малхут мира Ацилут, выяснилось, что четыре свойства, пустынность, хаотичность, тьма и дух, вышли в ней в силу ее сокращения вследствие уменьшения луны. Во втором объяснении, указывающем на нижнюю землю, выяснилось, что эти четыре свойства, пустынность, хаотичность, тьма и дух, образовали в ней семь пределов: Эрец, Адама, Гай, Нешия, Ция, Арка, Тевель.

И поэтому здесь продолжается выяснение того, что эти два объяснения не противоречат друг другу, ибо всё, что есть в нижней земле, исходит от высшей земли, от Малхут мира Ацилут. И в таком случае, сказанное: «Земля же была пустынна и хаотична» – имеет место в двух этих землях. Семь пределов, таких же, как в нижней земле, и более того, семь нижних пределов исходят от семи пределов высшей земли, так как есть семь пределов наверху и семь пределов внизу. И все они включены друг в друга, поскольку представляют собой одно целое.

Семь пределов есть внизу, и каждый из этих пределов содержится в соответствующем ему свойстве семи пределов высшей земли. И все они составляют одно целое, и всё, что есть в одном, есть и в другом. Поэтому выясняются семь пределов высшей земли, Малхут мира Ацилут, и все их детали мы соотносим с семью соответствующими им пределами нижней земли. И сказано далее, что так это в семи пределах нижней земли, и все они подобным семи пределам наверху[27].

Но когда мы хотим соотнести нашу нижнюю землю с высшей землей мира Ацилут, т.е. с Малхут мира Ацилут, мы должны знать, что у нашей земли нет точного соответствия всей Малхут мира Ацилут, а только свойству Малхут внешней части Малхут мира Ацилут. Потому что мир Асия полностью соотносится со всей Малхут мира Ацилут. И известно, что почва мира Асия подобна свойствам почвы Эденского сада, находящегося в Бине свойства Малхут мира Асия.

Иными словами, Малхут мира Асия считается отдельным парцуфом и не оканчивает мир Асия в своей Малхут, а только в своей Бине, расположенной в сфире Тиферет, называемой Биной свойства гуф. И там стоит парса, расположенная во внутренних органах. И эта парса, оканчивающая мир Асия, является почвой Эденского сада.

А часть от хазе и ниже сфиры Малхут мира Асия, находящейся под этой парсой, считается ее внешним свойством. В ней есть десять сфирот, и Малхут десяти этих сфирот – это наша земля, которая делится на семь пределов: Нешия, Ция, Арка, Тевель, Эрец, Адама, Гай. И по отношению к этому считается наша земля свойством Малхут мира Ацилут. Потому что в общем виде Малхут мира Ацилут оканчивается в свойстве Бины ее десятой сфиры, где находится парса, расположенная во внутренних органах. А оттуда и ниже распространяются десять сфирот внешней части Малхут.

Малхут этих десяти сфирот – это высшая земля с семью пределами, которые рассматриваются здесь. И каждый из этих семи пределов нижней земли, т.е. нашей земли, получает от свойства, соответствующего ему в пределах высшей земли.

---

[27] См. п. 53.

Таким образом, только внешняя часть Малхут парцуфа Малхут мира Ацилут относится к нашей земле. И в них семь пределов, которые выясняет здесь Зоар.

Эта Малхут считается также парцуфом, где четыре верхних предела расположены от ее хазе и выше до парсы, протянувшейся там. А три нижних предела расположены от хазе и ниже, под ее парсой. И эти три предела считаются внешней Малхут внешней части Малхут мира Ацилут. И в них находятся корни клипот, и эта внешняя часть внешней Малхут светит им тонким свечением, оживляющим их, как сказано: «И царство (малхут) Его над всем властвует»[28]. И это – те корни клипот, которые рассматривает Зоар в трех нижних пределах, и во всех них вместе облачается восславление Творца.

Почему же Малхут мира Ацилут светит клипот и оживляет их? Потому что восславление Творца не стало бы совершенным без них, ведь клипа (кожура) предшествует плоду, как известно.

## Первый предел, Есод

40/2) Первый предел внизу, т.е. нижний предел, являющийся пределом Есода, является первым, если мы начинаем считать снизу. И это – место тьмы, которое не светит. И оно установлено для пределов, в которых обитают духи, и затевающие тяжбу, и сильные ураганные ветры. И это – три вида клипот, одна сильнее другой, и они являются первой из четырех клипот – «ураганный ветер»[29]. Эти клипот не видны, и нет в них ни света, ни тьмы, ни какой-либо формы вообще.

И там, в этом месте, они не получают никаких знаний, ибо в нем не запечатлевается никакая форма. И хотя в этом пределе есть три клипы, но они никому не видны, и невозможно уловить в них ни света, ни тьмы, ни какой бы то ни было формы. Однако обязательно должен быть в них какой-то отпечаток. Но

---

[28] Писания, Псалмы, 103:19. «Творец в небесах утвердил престол Свой, и царство Его над всем властвует».
[29] Пророки, Йехезкель, 1:4.

в этом месте нет в отпечатке никакой формы, достаточной для восприятия. Поэтому о них вообще ничего не знают.

Дело в том, что первый этот предел соответствует пустынности из отрывка: «Земля же была пустынна»[23] – т.е. месту, в котором нет никакого цвета и никакой формы, и оно вообще не включается в форму. Вот сейчас оно имеет форму – но когда смотрят на него, нет у него формы. И сказано в Зоар, что «пустынность» – это место, в котором нет никакого цвета и никакой формы[30]. И поэтому сказано здесь, что также в этом первом пределе, соответствующем пустынности, нет того, кто знает о наличии клипот в нем. И кажется, что есть там клипот, но когда приближаются, чтобы посмотреть на них, не видят там никакой формы вообще.

41) Над этим местом назначен один ангел, и имя его Таариэль. И у ангела Таариэля есть семьдесят правителей, которые взлетают и растворяются под воздействием искр пламени, поднимающимся над ними. И есть среди них такие, которые не воплощаются, есть такие, которые воплощаются, но не видны, есть такие, которые видны, но когда приближаются, чтобы увидеть их, оказывается, что их нет, а при наступлении утра все они снова появляются.

«И не воплощаются», потому что, когда они приходят в это место, они исчезают. «И не находятся», потому что входят в один из проемов бездны. «И не видны», потому что в то время, когда наступает ночная тьма, они растворяются под воздействием языков пламени, пока не наступит утро.

Объяснение. Из сказанного «и царство (малхут) Его над всем властвует»[28] выяснилось, что Малхут мира Ацилут светит этим клипот тонким свечением для того, чтобы оживлять их. Поэтому они обосновались в месте этого предела, последнего предела внешней части Малхут, и нет там более низменного места, чем это. Однако назначен над ними ангел стороны святости, называемый Таариэль (досл. очищение Творца), согласно выполняемому им действию. Потому что действие его заключается в подчинении клипот и наставлении их так, чтобы они не причинили слишком большого вреда святости и служили святости

---

[30] См. Зоар, главу Берешит, часть 1, п. 20.

как должно, так как клипа (кожура) предшествует плоду. Таким образом, он уничтожает и искореняет в конце нечистоту этих клипот и несет очищение мирам. Поэтому и называется этот ангел Таариэль, и это буквы слов «таара (очищение) шель Эль (Творца)».

У него есть семьдесят правителей, роль которых – притягивать жизненные силы и поддержку клипот, имеющимся в этом пределе. И эти правители не могут существовать, но создаются и сгорают. Ведь поскольку они являются проводниками, несущими существование клипот, то должны быть такими же кратковременными, как и те сами, чтобы не было в них удела в вечности. Поэтому, когда они приближаются к Малхут, желая получить наполнение для клипот, то сгорают. А когда они воспаряют, чтобы получить наполнение, то растворяются под воздействием искр и вспышек пламени, находящихся над ними, т.е. от реки Динур[31] (огненной), находящейся выше них, в третьем пределе.

И они делятся на три трети, рош-тох-соф, представляющие собой КАХАБ ХАГАТ НЕХИ. И о свойстве НЕХИ в них говорится «и не воплощаются», поскольку при достижении этого места они полностью исчезают – ведь основные суды находятся в свойстве НЕХИ клипот. И поэтому проводники их должны полностью исчезнуть, чтобы те ничего не могли получить от них. Об их свойстве ХАГАТ сказано: «И не находятся, потому что входят в один из проемов бездны» – т.е. они видны, но когда приближаются, чтобы увидеть их, они не находятся, «потому что входят в один из проемов бездны», т.е. нукву пустынности, которую невозможно увидеть, так как свойство захар называется пустынностью, а свойство нуквы называется бездной.

Об их свойстве ХАБАД сказано: «И не видны, потому что в то время, когда наступает ночная тьма, они растворяются под воздействием искр пламени» – т.е. они находятся, но не видны, поскольку растворяются под воздействием искр пламени, поднимающегося над ними.

«А при наступлении утра все они снова появляются» – все три свойства, НЕХИ ХАБАД ХАГАТ. И когда они приближаются,

---

[31] Писания, Даниэль, 7:10.

желая получить наполнение, снова возвращаются к ним три вида суда, т.е. НЕХИ сразу же исчезают, ХАГАТ прячутся в бездне, а ХАБАД растворяются и не видны. И так это повторяется каждый день, и таким образом сильно сокращается сила клипот в этом пределе, и они становятся пригодны для своей роли – служить святости, так как клипа (кожура) предшествует плоду.

## Второй предел, Ход

42) Второй предел – это место, в котором свечение сильнее, однако он все еще темный, но не настолько, как первый предел. Этот предел устроен как место обитания для высших ангелов, в котором нет клипот, и они поставлены над делами людей, чтобы помогать им, если они совершают хорошие действия. И также наоборот, чтобы совращать их идти тем дурным путем, на котором они находятся. Но, несмотря на это, они – высшие ангелы, а не клипот, как уже разъяснялось в сказанном: «Десница Твоя простерта, чтобы принять возвращающихся»[32]. И это место видно лучше, чем предшествующее место в первом пределе, поскольку первый предел является свойством «пустынность», а этот предел – свойство «хаос», которое проявлено больше.

Эти ангелы близки к людям. Объяснение. Есть ангелы, которые являются людям в образе людей, а есть другие ангелы, которые действительно показываются лишь облаченными в дух, согласно пониманию человеческого разума. И поэтому здесь говорится, что ангелы, находящиеся в этом пределе, близки к людям, т.е. показываются людям в их же виде. И поскольку они относятся к свойству от хазе и ниже этих пределов, и также люди относятся к свойству от хазе и ниже, они близки и подобны им.

Однако ангелы, относящиеся к свойству от хазе и выше этих пределов, т.е. находящиеся в четвертом пределе, показываются людям лишь в видении или в углубленном созерцании. Ибо они не близки к людям, так как находятся от хазе и выше. А эти ангелы получают питание от ароматов и умащений, поднимающихся наверх от людей, чтобы получаемое ими было более

---

[32] См. Зоар, Берешит, часть 1, п. 173.

эффективным, и они могли светить сильнее. Иными словами, благодаря МАН, который люди поднимают вследствие добрых деяний, получение относительно ароматов и умащений становится у этих ангелов более эффективным, и они светят сильнее.

43) Над этими ангелами есть правитель Кдумиэль, имя которого означает – «предшествует мне Творец (кдуми Эль)», так как этот правитель должен оберегать ангелов, находящихся в его пределе, от сил суда третьего чертога, чтобы те не возобладали в них. И поскольку третий чертог выше него, а у любого высшего есть власть над находящимся ниже него, поэтому этот правитель получает силы защититься от него с помощью имени Эль. Ведь поскольку это имя является именем Хесед, предшествующим Гвуре, левой линии, властвующей в третьем чертоге, у него есть возможность отменить силы суда, находящиеся в высшем по отношению к нему, в Нецахе. И с помощью этой предшествующей силы, имеющейся в имени Эль, он защищается от него.

Поэтому он называется Кдумиэль. Это имя указывает на то, что вся его сила исходит от того, что имя Эль предшествует Гвуре и тем самым отменяет и отдаляет суды, действующие в пределе выше него, чтобы они не были властны над ним. Эти ангелы, над которыми назначен Таариэль, начинают воспевание, но замолкают и уходят восвояси, потому что воспевание исходит от левой линии, и поэтому это воспевание усиливает силу левой линии, и вследствие этого пробуждаются над ними силы суда третьего чертога. И поэтому ангел Таариэль, заставив их замолчать посреди их воспевания, не позволяет им закончить его.

После того, как они прекратили воспевание и ушли восвояси, они вообще перестают появляться, пока Исраэль внизу, в этом мире, не начинают произносить песнь. Тогда эти ангелы возвращаются на свое место, к своему воспеванию, как и вначале, и показавшись, они светят еще сильнее.

Трижды в день они произносят благословение освящения (кдуша). Объяснение. Исраэль прилепляются к телу (гуф) Царя, т.е. к средней линии, называемой гуф, которая согласует и объединяет две руки друг с другом, т.е. две линии, правую и левую. Таким образом, воспевание Исраэля исходит от левой линии, но только после того, как она исправлена и согласована с правой с помощью милосердия, имеющегося в средней линии. А после того, как левая линия исправилась и включилась в правую, высшие ангелы могут вернуться к своему воспеванию. Ведь больше нет страха перед пробуждением сил левой линии третьего чертога, и ангел Таариэль больше не прерывает их. И тогда они трижды в день произносят благословение освящения (кдуша), т.е. притягивают святость (кдуша) с помощью трех линий, правой-левой-средней, что и означают слова «трижды в день».

А когда Исраэль занимаются Торой, воспаряют все ангелы этого предела и ставновятся свидетелями наверху, и тогда Творец проявляет к ним милосердие. Объяснение. Посредством МАН, которые Исраэль поднимают во время занятий Торой, они дают силы ангелам этого предела, чтобы те могли вознестись наверх, к высшему единству. И то благо, которого они достигли посредством изучения Торы, считается как свидетельство с их стороны огромной святости в занятиях Торой, и благодаря единству, которое возникло вследствие подъема МАН, Творец проявляет милосердие к Исраэлю, т.е. наполняет их мохин средней линии, называемыми милосердием.

## Третий предел, Нецах

44) Третий из семи пределов высшей земли – это место пламени и клубов дыма, и оттуда берет свое начало и вытекает река Динур[31]. Иными словами, там источник реки Динур, являющейся местом сожжения душ грешников, и оттуда опускается огонь на головы грешников.

Этот предел обрушивает огонь на головы грешников, пребывающих внизу, в преисподней, и поскольку из этого предела огонь выходит и опускается в преисподнюю, он называется местом сожжения. И там находятся ангелы-губители, которые уничтожают их в преисподней.

45) И там находятся иногда злословящие на Исраэль, чтобы совратить их с пути добра. За исключением того времени, когда Исраэль предпринимают всевозможные средства избавиться от них, и тогда те не могут причинить им вред. Над ними есть

правитель с левой стороны. Все ангелы, находящиеся там, происходят от стороны тьмы, и об этом пределе сказано: «И тьма над бездною»²³. Потому что первый предел – «пустынность», второй предел – свойство «хаос», и третий предел – «тьма над бездною»³³. И злодей Сам находится в этом пределе.

Таким образом, мы видим, что в третьем пределе, называемом Нецах, нет никакой искры исправленного свечения, но весь он – огонь, дым, река Динур (огненная), место сожжения грешников, ангелы-губители и злодей Сам. А в нижнем пределе, втором пределе, Ход, находятся высшие ангелы, а после того, как Исраэль начинают воспевание, приходит к ним сильное свечение, и они тоже произносят песнь и три благословения освящения.

И необходимо это понять, ведь любой высший всегда несравнимо важнее нижнего, а здесь – наоборот, высший предел оказывается гораздо хуже, чем нижний. Но дело в том, что различие между Нецахом и Ходом такое же, как между ГАР и ВАК. И известно, что одно из начальных исправлений, установившихся в мире исправления, это скрытие внутренних Абы ве-Имы, означающее скрытие свечения ГАР парцуфа АБ, чтобы они не светили до завершения исправления.

И эти пределы представляют собой ВАК сферы Малхут десяти внешних сфирот парцуфа Малхут мира Ацилут, являющиеся свойством левой линии. Однако с помощью Исраэля, поднимающих МАН вследствие занятий Торой и добрых деяний, они получают свое исправление от Зеир Анпина мира Ацилут. И тогда притягиваются к ним мохин парцуфа АБ, исправляющие также и левую линию, потому что левая линия не может получить исправление от уровня меньшего, чем они (эти мохин). Но поскольку ГАР парцуфа АБ не притягиваются на протяжении всех шести тысяч лет, то получается, что все эти мохин, которые притягиваются с помощью МАН Исраэля, светят и принимаются только лишь в этом пределе Ход, где происходит прием ВАК, но вовсе не в пределе Нецах, в котором происходит прием ГАР.

---

³³ См. главу Берешит, часть 1, п. 23.

Поэтому предел Нецах остается без всякого приема мохин. И кроме того, там находятся корни всех наказаний, так как корнем всех нарушений является грех Древа познания, и этот грех заключался в том, что Сам, восседавший на змее, совратил Адама и Хаву притянуть мохин ГАР де-АБ в предел Нецах. И сказано о нем, что весь он – огонь и дым, и злодей Сам находится в этом пределе и является корнем всего зла, так как ввел Адама и Хаву в искушение отведать от Древа познания.

Однако нижний по отношению к нему чертог, второй чертог, Ход, получает свое полное исправление благодаря МАН Исраэля, так как получает только ВАК парцуфа АБ, являющиеся его собственным свойством. Поэтому сказано, что «они трижды в день произносят благословение освящения», т.е. получают мохин по трем линиям правая-левая-средняя, представляющим собой эти три благословения и притягивающим только мохин ВАК парцуфа АБ, совершенно достаточные для свойства Ход.

## Четвертый предел, Тиферет

46) Четвертый предел – это место, которое светит. И там свет приходит к высшим ангелам, находящимся в правой стороне. И они начинают возносить песнь и завершают ее. И они не исчезают после воспевания, как те, первые ангелы, находящиеся в первом пределе, которые начинают возносить песни и сгорают, преодолевая пламя огня, а утром снова обновляются, как и вначале. Однако ангелы, находящиеся здесь, остаются на своем месте и не исчезают, так как это – те ангелы милосердия, которые не изменяются никогда.

Иначе говоря, они не сгорают, как первые, так как исходят от света милосердия ступени хасадим, находящейся выше хазе, которая получена там от Бины, и это свойство «ибо желает милости (хафец хесед) Он»[20], являющееся правой линией. И они никогда не изменяются, желая получить от свойства светов левой линии, поэтому никакой суд в мире не властен над ними. И благодаря этому они могут завершить свое воспевание и не сгорают.

47) И об этих ангелах сказано: «Делает Он ветры посланниками Своими»[34], и они выполняют свою миссию в мире, не показываясь людям, и являются им только в видении или в другом виде, в углубленном созерцании. Потому что эти ангелы, находящиеся от хазе и ниже, во время выполнения своей миссии в мире принимают облачения этого мира и являются людям. То есть, эти ангелы-посланники Творца, когда опускаются в этот мир, они скрываются под покровами и облачаются в тело, подобное телу этого мира. И они близки к людям[35].

Однако ангелы четвертого предела, Тиферет, расположенного от хазе и выше, не облачаются в одеяния этого мира, так как являются духами, расположенными от хазе и выше, а этот мир относится к свойству от хазе и ниже. И они не показываются людям, потому что у них нет близости к ним. И их постигают через видения или иным образом, с помощью углубленного созерцания.

И сказано в Зоаре[36], что они относятся к свойству: «И птица будет летать над землей»[37]. «И птица будет летать»[37] – это высшие посланники, ангелы, являющиеся людям в образе людей. И это видно из слов: «Будет летать над землей», указывающих на то, что эти ангелы подобны жителям земли, потому что есть другие ангелы, которые действительно показываются лишь облаченными в дух, согласно пониманию человеческого разума.

И один ангел поставлен над ними, по имени Падаэль, состоящему из слов «пада (искупил) Эль (Творец)». Потому что те, кто удостаиваются поднять МАН в этот предел благодаря своим добрым деяниям, получают света хасадим через этого ангела. И даже если должны умереть, они искупаются и не умирают. Поэтому этот ангел называется «пада (искупил) Эль (Творец)», как сказано: «И искупил народ Йонатана, и не умер он»[38].

В этом чертоге доступны ключи к милосердию тем, кто совершает возвращение к Господину своему. И они открывают ими

---

[34] Писания, Псалмы, 104:4.
[35] См. выше, п. 42.
[36] Зоар, глава Берешит, часть 1, п. 406.
[37] Тора, Берешит, 1:20.
[38] Пророки, Шмуэль 1, 14:45.

врата, чтобы провести через них свои молитвы и просьбы, потому что врата молитвы раскрываются только лишь посредством притяжения ГАР к Шхине. И те, которые совершили возвращение и благодаря своему возвращению притянули ГАР к Шхине, достигают ключей милосердия, чтобы открыть врата молитвы, и получают наслаждение в ответ на все то, что просили у Творца, обращаясь в молитве к нему.

## Пятый предел, Гвура

48) Пятый предел – свет его ярче всех предшествующих ему пределов. И есть в нем ангелы, часть из них – это ангелы огня, относящиеся к мере суда, а часть – ангелы воды, относящиеся к мере милосердия. Иногда они пребывают в милосердии, когда власть находится у ангелов воды, а иногда – в мере суда, когда власть находится у ангелов огня. Одни из них находятся в правой стороне, а другие – в левой. Ангелы огня – в левой, а ангелы воды – в правой.

Иногда одни светят, а другие пребывают во тьме. И те, и другие, как ангелы милосердия, так и ангелы суда, призваны воспевать Господину своему, одни – в полночь, а другие – с наступлением утренней зари. Потому что ангелы этого предела находятся в подобающем им совершенстве, как ангелы милосердия, так и ангелы суда. И поэтому и те, и другие возносят песнь, ангелы суда – в полночь, ангелы милосердия – с наступлением утра. И один правитель над ними, по имени Кадшиэль, состоящему из слов «кадши (освяти меня) Эль (Творец)». Потому что его назначение заключается в привлечении святости отсюда – к нижним.

49) Когда ночь разделяется, т.е. в полночь, и поднимается северный ветер, Творец наслаждается с праведниками в Эденском саду. Тогда ударяет северный ветер и достигает тех, кто назначен воспевать в полночь, и все они воспевают и произносят песнь для нижних, чтобы те тоже могли произнести песнь.

Пояснение сказанного. Ночь – это Малхут, Нуква Зеир Анпина. В ней имеется подслащение от Бины, ибо нет у Малхут строения прежде, чем она подсластится от Бины. Поэтому в Малхут различаются две особенности:

1. Это ее собственное свойство – суд, первая половина ночи.
2. Ее включение в Бину, свойство милосердия, вторая половина ночи.

Поэтому в полночь пробуждается северный ветер (руах), руах от Бины, называемый северным. Потому что юг-север – это Хохма и Бина, и этот руах подслащает Малхут, и Малхут получает вначале состояние катнут Бины. А северный ветер, Бина, пробуждается и ударяет в Малхут, называемую «ночь». Потому что «ударяет» говорится о свечении катнут. А затем достигает тех, кто назначен воспевать в полночь, во время прихода состояния гадлут от Бины к Малхут и к ангелам, происходящим от нее.

Благодаря мохин, которые приходят к ним, они воспевают песнь. А перед наступлением утра, перед утренним рассветом, – при двойной тьме, образовавшейся в конце ночи, перед наступлением утра, – она производит соединение (зивуг) со светом утра, и тогда все остальные ангелы, ангелы воды с правой стороны, произносят песнь. А все оставшиеся ангелы, т.е. все ангелы огня с левой стороны, помогают им, потому что песнь относится к свойству левой стороны.

Поэтому ангелам правой стороны нужна помощь от ангелов левой стороны, чтобы те смогли вознести песнь. Как сказано: «При всеобщем ликовании утренних звезд и возгласах приветствия ангелов Всесильного»[39] – это указывает на всех ангелов без исключения, как на ангелов воды, так и на ангелов огня, потому что все они вместе возносят песнь до тех пор, пока Исраэль внизу не начинают возносить песнь и восславления вслед за ними.

Эти ангелы важнее Исраэля, так как расположены в месте от хазе и выше этих чертогов, поэтому Исраэль получают силы от них, чтобы вознести песнь. Однако ангелы, расположенные от хазе и ниже этих пределов – наоборот. Поэтому они не могут продолжать свою песнь до тех пор, пока Исраэль внизу, в этом мире, не начинают произносить свою песнь. Потому что эти ангелы, пребывающие в месте от хазе и ниже, так же, как и Исраэль, находятся на ступени меньшей, чем

---

[39] Писания, Йов, 38:7.

Исраэль, и должны получить силу от Исраэля, чтобы продолжать свое воспевание.

## Шестой предел, Хесед

50) Шестой предел близок к небесной Малхут, внутренней Малхут, называемой «небесное царство». И в нем есть корабли, реки и ручьи, которые разделяются и исходят из воды. Малхут называется «море»[40]. «Корабли» означают – мохин ГАР, «реки» – ХАГАТ, «ручьи» – НЕХИ. Три вида свечения исходят от Малхут, называемой морем, к этому шестому пределу, близкому к ней – ХАБАД, ХАГАТ, НЕХИ. И хотя все эти пределы являются только свойством ВАК, все же они делятся на три свойства, потому что у ВАК тоже есть свойство ГАР, относящееся к ним.

И множество рыб, т.е. ангелов, исходящих от трех этих свойств, плавают в этих реках и ручьях, в четырех сторонах света. И над ними назначены правители. Один из правителей, Уриэль, назначен над всеми нижними ангелами этого предела, так как он назначен над теми ангелами, которые находятся в западной стороне, являющейся последней из четырех сторон. Потому что четыре стороны – это ХУГ ТУМ (Хесед-Гвура-Тиферет-Малхут). И западная сторона – это Малхут. Поэтому ангелы, находящиеся в этой стороне, на уровень ниже, чем ангелы остальных сторон – южной-северной-восточной, т.е. Хесед-Гвура-Тиферет.

51) В те часы и мгновения, когда корабли движутся, движутся все ангелы вместе, в одну или другую сторону, т.е. в ту сторону, в которую плывут корабли. Когда корабли движутся в южную сторону, правителем, стоящим над ними в этой стороне, является Михаэль, исходящий от правой стороны, т.е. Хеседа. А когда корабли движутся в северную сторону, правителем, стоящим над ними в этой стороне, является Гавриэль, исходящий от левой стороны, Гвуры. Потому что четыре стороны юг-север-восток-запад – это ХУБ ТУМ (Хохма-Бина-Тиферет-Малхут). А в свойстве ВАК они называются ХУГ ТУМ (Хесед-Гвура-Тиферет-Малхут). И поэтому Михаэль – в южной стороне, а Гавриэль – в северной.

---

[40] См. главу Берешит, часть 1, п. 59.

Когда корабли движутся в восточную сторону, правителем, стоящим над ними в этой стороне, является Рефаэль, и он – в правой стороне, т.е. склоняется к свойству хасадим. А когда корабли движутся в западную сторону, правителем, стоящим над ними в этой стороне, является Уриэль, и он – последний, как сказано: «Последними выступать будут»[41]. Потому что западная сторона – последняя из всех четырех.

## Седьмой предел, Бина

52) Седьмой предел является высшим из всех пределов, и там находятся только души праведников. Там души наслаждаются только высшим сиянием и радуются там высшим благам и наслаждениям. «Высшее сияние» – это ГАР, «высшие блага и наслаждения» – света хасадим.

И там находятся только лишь одни праведники, т.е. нет там ангелов, а только души праведников, и там – сокровищницы мира, благословения и пожертвования. И всё там – как в высшем свойстве, Бине. Объяснение. Седьмой предел относится к свойству Бины, и поэтому он получает от свойства, соответствующего ему, от высшей Бины.

53) Так устроено всё в семи пределах нижней земли, и все они находятся в подобии семи высшим пределам. Иначе говоря, семь пределов в нижней земле, в мире Асия, равны по всем своим свойствам семи пределам высшей земли, т.е. внешней части Малхут мира Ацилут. И во всех семи пределах нижней земли есть всевозможные ангелы, похожие на людей – т.е. они могут облачаться в одеяние этого мира, как и люди. И этим отличаются семь пределов нижней земли от семи пределов высшей земли.

Потому что в высшей земле только во втором пределе, расположенном в месте от хазе этих пределов и ниже, ангелы, находящиеся там, подобны людям. А начиная от четвертого предела и выше, у них уже нет сходства с людьми, и являются они лишь в видении и при углубленном созерцании. Тогда как

---

[41] Тора, Бемидбар, 2:31. «Последними выступать будут при своих знаменах».

во всех семи пределах нижней земли есть ангелы, похожие на людей, даже в месте от хазе и выше. Потому что вся нижняя земля полностью находится в месте от хазе высшей земли и ниже. И даже четыре верхних ее предела тоже считаются расположенными ниже хазе.

И все они благодарят и восславляют Творца. Но во всех этих пределах нет того, кто бы постиг величие Его как те, кто находится в высшем пределе. И они постигают величие Его как подобает, чтобы служить Ему и восславлять Его, и познавать величие Его.

54) Этот мир, называемый Тевель (земной мир), существует лишь для поддержки праведников – т.е. святых тел, находящихся в этом мире, ради которых мир создан и существует. Так же, как наверху, в пределах высшей земли, седьмой предел существует лишь ради душ праведников, так же и в пределах нижней земли седьмой предел, Тевель, установлен лишь ради тел праведников.

Ради них существует этот мир и ради них создан, чтобы они стали равными как одно целое, один в соответствии другому, иначе говоря, что семь пределов нижней земли распространяются и исходят от семи пределов высшей земли, каждое свойство – от свойства, соответствующего ему в высшей. И поэтому отношения в каждом из пределов нижней земли должны быть такими же, как в соответствующем ему пределе высшей земли.

И поскольку в седьмом пределе высшей земли есть только лишь души людей, так же и седьмой предел нижней земли установлен только лишь ради тел людей-праведников. И хотя есть здесь остальные виды живых существ, и также тела грешников, однако не ради них создан мир, и они находятся лишь с тем, чтобы обслуживать тела праведников. Как сказано: «Созданы они лишь для того, чтобы служить мне, а я – чтобы служить Создателю моему»[42]. И поскольку у остальных созданий самих по себе нет никакой ценности, считается, что они словно и не живут здесь.

---

[42] Вавилонский Талмуд, трактат Кидушин, лист 22:1.

# Семь чертогов высшей земли

55/1) В семи пределах, т.е. пределах высшей земли, есть семь чертогов, относящихся к тайнам веры, т.е. к Малхут мира Ацилут, называемой вера. И они соответствуют семи высшим небосводам. Объяснение. Небосвод – это Зеир Анпин, и есть у него семь небосводов, т.е. свойства Бина и ХАГАТ НЕХИ его. И чертог – это Малхут. А семь чертогов, являющихся свойствами Бина и ХАГАТ НЕХИ её, соответствуют семи небосводам Зеир Анпина, т.е. каждый чертог получает всё, что есть в нем, от свойства, соответствующего ему в небосводах Зеир Анпина.

Пределы – это свойство ВАК, а чертоги – ГАР. И эти семь чертогов облачаются в шесть пределов, потому что каждый, кто выше другого, считается более внутренним свойством, чем он. Поэтому каждый высший облачается в нижнего, и так же, как парцуф ХАБАД облачается в парцуф ВАК, так же чертоги, являющиеся свойством ХАБАД, облачаются в пределы, являющиеся свойством ВАК. Каждый чертог находится в пределе, соответствующем его свойству. И в каждом из семи чертогов есть высшие духи, и это ангелы, назначенные над этими чертогами.

## Первый чертог, Есод

55/2) Первый чертог, снизу вверх, – это чертог Есод. Здесь находится дух, назначенный над душами пришельцев, принявших веру, и имя его Рахмиэль, состоящее из слов «рахамей (רחמי милосердие) эль (אל Творца)», поскольку он притягивает милосердие к душам принявших веру. И этот ангел принимает души принявших веру, и они наслаждаются, благодаря ему, сиянием высшего величия.

## Второй чертог, Ход

56) Второй чертог – это Ход. В нем есть один дух, по имени Ааинэль, и он поставлен над всеми душами младенцев, которые не удостоились при жизни своей в этом мире изучать Тору, и он поставлен над ними и обучает их Торе.

Внутренний смысл сказанного. Человек не становится совершенным прежде, чем постигнет пять свойств души, называемых НАРАНХАЙ (нефеш-руах-нешама-хая-ехида). Но не каждый человек удостаивается их за один кругооборот. И самым трудным является следующее. Если человек переходит от ВАК к ГАР и не может очиститься во всей полноте, как надлежит для ступени ГАР, т.е. для уровней нешама-хая-ехида, он должен умереть и пройти повторный кругооборот в этом мире. И те, кто умирает после постижения ВАК, называются душами младенцев, которые не удостоились в этом мире изучать Тору. Потому что состояние ВАК (шесть окончаний) называется «младенцы», и они не удостаиваются в этом мире изучать Тору и восполниться свойством ГАР.

И они со стороны собственного свойства были достойны войти в третий чертог, Нецах, так как уже удостоились ступени нефеш-руах, т.е. ВАК. Но поскольку чертог Нецах светит лишь сверху вниз, они не могут получить там блага, и поэтому входят в чертог Ход. И хотя это ниже их достоинства, тем не менее, это им во благо, чтобы они смогли получить совершенный свет сверху вниз. Поэтому называется этот ангел, назначенный обучать их, по имени Ааинэль (אהיניאל), состоящем из слов «аани (אהני наслади меня) Эль (אל Творец)», в значении «несущий благо» и «благо». Потому что эти души достигают с его помощью большую выгоду и благо.

## Третий чертог, Нецах

57) Третий чертог – чертог Нецах. В нем есть один дух по имени Адаринэль, и он поставлен над душами тех, кто совершал и не совершил возвращение, т.е. собирались совершить возвращение, но не успев совершить, умерли. Поэтому называется их ангел-правитель по имени Адаринэль (אדריהנאל), состоящему из слов «адарина (הדרינא сделай меня достойным) Эль (אל Творец)», что означает «раскаяние» и «возвращение», поскольку он поставлен над душами совершающих возвращение. Их наказывают в преисподней, затем вводят к этому духу, и он принимает их, и они стремятся насладиться сиянием величия Господина своего и не могут насладиться.

Объяснение. Уже выяснялось во втором чертоге относительно душ младенцев, что после того, как они удостаиваются ГАР, они поднимаются во второй чертог для получения исправления. Однако эти умерли, не отведав вкуса греха. Но есть такие, кто продолжает жить, то есть начали удостаиваться ГАР и не умерли в молодые годы, а совершили грех, и хотя собирались сразу же совершить возвращение, все-таки не успели завершить его и умерли. Такие души вначале наказываются в преисподней, а затем поднимаются в Нецах и достигают там сильного желания наслаждаться от сияния величия Творца. Однако они могут наслаждаться там лишь с наступлением субботы и нового месяца.

Эти души называются порождением плоти. И о них сказано: «И будет: в каждое новомесячье и в каждую субботу приходить будет всякая плоть, чтобы преклониться предо Мной»[43]. И вот почему они называются «порождение плоти». У десяти сфирот есть много названий: Хесед, Гвура, Тиферет называются «мозг (моха)», «кости (ацамот)», «жилы (гидим)», а Нецах и Ход называются «плоть (басар)» и «кожа (ор)». И поскольку эти души относятся к чертогу Нецах, они называются «плоть (басар)». Потому что «плоть (басар)» – это Нецах.

## Четвертый чертог, Тиферет

58) Четвертый чертог – это Тиферет. Здесь поставлен один дух по имени Гадриаэль. Ангел этот поставлен над всеми душами, убитыми народами мира, чтобы вводить их записываться на облачении Царя, и они записываются на облачении до того дня, когда Творец воздаст за них, как сказано: «Судить будет Он народы, наполнится трупами земля»[11]. Поэтому называется этот правитель по имени Гадриаэль (גדריאל), состоящем из слов «гадриа (גדריה) огради ее) Эль (אל Творец)», означающих – место, оставленное ему праотцами, чтобы укрыться в нем, потому что Творец укрывается вместе с душами этих убитых.

---

[43] Пророки, Йешаяу, 66:23.

## Пятый чертог, Гвура

59/1) Пятый чертог – это чертог Гвуры. Здесь поставлен один дух Адириэль. И он поставлен над всеми душами, которые получили восполнение в левой стороне. Имя Адириэль состоит из слов «адири (אדירי дай мне могущество) Эль (אל Творец)». То есть, он могучий (гибор), потому что поставлен над чертогом Гвура.

## Шестой чертог, Хесед

59/2) Эти души находятся выше всех душ, находящихся в этом, самом высшем пределе. Правитель Михаэль, высший над всеми ангелами, поставлен и властвует в этом чертоге Хесед. И множество тысяч и десятков тысяч ангелов находятся под его властью в стороне Хеседа. И там души приверженцев (хасидов) наслаждаются высшим светом, нисходящим там от будущего мира – Бины.

Седьмой чертог здесь отсутствует, так как он предназначен для истолкования имен ангелов, поставленных над всеми чертогами, но в самом седьмом чертоге нет ангелов-правителей.

# Обозрение Сулам
# Введение в семь чертогов

1) Необходимо как следует понять, что означают эти чертоги, что представляют собой и для чего установлены. Эти чертоги установлены с тем, чтобы выстроить в них последовательность восхваления Творца. И все эти порядки, имеющиеся в чертогах, представляют собой единую общность для того, чтобы включить нижние (чертоги) в высшие. Все порядки этих чертогов являются последовательностью включения нижних в высшие, и целью этого включения является воцарение Шхины в мире. Нам остается понять, что представляет собой включение.

2) Источник включения и подъема нижних в высшие – это взаимодействие меры милосердия с судом, т.е. подъем Малхут и включение ее в Бину во время второго сокращения. И вследствие этого подъема приобрела Малхут и все нижние, исходящие от нее, печать и место для получения больших мохин Бины, что и называется воцарением Шхины в мире.

3) В отношении этого общего подъема Малхут называется чертогом, т.е. чертогом Царя, что указывает на постижение нижними подслащенной Малхут, с помощью которой они постигают мохин ГАР, называемые «светом глаз» и «видением». Потому что Царь пребывает лишь в своем чертоге, и видящие лик Царя находятся там.

Первый чертог – это место, которое установлено внизу, т.е. в Малхут, чтобы быть подобным высшему – Бине[44]. И не только первый чертог, но и все чертоги такие. Ведь Зоар выясняет свойства чертога, Малхут, которая включилась в Бину и стала как она. И это – семь чертогов, соответствующие семи сфирот этой Малхут. Таким образом, выяснилось, что представляют собой эти семь чертогов.

4) Однако строение ступеней, находящихся в этих семи чертогах, исходит от Бины, так как после того, как Малхут подсластилась в Бине, она получает от нее мохин и ступени,

---
[44] См. выше, п. 6.

являющиеся всей сущностью, содержащейся в этих чертогах. И в общем виде мохин делятся на мохин де-паним (лицевой стороны), и мохин де-ахораим (обратной стороны). И также келим, получающие в себя мохин, делятся на келим де-паним и келим де-ахораим. И источником этого деления является деление на два свойства самой Бины, от которой исходят все эти мохин и келим, – на «паним» и «ахораим».

5) Деление Бины на две части произошло сразу же в исходной Бине, т.е. в Бине Арих Анпина. Ибо после того, как Малхут поднялась в место Бины рош Арих Анпина, и Бина вышла вследствие этого за пределы рош Арих Анпина и сократилась до состояния ВАК без рош, это не коснулось самой Бины, т.е. ее КАХАБ, а только ее включения в Зеир Анпин, т.е. семи ее нижних сфирот. Потому что сущностью Бины является свет хасадим без Хохмы, и притяжение свечения Хохмы в хасадим уже считается сущностью Зеир Анпина.

Поэтому выход Бины из рош Арих Анпина в место гуф, которому недостает свечения Хохмы, совершенно не сокращает Бину. Ведь также и во время нахождения в рош Арих Анпина она не получает там Хохмы. И поэтому считается, словно она еще находится в рош Арих Анпина и облачает его скрытую Хохму. И только Зеир Анпин, включенный в эту Бину, нуждается в свечении Хохмы. И теперь, когда он находится в месте гуф Арих Анпина, ему недостает свечения Хохмы, и он сильно сокращен, и считается, словно у него отсутствует рош, т.е. свойством ВАК без ГАР. И он считается свойством ЗАТ Бины. Таким образом, в силу подъема Малхут в рош Арих Анпина, Бина разделилась на два свойства:

1. Ее собственное свойство, т.е. ее КАХАБ. И хотя она является свойством хасадим без Хохмы, они определяются как законченные ГАР, поскольку считается, что они и сейчас всё еще находятся в рош Арих Анпина. И это свойство установилось в парцуфе высшие Аба ве-Има, всегда находящиеся в состоянии паним бе-паним, в зивуге (слиянии), не прекращающемся никогда.

2. Свойство Зеир Анпина, содержащегося в ней и включающего ХАГАТ НЕХИМ, нуждающиеся в свечении Хохмы, которого нет у него. И он считается свойством ВАК без рош. И это свойство установилось в парцуфе ИШСУТ, облачающем Арих Анпин от хазе и ниже и считающемся свойством ахораим Бины.

6) Однако также и во время гадлута, когда Бина возвращается в рош Арих Анпина и получает Хохму, эта Хохма не получаема высшими Аба ве-Има, являющимися свойством паним Бины, а только парцуфом ИШСУТ, являющимся свойством ахораим Бины. И поэтому мохин Аба ве-Има называются «чистый воздух (авира дахья)», что означает мохин свойства хасадим, так как они всегда находятся в свете хасадим, и «йуд י» никогда не выходит из их свойства «авир (אויר воздух)».

И поэтому считается, что Зеир Анпину необходимо получить два вида мохин: мохин де-паним от Абы ве-Имы и мохин де-ахораим от ИШСУТ. Потому что в то время, когда ИШСУТ находятся за пределами рош Арих Анпина, у ЗОН и всех нижних есть только ВАК без рош, так же, как и у ИШСУТ. И поэтому началом исправления является подъем МАН и возвращение ИШСУТ в рош Арих Анпина, вследствие чего Зеир Анпин получает от него свечение Хохмы и восполняется свойством рош. Однако он еще не пребывает в совершенстве, так как это лишь мохин ЗАТ Бины, мохин де-ахораим.

Поэтому необходимо снова вознести МАН и поднять парцуф ИШСУТ в высшие Абу ве-Иму. И тогда Зеир Анпин получает от него мохин де-паним от высших Абы ве-Имы. И мохин де-ахораим облачаются в Зеир Анпин в келим его ахораим – в НЕХИ, расположенные от его хазе и ниже. А мохин де-паним облачаются в его келим де-паним – в ХАГАТ, расположенные от его хазе и выше.

И хотя эти мохин являются светом хасадим без Хохмы, все же считается, что они словно никогда не выходили из рош Арих Анпина. И считаются всегда словно облачающими скрытую Хохму, содержащуюся в рош Арих Анпина, и свечение этой скрытой Хохмы в высших Абе ве-Име называется выдержанным вином, а свечение мохин сущности Абы ве-Имы называется едой.

7) Сказано: «Ешьте, дорогие! Пейте до упоения, возлюбленные!»[45] О высших, т.е. об Абе ве-Име, говорится как о еде без питья: «Ешьте, дорогие!»[45] Потому что тот, у кого есть бурдюки с вином, нуждается лишь в пище. И поскольку выдержанное вино находится в Абе ве-Име, сказано о них только «ешьте», а

---

[45] Писания, Песнь песней, 5:1.

о нижних, нуждающихся в питье, т.е. о ЗОН, сказано «пейте», т.е. «пейте до упоения, возлюбленные!»[45] Все насаждения, т.е. ЗОН и нижние, нуждаются в орошении от свойства глубокой реки, т.е. ИШСУТ. И поэтому об Абе ве-Име сказано «ешьте», а о ЗОН сказано «пейте». «Дорогие» – это Аба ве-Има, «возлюбленные» – ЗОН.

8) Еда означает мохин свойства хасадим, свойство «чистый воздух (авира дахья)», т.е. мохин Абы ве-Имы. Питье – это мохин свечения Хохмы, свойство «вино, радующее Творца и людей». Поэтому «ешьте, дорогие!»[45] – это Аба ве-Има, у которых есть бочки вина, свет Хохма, потому что они словно находятся всё время в рош Арих Анпина, и скрытая Хохма Арих Анпина, называемая «выдержанное вино», всегда находится в Абе ве-Име. И поэтому они нуждаются лишь в свете хасадим, называемом «еда», и не получают больше никакого свечения Хохмы.

Сказанное «пейте до упоения, возлюбленные!»[45] относится к ЗОН. И всё то время, когда они не получают свечения Хохмы от ИШСУТ, вернувшегося в рош Арих Анпина, они считаются ВАК без рош. И поэтому они должны вначале пить вино, веселящее Творца и людей, от мохин ИШСУТ. И вследствие того, что ИШСУТ является свойством ВАК и ахораим высших Абы ве-Имы, считаются их мохин как мохин ВАК и мохин ахораим. А затем поднимаются ИШСУТ и включаются в Абу ве-Иму. И ЗОН постигают от них мохин паним, называемые «едой». И этот подъем ИШСУТ в Абу ве-Иму называется включением нижнего в высшего, без чего мохин не достигают своего совершенства.

9) И отсюда пойми два вида мохин, которые мы притягиваем в Зеир Анпин. И это НАРАНХАЙ де-ахораим и НАРАНХАЙ де-паним, называемые ибур-еника-мохин (зарождение-вскармливание-разум) свойства ахораим, и ибур-еника-мохин свойства паним. Потому что в отношении постоянного получения он находится только лишь в состоянии ибур-еника свойства ахораим, т.е. нефеш-руах без нешама-хая-ехида, называемые ВАК без рош. А остальное необходимо привлечь посредством подъема МАН с помощью добрых деяний и молитвы.

Вначале притягиваются мохин свойства ахораим, т.е. ГАР свечения Хохмы от ИШСУТ, называемые «радующим вином», однако нельзя оставлять Зеир Анпин с этими мохин свойства ахораим, потому что они относятся в основном к левой линии, и есть в них включение внешних свойств. И поэтому сказано о Ноахе: «И выпил он вина, и опьянел, и обнажился посреди своего шатра»[46]. Но необходимо сразу включить нижнего в высшего, т.е. поднять ИШСУТ в свойство их паним, т.е. в высшие Абу ве-Иму, являющиеся их высшим парцуфом. И тогда ИШСУТ постигают мохин де-паним от Абы ве-Имы и передают Зеир Анпину ибур-еника-мохин де-паним.

10) Вместе с этим пойми, что запрещено человеку входить в эти чертоги из опасения, что он потянется за ними подобно тому, как сделал Ноах, о котором сказано: «И выпил он вина... и обнажился»[46]. И необходимо понять, что есть там, в этих чертогах, чего нужно бояться «не потянуться за этим», приносящее опьянение, то, от чего опьянел Ноах? Это свечение мохин свойства ахораим, светящее в этих чертогах, исходящих от ИШСУТ. И необходимо остерегаться, чтобы не оставлять Зеир Анпин с этими мохин, а сразу же включить нижнего в высшего и притянуть мохин де-паним.

Потому что нахождение Зеир Анпина в состоянии мохин де-ахораим, т.е. притяжение им в большом количестве этих мохин, называемых «радующим вином», подобно тому, кто пьет в большом количестве вино и становится пьяным, теряя сознание и оказываясь во власти всех внешних свойств и клипот.

И в этом заключается прегрешение Ноаха, о котором сказано: «И выпил он вина, и опьянел»[46]. И это чертоги нечистоты, находящиеся против чертогов святости, ибо таков путь нечистоты – усиливать власть левой линии над правой. И они вводят человека в заблуждение – не включать нижнего в высшего, а притягивать мохин де-ахораим от ИШСУТ, когда он находится внизу. И все их силы направлены на то, чтобы ввести в нечистоту людей, тянущихся за ними.

Однако чертоги святости выстроены в исправлениях, основанных на включении нижнего в высшего. И праведники, строго придерживающиеся их, удостаиваются получать наполнение от строения чертогов святости, и удостаиваются притянуть

---
[46] Тора, Берешит, 9:21.

совершенные мохин от Абы ве-Имы, называемые ибур-еника-мохин де-паним, и они удостаиваются воцарения Шхины в мире. Таким образом, выяснилось, как производить подъем МАН с помощью молитвы и добрых деяний, притягивая мохин в соответствии порядкам святости и поднимая нижнего к высшему.

11) Семь чертогов делятся в общем виде на паним и ахораим. От хазе и выше – это четыре чертога, Бина и ХАГАТ, считающиеся свойством ГАР и паним чертогов, а от хазе их и ниже – это три чертога НЕХИ, считающиеся свойством ВАК и ахораим чертогов. И поэтому необходимо поднять три чертога НЕХИ и включить их в Бину и ХАГАТ чертогов.

А в частном виде необходимо различать это в каждом из чертогов, потому что каждый чертог состоит из всех них. И поэтому считается, что у каждого из них есть свойство ГАР и паним и свойство ВАК и ахораим, и что нужно поднять свойство ВАК и ахораим в каждом из этих чертогов к свойству его ГАР и паним. И так же – в каждом частном свойстве чертога.

И хотя эти чертоги и включают друг друга, и всё, что есть во всех вместе, есть и в каждом из них, всё же есть огромная разница между каждым чертогом. Ведь в каждом чертоге необходимо рассматривать то, что есть в нём от его собственного свойства, и то, что есть в нём в результате включения в других, так как управление принадлежит его собственному свойству, но только при поддержке и восполнении со стороны других свойств, полученных благодаря включению в других. И поэтому необходимо знать основное свойство каждого чертога.

12) Первое исправление, произведенное в мирах БЕА, – это притяжение света хасадим, без которого никакое исправление невозможно, и это исправление является основным свойством чертога Есод. Но поскольку БЕА представляют собой свойство семи нижних сфирот (ЗАТ), которые нуждаются в свечении Хохмы, и без него свет хасадим в них считается свойством ВАК без рош, поэтому им обязательно нужно притянуть свойство рош – ГАР свечения Хохмы. И это исправление притяжения ГАР установилось в двух чертогах, Нецах и Ход, потому что эти ГАР сами делятся на ГАР и ВАК, их ВАК устанавливаются в чертоге Ход, а ГАР – в чертоге Нецах.

И это происходит следующим образом. В чертоге Есод установились ВАК без рош, называемые ибур-еника, т.е. нефеш-руах, так как ибур – это свет нефеш, еника – свет руах. И пока еще им недостает ГАР – трех светов нешама-хая-ехида, вместе называемых «мохин (разум)». И эти мохин тоже делятся на ГАР и ВАК, их ВАК устанавливаются в чертоге Ход, а ГАР – в чертоге Нецах.

И восполняются с помощью этих трех чертогов три состояния ибур-еника-мохин, и это – пять светов НАРАНХАЙ (нефеш-руах-нешама-хая-ехида). Но это только света ахораим (обратной стороны), потому что исходят от трех чертогов НЕХИ, расположенных от хазе чертогов и ниже и всегда считающихся светами ахораим (обратной стороны). Таким образом, восполнились только ибур-еника-мохин свойства ахораим (обратной стороны).

13) И подобно тому, как выясняются состояния ибур-еника-мохин де-ахораим (обратной стороны) в трех первых чертогах ниже хазе, так же выясняются ибур-еника-мохин де-паним (лицевой стороны) в трех чертогах от хазе и выше. Четвертый чертог – это ВАК, называемые ибур-еника де-паним и являющиеся светом хасадим, как и первый чертог. Пятый чертог – это ВАК состояния мохин де-паним, как и второй чертог в свойстве ахораим. А шестой чертог – это ГАР состояния мохин де-паним и место выхода мохин, так же, как и в третьем чертоге свойства ахораим. А седьмой чертог – это ехида.

Таким образом, каждый из чертогов особен, и отличается от другого своим собственным свойством. Однако все эти чертоги вместе включены друг в друга, и то, что есть во всех них вместе, есть и в каждом из них, но вместе с тем, собственное отличительное свойство является преобладающим в каждом из чертогов.

14) Имеется три основных вида включения:
1. Общее включение – это включение Малхут в Бину.
2. Включение ибур-еника-мохин де-ахораим в ибур-еника-мохин де-паним.
3. Включение нижнего в высшего, при котором нижний получает восполнение от высшего, и также восполняет высшего.

Таким образом, все семь чертогов нуждаются друг в друге, потому что восполняются друг от друга. И благодаря тому, что все семь чертогов включены вместе, и все, что есть во всех, имеется в каждом, то можно различить все эти три вида включений в каждом из чертогов.

15) И разберем теперь включение третьего вида. Мы уже выяснили[47], что хасадим в чертоге Есод считаются свойством ВАК без рош. И для того, чтобы постичь свойство рош, чертог Есод должен подняться во второй чертог – чертог Ход. И выясняется также[48], что хотя мохин и принимаются только в свойство чертога Ход, ВАК де-ГАР, тем не менее эти мохин выходят не в чертоге Ход, но местом их выхода является третий чертог – Нецах. И поэтому чертог Ход должен подняться и включиться в чертог Нецах для того, чтобы получить от него свои мохин. Как же чертог Есод может подняться в чертог Ход, а чертог Ход – в чертог Нецах?

Но так же, как нижний восполняется от высшего с помощью своего подъема к нему, так же и высший восполняется от нижнего. Ведь началом и основой мохин является свет хасадим, без которого никакое исправление невозможно. Поэтому чертог Есод, в котором есть свет хасадим, должен подняться в чертог Ход. И тогда восполняется чертог Ход свойством хасадим чертога Есод.

И так же, хотя местом выхода мохин и является чертог Нецах, так как он представляет собой свойство ГАР де-ГАР этих мохин, тем не менее, если бы не чертог Ход, который поднялся к нему, он не мог бы раскрыть никаких мохин, поскольку собственное свойство чертога Нецах, мохин ГАР де-ГАР, сразу же исчезают, и остаются только мохин, принимаемые в чертоге Ход, представляющие собой ВАК де-ГАР. И поэтому чертогу Нецах необходим подъем чертога Ход, без которого он бы вообще не смог раскрыть никаких мохин.

И выяснилось, каким образом высшие тоже нуждаются во включении нижних. Ведь чертог Ход нуждается в свете

---

[47] См. выше, обозрение Сулам, статью «Введение в семь чертогов», п. 12.
[48] Рассматривается далее, см. п. 90, «Объяснение».

хасадим, находящемся в первом чертоге. А третьему чертогу нужно свойство ВАК второго чертога.

16) И так же, как происходит ибур-еника-мохин в свойстве ахораим, так же и в трех высших чертогах, являющихся состояниями ибур-еника-мохин свойства паним, потому что четвертый чертог является свойством света хасадим, т.е. ибур-еника де-паним, и ему нужны мохин. Поэтому он поднимается в пятый чертог, где находятся мохин ВАК де-ГАР свойства паним, получаемые в мирах.

Однако место выхода этих мохин находится в шестом чертоге. И поэтому пятый чертог должен подняться в шестой. И также высшие нуждаются в нижних, так как шестому чертогу нужен пятый чертог в качестве свойства ВАК, как это выяснилось относительно второго и третьего чертогов. А пятому чертогу нужен четвертый чертог для того, чтобы получить от него хасадим. И это тот столб, который проходит сквозь все верхние перекрытия всех чертогов для того, чтобы все духи соединились и стали как один дух (руах) для всех[49].

---

[49] См. далее, п. 72, в комментарии Сулам.

# Семь чертогов парцуфа Аба ве-Има мира Брия

60) Кто, подобно Моше, мог вознести молитву Господину своему в час, когда он должен вознести молитву, состоящую из продолжительной последовательности обращений. Но когда молитва должна была быть краткой, он умел также сокращать. Объяснение. В час, когда требовалось продолжительное выстраивание молитвы, сказано: «И молился я Творцу, как и прежде, сорок дней и сорок ночей»[50]. А в час, когда его молитва должна была быть краткой, сказано: «Творец, прошу, исцели ее!»[51]

Дело в том, что с помощью молитвы притягиваются мохин в Нукву, называемую «молитва». И притяжение свечения Хохмы производится посредством продолжительной молитвы, так как под продолжительностью всегда подразумевается свечение Хохмы, а притяжение света хасадим производится с помощью короткой молитвы, так как свойство сокращения связано с понятием «ширина», указывающим на свет хасадим.

Сказал рабби Шимон: «Нашел я в книгах предшественников последовательность соединения ступеней, представляющих собой тайны тайн, в единую связь». То есть, рабби Шимон разъясняет здесь семь чертогов. Связь – это единство двух или более ступеней друг с другом, чтобы они вместе светили нижним в общем свечении. Иногда необходимо выстроить молитву подобающим образом и создать соединения, чтобы как следует смягчить и снискать расположение Господина его, рассекая небосводы и раскрывая врата и входы, и чтобы не было того, кто мог бы воспрепятствовать ему, – т.е. чтобы обвинители не могли выступить против него.

«Небосводы» – это окончания второго сокращения, делящие ступени и оставляющие их в свойстве ВАК без ГАР. И три мира БЕА выходят за пределы мира Ацилут и становятся

---

[50] Тора, Дварим, 9:18.
[51] Тора, Бемидбар, 12:13. «И вскричал Моше к Творцу: "Творец, прошу, исцели ее!"»

отделенными мирами⁵². Это верно относительно постоянного состояния, за исключением того времени, когда праведники поднимают МАН благодаря своей работе и добрым деяниям и притягивают свечение первого сокращения из места над табуром АК, и тогда это свечение снова опускает небосвод из места Бины на место Малхут, как это было при первом сокращении. И тогда Бина и ТУМ (Тиферет и Малхут) де-келим возвращаются на свою ступень и восполняют десять сфирот келим и ГАР светов. И также три мира БЕА снова становятся миром Ацилут⁵³.

Таким образом, праведники с помощью своей работы отменяют границы состояния катнут, называемые «небосводы», и притягивают мохин состояния гадлут. И это действие определяется как рассекание ими небосводов. То есть, они разрывают и отменяют границы катнута, выводящие три мира БЕА в состояние отделения от мира Ацилут, и возвращают эти миры в Ацилут. И это также считается раскрытием ворот и входов этих чертогов. Потому что в постоянном своем состоянии миры БЕА находятся в отделении из-за небосводов, стоящих в месте Бины каждой ступени. И поэтому праведники не могут получить своего наполнения от этих чертогов, и их ворота и входы считаются закрытыми, и правители охраняют их, чтобы они не открылись.

Но когда праведники поднимают МАН и рассекают и отменяют эти небосводы, поднимая миры БЕА в Ацилут, считается, что эти ворота и входы раскрываются, и праведники входят в них и получают там наполнение Бесконечности от мира Ацилут. И эти правители не смогут противостоять им и остановить их. Поэтому сказано: «И чтобы не было того, кто мог бы воспрепятствовать ему».

Счастливы праведники, умеющие снискать расположение Господина своего и отвести кару, и вызвать в мире свечение Шхины и нисхождение благословений, и устранить носителей суда, чтобы не властвовали они в мире. То есть праведники с помощью своей работы притягивают свечение первого сокращения, происходящее выше табура АК, и отменяют ГАР и свойство паним этих чертогов. А от их хазе и ниже, они устраняют

---

⁵² См. «Введение в науку Каббала», п. 67 и п. 183.
⁵³ См. Зоар, главу Берешит, часть 1, п. 3.

небосводы, приводящие к катнуту, от которых исходят все кары и суды.

Таким образом, они знают, как снискать расположение Господина своего и отвести кары, и благодаря этому они притягивают света ГАР к ступеням и поднимают миры БЕА в Ацилут. И это приводит к свечению Шхины в мире, нисхождению благословений и устранению носителей суда.

61) Встал рабби Шимон и сказал: «Кто снимет прах с глаз твоих, праведник Авраам, правая рука Творца, который раскрыл тебе тайну тайн. Ты положил начало молитвам в мире, установив утреннюю молитву (шахарит), и раскрылись тебе чертоги высшего Царя».

62) Это семь святых чертогов, ворота которых находятся в подобающем виде, т.е. устранены от них носители суда, и они открываются всем достойным, чтобы войти в эти чертоги, и в каждый чертог входят молитвы единства. Если человек умеет снискать расположение и смягчить Господина своего и приходит к совершенному единству и знает, как входить во все чертоги и устанавливать связи: одних чертогов с другими, духа с духом, каждый нижний дух с высшим по отношению к нему, то об этих связях и единстве сказано: «Творец! В бедствии вспоминали они о Тебе, произносили шепотом Твое наставление им»[54]. «В бедствии вспоминали они о Тебе» – это связь духа (руах) Малхут с высшим духом, т.е. Есодом. И тогда называется Малхут «упоминанием», потому что Есод вспоминает о ней. «Произносили шепотом» – это подъем Есода и Малхут в Тиферет, и тогда Малхут соединяется с Тиферет и называется Малхут «молитва шепотом», о чем сказано: «А голоса ее не было слышно»[55] – но слышен только голос Бины.

«Произносили шепотом»[54]. «Произносили», имеется в виду – молитву. «Шепотом» – это молитва шепотом. «Твое наставление им»[54] – это подъем Малхут, Есода и Тиферет, чтобы соединиться в Абе ве-Име, где Тиферет и Малхут соединяются в зивуге (слиянии) голоса и речи. И эта молитва принимается в

---

[54] Пророки, Йешаяу, 26:16.
[55] Пророки, Шмуэль 1, 1:13. «А Хана, она говорила в сердце своем, лишь губы ее двигались, а голоса не было слышно».

полном благоволении. А мохин высших Абы ве-Имы называются «наставлением (мусар)», как сказано: «Слушай, сын мой, наставление отца твоего и не отказывайся от учения матери твоей»[56]. «Сын» – это свойство Тиферет, которому Аба ве-Има (досл. отец и мать) передают наставление и учение, как сказано: «Твое наставление им»[54]. «Твое наставление» – это мохин Абы ве-Имы. «Им» – Тиферет и Малхут. Таким образом, в этом отрывке указаны все подъемы и связи, необходимые для зивуга Тиферет и Малхут, вплоть до мохин Абы ве-Имы, являющихся мохин де-ГАР.

## Первый чертог белизны сапфира, Есод

63) Первый чертог, чертог Есода и Малхут, является первым снизу вверх. И о нем сказано: «А под ногами его – словно белизна сапфира»[57]. И это тайна тайн, так как есть здесь дух (руах), называемый «сапфир», и он светит как драгоценный камень, называемый «сапфир», сверкает в двух сторонах, в Хеседе и Гвуре. И это два отдельных света. Первый свет, свет Хесед в нем, поднимается в отраженном свете и опускается в прямом свете. И это белый свет, искрящийся в каждой из сторон – наверху, внизу и в четырех сторонах света, т.е. в ВАК (в шести окончаниях). Его свет зависимый – то скрывается, то раскрывается. Иными словами, он зависит от центра, не относясь к какой-либо стороне, поскольку можно назвать его скрытым светом, а можно назвать раскрытым.

64) От этого света Хесед отделяются четыре света в четырех сторонах. И это второй свет, т.е. свет Гвуры, имеющийся у духа «сапфир». И смысл того, что первый свет светит в ВАК (в шести окончаниях), а этот свет светит только в четырех сторонах, состоит в следующем. Эти два света представляют собой стороны захар и некева духа «сапфир». И захар считается свойством ХАБАД ХАГАТ (Хохма-Бина-Даат-Хесед-Гвура-Тиферет) в нем, и поэтому светит в ВАК (в шести окончаниях), а некева считается свойством НЕХИМ (Нецах-Ход-Есод-Малхут) в нем, и поэтому светит в четырех сторонах. И все эти четыре света представляют собой один свет, подобный свету горящей

---

[56] Писания, Притчи, 1:8.
[57] Тора, Шмот, 24:10.

свечи, мерцающей перед взором людей. И света этой свечи поднимаются и опускаются, убывают и возрастают, в зависимости от света, исходящего от огня горящей свечи, и все они представляют собой один свет.

И также эти четыре света, светящие в четырех сторонах и представляющие собой один свет, колеблющийся в разные стороны, подобны свету свечи. И все эти света сверкают, подобно блестящей меди, красным цветом. Как сказано: «Сверкают словно блестящая медь»[58] – в правой стороне. И хотя свечение красного света Гвуры духа «сапфир» находится в левой стороне, всё же сам он находится в правой стороне чертога.

65) В левой стороне этого чертога есть дух (руах), называемый «белизна», который включен в первый дух, называемый «сапфир». И они входят друг в друга. Свет этого духа – это красный и белый как одно целое, поскольку он выходит и нисходит от первых двух светов, имеющихся в духе «сапфир», т.е. от белого и красного светов. И поэтому также и он содержит эти два цвета, но они в нем в зивуге (слиянии) – как одно целое.

Когда появляются эти света духа «белизна» и достигают первых светов духа «сапфир» и включаются в них, становясь одним целым, они выглядят тогда только как первые света сами по себе, а другие света, т.е. света духа «белизна», не раскрываются, и не видно, что они вошли в них. Как сказано: «Но незаметно было, что они вошли внутрь их»[59]. И это – включение одного духа в другой, когда они становятся одним, и включение светов друг в друга, когда они становятся одним.

Зоар рассматривает здесь порядок включения нижнего в высшего и говорит о том, что ибур-еника-мохин де-ахораим, находящиеся в трех чертогах НЕХИ от хазе и ниже, нужно включить в ибур-еника-мохин де-паним, находящиеся в чертогах от хазе и выше. И это – в общем виде. А в частном виде находятся два эти вида мохин в каждом из чертогов. И их всегда необходимо включать друг в друга.

---

[58] Пророки, Йехезкель, 1:7.
[59] Тора, Берешит, 41:21.

Таким образом, пойми два эти духа, «сапфир» и «белизна», потому что они включают два эти вида мохин. Дух «белизна» представляет собой ибур-еника-мохин де-ахораим этого чертога, а дух «сапфир» – ибур-еника-мохин де-паним этого чертога.

«Появляются света духа «белизна» и достигают первых светов духа «сапфир» и включаются в них» – так как дух «белизна», представляющий собой ибур-еника-мохин де-ахораим, должен включиться в дух, называемый «сапфир», представляющий собой ибур-еника-мохин де-паним. «И они становятся одним» – так как он должен полностью отменить себя, настолько, что вообще не будет различим в свойстве духа «белизна» и его светов. Ибур-еника-мохин де-паним – это свойство ГАР, а ибур-еника-мохин де-ахораим – свойство ВАК. Таким образом, дух «сапфир» – это ГАР, а дух «белизна» – это ВАК, потому что место от хазе и выше всегда является свойством ГАР, а от хазе и ниже – ВАК.

Дух «сапфир» сверкает в двух сторонах. Это два отдельных света, один из них, белый свет, светит правой стороне, и это свет хасадим (милосердия). А другой, красный свет, подобный сверкающей меди[58], светит в левой стороне, и это – свет гвурот (преодоления). И это указывает на то, что они не находятся в зивуге (слиянии) друг с другом, но они разделены. Однако о духе «белизна» сказано, что свет этого духа, красный и белый, светит как одно целое, потому что у хасадим, белого света, происходит зивуг (слияние) с гвурот, красным светом. Поэтому говорится, что они светят как один.

Дело в том, что ГАР каждой ступени находятся в свойстве «непознаваемый», т.е. что нет в них зивуга на «гвурот», так как они относятся к экрану свойства «манула (замок)»[60]. И поэтому они являются светом укрытых хасадим. И только ЗАТ каждой ступени находятся в свойстве «познаваемый», так как в них производится зивуг на гвурот, поскольку они относятся к экрану свойства «мифтеха», и поэтому они притягивают свет Хохма. Таким образом, в духе «сапфир», являющемся свойством ГАР, нет зивуга на гвурот, и поэтому света хасадим в нем отделены от гвурот. Тогда как в духе «белизна», представля-

---

[60] См. «Предисловие книги Зоар», статью «Манула и мифтеха», п. 41, со слов: «И мы уже знаем...»

ющем собой ЗАТ, исправленные экраном свойства «мифтеха», происходит зивуг между хасадим и гвурот. И поэтому сказано, что свет этого духа, белый и красный, светит как один, т.е. они находятся в зивуге (слиянии).

Выяснилось также, что ибур-еника-мохин свойства паним нисходят от высших Абы ве-Имы[61] и называются мохин еды, т.е. укрытые хасадим, как сказано: «Ешьте, дорогие!»[45] И свет духа «сапфир» зависимый – то скрывается, то раскрывается. Ведь поскольку он относится к свойству паним, исходящему от Абы ве-Имы, свет его зависим, т.е. можно сказать, что он скрыт, так как света Абы ве-Имы являются укрытыми хасадим, как сказано: «Ешьте, дорогие!»[45] Но можно также сказать, что он раскрыт, так как они облачают скрытую Хохму Арих Анпина, потому что «тот, у кого есть бурдюки с вином, нуждается лишь в пище». И поэтому они на самом деле считаются Хохмой, хотя и представляют собой хасадим. И таким образом, этот свет зависим и не относится ни к раскрытию, ни к скрытию.

В этом чертоге светят два самых нижних небосвода из всех, называемые «небеса небес»[62]. Тиферет называется «небеса», а Бина, дающая наполнение Тиферет, называется «небеса небес». И поскольку эти семь чертогов исходят от Абы ве-Имы мира Брия, т.е. от свойства Бины, поэтому они получают наполнение от семи небосводов свойства «небеса небес», т.е. от Бины. Так как каждое свойство получает от соответствующего ему свойства в высшем по отношению к нему.

И поскольку этот чертог является самым нижним из семи чертогов, чертогом Есод, то светят в нем два духа: дух «сапфир» – Есод, и дух «белизна» – Малхут, и это свойство «атара (венец) Есода». И поэтому они получают от двух нижних небосводов свойства «небеса небес», т.е. Есода и Малхут семи небосводов Бины. Итак, здесь выяснились две вещи:
1. Что говорится о семи чертогах Абы ве-Имы, и на это указывает то, что они получают от свойства «небеса небес».

---

[61] См. выше, обозрение Сулам, статью «Введение в семь чертогов», п. 6, со слов: «И поэтому считается...»
[62] Писания, Псалмы, 148:4. «Воздайте хвалу Ему, небеса небес и воды, что над небесами!»

2. Что хотя это только чертог Есода, все же есть в нем также и свойство Малхут. И поэтому сказано, что они получают от двух нижних небосводов – Есода и Малхут.

66) Искрением двух этих духов были созданы ангелы-офаним, у которых те же законы, что и у созданий, как сказано: «Когда те шли – шли и эти, и когда те стояли – эти стояли, и когда те поднимались над землей – поднимались и офаним»[63]. И об этих офаним сказано: «Вид этих созданий подобен огненным углям пылающим, подобен факелам, он блуждает меж этих созданий»[64]. И хотя отрывок называет их созданиями, все же это офаним, а поскольку законы у них такие же, как у созданий, называются и они созданиями.

И кто это «блуждает меж этих созданий»[64]? Святой дух, «белизна» – то место, откуда они вышли. И он светит им. Как сказано: «И сияние у огня, и молния исходит из огня»[64] – т.е. дух святости, «белизна», это Малхут, называемая «нóга (сияние)». И о ней сказано в отрывке: «И сияние (нóга) у огня»[64]. И поэтому сказано, что она «блуждает меж этих созданий»[64], и поэтому они подобны «огненным углям пылающим»[64], так как это свойство «сияние (нóга)», от которой исходят огонь и молнии.

67) В тот момент, когда один дух включается в другой, дух «белизна» в дух «сапфир», исходит от них свет одного создания, которое возносится на четырех офаним.

Пояснение сказанного. Дух «сапфир» – это свойство ибур-еника-мохин де-паним, получающее укрытые хасадим от высших Аба ве-Има, и о них сказано: «Ешьте, дорогие!»[45] А дух «белизна» – это свойство ибур-еника-мохин де-ахораим, получающее мохин свечения Хохмы от ИШСУТ, и о них сказано: «Пейте до упоения, возлюбленные!»[45] И для того, чтобы произвести порождения двух этих видов мохин, совершаются два вида зивугов (слияний) между двумя этими духами:

---

[63] Пророки, Йехезкель, 1:21.
[64] Пророки, Йехезкель, 1:13. «Вид этих созданий подобен огненным углям пылающим, подобен факелам, он блуждает меж этих созданий, и сияние у огня, и молния исходит из огня».

1. Первый зивуг – прежде, чем эти два духа включились друг в друга, однако оба они сверкают, и тогда есть возможность у духа «белизна» произвести порождения, которые выходят в нем, т.е. от свойства мохин свечения Хохмы, получаемых от ИШСУТ, о которых сказано: «Пейте до упоения, возлюбленные!»[45] И они называются «офаним». И это означает сказанное: «Искрением двух этих духов были созданы ангелы-офаним».

2. Второй зивуг – после того, как эти два духа включились друг в друга и стали как один дух и один свет. Об этом сказано: «Но незаметно было, что они вошли внутрь их»[59] – то есть, дух «белизна» со своими светами полностью включился в дух «сапфир» и его света. И от этого зивуга (слияния) обязательно выходят порождения в свойстве мохин духа «сапфир», т.е. укрытые хасадим, о которых сказано: «Ешьте, дорогие!»[45], так как дух «белизна» и света его отменились и включились в «сапфир» и света его. И эти порождения называются «создания».

В тот момент, когда включается дух «белизна» в дух «сапфир», исходит от них свет одного создания таким образом, что создания относятся в основном к духу «сапфир», и у них есть мохин де-паним, о которых сказано: «Ешьте, дорогие!»[45], а офаним относятся к духу «белизна», и у них есть мохин де-ахораим, о которых сказано: «Пейте до упоения, возлюбленные!»[45]

И запрещено оставлять Зеир Анпин с мохин де-ахораим, чтобы не дать возможности судам удерживаться в нем. Но необходимо сразу же включить мохин свойства ахораим в мохин свойства паним[65]. И также офаним, являющихся свойством мохин де-ахораим, необходимо включить в создания, являющиеся свойством мохин де-паним. И поэтому сказано: «Исходит от них свет одного создания, которое возносится на четырех офаним» – так как они включились в это создание и стали с ним как одно целое.

Сказано об этих офаним: «Вид их подобен огненным углям пылающим»[64], ведь, поскольку они являются свойством мохин де-ахораим, «вид их подобен углям пылающим», и дух «белизна», дух святости, «блуждает меж этих созданий». «Белизна» – это место, из которого они выходят и которое светит им. И поскольку офаним относятся только к духу «белизна»,

---

[65] См. выше, обозрение Сулам, статью «Введение в семь чертогов», п. 10.

в котором есть мохин де-ахораим, они светят как огонь и молнии. И необходимо включить их в создания, чтобы отменить силу судов, имеющихся в них.

Поэтому сказано: «Офаним, законы которых такие же, как законы созданий», так как они включились в создания и стали с ними как одно целое настолько, что «незаметно было, что они вошли внутрь их»[59], словно порождающие включились друг в друга. И поэтому сказано в отрывке: «Когда те шли – шли и эти, и когда те стояли – эти стояли, и когда те поднимались над землей – поднимались и офаним, ибо дух этого создания был в офаним»[63]. Потому что дух и свет, имеющиеся в офаним, включились, отменив себя, в дух того создания, которое возносилось на них, и есть в них лишь один дух и один свет – только дух этого создания.

И облик этого создания напоминает льва, т.е. подобен свойству Хесед. Ведь, поскольку оно исходит от духа «сапфир», являющегося белым светом, а белый свет – это Хесед, поэтому облик его напоминает льва. И это создание правит над тринадцатью сотнями десятков тысяч (13 000 000) других офаним. Крылья этого создания подобны крыльям орла, и оно правит над тринадцатью сотнями десятков тысяч офаним.

Число «тринадцать сотен десятков тысяч» означает, что на четырех колесах движутся каждый из четырех офаним, и у каждого колеса – три опоры, всего двенадцать опор у четырех колес. Дух «сапфир» правит над всеми, ибо от него они исходят, и он дает жизнь всем им, колесам и опорам, и от него они питаются, и поэтому он присоединяется к ним тринадцатым.

И это означает сказанное, что «это создание правит над тринадцатью сотнями десятков тысяч офаним» – т.е. двенадцать опор в четырех колесах каждого офана, вместе с духом «сапфир», присоединяющимся к ним, составляют число тринадцать. «Тринадцать сотен десятков тысяч» означает следующее. Число тринадцать – это свечение Хохмы, исходящее от парцуфа ИШСУТ мира Ацилут, т.е. Бины, которая получает наполнение от Арих Анпина. И так как они исходят от Бины, сфирот которой исчисляются в сотнях, их тринадцать сотен. Но поскольку они от Арих Анпина, сфирот которого исчисляются в десятках тысяч, их тринадцать сотен десятков тысяч.

Пояснение сказанного. В постоянном состоянии у этого создания есть только четыре офаним ХУБ ТУМ (Хохма и Бина, Тиферет и Малхут). Однако, когда оно получает сверху свечение Хохмы, корнем которого являются тринадцать свойств милосердия Ариха Анпина, то распространяется каждый из четырех офаним в полный парцуф так, что четыре свойства Хохма-Бина-Тиферет-Малхут от хазе и выше называются четырьмя колесами, а три свойства Хохма-Бина-Тиферет от хазе и ниже называются тремя опорами. И от хазе и ниже недостает последнего свойства[66], поэтому нет здесь четырех опор, а только три.

Однако три эти опоры поднимаются и включаются в каждого из офаним от хазе и выше с тем, чтобы получить от них последнее свойство, Малхут. Поэтому считается, что в каждом офане есть три опоры. И вместе – это двенадцать опор у каждого офана. А вместе с духом «сапфир», светящим в них, их тринадцать. И уточняется, что число тринадцать относится только к самим опорам, так как свечение Хохмы может раскрыться только от хазе и ниже, где находятся опоры. И поэтому число тринадцать, указывающее на свечение Хохмы, находится только над этими опорами.

68) У каждого из этих четырех офаним есть четыре лика. И все эти четыре лика созерцают в четырех сторонах этого создания, находящегося над ними. «Созерцание» означает – получение наполнения. Четыре лика – это лик льва, лик быка, лик орла и лик человека, представляющие собой четыре свойства Хохма-Бина-Тиферет-Малхут. И также четыре стороны этого создания являются четырьмя свойствами Хохма-Бина-Тиферет-Малхут в нем. И поэтому все лики в офане созерцают и получают наполнение от свойства, соответствующего им, в четырех сторонах этого создания.

Когда эти четыре офаним перемещаются под этим созданием, они проникают друг в друга и держатся друг за друга, т.е. включаются друг в друга и получают поддержку друг от

---

[66] См. Зоар, Берешит, часть 1, п. 82, со слов: «Михаэль записывает место зивуга...»

друга, как сказано: «Совпадающие петли, одна к другой»[67] – чтобы они соединялись друг с другом и входили друг в друга.

Когда эти офаним передвигаются, слышен приятный голос во всех нижних воинствах по видам их, т.е. приятное их наполнение приходит ко всем воинствам внизу.

69) Под этим чертогом выделяются силы, выходящие за пределы этого чертога, чтобы передать их многочисленным сторонам в нижних небосводах, от которых меняются действия управления нижними, пока они не достигают планеты Сатурн, расположенной на втором небосводе мира Асия. Потому что семь планет находятся там, называемые Сатурн, Юпитер, Марс, Венера, Меркурий, Луна. От них исходят все изменения и перестановки в мире. Первая планета – Сатурн, получает свое наполнение от нижнего из семи чертогов мира Брия. А остальные планеты – от остальных чертогов.

На первый взгляд порядок кажется противоположным, ведь Сатурн, являющийся высшей из семи планет, должен был получать наполнение от высшего из семи чертогов, а не от нижнего из них? И Луна, являющаяся самой нижней из семи планет, должна была получать от этого нижнего чертога, а не от седьмого чертога. Но дело в том, что есть противоположная зависимость между светами и келим. Так как в келим вначале растут высшие, а в светах, наоборот, вначале входят нижние.

Поэтому, когда светит только нижний чертог, называемый Есод, свет облачается в высшее кли этих планет – Сатурн. А затем, когда светит также и второй чертог, Ход, свет приходит также и к Юпитеру. А затем, когда светит чертог Нецах, свет достигает планеты Марс, и так далее, пока не начинает светить седьмой чертог, и тогда свет достигает самой нижней планеты – Луны.

Все нижние миры созерцают этот чертог, чтобы получить свое наполнение. Потому что нижнее свойство передает всему существующему ниже него, и оттуда питаются все находящиеся в этом чертоге. И все они созерцают его, чтобы получить

---

[67] Тора, Шмот, 26:5. «Пятьдесят петель сделай на одном полотнище и пятьдесят петель сделай на краю полотнища, которое в другом соединении; совпадающие петли, одна к другой».

наполнение и силу от духа «сапфир». И это чертог, который называется «белизна сапфира»[57] потому, что два духа есть в нем. Один из них называется «сапфир», а второй «белизна».

70) Дух «сапфир» включает в себя дух «белизна», и свет его поднимается и опускается, не прекращаясь никогда, как свет солнца в воде. Объяснение. Дух «сапфир» включает в себя дух «белизна», свою Нукву, и он находится в непрекращающемся никогда зивуге (слиянии), и опускающийся прямой свет и поднимающийся отраженный светят в них как один свет. «Свет его поднимается и опускается» – т.е. прямой свет и отраженный свет. «Не прекращаясь никогда, как свет солнца в воде» – прямой и отраженный свет соединены вместе, как свет солнца, освещающий и нагревающий воду, и солнечное тепло перемешивается и связывается со всеми частями воды.

Никто не способен постичь этот дух, кроме человека праведного, который силой своего желания вознесет молитву, входящую в этот чертог. И эта молитва возносится, чтобы установить связи, создать единство, чтобы дух этот воцарился в подобающем совершенстве. Тогда окутывается этот дух светом, и он радуется этой молитве и поднимается вместе с ней во второй чертог, чтобы установить связи его с тем, чтобы руах, имеющийся здесь, т.е. включенный в него дух «белизна», соединился там, во втором чертоге, с тем духом, который находится над ним.

Когда дух, находящийся здесь, в который включен второй дух, восходит во второй чертог, то в его подъем включены также и создания, и ангелы-офаним, и колеса, которые здесь. Они включены в него так же, как включены огонь в воду и вода в огонь. И так же, как включены четыре стороны друг в друга, южная в северную, а северная в южную, и т.д., так же включены друг в друга и соединяются друг с другом создания, офаним, колеса и два духа – с духом второго чертога.

71) Дух, который имеется здесь, поднимается, чтобы связаться с духом второго чертога, и создание, включенное в этот дух, смотрит наверх, созерцая второй чертог, чтобы получить его наполнение. И они смотрят друг на друга, т.е. также и второй чертог, и все, кто в нем, смотрят на все свойства нижнего

чертога, которые поднялись в него, чтобы получить от них совершенство.

72) В центре этого чертога установлен и возвышается один столб, ступень которого восходит до центра другого чертога, находящегося над ним. Этот столб проходит сквозь перекрытия всех семи чертогов, восходя в них снизу вверх, и с помощью него духи сливаются друг с другом, и также поднимаются выше всех этих чертогов, чтобы все духи соединились и стали как один дух, как сказано: «И дух один у всех»[68].

## Второй чертог, Ход

73) О втором чертоге сказано: «Как суть небес в чистоте своей»[57]. Здесь находится дух (руах), называемый «сияние (зоар)». Он всегда пребывает в белом цвете, т.е. находится в свете хасадим, называемом «белый», который никогда не смешивается с иным цветом, кроме белого. И он называется сутью и не изменяется никогда.

Объяснение. Есть четыре цвета у этого духа – белый, красный, зеленый и черный, т.е. четыре свойства ХУБ ТУМ (Хохма и Бина, Тиферет и Малхут), а в состоянии ВАК они называются ХУГ ТУМ (Хесед и Гвура, Тиферет и Малхут). Но все эти цвета скрыты и не светят, кроме белого цвета в нем. И остальные цвета в нем включены в белый цвет и смешиваются с ним. И он всегда пребывает в белом цвете, потому что различим в нем только белый цвет. Однако иногда светят в нем все четыре цвета, т.е. путем кругообращения. Это означает, что он не задерживается и не пребывает ни в каком из четырех этих свойств, но, подобно круглому предмету, все время вращается, пока не приходит к белому свойству в нем и там пребывает.

Он не смешивается с иным цветом, кроме белого. Даже во время кругообращения, когда этот дух вращается и проходит над всеми четырьмя цветами, цвета его не смешиваются ни с каким цветом, чтобы включиться и пребывать там, а только лишь с белым цветом в нем. Этот дух называется сутью, и он не изменяется никогда, – т.е. даже в тот момент, когда он светит

---
[68] Писания, Коэлет, 3:19.

во всех своих четырех свойствах, во время кругообращения, он светит таким образом только для нижних.

Этот дух не раскрывается в такой степени, чтобы светить другим, и его трудно обнаружить, потому что все его цвета смешаны и включены в нем в белый цвет. Как скрытая часть глаза, имеющая черный цвет, в которой заключена сила зрения, – когда она вращается, то светит и искрится во время вращения. То есть, в любом месте, где он желает увидеть, он обращает к этому месту четыре цвета глаза, а иначе увидеть невозможно. И так же – этот дух, который сияет и светит только путем кругообращения в то время, когда раскрывает свечение четырех своих свойств. И он не задерживается и не останавливается на свечении какого-нибудь свойства в нем, а только вращается над ними, а они искрятся до тех пор, пока он не приходит к белому свету в нем, в котором пребывает и существует. Но тем временем раскрываются все четыре его свойства.

Поскольку в то время, когда первый дух, «белизна сапфира», поднимается к духу, имеющемуся здесь, чтобы получить его свечение, он вызывает его кругообращение, и этим кругообращением раскрывает его свечение. И тогда он получает от него, от всех его четырех свойств, однако устанавливает связь с ним, относящуюся к белому цвету в глазу. Иначе говоря, после того, как он получил от всех четырех его цветов, он остается связанным только с белым цветом в нем, с цветом более тонким, чем он, который пребывает в этом духе – т.е. в свечении духа третьего чертога, Нецах, светящего белым цветом в духе второго чертога. И это цвет настолько тонкий, что в нем неразличим никакой цвет.

74) Этот дух совершает кругообращения благодаря нижнему духу, «белизне сапфира», поднимающегося к нему, потому что нижний свет вызывает кругообращение света этого духа, и тогда он светит. И дух этот не может светить до тех пор, пока не включается в него нижний дух и не связывается с ним. И тогда он светит и соединяется со светом нижнего духа, включая его в себя. Иначе говоря, всё его свечение включается в нижний дух, и вовсе не используется ради себя. А относительно себя он вообще не изменяется, поскольку остается в белом свете, и раскрывается в своем кругообращении только ради нижнего.

75) И когда этот свет совершает кругообращение, другой свет перемещается в левую сторону и совершает кругообращение и поворачивается вместе с ним. Потому что этот дух состоит из захара и некевы так же, как и дух «белизна сапфира», и поэтому есть в нем два света – свет захара в правой стороне и свет некевы в левой стороне. И это смысл сказанного: «Изгибы бедер твоих»[69] – так как Нецах и Ход называются бедрами. И поскольку трудно раскрыть эти света, и они всегда скрыты, кроме времени подъема нижнего духа, вызывающего его кругообращение, то называются они «изгибы бедер твоих»[69], так как они извилисты и скрыты. Счастлив человек, который умеет раскрывать эти света, то есть умеет поднять сюда дух нижнего чертога, вызывающий кругообращение и раскрытие светов, имеющихся здесь.

76) Другой дух включается в него и вращается и светит вокруг него, приобретая синюю и белую окраски. Объяснение. Так же, как есть два духа, захар и некева, в первом чертоге, где захар называется сапфиром, а нуква белизной (левана), так же и в этом втором чертоге есть два духа, захар и некева, где захар называется «сияние» и называется также «суть», а некева – это дух, имеющийся здесь, называемый «небеса». Белый цвет, содержащийся в духе «небеса», связывается с белым светом, содержащимся в духе, называемом «суть». А синий цвет, содержащийся в духе «небеса», связывается с красным цветом, содержащимся в нижнем духе «белизна», находящемся в левой стороне первого чертога.

Объяснение. Синий цвет – это свойство сурового суда, так как он уничтожает и поглощает всё. А красный цвет – это свойство мягкого суда, потому что гвурот (преодоление) являются свойством Бины и называются «красный цвет». И поскольку второй чертог, Ход, это левая линия, гвурот в нем синего цвета. Однако он получает подслащение от свойства гвурот духа чертога Есод, который поднимается в него, так как он является свойством средней линии, и поэтому гвурот в нем красного цвета.

---

[69] Писания, Песнь песней, 7:2. «Как прекрасны стопы твои в сандалиях, дочь вельможного! Изгибы бедер твоих – как украшения, дело рук умельца».

И два этих духа включаются друг в друга и становятся одним и называются вместе сутью небесной. И всё, что находится ниже этого чертога, в БЕА, вместе с тем, что находится в нижнем чертоге, Есод, – всё это включается здесь в этот чертог, Ход. И поскольку все они включаются в этот чертог, он называется «суть небесная», что указывает на сущность этих небес, включающую всю эту действительность.

77) Благодаря включению этих светов, т.е. их зивугу (слиянию), рождаются ангелы-серафимы, у каждого из которых есть шесть крыльев. Как сказано: «Над ним возвышаются серафимы, шесть крыльев у каждого из них»[70]. Все они с шестью крыльями, так как относятся к чертогу «суть небесная». Объяснение. Этот чертог по отношению к нижнему чертогу считается ГАР, т.е. сфирот ХАБАД ХАГАТ до хазе, потому что ХАГАТ относятся к ГАР свойства гуф, и поэтому у этих серафимов есть шесть крыльев, соответствующих шести сфирот ХАБАД ХАГАТ (Хохма-Бина-Даат-Хесед-Гвура-Тиферет). Однако нижний чертог считается только свойством НЕХИМ по отношению к чертогу «суть небесная», и поэтому у создания, имеющегося там, есть только четыре крыла, соответствующих четырем сфирот НЕХИМ (Нецах-Ход-Есод-Малхут).

Эти серафимы (серафим שרפים) сжигают (сорфим שורפים) всех тех, кто не беспокоится о величии Господина своего, т.е. занимаются свойством ГАР. «Ибо каждый, кто пользуется Кетером, искоренится и исчезнет из мира» – потому что серафимы сжигают его.

Всякий читающий и изучающий шесть разделов Мишны умеет выстраивать и устанавливать связь единства Господина своего как подобает. Это те, кто постоянно благословляет святое имя Господина своего каждый день. Объяснение. Тот, кто знает, как изучать шесть разделов Мишны, раскрывая таящийся в ней скрытый смысл, он знает, как раскрыть связь единства этого чертога, и может притягивать свечение ГАР так, чтобы не быть сожженным серафимами, пребывающими там. И он может освящать Его великое имя постоянно, изо дня в день.

---

[70] Пророки, Йешаяу, 6:2.

**78)** Когда света совершают кругообращения, то появляется порождаемый ими свет одного создания, которое стоит и держится на четырех созданиях. И они властвуют над первыми, над серафимами, потому что включают их в себя. Иными словами, поскольку они происходят от света этого кругообращения, они являются самыми исправленными, и они властвуют над серафимами и смягчают силу суда и огня в тех. Когда эти создания передвигаются, благодаря раскрытию над ними света этого кругообращения, смиряются и не могут причинить вреда нижние серафимы, то есть те змеи, которые вызваны к жизни и порождены ядовитым змеем, навлекшим смерть на всех жителей мира, – первородным змеем.

**79)** Эти создания относятся к лику орла, и для получения своего наполнения они созерцают создание, находящееся над ними и называемое высшим орлом, как сказано: «Путь орла в небесах»[71]. И это указывает на создание, находящееся в чертоге «суть небесная» и называемое «орел». Сказано: «Путь орла в небесах», а не «в сути небесной» потому, что дух «небес» властвует над всем во время кругообращения светов. А если бы властвовал дух «сути» во время кругообращения светов, то ликом этого создания был бы лик льва, так же, как у создания первого чертога, потому что дух «сути» всегда пребывает в белом цвете, будучи светом хасадим и ликом льва.

Но поскольку дух «небеса» властвует над всем, и этот дух включает два цвета, белый и синий, т.е. Хесед и Гвуру, то от света этого кругообращения рождается создание с ликом орла, состоящим из сочетания Хеседа и Гвуры. Потому что «лик льва» – это Хесед, «лик быка» – Гвура, а «лик орла» состоит из сочетания Хеседа и Гвуры вместе. Это создание, которое возвышается над всеми четырьмя созданиями, созерцает наверху дух, называемый «небеса», и все эти четыре создания созерцают это создание и получают свое наполнение от него.

**80)** Во время их передвижения, когда светит им свет этого кругообращения, содрогаются множества воинств. Часть из них светит благодаря им, а часть из них низвергается, теряя свое положение – свечение этих созданий сжигает их в огне,

---

[71] Писания, Притчи, 30:18-19. «Три вещи сокрыты для меня, а четырех я не знаю: путь орла в небесах, путь змея на скале, путь корабля среди моря и путь мужчины у отроковицы».

но затем они снова возрождаются, возвращаясь к своему прежнему виду.

Два света нисходят к нижним во время их передвижений:
1. Ко всем воинствам, достойным получать от них.
2. К тем воинствам, которые не достойны получать от них и сжигаются ими. И это те первые ангелы из первого предела, которые начинают возносить песнь и сгорают, проходя через горящий огонь, а утром снова возрождаются, как и вначале.

Все воинства внизу входят под это создание и укрываются под его крыльями, чтобы включиться в него наверху.

81) Эти четыре создания поднимаются, когда дух «суть небесная» светит в высшем создании, находящемся выше них. Четыре колеса есть у каждого из четырех созданий. Одно колесо обращено в восточную сторону. Три опоры несут его, и они обращены к созданию, находящемуся посередине, между четырех колес. Еще одно колесо – в западную сторону, одно – в южную и еще одно – в северную.

Объяснение. В то время, когда эти четыре создания поднимаются к высшему созданию, каждое создание становится полным парцуфом, когда от хазе и выше есть у него четыре лика лев-бык-орел-человек, т.е. Хохма-Бина-Тиферет-Малхут, обращенные к четырем сторонам света, восточной-западной-южной-северной, и они называются четырьмя колесами. А от хазе и ниже есть у него только три лика лев-бык-орел, так как там недостает лика человека[72].

Однако они получают лик человека благодаря включению в зивуг имён ШНАН[73], совершаемый от хазе и выше, и они включаются во все четыре лика, имеющиеся там, и даже в лик человека. И хотя считается, что они получают только девять первых сфирот, т.е. свойства лев-бык-орел от каждого лика, – лев-бык-орел в лике льва, и также лев-бык-орел в лике быка, лев-бык-орел в лике орла и лев-бык-орел в лике человека, – так, что с одной стороны, они включают все четыре лика, ведь

---

[72] См. п. 67, со слов: «Пояснение сказанного».
[73] Слово ШНАН включает все начальные буквы слов «шор (бык)», «нешер (орел)», «арье (лев)», а «нун» означает «человек» (См. Зоар, главу Экев, п.68).

есть у них свойства лев-бык-орел, являющиеся девятью первыми сфирот, даже в лике человека, но с другой стороны, им везде недостает свойства Малхут, называемой лик человека, так как у них есть всего лишь девять сфирот от всех.

И поэтому считается, что у каждого из четырех колес, т.е. у каждого из четырех ликов лев-бык-орел-человек от хазе и выше есть три опоры лев-бык-орел так, что каждое создание расположено в месте четырех колес от хазе и выше и двенадцати опор от хазе и ниже. И у каждого колеса есть особый лик, сочетающий лики льва-быка-орла-человека, и особая сторона, сочетающая в себе стороны восточную-западную-южную-северную.

Однако опоры, поскольку они происходят от включения в зивуг посредством подъема в место от хазе и выше, получают благодаря этому от всех четырех ликов, содержащихся в четырех колесах там, одновременно. И поэтому они обращены к центру, т.е. к созданию, включающему всех, но ни к одной из четырех сторон этих колес.

И все двенадцать опор перемещаются благодаря созданию, включающему всех и находящемуся в центре, и не принимающему ни одну из сторон этих колес. Создание посередине закрывает и открывает, т.е. оно властвует над всеми, так как перекрывает света и открывает их. И звучание каждого колеса во время его передвижения слышно на всех небосводах.

82) Все эти четыре создания включаются друг в друга, а офаним внизу, относящиеся к первому чертогу, включаются в те создания, которые наверху, так, что во втором чертоге одни включены в других. Дух, находящийся здесь и включающийся в нижние духи первого чертога, воспламеняется и восходит к включению наверх, в третий чертог, чтобы соединиться с желанием человека-праведника в молитве, которую тот возносит.

Когда эта молитва поднимается и входит во второй чертог, она берет их всех с собой, и все они возносятся вместе с ней – т.е. всё, что находится в первом и втором чертогах. И все они включаются друг в друга до тех пор, пока все они не включатся в дух, имеющийся здесь. И этот дух, включив в себя их всех, передвигается благодаря силе желания, получаемого в связи единства молитвы, соединяющей всё, пока все они не достигают третьего чертога и не включаются друг в друга, как и первые.

Иначе говоря, они соединяются так же, как и первые свойства первого чертога, которые включились друг в друга во время своего подъема во второй чертог[74], где были включены огонь в воду и вода в огонь, воздух в землю и земля в воздух, восток в запад и запад в восток. И также все те, что находятся здесь, соединяются друг с другом и содержатся друг в друге, и переплетаются друг в друге.

И также множество воинств и станов опускаются отсюда вниз и, перемешиваясь, светят нижним ангелам, пока не достигают с помощью своего свечения планеты, называемой Юпитер, где находятся множество правителей мира, получающих это свечение и передающих его миру.

83) И когда этот дух, включивший в себя всех нижних, и все они содержатся в нем, поднимается, включается и входит внутрь третьего чертога, вплоть до включения в дух третьего чертога, в столб, возвышающийся в центре этого чертога, то всё до этого уровня наполняется совершенством как подобает.

Ведь все эти три чертога, НЕХИ (Нецах-Ход-Есод), расположенные от общего места хазе и ниже, представляют собой единое совершенство, называемое ибур-еника-мохин де-ахораим. И все они стали единым духом, состоящим из всех и наполнившимся совершенством их всех. Как сказано: «Один дух у всех»[68] – здесь заключена тайна согласия, ведущего к слиянию с Господином его, которая выясняется в четвертом чертоге.

## Третий чертог, Нецах

84) Третий чертог принадлежит духу, называемому «сияние (но́га)». Этот дух чистый, самый ясный по сравнению с духами, находящимися ниже него. В нем не виден никакой цвет – ни белый, ни зеленый, ни черный, ни красный. И поэтому он называется чистым, поскольку он чище и яснее всех находящихся ниже него. И хотя он чище всех, его свечение не проявляется

---

[74] См. выше, п. 71.

до тех пор, пока нижние, относящиеся ко второму чертогу, не начнут вращаться в свете этого кругообращения[75] и не включатся в дух, присутствующий здесь, и не войдут в него. После того, как нижние входят в него, он являет свой свет, и нет в нем никакого оттенка от всех нижних, вошедших в него.

85) Когда этот дух восполняется от всех нижних, поднявшихся к нему, он выводит из себя один свет, содержащий в себе света всех трех чертогов Нецах-Ход-Есод. Два нижних света, относящиеся к двум чертогам Ход и Есод, поднимаются и опускаются и искрятся. Однако высший свет, относящийся к чертогу Нецах, поднимается, но не опускается вниз.

В этом искрении проявляются двадцать два света, отличающиеся друг от друга, и все они становятся одним светом. И эти двадцать два света после того, как они становятся одним, поднимаются и входят в один высший свет чертога Нецах, и этот свет включает их в себя.

86) Дух, имеющийся здесь, светит только в то время, когда света нижних, относящиеся к двум нижним чертогам, поднимаются к нему, и желание праведников, которое включено в молитву, возносит их всех. Тогда исходит и рождается этот свет из духа, находящегося здесь, т.е. свет, включающий три света, и этот свет светит, порождая два искрящихся света, т.е. те два света, которые поднимаются и опускаются. И эти света проявляются в соответствии числу двадцати двух букв Торы. А затем они снова соединяются как одно целое в свете, породившем их.

87) Все нижние света вместе включены в эти двадцать два света, и все они вместе находятся в свете, который породил эти двадцать два света. И этот свет включен в тот дух, который породил его. И этот дух находится в третьем чертоге, и он никуда не собирается вселяться, кроме четвертого чертога, Тиферет, и всё стремление его – подняться туда.

88) Эти света, которые выходят из духа, имеющегося здесь, т.е. свет, включённый в три, и два нижних света, поднимающихся и опускающихся, и двадцать два света, во время своего

---

75   См. п. 73, со слов: «Этот дух не раскрывается...»

искрения соединяются как одно целое – все искрящиеся света. Иными словами, хотя они представляют собой множество различных свойств, все же во время искрения они объединяются в одно свечение.

В то время, когда два нижних света, относящиеся к чертогам Ход и Есод, выходят из одного света чертога Нецах[76], оказывая давление на экран во время ударного сочетания (зивуга де-акаа) с тем, чтобы производить искрение, т.е. поднять отраженный свет и облачить прямой свет, опускающийся сверху вниз, рождается и выходит из них одно святое огромное создание. И образ этого создания, как образ всех остальных созданий первого и второго чертогов, откуда пришли два света, породившие это создание, т.е. лик льва первого чертога и лик орла второго чертога, и они соединены вместе и составляют в нем один образ.

Иными словами, два этих образа, льва и орла, сочетаются в этом создании в одном образе. И в этом создании не виден ни один из образов чертога Нецах потому, что в духе, имеющемся здесь, не проявляется ни один из цветов[77], и поэтому не исходит от него никакой образ. И еще потому, что свет Нецах не опускается вниз с этими двумя светами, чтобы светить внизу.

89) Под этим созданием находятся четыре высших офаним, напоминающие хризолит, которые в совокупности своей состоят из всех четырех оттенков белый-красный-зеленый-черный. Объяснение. Эти четыре офаним являются свойством от хазе и ниже этого создания, потому что в любом месте, где говорится «под», имеется в виду место от хазе этой ступени и ниже. Их четыре, поскольку они являются распространением четырех сфирот Хохма-Бина-Тиферет-Малхут этого создания, однако каждый офан состоит из всех четырех. Поэтому каждый из них состоит из всех этих четырех цветов – Хохма-Бина-Тиферет-Малхут.

Все шестьсот тысяч десятков тысяч (6 000 000 000) светов находятся внутри них, в отличие от четырех ангелов-офаним чертога Есод, у которых есть тринадцать сотен десятков тысяч

---

[76] См. п. 85.
[77] См. п. 84.

(13 000 000) светов, что указывает на свечение Хохмы, получаемое от тринадцати свойств Арих Анпина, находящихся в этих офаним от хазе и ниже.

Однако здесь офаним хотя и находятся от хазе и ниже, все же не светят тринадцатью сотнями десятков тысяч (светов), т.е. свечением Хохмы, а только шестьюстами тысячами десятков тысяч, что указывает на свечение высших Абы ве-Имы в свойстве укрытых хасадим, которое светит в шести сфирот Хохма-Бина-Даат-Хесед-Гвура-Тиферет от хазе и выше, т.е. в создании, находящемся над ними. И их шестьсот, так как они являются свойством Бины, сфирот которой исчисляются в сотнях, поскольку все эти чертоги являются свойством Бины. И их – шестьсот тысяч, поскольку получают их от Абы ве-Имы, сфирот которых исчисляются в тысячах, и их – шестьсот тысяч десятков тысяч, поскольку в них присутствует свечение скрытой Хохмы Арих Анпина[78], сфирот которого исчисляются в десятках тысяч.

И они не светят в числе тринадцать потому, что весь чертог Нецах относится к свойству ГАР, и даже офаним считаются свойством от хазе и выше. Однако благодаря свету кругообращения от нижних чертогов, распространяются также и офаним в это время в числе тринадцать. И у каждого из офаним есть двенадцать опор, и один, включающий их. И это происходит лишь благодаря свечению этого кругооборота, однако постоянно они светят только в числе шестьсот тысяч десятков тысяч.

Эти четыре офаним – все с восемью крыльями. И все те свойства, которые имеются в офаним, все эти воинства, выходят из света создания, пребывающего и властвующего над ними в то время, когда свет этого создания производит искрение, и свечение этого кругооборота светит в них.

90) И эти четыре офаним, находящиеся под созданием, стоят в четырех сторонах света восточной-западной-северной-южной. В каждом из них содержится четыре лика. Двумя ликами они созерцают создание над ними, а два лика скрыты под их

---

[78] См. выше, обозрение Сулам, статью «Введение в семь чертогов», п. 6, со слов: «И поэтому считается...»

крыльями, потому что света создают над ними такое искрение, что они не могут созерцать их.

Объяснение. Три чертога Нецах-Ход-Есод светят свойствами ибур-еника-мохин де-ахораим. Чертог Есод светит свойствами ибур-еника, т.е. ВАК, которым недостает мохин де-ГАР, а два чертога Нецах и Ход светят свойством мохин де-ГАР. Чертог Ход светит свойством ВАК де-ГАР, а Нецах – свойством ГАР де-ГАР[79]. И нам известно, что ГАР де-ГАР вообще не светят, а только ВАК де-ГАР. Но вместе с тем невозможно, чтобы вышли ВАК де-ГАР без ГАР де-ГАР[80]. Таким образом, место выхода мохин находится только лишь в чертоге Нецах. Поэтому выходят ГАР и ВАК де-ГАР вместе, в совершенстве, в этом чертоге Нецах. Однако лишь ВАК де-ГАР принимаются и проявляются в чертоге Ход, а ГАР де-ГАР скрываются.

«Все четыре офаним, находящиеся под этим созданием, двумя своими ликами созерцают создание над ними» – так как лик (паним) является свойством ГАР, и есть в них Хохма-Бина-Тиферет-Малхут, называемые четырьмя ликами, где Хохма и Бина – это ГАР де-ГАР, а Тиферет и Малхут – ВАК де-ГАР. Два лика созерцают создание над ними и получают от него, т.е. Тиферет и Малхут в них, являющиеся свойством ВАК де-ГАР, которые принимаются. «А два лика скрыты под их крыльями» – т.е. Хохма и Бина в них, являющиеся свойством ГАР де-ГАР, которые не принимаются. «Потому что света создают над ними такое искрение» – света ГАР де-ГАР, «что они не могут созерцать их» – и получать их, поэтому они скрывают своими крыльями два лика, Хохму и Бину в них, чтобы не получать оттуда.

И поэтому сказано: «Эти четыре офаним – все с восемью крыльями». Поскольку у серафимов чертога Ход есть «шесть крыльев: двумя из них каждый прикрывает лицо, двумя прикрывает ноги, а с помощью двух летает»[70]. И нет у них четырех крыльев для прикрытия лица, а только лишь два крыла, так как, являясь свойством Ход, они должны прикрыть все свои четыре лика, но нет у них двух открытых ликов, как у офаним чертога Нецах. Однако у офаним здесь, находящихся в месте

---

[79] См. выше, обозрение Сулам, статью «Введение в семь чертогов», п. 12.
[80] См. Зоар, главу Берешит, часть 1, п. 76, со слов: «Но не имеется в виду...»

выхода мохин и нуждающихся в получении ВАК де-ГАР для передачи серафимам чертога Ход, обязательно должны быть два открытых лика, т.е. Тиферет и Малхут, и поэтому у них восемь крыльев – т.е. два дополнительных крыла, открытых во время искрения, чтобы получать ВАК де-ГАР для чертога Ход. Но когда не происходит искрение, они тоже скрыты.

91) Каждый раз эти офаним передвигаются с помощью четырех колес и двенадцати опор у каждого из офаним, как и у первых, находящихся в чертоге Есод, т.е. в то время, когда свет кругооборота светит в них, из их пота образуется множество воинств и станов, и все они возносят восславления и воспевания, никогда не прекращая песнь свою. И нет числа этим воинствам.

Пояснение сказанного. Песнь и воспевание – это притяжение мохин, и мере свечения мохин соответствует мера возносимых воспеваний и восславлений. Известно, что мохин нисходят посредством трех линий. Правая линия представляет собой свойство воды и хасадим. Левая линия – свойство Хохмы без хасадим, и нижние не могут получить ее, поэтому она для них – сжигающий огонь. Эти две линии находятся в разногласии друг с другом до тех пор, пока не протягивается третья линия, воплощающая их обе благодаря тому, что облачает одну в другую[81].

И это пот, который выделяют эти создания в то время, когда к ним приходит свет кругооборота, и они передвигаются с помощью четырех колес и двенадцати опор. Ибо тогда они должны быть очень осторожными, чтобы получать мохин с помощью средней линии, и если они даже немного отклоняются в левую сторону, тотчас нисходит к ним оттуда сжигающий огонь вследствие этого отклонения. И поскольку они не могут произвести сокращение в достаточной мере, то получается, что иногда они слишком отклоняются в левую линию, притягивая тем самым вспышку сжигающего огня, и тогда сразу же силой склоняют себя к правой линии, чтобы прийти оттуда к средней линии. И они притягивают благодаря этому отклонению свет хасадим.

---

[81] См. выше, п. 65, со слов: «Дух "сапфир" сверкает в двух сторонах...»

И так они всегда отклоняются от направления своего движения, иногда в правую сторону, иногда в левую, потому что трудно им сократить себя в средней линии как полагается. И отклонения, исходящие от левой стороны, – это капли пота этих созданий, которые скапливаются, и от них образуется река Динур[31]. А из отклонений в правую сторону образуются все эти воинства и станы ангелов, которые возносят восхваления и воспевания, не прекращая песнь свою никогда, ибо благодаря тому, что они происходят от отклонения в правую сторону, т.е. в сторону Хеседа, никакая сила не может остановить их пение. «И нет числа этим воинствам» – потому что мохин хасадим определяются как не имеющие числа.

92) Четыре входа есть у этого чертога в четырех сторонах света, десять правителей на каждом входе. И когда все находящиеся в нижних чертогах, Есод и Ход, и сами чертоги поднимаются в этот чертог, благодаря силе желания чистой молитвы, эти правители открывают пред ними входы этого чертога, пока они не соединяются друг с другом и не включаются друг в друга, проникая друг в друга – одни правители в других, одни станы в другие, офаним – в создания, создания – в офаним. И в этих офаним одни света включаются в другие, т.е. лики, которые видны, в те лики, которые не видны, и дух в дух, до тех пор, пока не входят все в дух этого чертога.

93) В этом чертоге есть одно место, по виду своему напоминающее сверкающее золото, и там – место собрания подслащенных гвурот, называемых золотом. А свечение его отраженного света называется сверканием. И там укрываются множество воинств и станов ангелов, которые не поднимаются и не украшаются венцами наверху – т.е. те, которые не поднимаются в высшие чертоги, чтобы получить ГАР, называемые «венцы». И они всегда остаются на своем месте в этом чертоге.

Однако в час, когда все ступени устанавливают связи, т.е. включаются друг в друга и соединяются, и чертог Нецах совершает движение, чтобы увенчаться ГАР, тогда все ангелы, укрывающиеся в этом месте, выходят из места своего укрытия, переполненные чувством осуждения по отношению к обвинителям Исраэля. И тогда Исраэль могут получить наполнение ГАР без страха перед включением внешних сил.

И они называются обладателями щитов, так как они защищают Исраэль. И они являются посланниками в мире тяжущихся сторон четвертого чертога. Ибо там заседают и принимают решения согласно действиям нижних – на чашу вины или на чашу заслуг. И после того, как Исраэль оправдываются судом, имеющимся там, это передается тем посланникам, которые призваны защищать их.

В этом месте висят в каждой из четырех сторон шестьсот тысяч десятков тысяч золотых щитов[82]. И также есть под ними ряды, окруженные золотыми щитами, всего шестьдесят, в которых светят два вида ВАК:

1. ВАК де-ИШСУТ, которые поднялись вместе с Аба ве-Има в рош Арих Анпина, и относительно своего свойства они являются числом шестьсот тысяч десятков тысяч. Шестьсот – это ВАК парцуфа ИШСУТ, сфирот которого исчисляются в сотнях. Тысяча – со стороны парцуфа Аба ве-Има, сфирот которого исчисляются в тысячах. Десятки тысяч – со стороны Арих Анпина, сфирот которого исчисляются в десятках тысяч.

2. ВАК Зеир Анпина, получающие от ИШСУТ, и свойство его является числом шестьдесят, так как сфирот Зеир Анпина исчисляются в десятках.

94) Все эти защитники ведут войну вне этого чертога мечами и копьями против посланников суда в мире и уничтожают их, пока свечение этих ступеней не достигает ступеней, находящихся внизу, и они достигают планеты Марс, от которой приходят деяния в этот мир.

И тогда этот чертог поднимается в четвертый чертог и облачается в дух и во все воинства, имеющиеся там. А то место, где находятся обладатели щитов и золотые щиты, остается на своем месте и не поднимается наверх вместе с этим чертогом. И это место называется «комнатой скороходов»[83], ибо посланники, находящиеся в нем, спешат довершить суды и вынести наказания ненавистникам Исраэля во всех сторонах света.

---

[82] Пророки, Мелахим 1, 14:26-27. «Взял и все золотые щиты, которые сделал Шломо. И сделал царь Рехавам вместо них медные щиты и отдал их в руки начальникам скороходов, охраняющих вход в дом царя».

[83] Пророки, Мелахим 1, 14:28. «И было каждый раз, когда царь шел в храм Творца, скороходы несли их (медные щиты), а потом возвращали их в комнату скороходов».

Объяснение. Эти посланники скрываются в этом месте, поскольку время их действия в защиту Исраэля наступает лишь в момент подъема этого чертога в чертог, находящийся выше него, так как затем они снова скрываются. Поэтому они спешат выполнить свою миссию, чтобы успеть покончить со всеми обвинителями до подъема этого чертога. И поэтому называется это место «комнатой скороходов»[83].

95) Вместе с подъемом молитвы перемещаются все эти света и станы, устанавливая связи и включаясь вместе как одно целое, пока не соединяются дух нижнего чертога с духом этого чертога, становясь одним целым. И входят все они в столб, находящийся в центре чертога, и поднимаются с его помощью, чтобы включиться в дух четвертого чертога, находящийся над ними. Счастлива участь того, кто знает тайны Господина своего, поднимая знамя Его в надлежащее место.

96) Все ступени без исключения нуждаются друг в друге, чтобы восполнить одна другую и светить одна другой, пока не поднимутся все они в место, требующее совершенства. Вначале они поднимаются снизу, чтобы восполнить высшее место, а затем опускаются сверху вниз, чтобы восполнить нижних. И тогда устанавливается совершенство со всех сторон, и все они восполняются, как подобает.

97) Тот, кто знает эти тайны, устанавливая совершенство наверху и внизу, прилепляется к Господину своему и отменяет все суровые приговоры, и он украшает Господина своего, т.е. притягивает ГАР к Зеир Анпину, низводя благословения в мир. И это человек, называющийся «праведник – столп мира». Иными словами, мир стоит и существует благодаря ему. И молитва его никогда не возвращается пустой – т.е. он получает ответ на все свои молитвы. И удел его – в будущем мире, и он – в числе обладающих верой. Иначе говоря, он входит в число обладающих верой, находящихся в мире.

98) Все чертоги, создания, воинства, света, духи нуждаются друг в друге для того, чтобы высшие наполнились совершенством благодаря подъему МАН снизу. А затем наполняются совершенством и нижние благодаря нисхождению МАД свыше, и эти чертоги соединяются друг с другом.

99) И все они соединяются друг с другом подобно тому, как соединены цвета в глазу. Всё, что есть в них, подобно проявляющемуся в скрытой части глаза в то время, когда глаз вращается, и тогда проявляется свечение, производящее искрение. А цвет, который не виден во время этого вращения, это дух, властвующий над всем в этом чертоге[84]. И поэтому все они устанавливаются, ступени за ступенями, т.е. одна зависит от другой, пока всё не украсится, как подобает.

100) Если бы не все эти цвета в глазу, которые видны, когда глаз закрывается и совершает вращательное движение, не были бы видны все эти цвета, которые светят. И если бы не все эти света, которые светят, нельзя было бы уловить зрением ту скрытую часть в глазу, которая властвует над всем. Таким образом, все они зависят друг от друга и устанавливают связь друг с другом.

101) Когда все они соединяются как одно целое в третьем чертоге, желание молитвы возносится, чтобы украситься в четвертом чертоге, и тогда все они становятся одним целым, единым желанием и единой связью. И это состояние преклонения во имя выполнения желания Господина своего.

## Четвертый чертог, Гвура

102) Четвертый чертог отличается от всех чертогов, потому что в нем есть четыре чертога, один внутри другого, и все они представляют собой один чертог. Эти четыре чертога являются четырьмя судебными палатами. Внутренняя – для осуждения душ, а три окружающие ее судебные палаты предназначены для остальных видов судов. И этот чертог является свойством Гвуры, а не Тиферет. Здесь пребывает дух, называемый «заслуга», потому что в этом месте прегрешения всех людей мира обращаются в заслуги, и этот дух принимает всё это. Иными словами, тот, кто удостаивается его, удостаивается склонить себя и весь мир на чашу заслуг.

103) От духа «заслуга» исходят семьдесят светов. Все они искрятся одновременно, и все они светят в виде кругов, так как

---

[84] См. выше, п. 85.

не распространяются в свечении сверху вниз, как другие света. Эти света соединяются друг с другом, светят один в другом и содержатся друг в друге.

«Соединяются» – указывает на то, что есть между ними совпадение по свойствам, потому что духовное слияние является ничем иным как совпадением по свойствам. «Светят один в другом» – указывает на то, что света смешиваются друг с другом, чтобы светить вместе как один. «Содержатся друг в друге» – указывает на то, что нуждаются друг в друге, так как не смогут светить друг без друга. Если бы недоставало одного из них, то они не могли бы светить. Все заслуги мира находятся перед этими светами. Иными словами, в их свете видно, как все прегрешения мира обращаются на чашу заслуг.

Пояснение сказанного. Все создания мира находятся в полном совершенстве в такой мере, что не было подобной радости у Творца – как в тот день, когда были созданы небо и земля. Однако человек может разделить с Ним эту радость только после того, как совершит полное возвращение от любви. Но до этого он не может радоваться ни сам, ни созданиям мира, а наоборот, чувствует перед собой мир, полный страданий и болей настолько, что говорит: «Земля отдана в руки нечестивца»[85] – как телесные боли, так и душевные, т.е. совершённые прегрешения.

И всё это постигло его потому, что идёт он против природы творения, потому что мир создан лишь ради отдачи, т.е. для занятий Торой и благих деяний, чтобы доставлять радость Создателю его, а не наслаждать себя. Как сказано: «Всё создал Творец во имя Него»[86] – для того, чтобы творения доставляли Ему радость. Однако вначале, как сказано: «Диким осленком рождается человек»[87] – т.е. вся его забота лишь насладить себя, и нет в нем вообще желания отдавать, и утверждает он: «Всё, созданное Творцом – во имя меня и ради моего наслаждения» – т.е. он хочет поглотить весь мир и наполняющее его ради своего наслаждения и блага.

---

[85] Писания, Йов, 9:24.
[86] Писания, Притчи, 16:4.
[87] Писания, Йов, 11:12.

Поэтому утвердил Творец страдания тяжкие и горькие, испытываемые в желании получить для себя, заложенном в человеке с момента его рождения, – как телесные боли, так и душевные. И таким образом, если он будет заниматься Торой и заповедями даже ради собственного наслаждения, всё же благодаря свету в ней он почувствует ужасную низменность и порочность, присущие природе получения для себя. И тогда направит он сердце свое на то, чтобы отделить себя от этой природы получения и полностью посвятить себя только работе доставления радости своему Создателю, как сказано: «Всё создал Творец во имя Него»[86].

И тогда раскроет Творец глаза его и увидит он перед собой мир, наполненный абсолютным совершенством, в котором нет ни малейшего недостатка. И теперь он может разделить радость, которая была во время создания мира. И об этом сказали мудрецы: «Удостоился – склонил себя и весь мир на чашу заслуг», потому что куда бы ни устремил свой взор, он видит только благо и совершенство. И не видит в деянии Творца вообще никаких недостатков – одни только заслуги.

А что касается материальных и духовных страданий, которые испытывал до совершения возвращения, есть тут два пути:
1. Всё, что делает Творец – всё делает во благо, поскольку человек видит, что без тех тяжких болей, которые испытывал из-за того, что был погружен в природу получения для себя, он бы никогда не удостоился возвращения. И поэтому он благословляет за это зло, словно благословляет за добро, так как без этого зла он бы не удостоился блага. Получается, что все они были во благо.
2. Понимание того, что это тоже во благо, т.е. не только эти беды стали причиной блага, но и сами беды обратились и стали благом благодаря очень большим светам, которыми Творец светит во всех этих бедах, настолько, что они преобразуются, обращаясь благом, – как телесные страдания, так и душевные, т.е. прегрешения. И таким образом, прегрешения преобразовались и приобрели форму заслуг. А те света, которые преобразуют прегрешения в заслуги – это семьдесят светов чертога, которые мы рассматриваем. И благодаря им чертог называется Заслуга.

Из совокупности всех семидесяти светов выходят два света, расцениваемые как один, которые всегда находятся перед ними. Объяснение. Эти семьдесят светов обращают прегрешения людей в заслуги. И вот тогда считаются прегрешения и заслуги двумя светами, уравновешенными между собой. Иными словами, достоинства прегрешений такие же, как достоинства заслуг, и по важности своей, одни ничем не меньше других. И они устанавливаются и светят всегда перед семьюдесятью светами, и всегда являются свидетельством для них.

104) Этим семидесяти светам соответствуют семьдесят назначенных правителей, от которых исходят все суды в мире, находящиеся снаружи и окружающие все эти четыре чертога снаружи. Однако семьдесят светов и два света, устанавливающиеся перед ними, являются внутренними, самыми сокровенными. Как сказано: «Живот твой – ворох пшеничных колосьев, окаймленный лилиями»[88]. «Живот твой» – внутренняя суть, так же, как и внутренние органы, находящиеся внутри тела. «Пшеничные колосья (хитим)» – указывают на грехи (хатаим), т.е. те прегрешения, которые обратились в заслуги благодаря семидесяти двум светам, являющимся самыми внутренними в четырех этих чертогах. И поэтому сказано о них: «Живот твой – ворох пшеничных колосьев».

Однако «окаймленный лилиями» снаружи, указывающими на суды. И это – семьдесят назначенных правителей, производящих все суды в мире. И сказано, что эти семьдесят правителей соответствуют семидесяти светам. Имеется в виду, что хотя все прегрешения и наказания исходят от семидесяти правителей, все же те не обладают своей собственной властью, а служат семидесяти светам, так как их предназначение – подготовить нижних стать достойными получения большого раскрытия этих семидесяти светов. И поэтому считается, что семьдесят назначенных правителей окружают снаружи эти чертоги и семьдесят светов.

105) Перед этими семьюдесятью светами проходят все заслуги и все деяния живущих в мире для рассмотрения в суде. Иными словами, эти семьдесят светов являются высшим судом, и они судят всех жителей мира. Два света, устанавливающиеся

---

[88] Писания, Песнь песней, 7:3.

перед ними, свидетельствуют о деяниях жителей мира. Потому что есть семь глаз Творца, наблюдающих за всем миром.

Глаза означают надзор. И есть семь мер в надзоре Творца, т.е. Хесед-Гвура-Тиферет-Нецах-Ход-Есод-Малхут (ХАГАТ НЕХИМ), называемые «семь глаз Творца». Иначе говоря, семь видов управления, готовящие жителей мира к получению высшего наслаждения и блага. Всё, что совершается в мире, как добро, так и зло, записывается в своем виде точно в том же действии и точно в той же заслуге, и они существуют и установлены навечно. Иными словами, ничто не исчезает в мире – как дурные деяния, так и добрые, но любое действие записывается в виде своем с помощью семи глаз Творца, и дают ему тем самым вечное существование.

И эти два света видят и рассматривают любое деяние и свидетельствуют перед семьюдесятью светами, являющимися высшим судом. И после того, как эти семьдесят светов выслушивают их свидетельства, эти семьдесят светов выносят приговор и проводят суды как во благо, так и во зло, согласно свидетельству этих двух светов.

Объяснение. В состоянии совершенства два эти света, свет прегрешения и свет заслуг, взаимно уравновешены, так как злодеяния становятся у него заслугами[89]. И тогда семьдесят светов, т.е. семьдесят членов высшего Синедриона, судят согласно их свидетельству о благом намерении все деяния во благо. Но если два этих света не уравновешены, и свет заслуг больше, чем свет прегрешений, то в этой мере есть заметный недостаток в плохих деяниях, за которые человек, содеявший их, должен совершить возвращение от любви.

И это определяется как свидетельство со стороны этих двух светов о плохом намерении в поступках, совершенных этим человеком. И тогда все семьдесят светов выносят судебный приговор во зло, пока этот человек не совершит возвращения от любви, и они обратятся окончательными заслугами, и тогда будут два этих света равны по значимости. Таким образом, семьдесят светов совершают суд над человеком согласно свидетельству двух этих светов, уравновешены они или нет, и

---

[89] См. выше, п. 103, со слов: «Пояснение сказанного...»

судят согласно мере недостатка до тех пор, пока они не будут уравновешены.

Здесь, в этом чертоге, находится место заслуги. Иными словами, сказанное о проведении судов, что они как во благо, так и во зло, раскрывается не здесь, но посредством наполнения, которое исходит от семидесяти светов и нисходит вниз. Там познается зло, но здесь оно является только заслугой.

106) В духе этого чертога, называемом «заслуга», от которого исходят семьдесят светов, записываются три буквы «йуд-хэй-вав יה״ו». Объяснение. Десять сфирот – это «йуд-хэй-вав-хэй יהוה». «Йуд-хэй יה» – Хохма и Бина. «Вав ו» – Тиферет, включающая Хесед-Гвура-Тиферет-Нецах-Ход-Есод (ХАГАТ НЕХИ). Нижняя «хэй ה» – Малхут. Дух, от которого исходят семьдесят светов – это «йуд-хэй-вав יה״ו», только девять первых сфирот, свойство захар, не включающее нижнюю «хэй ה», т.е. свойство нуква.

Когда буквы «йуд-хэй-вав יה״ו» сливаются с Малхут, называемой местом, т.е. нижней «хэй ה», буквы «йуд-хэй-вав יה״ו» записываются в этом духе и не уходят оттуда. Объяснение. Любая ступень выходит посредством ударного сочетания (зивуга де-акаа) высшего света, представляющего собой девять первых сфирот и свойство захар, с экраном, имеющимся в Малхут, в свойстве нуквы. И тогда поднимается отраженный свет от Малхут и облачает высший свет, т.е. девять первых сфирот, снизу вверх. И благодаря этому облачению устанавливаются эти девять первых сфирот и связываются с этой ступенью.

Поэтому сказано: «Когда буквы "йуд-хэй-вав יה״ו"» – высший свет и свойство захар, «сливаются с нижней "хэй ה", с Малхут» – т.е. в ударном сочетании (зивуг де-акаа) со стороны высшего света, со стороны захара, к Малхут, к нукве. Тогда создается дух, включающий семьдесят светов, и тогда записываются в этом духе буквы «йуд-хэй-вав יה״ו», девять первых сфирот, и не уходят оттуда, потому что отраженный свет облачает их, и они связываются с его помощью благодаря силе этого облачения.

Затем выходит один свет, светящий четырем сторонам, и этот свет порождает три других света. Ибо те десять сфирот, которые вышли снизу вверх, считаются десятью сфирот де-рош, и это дух, включающий семьдесят светов и двух свидетелей. И известно, что после того, как был совершен зивуг де-акаа и произвел десять сфирот рош, распространяется Малхут де-рош сверху вниз и порождает два свойства гуф: ХАГАТ до хазе – ГАР де-гуф, и НЕХИ от хазе и ниже – до окончания раглаим (ног). И известно, что ХАГАТ от хазе и выше совершенны в четырех свойствах Хохма-Бина-Тиферет-Малхут, соответствующих четырем созданиям лев-бык-орел-человек. Однако в НЕХИ, расположенных от хазе и ниже, есть только три свойства Хохма-Бина-Тиферет, и недостает лика человека, Малхут.

После того, как вышли «йуд-хэй-вав יה"ו» де-рош в зивуге де-акаа, выходит один свет, светящий в четырех сторонах, т.е. свет Малхут де-рош распространяется и излучает свет сверху вниз, свойству ХАГАТ от хазе и выше, где есть четыре стороны Хохма-Бина-Тиферет-Малхут. И этот свет порождает три других света, т.е. от ХАГАТ выходят и распространяются НЕХИ, расположенные от хазе и ниже, и это только три стороны Хохма-Бина-Тиферет, однако лика человека недостает там.

Три этих света Хохма-Бина-Тиферет являются тремя палатами суда, производящими другие судебные разбирательства происходящего в мире, не являющиеся судами душ, т.е. касающиеся богатства, бедности, болезней, восстановления здоровья и остальных дел, за которые судится мир. И этот дух, включающий семьдесят светов и двух свидетелей, является свойством «йуд-хэй-вав יה"ו» в рош, светящих снизу вверх. И эти семьдесят светов, исходящих от него, символизируют семьдесят членов Синедриона, производящих суды душ.

А света, расположенные от хазе и ниже, исходящие от нижней «хэй ה» в рош, представляющие собой три стороны, это три судебные палаты, которые ведут другие суды, не являющиеся судами душ, когда все три соединены вместе[90]. И каждая из этих трех сторон состоит из всех трех, и поэтому они являются тремя судебными палатами.

И не числятся судебные палаты в четырех сторонах от хазе и выше, потому что там находятся укрытые хасадим, в которых

---

90  См. Зоар, главу Берешит, часть 1, п. 172.

нет раскрытия свечения Хохмы, и никакие суды не могут удерживаться там, потому что суды царят только в том месте, где есть свечение Хохмы. И причина этого в том, что вообще не было сокращения на свет хасадим.

Один чертог для семидесяти первых светов, являющийся внутренним из чертогов. А три внешних по отношению к нему чертога – для трех других судебных палат. Иначе говоря, этот чертог состоит из четырех чертогов, расположенных один внутри другого. И семьдесят светов, символизирующие семьдесят членов Синедриона и двух свидетелей, находятся в чертоге, самом внутреннем из всех. А три другие судебные палаты находятся в трех чертогах, окружающих внутренний чертог.

107) Этот дух поднимается, включая в себя все света, находящиеся внизу, т.е. четыре света от хазе и выше и три света от хазе и ниже, и порождает одно святое создание, извергающее огонь. Глаза этого создания подобны человеческим, для того чтобы наблюдать за тысячей тысяч и десятью тысячами десятков тысяч воинств, вершащих суд. Все эти вершащие суд берут приговоры, вынесенные судом, и открывают или перекрывают потоки наполнения мира, и довершают суд, приводя его в исполнение.

Объяснение. Дух, включающий в себя семьдесят светов, является свойством ГАР и рош и обозначается «йуд-хэй-вав יהו». А это создание исходит главным образом от духа и от семидесяти светов в нем. Однако для того, чтобы создать его с рош и гуф (досл. с головой и телом), этот дух тоже должен включать в себя свойство гуф, т.е. четыре света и еще три, относящиеся к свойству гуф. Поэтому это создание может довершить и привести в исполнение решение суда, принятое семьюдесятью светами, так как они являются его корнем.

Слова «глаза этого создания подобны человеческим» указывают на то, что глаза этого создания относятся к свойству ГАР, которому принадлежит семьдесят светов и свойство «лик человека». «Глаза» означают наблюдение, поэтому сказано: «Для того чтобы наблюдать за тысячей тысяч и десятью тысячами десятков тысяч войск, вершащих суд», ибо поскольку они относятся к свойству рош, они восходят к свойству, соответствующему им в мире Ацилут, т.е. к парцуфу Атик, являющемуся свойством рош мира Ацилут. Сфирот Атика имеют числовое значение «сто тысяч», а десять его сфирот – это «тысяча тысяч». И сказано об Атике у пророка Даниэля: «Тысяча тысяч служат ему»[91].

Кроме этого, в Атике еще происходит скрытый зивуг, исходящий от Малхут, которая скрыта в РАДЛА[92], и в этом свойстве каждая сфира в нем имеет числовое значение «десять тысяч тысяч», а десять сфирот – «десять тысяч десятков тысяч». И о них говорится у Даниэля: «И десять тысяч десятков тысяч стоят перед ним»[91]. И поскольку те, кто приводят в исполнение решения суда, вынесенные семьюдесятью светами, относящимися к свойству рош и получающими от Атика, являющегося соответствующим им свойством, есть также и у них эти два числа, имеющиеся в Атике – «тысяча тысяч»[91] от раскрытого зивуга и «десять тысяч десятков тысяч»[91] от скрытого зивуга.

108) Под этим созданием есть четыре серафима, и все они извергают огонь, подобный «завязи и цветку»[93], и поднимаются искры огня. Объяснение. Четыре серафима – это четыре свойства Хохма-Бина-Тиферет-Малхут этого создания, которые светят в четырех сторонах. Пылание огня, напоминающее «завязь и цветок»[93], и искры огня – это пот созданий, потеющих во время движения в четырех сторонах[94].

Ибо в каждой стороне, когда они двигаются, они обращают лик свой к средней линии, очень внимательно следя за тем, чтобы не отклониться ни вправо, ни влево. И поскольку они не могут сократить себя так, чтобы находиться посередине, как они хотят, то получается, что совершают иногда слишком большое отклонение в левую сторону, сразу же притягивая тем самым искры сжигающего огня, а иногда они совершают слишком большое отклонение в правую сторону, притягивая тем самым свет хасадим. Потому что старающийся удержаться

---

[91] Писания, Даниэль, 7:10. «И сидел старец в годах... Огненная река вытекает и протекает перед ним, тысяча тысяч служат ему, и десять тысяч десятков тысяч стоят перед ним».

[92] РАДЛА – аббревиатура слов «рейша де ло-этъяда», т.е. непознаваемый рош Атика.

[93] Тора, Шмот, 25:33. «Три чашечки миндалеобразные на одной ветви, завязь и цветок; и три чашечки миндалеобразные на другой ветви, завязь и цветок. Так на шести ветвях, выходящих из светильника».

[94] См. выше, п. 91, со слов: «И это пот, который выделяют...»

посередине обычно отклоняется иногда вправо, а иногда влево, чтобы определить для себя точно середину.

Слишком большое отклонение в правую сторону называется «кафтор (бутон)», потому что место получения света называется «каф (чаша)», а ступень нисходящего света называется «тор (повеска)», как говорится: «Золотые подвески»[95].

Слишком большое отклонение в левую сторону называется цветком и искрами огня. Цветком называется благодаря процветанию света хасадим, так как свет Хохмы, исходящий от левой линии, нисходит без света хасадим, поэтому считается, что свет хасадим воспаряет оттуда. И также называется искрами огня, и поскольку в этом свете нет хасадим, он сжигает нижних.

Нижние происходят от свойства ЗАТ, основа которых свет хасадим, и поэтому они отменяются под воздействием света без хасадим. Но поскольку эти четыре серафима относятся к свойству ГАР, они не сгорают из-за отсутствия хасадим, так как ГАР могут получать свет Хохмы без хасадим. И поэтому они называются серафимами, так как это указывает на то, что свечение, нисходящее от них к нижним, сжигает (сорефет) их.

Семьдесят два полыхающих огнем колеса есть у каждого из этих четырех серафимов, всего их четырежды семьдесят два, и они составляют в гематрии слово «парах (פרח, 288)», указывающее на то, что свет хасадим воспарил (парах) оттуда, так как эти колеса собрались все вместе и поднялись к ним из-за искр огня, и поэтому они пылают.

Когда они передвигаются, образуется от них одна огненная река, потому что во время передвижения всегда имеет место отклонение в левую сторону. Поскольку каждый раз, когда они стараются изо всех сил обратить лики свои к средней линии, они, безусловно, потеют, т.е. отклоняются то вправо, то влево, чтобы наиболее точно установить середину. И при каждом отклонении в левую сторону они выходят и притягивают искры

---

[95] Писания, Песнь песней, 1:11. «Золотые подвески сделаем тебе с крайнками серебряными».

## Семь чертогов парцуфа Аба ве-Има мира Брия

огня до тех пор, пока не соберутся вместе, образуя огненную реку, называемую река Динур[31].

«Тысяча тысяч»[91] ангелов служат этому огню. Объяснение. Мохин, которые серафимы получают во время своего передвижения, нисходят от парцуфа Атик мира Ацилут, со стороны открытого зивуга он представляет собой число «тысяча тысяч»[91], а со стороны скрытого зивуга – «десять тысяч десятков тысяч»[91]. И поэтому считается, что огненная река образовалась с помощью свечения «тысяча тысяч», исходящего от Атика. И от этих «тысячи тысяч» выходят и рождаются многочисленные воинства.

Когда эти колеса передвигаются, рождаются и поднимаются от них множество десятков тысяч десятков тысяч внутри этого огня, которые исходят от скрытого зивуга Атика, представляющего собой «десять тысяч десятков тысяч»[91]. Таким образом, служители, которые образуют реку Динур[31], относятся к свойству, о котором сказано: «Тысяча тысяч служат ему»[91], а рождающиеся и выходящие из самой реки Динур[31] – к свойству, о котором сказано: «И десять тысяч десятков тысяч стоят перед ним»[91].

Под вторым чертогом выходят ангелы, возносящие песнь и собирающиеся приблизиться сюда, но все они сгорают, поскольку относятся к ВАК, основой которых является свет хасадим. Поэтому свет Хохмы без хасадим, имеющийся здесь, становится для них сжигающим огнем, и они сгорают и исчезают из-за него.

109) Все эти правители, которые назначены властвовать в мире, получают назначение на власть, выходящее именно отсюда. Их назначение выходит от духа «заслуга», пребывающего здесь, который записывается тремя буквами «йуд-хэй-вав יה״ו»[96], и отсюда устраняют их из мира, и они караются этим огнем, который исходит отсюда и образует реку Динур[31]. Всё передается в этот чертог, потому что он записан тремя буквами «йуд-хэй-вав יה״ו», в которые включен дух, пребывающий здесь. И тогда это создание порождает воинства и станы ангелов, которым нет числа.

---

[96] См. выше, п. 106.

Объяснение. Власть правителей святости в мире нужна для подчинения ситры ахра. И поскольку «одно против другого создал Творец»[97], они не могут властвовать над ними и подчинить их до тех пор, пока не получат мохин де-ГАР от духа «заслуга», пребывающего здесь, и лишь тогда они могут подчинить ситру ахра и властвовать в мире.

И отсюда устраняют их из мира. Поскольку точно так же, как и большие мохин они получают здесь, так же, если они не остерегаются получать в свойство трех букв «йуд-хэй-вав יהו», которыми записан пребывающий здесь дух, где «вав ו» это Тиферет, средняя линия, согласующая «йуд-хэй יה», т.е. Хохму и Бину, правую и левую линии, но отклоняется в сторону левой линии, то устраняют их из мира, и они караются огнем, который выходит отсюда и образует реку Динур (огненную). Таким образом, всё передано этому чертогу, как большие мохин, так и окончательное устранение из мира.

110) Все виды суда в мире исходят от этого чертога, как во благо, так и во зло, кроме трех: сыновья, жизнь и питание, т.е. нет права совершать их в этом месте, но они зависят от той высшей реки, которая называется «дикна (борода)» Арих Анпина, или «высший мазаль (удача)». И все света, относящиеся к сыновьям, жизни и питанию, исходят от нее, и только от нее зависит всё это. И дело в том, что в чертоге «заслуга» основная власть принадлежит свойству любви, ведь злодеяния обращаются в заслуги только благодаря любви. Как уже говорилось, что вследствие возвращения от любви злодеяния обращаются в заслуги[98].

Однако у свойства высший «мазаль (удача)», называемого «сеарот дикна (досл. волосы бороды)» Арих Анпина, основой власти является страх, и поэтому оно называется «сеарот (שערות волосы)», от слова «сеарот (סערות бури)». И сыновья и жизнь и питание исходят только благодаря силе страха. И поэтому они не могут исходить от чертога «заслуга», а только от ступени «сеарот дикна» Арих Анпина, в которой содержится свойство «страх».

---

[97] Писания, Коэлет, 7:14.
[98] Вавилонский Талмуд, трактат Йома, лист 86:2.

Но ведь семьдесят светов большого Синедриона производят суды душ, и в таком случае решения суда о сыновьях, жизни и питании тоже выносятся в чертоге «заслуга»? Однако после того, как в чертоге «заслуга» выносится решение даровать ему жизнь, эта жизнь исходит от свойства «мазаль (удача)» Арих Анпина, и дается ему жизнь от него.

Посреди этого чертога есть исправленное место, чтобы в этот дух принять высший дух, пребывающий в пятом чертоге, и это место поднимается с помощью них. Иными словами, это место, т.е. тот самый столб, который возвышается в центре каждого из чертогов, включается в эти два духа, и поэтому он поднимает дух, пребывающий здесь, к высшему духу, находящемуся в пятом чертоге.

111) Двенадцать входов имеется у этого чертога. На каждом входе находятся стражники и правители, которые возглашают, сообщая нижним обо всех судах, которые должны низойти к ним. Объяснение. Сущность этого чертога относится к свойству от хазе и выше, а нижние, корень которых в свойстве от хазе и ниже, способны получать только от свойства ниже хазе, так как каждое свойство должно получать только от свойства, соответствующего ему.

А входы этого чертога относятся к свойству от хазе чертога и ниже, и нижние могут получить свое наполнение от них. И поэтому они называются входами, поскольку невозможно получить что-то из чертога иначе, как пройдя через это место, являющееся свойством от хазе и ниже, как и они сами, подобно земному чертогу, в который невозможно попасть иначе, как через вход. И поэтому стоят на этих входах все правители, передающие оттуда нижним постановления суда, принимаемые в судебных палатах этих чертогов, и это воззвания, оглашаемые, принимаемые и выполняемые по всему миру.

У этого чертога имеется двенадцать входов потому, что в нем самом есть четыре чертога[99], соответствующие его свойствам Хохма-Бина-Тиферет-Малхут, а в каждом чертоге их три, итого – двенадцать входов. В каждом из чертогов нет четырех входов потому, что они относятся к свойству от хазе и ниже,

---

[99] См. выше, п. 102.

где недостает лика человека, и есть только три свойства Хохма-Бина-Тиферет. Подобно тому, как у каждого создания есть четыре колеса, находящиеся от хазе и выше, и у каждого колеса три опор, находящиеся от хазе и ниже. И также здесь в этот чертог включены четыре чертога, находящиеся от хазе и выше, но в каждом чертоге только три входа, являющиеся свойством от хазе и ниже.

112) Эти воззвания от стражников и правителей, стоящих на входах этих чертогов, получают все имеющие крылья, пока не сообщают о сказанном на небосводе солнца, втором небосводе мира Асия, где солнце находится среди семи планет. «Имеющие крылья» – это ангелы, о которых сказано: «Ибо птица небесная донесет твою речь и имеющий крылья перескажет слово»[100]. И все эти ангелы, находящиеся под этими чертогами в мире Брия, а так же в Ецира и Асия, получают воззвания стражников и правителей, стоящих на входах этого чертога, т.е. каждый высший ангел передает нижнему, пока воззвание не достигает солнца, четвертой из семи планет.

Однако здесь имеются в виду не семь материальных планет, а семь сфирот второго небосвода духовного мира Асия, по отношению к которым семь планет материального мира считаются ветвями. Потому что принято у мудрецов через материальные ветви выяснять их духовные корни.

И оттуда, когда солнце восходит над землей, выходит воззвание от солнца и расходится по всему миру, пока сообщаемое не доходит до змея на этом небосводе, в котором застыли все звезды небосвода, и он находится посередине небосвода. И они слышат сообщенное, и принимают его стражники внизу и правители, поставленные над этим змеем, и оттуда передается сообщенное в мир.

Посреди небосвода протянулся один сверкающий путь, образуемый змеем на этом небосводе, и все слабые, трудноразличимые звезды завязаны в нем в огромном множестве. У астрономов он называется «Млечный Путь», потому что из-за огромного скопления звезд в нем он кажется нам подобным

---

[100] Писания, Коэлет, 10:20. «Даже в мыслях своих не кляни царя, и в спальных покоях своих не кляни богача, ибо птица небесная донесет твою речь и имеющий крылья перескажет слово».

белому, как молоко, пути. А эти слабые звезды назначены правителями над скрытыми делами людей.

Именно поэтому здесь говорится: «Пока сообщаемое не доходит до змея на этом небосводе» – до Млечного Пути, «в котором застыли все звезды небосвода» – т.е. не сдвигаются со своего места. Объяснение. Под этими звездами все устроено по законам частного управления, о котором сказано: «Нет ни одной травинки внизу, над которой не было бы звезды или созвездия наверху, подстегивающей ее и говорящей: "Расти"»[101].

Известно, что каждая ступень и наполнение, нисходящее от нее, делятся на две части – от хазе и выше и от хазе и ниже. И звезды поэтому делятся точно так же. И есть звезды, не являющиеся планетами, и они застыли на Млечном Пути, поскольку являются свойством от хазе и выше, где присутствуют скрытые хасадим, и от них наполнение не приходит к нижним в открытом виде. Поэтому сказано: «А эти слабые звезды назначены правителями над скрытыми делами людей» – так как они назначены только над делами, находящимися в скрытии. А есть планеты Сатурн, Юпитер, Марс, Солнце, Венера, Меркурий, Луна, расположенные от хазе и ниже, в месте раскрытых хасадим, и наполнение к нижним приходит от них открыто. И поэтому все они непрестанно крутятся вокруг мира, каждая из них своим особым путем, чтобы передать долю наполнения, относящуюся к ней. Поэтому сказано: «Выходит воззвание от Солнца и расходится по всему миру, пока сообщаемое не доходит до змея на этом небосводе, в котором застыли все звезды небосвода».

«И они слышат сообщенное» – потому что эти звезды не получают сообщаемое, чтобы передавать нижним, а только слышат его. И только стражники, находящиеся ниже Млечного Пути и относящиеся к свойству от хазе и ниже, получают сообщаемое, и от них оно передается ниже. И также те правители, которые поставлены над змеем, т.е. над Млечным Путем, получают сообщаемое. Однако сами звезды Млечного Пути не получают, а только слышат так, чтобы этого было достаточно для стражников, находящихся внизу, и те смогли получить от них.

---

[101] Мидраш Раба, Берешит, раздел 10, п.6.

113) А от стражников, находящихся внизу, распространяется и исполняется это воззвание в мире, и даже духи и дьяволы, и даже птицы небесные разносят и сообщают это воззвание по миру, т.е. все создания мира и даже дьяволы и духи готовы привести в исполнение эти воззвания.

Эти правители снова закрывают входы. В час воздействия управления на мир раскрываются двенадцать входов, и воззвания по ступеням нисходят в мир. А после того, как воззвание выполнено в мире, они снова закрывают входы и открывают их лишь во время передачи.

И дух, имеющийся здесь, не поднимается в высший дух пятого чертога до тех пор, пока все духи нижних чертогов не станут одним целым с духом, пребывающим здесь. И все духи соединяются и включаются друг в друга, пока не станут все одним целым. И после этого соединения поднимается дух, пребывающий здесь, вместе с ними в пятый чертог, и соединяется с имеющимся там духом.

114) Когда человек лежит в недомогании «на одре болезни»[102], его осуждают здесь на жизнь или на смерть. Жизнь исходит свыше, от высшей реки, а не отсюда, из чертога «заслуга». Но если вынесено здесь решение даровать ему жизнь, то даруется ему жизнь свыше, от высшей реки, называемой Мазаль (удача). Однако если нет, то не даруется ему жизнь свыше. Счастлива участь того, кто, прилепившись к Господину своему, вошел и вышел из этого чертога по благоволению Его.

Здесь, в этом чертоге, происходит падение ниц, так, чтобы лицо касалось земли, дабы возобладать над судом. Во втором чертоге требуется преклонение. В третьем чертоге требуется поклон, т.е. склонение головы. А здесь требуется падение ниц, чтобы лицо касалось земли. Дело в том, что преклонения и поклоны, совершаемые праведниками, чтобы порадовать Господина, направлены в соответствии с привлекаемыми мохин.

---

[102] Писания, Псалмы, 41:4. «Творец укрепит его на одре болезни, изменяешь Ты все ложе его в недуге его».

Поэтому в чертоге Ход, являющемся свойством ВАК, требуется преклонение колен. А в третьем чертоге, считающемся свойством ГАР по отношению ко второму чертогу, требуется поклон, т.е. склонение головы, такое, что должен увидеть «исар (складку на одежде)» на уровне своего сердца. И не требуется падения ниц, потому что он не принадлежит еще самому свойству ГАР, так как находится в месте от хазе чертогов и ниже. Однако в четвертом чертоге, расположенном в месте от хазе чертогов и выше, где находится ГАР свойства паним, необходимо падение ниц, чтобы лицо его касалось земли.

Об этом чертоге сказано: «Творец веры, и нет неправды, праведен и справедлив Он»[103]. Это указывает на начало отрывка: «Ибо все пути Его праведны»[103] – потому что в этом чертоге место судебных палат, где раскрывается, что «все пути Его праведны». И благодаря этому постигают Его в качестве «Творец веры, и нет неправды, праведен и справедлив Он».

## Пятый чертог, Хесед

115) Пятый чертог – это чертог, в котором светит дух, называемый «молния», который сверкает и светит нижним. «Сверкает» – свечением Хохмы, называемым «сверкание (зоар)», а «светит» – светом хасадим. Дух «молния» соединяет, открывает и закрывает, светит и искрится во всех сторонах. В момент, когда этот дух совершает свой зивуг, чтобы производить свечение, он соединяет всех нижних, которые поднялись к нему в МАН. «Открывает» – относительно свечения ВАК де-ГАР. «И закрывает» – относительно свечения ГАР де-ГАР. «Светит» – означает в прямом свете. «И искрится» – в отраженном свете. «Во всех сторонах» – наверху и внизу, и в четырех сторонах.

От этого искрения начинает светить и выходит один свет, напоминающий пурпур, включающий все светящие оттенки, т.е. белый свет и черный, красный и зеленый – свойства ХУБ ТУМ (Хохма и Бина, Тиферет и Малхут). Одни включаются в другие, и белый переливается с красным, черный – с зеленым, затем белый – с черным. И из них образуется одно создание,

---
[103] Тора, Дварим, 32:4. «Он твердыня, совершенно деяние Его, ибо все пути Его праведны; Творец веры, и нет неправды; праведен и справедлив Он».

сочетающее в себе все оттенки, и включены в него главным образом зеленый и красный. И лик его подобен лику человека, включающему все образы.

116) От этого животного выходят четыре основания, представляющие собой создания, которые больше тех, что внизу. Иными словами, хотя эти основания находятся от хазе каждого создания и ниже, и в нижних чертогах есть всего лишь три основания, все же здесь этот чертог является полностью свойством ГАР, и поэтому основания тоже находятся от хазе и выше и называются большими созданиями.

Только одна Малхут называется «офан», и их двое, потому что, когда проявляется один, другой светит внутри него, и их двое. Объяснение. Любое свойство от хазе и ниже этого создания является свойством Малхут, и поэтому они называются «офаним», потому что «офан» – это имя Малхут. Однако после того, как Малхут поднялась и получила подслащение в Бине, она всегда считается двумя офаним. И когда проявляется Малхут, то светит внутри нее Бина. Поэтому они считаются двумя офаним, один офан внутри другого[104]. И становятся слитыми Бина и Малхут друг с другом, и входят друг в друга, Малхут в Бину, и образуются двое офаним, правый и левый, в месте Бины.

А затем вторая входит в первую, Бина входит и включается в Малхут, и устанавливаются двое офаним, правый и левый, также и в месте Малхут. И проявились сейчас четыре рош (главы) в четырех сторонах света, потому что правая и левая линия в месте Бины считаются южной и северной сторонами, а правая и левая линия в месте Малхут считаются восточной и западной сторонами. Однако все четыре являются только одним гуф (телом), Малхут, потому что все они образовались благодаря этому включению Малхут в Бину. И о них сказано: «Будто один офан внутри другого»[104].

И все эти четыре стороны связаны друг с другом так же, как высшие создания по отношению к этому созданию, которые никогда не разделяются, поскольку четыре цвета,

---

[104] Пророки, Йехезкель, 1:16. «Вид этих офаним и свойства их, словно у драгоценного камня, и образ один у всех четырех; вид их и свойства их таковы, будто один офан внутри другого».

переливающиеся в этом создании, т.е. его Хохма-Бина-Тиферет-Малхут от хазе и выше, называемые высшими созданиями, включены друг в друга и нисходят в эти четыре стороны, находящиеся ниже хазе этого создания. И с помощью этого связываются четыре стороны друг с другом и никогда не разделяются. Отсюда становится понятным, что во время передвижения этого создания оно перемещается в двух сторонах, и это являющиеся основой четырех сторон Бина и Малхут, о которых сказано: «Будто один офан внутри другого».

117) Этот дух «молния» включается в два духа, когда дух «молния» порождает одно создание, о котором уже говорилось, и все эти вышеупомянутые света. И от него исходит другой дух, и он светит и называется пламенеющим духом.

118) От этого пламенеющего духа исходят два света, представляющие собой свойство четырех вышеуказанных сторон, и эти света изменяют свой вид и называются «пламя обращающегося меча»[105]. Это те света, которые изменяются и становятся пламенем меча. И эти света находятся над светами чертога, находящегося ниже этого и называемого чертогом «заслуга», потому что пламя этого меча находится над семьюдесятью светами судебной палаты, находящимися в чертоге «заслуга».

Пояснение сказанного. Три чертога, чертог «заслуга», чертог «молния» и чертог «желание», являются свойством ибур-еника-мохин де-паним. Чертог «заслуга» – это ВАК де-паним, называемые ибур-еника. Чертог «молния» – это ВАК де-ГАР де-паним. А чертог «желание» – это ГАР де-ГАР де-паним. Авраам взял себе чертог «молния». Ицхак взял чертог «заслуга». И поскольку здесь свойство мохин де-паним, то даже ВАК де-ГАР, которые должны светить в чертоге «молния» и исходящие от Бины, которая вернулась в Хохму, т.е. свойство Ицхака, не смогут постоянно светить в этом чертоге, но только лишь благодаря взаимному включению этих духов, т.е. только во время включения.

А не во время включения светит здесь только лишь свойство Авраама, представляющего собой правую линию, Хесед. Но

---

[105] Тора, Берешит, 3:24. «И изгнал Адама и поместил к востоку от сада Эденского херувимов и пламя обращающегося меча, чтобы охранять путь к Древу жизни».

свойство Ицхака, представляющего собой Бину, вернувшуюся в Хохму, светит только в чертоге «заслуга» и только в свойстве ВАК без ГАР. Поэтому там есть семьдесят светов, которые соответствуют семи нижним сфирот, каждая из которых состоит из десяти, и всего их семьдесят. Однако ГАР не могут светить в чертоге «заслуга». И тогда здесь, в чертоге «молния», они остаются в свойстве гвурот и судов, без света, относящегося к ним, потому что их свет относится к свойству Ицхак, и он не раскрывается здесь, но лишь в чертоге «заслуга».

Два духа этого чертога являются свойствами ибур-еника-мохин де-паним и ибур-еника-мохин де-ахор, включенными в каждый из чертогов, где высший дух – это свойство ибур-еника-мохин де-паним этого чертога, а нижний дух – свойство ибур-еника-мохин де-ахораим[106].

Таким образом, высший дух, являющийся свойством ибур-еника-мохин де-паним, получаемым от высших Аба ве-Има, был полностью подслащен свойством Авраам, т.е. светом Хесед, который властвует в этом чертоге, так как мохин де-паним полностью являются светом хасадим и называются «чистый воздух (авира дахья)», в отличие от нижнего духа, являющегося свойством ибур-еника-мохин де-ахораим, представляющим собой мохин, получаемые от ИШСУТ, у которых «йуд י» выходит из свойства «авир (איר воздух)» и Бина снова становится Хохмой. У этого духа, считающегося здесь левой линией и свойством Ицхака, нет никакого подслащения от Авраама, являющегося полностью правой линией и не имеющего ничего от левой. И поэтому он остается в состоянии судов. Поэтому этот дух называется пламенеющим, так как он всегда пребывает в пламени судов, и поэтому он называется «пламенем обращающегося меча»[105].

И поэтому сказано, что света, содержащиеся в этом пламенеющем духе, являются свойством ГАР Ицхака, и они не могут войти в чертог «заслуга» и остаются в чертоге «молния» в состоянии судов. И поэтому считается, что они находятся над чертогом «заслуга», т.е. являются свойством их ГАР. Поэтому сказано, что пламя этого меча находится над семьюдесятью светами судебной палаты, которые находятся в чертоге

---

[106] См. выше, п. 65, со слов: «Таким образом, пойми...»

«заслуга» – так как семьдесят светов чертога «заслуга» представляют собой семь нижних сфирот, каждая из которых состоит из десяти. А света пламени меча являются их свойством ГАР, восполняющим их до десяти.

Отсюда видно, что сверху, над головами всех судей, вершащих суд, висит этот меч. Объяснение. Эти семьдесят светов остерегаются притягивать даже малейшую часть их светов, находящихся здесь, в этом пламенеющем духе, поскольку они находятся в свойстве «пламя меча», т.е. полны судов. И поэтому пламя этого меча стоит на страже над ними, чтобы они вершили справедливый суд и не брали от своей ступени сверх этого.

119) «Пламя меча»[105] – это света левой стороны, породившие другое создание, стоящее на четырех офаним, которые не могут продолжать существовать, т.е. не могут продолжать свое свечение, но начинают светить и угасают. И это потому, что двое из них находятся в правой стороне, а двое в левой, т.е. иногда властвует в них только правая сторона, а иногда – только левая. И поэтому во время власти левой стороны они угасают, так как этот чертог взял себе Авраам, являющийся свойством правой линии, и поскольку они склоняются в левую сторону, им не от кого получить свое свечение, и они угасают.

Когда дух этого создания входит в этих четырех (офаним), которые не могут продолжать существовать, иными словами, в то время, когда это создание перемещается на четырех его офаним, исходят от них две пламенеющие искры, выходящие за пределы этого чертога, которые всегда преображаются. Эти пламенеющие искры иногда являются свойством некевот, иногда зхарим, иногда свойством духов, а иногда – святых судов.

120) Это происходит потому, что в то время, когда это создание соединяется с первым созданием, порожденным светами духа «молния», благодаря силе включения их друг в друга, выходит из них одна искра, пламенеющая всегда и никогда не угасающая. И эта искра устремляется вслед за двумя уже вышедшими искрами. И теперь они являются свойством зхарим. И они выполняют свою миссию в мире, светя нижним. Однако прежде, чем они успевают выполнить свою миссию, они угасают.

Пояснение сказанного. Из-за того, что корнями этих двух искр являются те четверо, которые не могут продолжать свое существование, т.е. не продолжают своего свечения, поскольку нисходят от пламени обращающегося меча[105], их свечение разделилось так, что двое из них находятся в правой стороне, а двое в левой. И когда они светят в свойстве двоих, находящихся в правой стороне, они могут существовать. Однако, когда они начинают светить со стороны двоих, находящихся в левой стороне, они угасают. Поэтому также и две эти искры, вышедшие от них, тоже отклоняются вправо и влево и не могут существовать.

Поэтому для того, чтобы их исправить, создание, относящееся к свойству «пламя меча»[105], произвело зивуг и соединилось с высшим первым созданием, порожденным духом «молния». И тогда четыре офаним нижнего создания, которые не могут продолжить свое существование, соединяются и становятся одним целым с четырьмя офаним высшего создания, являющимися как бы высшими созданиями по отношению к созданию здесь, не разделяющимися никогда. От них рождается одна искра, состоящая также из этих двух, и всего их четыре, так же, как и четыре офаним высшего создания. И она никогда не угасает, так же как и эти четверо, относящиеся к высшему созданию и не разделяющиеся никогда. Однако она все еще считается пламенеющей искрой, поскольку содержит в себе также и свойства четырех офаним нижнего создания.

И уже выяснилось, что эти четыре офаним представляют собой четыре силы Малхут после того, как она включилась в Бину: Малхут и Бина в Бине, и Малхут и Бина в Малхут[107], являющиеся свойством зхарим и некевот. Так как две силы в Бине – это зхарим, поскольку Бина оканчивается свойством захар, а две силы в Малхут – это некевот. И свечение правой линии называется духами, а свечение левой – судами.

«И эта искра устремляется вслед за двумя уже вышедшими искрами», так как она является искрой, исправленной так, что не угасает никогда. Поэтому она влияет на эти две искры и исправляет их, но таким образом, что они всегда преобразуются.

---

[107] См. выше, п. 116.

121) «И теперь они являются свойством зхарим» – т.е. в то время, когда эта искра передает им свечение Бины, считающееся светом захар. «И они выполняют свою миссию в мире, светя нижним, однако прежде, чем успевают выполнить свою миссию, они угасают» – т.е. пока светят в свойстве правой стороны, они выполняют свою миссию в мире, и считаются духами, но когда отклоняются в левую сторону, они угасают и не могут продолжать свою миссию, и считаются судами.

Эта искра ударяет и светит им после того, как они угасли, и тогда они возрождаются, как и прежде. И они являются свойством некевот, т.е. эта искра передает им теперь свечения Малхут, считающиеся свойством некевот, и они продолжают свое движение. И прежде, чем закончили свою миссию в мире, они угасают. То есть, всё то время, пока светят в правой стороне, они называются духами и продолжают свое движение. А когда они отклоняются в левую сторону, то называются судами и угасают. И эта искра снова ударяет и светит им после того, как они угасли, и они возрождаются, как и прежде. И так всегда.

Ибо каждый раз, когда они угасают, возрождает их эта искра, один раз – в правой и левой сторонах Бины, т.е. в свойствах духи и суды зхарим. А в другой раз – в правой и левой сторонах Малхут, т.е. в свойствах духи и суды некевот. И они всегда преображаются над этими четырьмя свойствами, потому что эта искра включает все их и состоит из четырех цветов. Поэтому две искры, получающие от нее, преобразуются во все упомянутые здесь оттенки, т.е. в зхарим, некевот, духов и суды.

122) Нижний дух включается в иной, высший дух[108], и оба они выглядят как одно целое, а не как другие, предшествующие им, которые во время взаимного включения выглядят только как один[108]. Однако здесь они проявляются как двое, находящиеся в любви и включающие в себя все нижние чертоги. И хотя проявляются как два духа, они все же являются одним, когда распространяется один дух в другом, и они проявляются в любви, соединяя в себе всех нижних. Поэтому сказано: «Две груди твои как два олененка, как двойня газели, что пасутся средь лилий»[109].

---

[108] См. выше, п. 65.
[109] Писания, Песнь песней, 4:5.

123) И когда два этих духа распространяются друг в друге, этот чертог снова становится чертогом любви. Чертог «любовь» стоит и существует всегда, и он скрыт в тайнах тайн, кроме тех, кому он необходим, чтобы слиться с ним. О нем сказано: «Я подарю тебе мою любовь»[110].

Пояснение сказанного. Эти два духа являются свойствами ибур-еника-мохин де-ахор и ибур-еника-мохин де-паним[111]. И их необходимо включить друг в друга[112]. Есть три вида включения:

1. Дух мохин де-ахораим включается полностью в дух мохин де-паним настолько, что неразличимо включение одного внутрь другого. Таким образом, здесь есть только мохин хасадим, потому что свечение Хохмы притягивается в мохин де-ахораим, и они включаются в мохин де-паним и неразличимы.

2. Дух мохин де-ахораим включается в дух мохин де-паним и не отменяется в нем, но там проявляется его существование. И там видны два эти вида мохин, однако светят только мохин де-паним. А мохин де-ахораим, хотя и находятся там, не могут светить. Однако здесь оба видны и находятся они в любви. И хотя видны оба духа, они являются одним. То есть, несмотря на то, что здесь присутствует дух с мохин де-ахораим, все же в отношении свечения они являются одним, так как светит только высший дух.

3. Когда эти два духа включаются друг в друга таким образом, что высший дух включен и светит также и в мохин де-ахораим нижнего духа, а нижний дух включен и светит также и в мохин де-паним, исходящие от высшего духа, ибо теперь есть свечение Хохмы и хасадим как в высшем, так и нижнем духе.

И об этом говорится в отрывке: «Две груди твои как два олененка (офари́м), как двойня газели, что пасутся средь лилий»[109], где описывается включение второго вида. Так как Малхут в свойстве ибур-еника-мохин де-паним называется «манула (замок)» и называется «олененок (офер)». А Малхут в свойстве ибур-еника-мохин де-ахораим называется «мифтеха (ключ)» и называется «газель». Поэтому сказано: «Две

---

[110] Писания, Песнь песней, 7:13. ««Утро встретим в виноградниках, посмотрим, расцвел ли виноград, появились ли ягоды, зацвели ли гранаты? Там я подарю тебе мою любовь».

[111] См. выше, п. 45, со слов: «И необходимо это понять...»

[112] См. выше, обозрение Сулам, статью «Введение в семь чертогов», п. 10.

груди твои»¹⁰⁹ – т.е. два этих духа, дух «молния», являющийся свойством ибур-еника-мохин де-паним, и пламенеющий дух, являющийся свойством ибур-еника-мохин де-ахораим. И оба они – «как два олененка (офарим)». То есть, из-за включения высшего духа в него называется Малхут по имени «олененок (офер)» в нижнем духе, и поэтому даже нижний дух считается свойством «олененок (офер)», и оба они – «как два олененка (офари́м)»¹⁰⁹.

И также называются оба свойством «двойня газели» из-за распространения нижнего духа, в котором Малхут называется «газель», в высший дух. И поэтому даже высший дух называется «газель», а вместе они – «двойня газели». Таким образом, достоинство этих двух духов проявляется в каждом из них благодаря распространению их друг в друге, но вместе с тем оба они светят как один дух, т.е. как свойство высшего духа – мохин де-паним. И поэтому заканчивается отрывок словами «что пасутся средь лилий»¹⁰⁹, потому что строение Малхут в свойстве мохин де-паним называется «лилией». В отличие от этого, когда они не светят, в свойстве мохин де-ахораим нижнего духа, и Малхут называется «нарциссом», а не «лилией».

124) Когда эти два духа светят как один, что является взаимным включением второго вида, то порождаются ими многочисленные воинства во множестве сторон, в тысячах и десятках тысяч, которым нет числа. Часть из них называется «мандрагорами», как сказано: «Мандрагоры источали аромат»¹¹³, часть из них называется «виноградом», как сказано: «Расцвел ли виноград?»¹¹⁰, а часть из них называется «гранатами», как сказано: «Зацвели ли гранаты?»¹¹⁰

Объяснение. Об этом чертоге сказано: «Я подарю тебе мою любовь»¹¹⁰. Зоар поясняет отрывок: «Утро встретим в виноградниках, посмотрим, расцвел ли виноград, появились ли ягоды, зацвели ли гранаты? Там я подарю тебе мою любовь. Мандрагоры источали аромат...» Эти три свойства исходят из свойств Хесед-Гвура-Тиферет (ХАГАТ), представляющих собой мохин де-паним. «Мандрагоры» – это свойство Хесед. «Гранаты» – свойство Гвура. «Виноград» – Тиферет. Пока не достигают

---

¹¹³ Писания, Песнь песней, 7:14. «Мандрагоры источали аромат, и у дверей наших всякие плоды изысканные, новые и те, что были, – для тебя, друг мой, сберегла я!»

многочисленные воинства места за пределами чертога – звезды Нóга, от которой передается наполнение нижним[114].

После того, как эти два духа включились друг в друга, все они находятся в любви, и никогда не разделяются. Об этом сказано: «Если даст человек всё добро дома своего взамен любви, то заклеймят его презрением»[115]. Здесь совершается склонение головы и простирание рук для того, чтобы слиться в любви с Господином своим. В чертоге Нецах требуется только поклон, т.е. склонение головы, пока не увидит исар (складку на одежде) на уровне сердца своего. А в четвертом чертоге требуется падение ниц, пока не коснется его лицо земли, когда говорится обо всем теле (гуф), и тогда не требуется простирание рук, потому что там – свойство ВАК де-паним, а руки относятся к свойству ГАР. И только здесь, в пятом чертоге, являющемся свойством ВАК де-ГАР, требуется простирание рук.

## Шестой чертог, Тиферет

125) Шестой чертог. Здесь присутствует дух, называемый «алая нить», как сказано: «Как алая нить – губы твои»[116]. Дух здесь является тем желанием, к которому стремятся все нижние духи, желая достичь его, чтобы слиться с ним в поцелуе любви.

126) Этот дух включен в шесть и устанавливается в шести, так как он включает в себя шесть чертогов, находящихся ниже него, и устанавливается в шести высших. То есть высший включает в себя всех, кто ниже него, и поэтому в нем самом есть шесть чертогов вследствие этого включения, которые называются в нем высшими чертогами. И кроме того, к нему ведь поднимаются все нижние чертоги с помощью столбов, находящихся посередине всех чертогов, и поэтому в нем есть шесть чертогов относительно того, что он получает в себя нижние чертоги и содержит их, и они считаются в нем шестью нижними чертогами.

---

[114] См. выше, п. 69.
[115] Писания, Песнь песней, 8:7.
[116] Писания, Песнь песней, 4:3.

Поэтому этот дух произвел двенадцать светов, и каждый из них включен как снизу, так и сверху. Все эти двенадцать светов рады подняться наверх, и также все они рады включить всех тех, кто находится внизу. Объяснение. Несмотря на то, что это шесть чертогов, всё же они считаются десятью сфирот, так как нижний чертог включает два, Есод и Малхут, а высший чертог включает три Кетер-Хохму-Бину (КАХАБ), и поэтому их десять. Седьмой чертог сам представляет собой десять сфирот и называется «святая святых».

Поэтому сказано, что «он включает в себя шесть чертогов, находящихся ниже него, и устанавливается в шести высших». Ведь ниже него находятся только пять чертогов, а не шесть? Но имеется в виду, что он сам включает три первые сфиры (ГАР), Кетер-Хохму-Бину (КАХАБ), а чертоги под ним считаются шестью сфирот Хесед-Гвура-Тиферет-Нецах-Ход-Есод (ХАГАТ НЕХИ). И слова отрывка «как алая нить – губы твои»[116] указывают на то, что дух здесь относится к свойству рош, так как губы принадлежат свойству рош (голова). И называется «алой (шани) нитью», что означает «удвоение (мишне)», потому что Малхут свойства рош, называемая «губы», исправлена вдвойне, т.е. в двух свойствах Малхут, называемых «манула (замок)» и «мифтеха (ключ)», как это происходит в ГАР.

Однако в ВАК раскрыта лишь одна Малхут, называемая «мифтеха», а «манула» скрыта и исчезает там[117]. Поэтому зивуг здесь совершается для притяжения свойства «чистый воздух (авира дахья)» в виде слияния духа с духом, образующих четыре духа любви[118]. И это свет руах высших ГАР, т.е. ВАК де-ГАР, так как ГАР де-ГАР не раскрываются в мирах.

Поцелуи шестого чертога служат для зивуга (слияния) духа с духом, как сказано: «Пусть он целует меня поцелуями уст своих!»[119]. И каждый поцелуй относится к свойству Яаков, так как он представляет собой свойство руах, означающее ВАК, т.е. свет хасадим. Однако это – высшие ВАК, относящиеся к высшим ГАР и являющиеся всем свойством ГАР, которые светят в мирах.

---

[117] См. «Предисловие книги Зоар», статью «Манула и мифтеха», п. 44, со слов: «И заметить и отличить его...»
[118] См. Зоар, главу Трума, п. 375.
[119] Писания, Песнь песней, 1:2. «Пусть он целует меня поцелуями уст своих, ибо ласки твои лучше вина!»

Поэтому прежде чем нижние восполнились мохин свечения Хохмы от свойства мохин де-ахораим, а также от пятого чертога, они не смогут получить здесь от зивуга (слияния) де-нешикин (поцелуев). Ведь хотя он и является светом хасадим, однако это свойство ВАК высших ГАР, относящееся к самим ГАР. И прежде чем нижние получают свечение Хохмы, они представляют собой ВАК без рош. Таким образом, шестой чертог является отдельным свойством – ВАК де-ГАР со стороны хасадим. И соответственно ему, нижние чертоги являются отдельным свойством – ВАК де-ГАР со стороны мохин свечения Хохмы.

И сказано, что «этот дух включается в шесть и устанавливается в шести» – т.е. в шести сфирот Хесед-Гвура-Тиферет-Нецах-Ход-Есод (ХАГАТ НЕХИ), свойстве ВАК де-ГАР, благодаря нижним чертогам, которые поднялись к нему. И он устанавливается также и сам в шести сфирот Хесед-Гвура-Тиферет-Нецах-Ход-Есод (ХАГАТ НЕХИ), свойстве ВАК де-ГАР. Но различие между ними очень велико, поскольку его собственные ХАГАТ НЕХИ являются свойством хасадим, называемым «чистый воздух (авира дахья)», однако ХАГАТ НЕХИ нижних раскрываются в свечении Хохмы.

Поэтому «каждый из них содержится наверху и внизу» – т.е. все двенадцать светов включились друг в друга как сверху, так и снизу. Высшие ХАГАТ НЕХИ, называемые «чистый воздух (авира дахья)», включили в себя нижние ХАГАТ НЕХИ, раскрывающиеся в свечении Хохмы. И также нижние ХАГАТ НЕХИ, являющиеся свечением Хохмы, включили в себя высшие ХАГАТ НЕХИ, называемые «чистый воздух (авира дахья)», свойство хасадим.

Двенадцать высших светов, от верхнего включения в хасадим, радуются своему подъему наверх, своему включению в хасадим. И они рады также принять в себя нижнее включение – мохин свечения Хохмы.

127) Этот чертог называется «желание», поскольку он является желанием всего. Тот, кто налаживает связи, устанавливает единство и поднимает нижние чертоги к этому чертогу, раскрывает, что Творец относится к нему с любовью. В этом чертоге Моше приобщен к народу своему в любви, увенчанный поцелуями любви, как сказано: «И умер там Моше... по

слову Творца»[120] – смертью легкой, как прикосновение уст. И это чертог Моше.

И это также чертог Яакова, относящийся к чертогам парцуфа Зеир Анпин мира Брия. А здесь говорится о чертогах парцуфа Аба ве-Има мира Брия. Чертоги парцуфа Аба ве-Има считаются внутренними, а чертоги Зеир Анпина – внешними по отношению к ним. Известно также, что Яаков и Моше оба являются свойством Тиферет, и это – свет руах. Однако Яаков – это внешняя Тиферет, а Моше – внутренняя Тиферет. И поэтому здесь, в чертогах Абы ве-Имы, шестой чертог принадлежит Моше, внутреннему свойству Тиферет, называемому Даат, а там, в чертогах Зеир Анпина, внешних по отношению к Абе ве-Име, шестой чертог принадлежит Яакову, внешнему свойству Тиферет.

Этот дух является духом любви, духом единства, притягивающим любовь во все свойства. И двенадцать светов этого духа поднимаются наверх и объяты пламенем. Иными словами, со стороны верхнего включения, относящегося к свойству «чистый воздух (авира дахья)», они поднимаются. А со стороны нижнего включения, относящегося к свечению Хохмы, исходящему от левой линии, они объяты пламенем.

128) От их искрения выходят четыре святых создания, преисполненные любви. Они называются большими созданиями, которые должны соединиться с малыми, включившись в них, как сказано: «Создания малые вместе с большими»[121]. Эти двенадцать светов относятся к «духу, включенному в шесть нижних и устанавливающемуся в шести высших», и это его собственные ХАГАТ НЕХИ, где высший содержит всех нижних, и ХАГАТ НЕХИ всех нижних чертогов, поднимающихся к нему. И они производят такое же деление в созданиях – т.е. создания, относящиеся к его собственному свойству, и создания чертогов, поднимающиеся к нему. И поскольку этот дух включает всех нижних, будучи выше их, есть в нем самом четыре создания, и они называются большими созданиями.

---

[120] Тора, Дварим, 34:5. «И умер там Моше, раб божий, в стране Моав, по слову Творца».
[121] Писания, Псалмы, 104:25. «Вот море, великое и обширное. Там существа, которым нет числа, создания малые вместе с большими».

И он отличается от нижних чертогов, поскольку в каждом из них есть только одно создание. И есть у него также двенадцать (светов) со стороны нижних чертогов, поднимающихся к нему, так, что шесть его собственных светов породили четыре больших создания, а шесть нижних светов породили двенадцать малых созданий, и соединились большие создания с двенадцатью малыми, которые включены в них.

129) Эти большие создания включились друг в друга в четырех сторонах, подобно ореху, у которого четыре части соединены в один плод, и каждая из четырех включает в себя все четыре. И это потому, что он относится к свойству от хазе и выше. И там есть лик человека и находится место зивуга, однако в свойстве от хазе и ниже, где есть только три стороны Хохма-Бина-Тиферет и отсутствует лик человека, нет места зивуга, и поэтому называется этот чертог «ореховым садом». Из-за четырех сторон, имеющихся в каждом создании, как в орехе, что указывает на место зивуга. Как сказано: «В ореховый сад спустился я»[122]. Имеется в виду – «ради орехового сада спустился я», поскольку это – чертог любви для совершения зивуга Зеир Анпина и Малхут. Но ведь в каждом из нижних чертогов есть четыре стороны в месте от хазе и выше того создания, которое находится там – почему же именно здесь находится место зивуга, а не в нижних чертогах? Дело в том, что все чертоги состоят друг из друга, и поэтому есть четыре стороны в каждом чертоге, однако не относящиеся к их собственному свойству, а к включению этого чертога в них. И поэтому место зивуга находится только в этом чертоге, так как четыре стороны здесь – это его собственные стороны.

130) «Эти четыре больших создания делятся на двенадцать, по три в каждой из четырех сторон. Все нижние чертоги включены в них» – поскольку из двенадцати светов шесть относятся к самому чертогу, а шесть образуются вследствие подъемов нижних чертогов, они производят такое же деление и в созданиях: шесть светов самого чертога произвели четыре больших создания, т.е. свои свойства Хохма-Бина-Тиферет-Малхут (ХУБ ТУМ), каждое из которых состоит из четырех сторон, всего шестнадцать. А шесть светов нижних чертогов произвели двенадцать малых созданий, находящихся в месте

---

[122] Писания, Песнь песней, 6:11.

от хазе и ниже, т.е. каждое из четырех свойств состоит только из трех сторон. И эти двенадцать происходят от включения нижних чертогов, поднявшихся к этому чертогу.

И уже выяснилось[123], что место раскрытия свечения Хохмы не находится в тех четырех сторонах, каждая из которых включает четыре, в месте от хазе и выше, но в тех четырех сторонах, каждая из которых включает в себя три, в месте от хазе и ниже. И в этих двенадцати малых созданиях устанавливаются духи внутри духов, света внутри светов. И все они устанавливаются друг в друге, пока не становятся одним целым. Потому что эти двенадцать светов происходят от шести светов нижних чертогов, поднявшихся в этот чертог. Поэтому устанавливаются там все духи и все света нижних чертогов, и с помощью них все они объединяются друг с другом, пока не становятся одним целым.

И тогда, после того, как все нижние становятся одним целым, тот дух, который состоит из всех них, так как он состоит из двенадцати светов – эти двенадцать светов включают четыре больших создания и двенадцать малых, а двенадцать малых включают всех нижних – этот дух поднимается вместе со всеми ними, чтобы облачиться в высший дух (руах), называемый «небеса», т.е. Зеир Анпин мира Ацилут, потому что Зеир Анпин является свойством руах мира Ацилут и называется «небеса». И он предлагает ему соединиться с ним.

После того, как соединились в нем все те, кто находится внизу, он произносит: «Пусть он целует меня поцелуями уст своих!»[119] Объяснение. Вследствие большого зивуга (слияния) де-нешикин (поцелуев) нисходит «чистый воздух (авира дахья)», являющийся светом хасадим, непригодных пока еще для нижних, нуждающихся в свечении Хохмы, поэтому света нижних чертогов, в которых есть свечение Хохмы, должны включиться в этот зивуг де-нешикин, и тогда они восполняются как хасадим, так и свечением Хохмы.

Поэтому сказано: «После того, как соединились в нем все те, кто находится внизу», благодаря чему включил в себя дух,

---

[123] См. выше, п. 67, со слов: «Пояснение сказанного. В постоянном состоянии…»

находящийся здесь, также и свечение Хохмы, произносит этот дух: «Пусть он целует меня поцелуями уст своих, ибо ласки твои лучше вина!»[119] Иными словами, после того, как уже «ласки твои лучше вина», т.е. мохин свечения Хохмы, называемые «вино, радующее Творца и людей» и получаемые от всех нижних, приходит время зивуга де-нешикин.

И он произносит: «Пусть он целует меня поцелуями уст своих!»[119] – поскольку теперь зивуг будет совершенным как со стороны хасадим, так и со стороны Хохмы. И тогда он радуется совершению зивуга (слияния) духа с духом, т.е. духа (руаха) «желание», включающего в себя всех нижних, с духом (руахом) мира Ацилут, т.е. Зеир Анпином, называемым «небеса». И это – зивуг де-нешикин, в котором происходит притяжение хасадим «чистого воздуха (авира дахья)» и восполнение один другого свечением Хохмы, т.е. со стороны нижних чертогов, включенных в дух, имеющийся здесь, что и означает «ибо ласки твои лучше вина!»[119] И тогда он становится совершенным, благодаря единому соединению их всех, т.е. благодаря тому, что соединились в нем все нижние чертоги. Поэтому он наполнился как совершенством хасадим, так и Хохмы.

131) Когда пребывающий здесь дух соединился с духом мира Ацилут, называемым «небеса», восполняется один от другого свечением Хохмы, и они получают друг от друга свечение «чистого воздуха (авира дахья)», хасадим, во всем подобающем совершенстве. И все это происходит благодаря силе желания человека праведного, вознесшего молитву и поднявшего все чертоги мира Брия до места в мире Ацилут, в котором совершается зивуг де-нешикин, чтобы соединить их в любви друг с другом. И тогда все эти духи и чертоги, которые включились в дух, называемый «желание», и каждый из тех духов и чертогов, входящие в совокупность парцуфа Зеир Анпин мира Ацилут, называемого «небеса», – тогда каждый из них берет тот чертог и тот дух, который соответствует ему, чтобы соединиться с ним и наполниться его совершенством, как подобает.

Объяснение. Всем духам и светам, подробно рассмотренным в шести чертогах парцуфа Аба ве-Има мира Брия, соответствуют также духи и света в шести чертогах Зеир Анпина мира Ацилут. И каждое свойство Зеир Анпина мира Ацилут соединяется с соответствующим ему свойством шести чертогов мира Брия, поднявшихся к нему. И тогда они восполняются друг от друга, потому что дух, пребывающий здесь и называемый «желание», поднял в этом единстве все духи и света чертогов мира Брия к духам и светам Зеир Анпина мира Ацилут.

132) И также каждое свойство Зеир Анпина соединяется со свойством, соответствующим ему в чертогах, достойным наполниться его совершенством: «небеса», Зеир Анпин, т.е. самый высокий в нем дух святости, берет этот высший чертог и высший дух, называемый «желание», чтобы поцеловаться друг с другом и соединиться друг с другом, и наполниться совершенством друг с другом. Как сказано: «И поцеловал Яаков»[124] – т.е. Зеир Анпин, «Рахель» – его Нукву, включающую все шесть чертогов, поднявшиеся в Ацилут. И так же Авраам, правая сторона наверху, в Зеир Анпине, т.е. сфира Хесед Зеир Анпина, берет чертог, называемый «любовь», пятый чертог, как сказано выше: «И когда два этих духа распространяются друг в друге, этот чертог снова становится чертогом любви»[125]. И таким же образом – все остальные сфирот Зеир Анпина. Его Гвура берет себе четвертый чертог. Нецах и Ход его берут третий и второй чертоги. А его Есод берет первый чертог.

Объяснение. Когда эти шесть чертогов поднимаются в Ацилут, они включаются в Нукву Зеир Анпина, и тогда Зеир Анпин соединяется с ними, и каждому их свойству передает одно свое свойство, восполняя их. И есть три зивуга в ЗОН в общем виде, называемые нешикин (поцелуи), хибук (объятие) и зивуг Есодов (основ):

1. Зивуг ГАР де-ЗОН называется нешикин. От этого зивуга получает высший чертог, включенный в ГАР Нуквы и называемый «желание».

2. Зивуг Хесед-Гвура-Тиферет (ХАГАТ) до хазе ЗОН называется «хибук (объятие)», как сказано: «Левая рука его у меня под головой, а правая обнимает меня»[126]. От этого зивуга получает пятый чертог, называемый «любовь», который получает от Хеседа Зеир Анпина, называемого Авраам, и четвертый чертог, называемый «заслуга», который получает от Гвуры Зеир Анпина, называемой Ицхак.

---

[124] Тора, Берешит, 29:11.
[125] См. п. 123.
[126] Писания, Песнь песней, 2:6.

3. Зивуг Нецах-Ход-Есод (НЕХИ) от хазе ЗОН и ниже называется зивуг Есодов, и от них получают три нижних чертога, расположенных от хазе и ниже.

133) И признаком этого является сказанное: «Вот, я знаю, что ты женщина, прекрасная видом»[127]. А красоту женщины подчеркивают ее груди, т.е. свойство, относящееся к пятому чертогу. И оттуда обратился Зеир Анпин в своем свойстве Хесед, т.е. Авраам, к Нукве: «Вот, я знаю, что ты женщина, прекрасная видом»[127] – что указывает на свойство «груди».

134) Ицхак, левая сторона Зеир Анпина, его Гвура, взял чертог судебной палаты, четвертый чертог, из которого возбуждаются все суды, т.е. дух, называемый «заслуга», чтобы они соединились друг с другом и наполнились совершенством друг от друга, чтобы все стало одним целым, как подобает.

Все остальные пророки, кроме Моше, т.е. Нецах и Ход Зеир Анпина, взяли себе два чертога, в которых два духа – свечение (нóга) и сияние (зоар), о которых сказано: «Изгибы бедер твоих»[69], потому что два этих чертога включены в Нецах и Ход Нуквы, называемые «бедра (ерехаим)», чтобы связаться друг с другом и стать одним целым.

135) Праведник Йосеф, называемый столп мира, т.е. Есод Зеир Анпина, взял чертог «сапфир» и дух «белизна сапфира», и это первый чертог. И хотя слова «а под ногами его – словно белизна сапфира»[57] указывают на то, что «белизна сапфира»[57] находится под ним, за пределами его ступени, а не на ступени Есод Зеир Анпина, все же из-за величия Царя сказано: «Под ногами его»[57], и это, безусловно, Есод Зеир Анпина, который берет чертог «белизна сапфира». А затем этот столп, Есод Зеир Анпина, берет еще больше, так как берет он в месте седьмого чертога, в зивуге (слиянии) седьмого с седьмым.

До сих пор соединяются ступени Зеир Анпина со ступенями этих чертогов, т.е. они соединяются друг с другом с целью наполниться совершенством один от другого и всем стать единым целым, чтобы всё было, как подобает. И тогда Творец (АВАЯ) становится Всесильным (Элоким), т.е. Зеир Анпин,

---

[127] Тора, Берешит, 12:11.

называемый АВАЯ, становится одним целым с Нуквой, называемой Элоким, так, что «Творец – Он Всесильный»[128]. В этом мире и в мире будущем счастлива участь человека, умеющего соединить их и прилепиться к Господину своему.

136) В чертоге «желание» происходит преклонение, поклон, склонение головы, простирание рук и падение ниц. То есть, все происходящее в нижних чертогах, и в дополнение к этому, падение ниц, которое происходит только в этом чертоге, поскольку все нижние чертоги включены здесь в двенадцать светов.

Необходимо это для того, чтобы привлечь желание высшего духа, т.е. ГАР Зеир Анпина, включающего свойства нешикин (поцелуи). И это – душа (нешама) всех душ, которая связана наверху с высшими Аба ве-Има и восходит к притяжению из Бесконечности с помощью зивуга де-нешикин. Потому что оттуда, из Бесконечности, выходят света и благословения, чтобы восполнить все свыше, как подобает. И это свет хасадим, исходящий от шести высших сфирот Абы ве-Имы, чтобы всё приобрело совершенство, как внизу, благодаря свечению Хохмы, так и наверху, благодаря свечению хасадим. И тогда все лики, т.е. все свойства ГАР, светят надлежащим образом – как ГАР де-хасадим, так и ГАР свечения Хохмы.

Тогда отменяются все приговоры суда, потому что ГАР свечения Хохмы отменяет все суды, и всё желание наполняется, как наверху, так и внизу, т.е. с помощью ГАР света хасадим. И об этом говорится в отрывке: «И сказал мне: "Раб ты Мой, Исраэль, в котором Я возвеличусь"»[129]. И также сказано: «Счастлив народ, которому это дано, счастлив народ, чей Творец (АВАЯ) – Всесильный (Элоким)»[130].

## Седьмой чертог, святая святых

137) Седьмой чертог. У него нет образа, всё в нем скрыто в тайне тайн с помощью протянутого занавеса. И там стоят все

---

[128] Тора, Дварим, 4:35. «Творец – Он Всесильный, нет никого кроме Него».
[129] Пророки, Йешаяу, 49:3.
[130] Писания, Псалмы, 144:15.

чертоги, чтобы не видны были два херувима, т.е. ЗОН. Иными словами, все чертоги, находящиеся внизу, поднялись и включились в этот занавес для того, чтобы укрыть ЗОН во время зивуга, и поэтому есть силы у чертогов взойти туда. И этот занавес разделяет между шестью чертогами, являющимися святостью, и седьмым чертогом, святая святых.

Внутри, за занавесом, находится покрытие, являющееся образом святая святых, ибо там место совершения зивуга, и поэтому называется этот чертог «святая святых». «Святая святых» – это место, установленное для получения высшей души, являющейся совокупностью всего, будущим миром высших. Объяснение. В чертоге святая святых, являющемся чертогом Бины, принимается высшая душа, включающая всё и называющаяся «ехида».

Потому что три первых чертога предназначены для светов НАРАНХАЙ де-нешама, вторые три чертога – для светов НАРАНХАЙ де-хая, а седьмой чертог предназначен для света ехида. И говорится, что этот чертог является «будущим миром для высших» потому, что эти семь чертогов являются семью чертогами Абы ве-Имы, называемых высшими. И поэтому седьмой чертог – это не просто Бина, а Бина Абы ве-Имы, Бина высших.

138) Ибо в то время, когда соединяются все духи чертогов друг с другом и восполняются друг от друга как подобает, пробуждается высший дух, душа всего, устремляясь к высшему, самому скрытому из всех скрытых, т.е. Арих Анпину, чтобы он произвел действие отдачи над всеми, дабы светить им сверху вниз свечением правой линии, и наполнить их совершенством – зажечь свечи свечением левой линии.

139) Когда всё пребывает в совершенстве света, светящего всем, и опускается высший свет, то седьмой чертог, скрытый в установившемся надо всем скрытии, принимает святая святых, высший опускающийся свет, и наполняется оттуда подобно тому, как некева беременеет от захара и наполняется от него. И сам он наполняется лишь благодаря чертогу, скрытому в установившемся надо всем скрытии, чтобы получить этот высший свет. Иными словами, если бы не установилось там скрытие, то он не мог бы получить этот высший свет.

И этот седьмой чертог является местом соединения зивуга, чтобы соединились седьмой с седьмым, дабы всё находилось в полном совершенстве, как подобает. Объяснение. Шестой чертог – это зивуг шестого из чертогов с шестым свойством Зеир Анпина и называется он зивугом де-нешикин[131]. А седьмой чертог – это зивуг седьмого из чертогов с седьмым свойством Зеир Анпина. И следует помнить, что во время подъема чертогов в Ацилут каждое из свойств Зеир Анпина производит зивуг с соответствующим свойством в чертогах[132].

140) Счастлива участь того, кто умеет устанавливать это единство. Он любим наверху и любим внизу. Творец постановляет, а он отменяет. Может ли такое быть, чтобы праведник выступал против желания Господина Его, разве он отменяет волю Творца? Однако, когда праведник налаживает связи и умеет устанавливать единство, и светят все лики и раскрывается всё совершенство, и всё благословляется, как подобает – ведь тогда все суды устраняются и отменяются, и нет никаких судов в мире. Счастлива участь его в этом мире и в мире будущем. И «Творец постановляет, а праведник отменяет» означает, что с помощью многочисленных светов, притягиваемых праведником благодаря устанавливаемому им единству, отменяются постановления и суды в мире.

Всё сказанное здесь о праведнике касается его действий внизу, в этом мире. И говорится о нем: «Праведник – основа (есод) мира»[133], потому что праведник поддерживает существование мира.

141) Подобно этому то, что происходит благодаря молитве праведника, происходит и посредством жертвоприношения. Дым от приносимой жертвы поднимается и обеспечивает каждый чертог всем необходимым, как полагается ему. Подобно тому, как при вознесении молитвы праведника и устанавливаемом им единстве. Благодаря желанию коэнов доставить наслаждение наверху и приятному песнопению левитов, возносимому ими в час принесения жертвы, одно соединяется с другим, т.е. левиты с коэнами, а коэны с левитами, так как

---

[131] См. выше, п. 127.
[132] См. выше, п. 132, со слов: «Объяснение. Когда эти шесть чертогов поднимаются в Ацилут...»
[133] Писания, Притчи, 10:25.

коэны притягивают свойство правой линии, а левиты – свойство левой. И одно без другого не называется совершенством.

И входит чертог в чертог, дух в дух, пока не соединяются все они на своих местах, как подобает им, одна часть с другой, т.е. они поднимаются в мир Ацилут, в ЗОН, и каждое из свойств Зеир Анпина соединяется с соответствующим ему свойством в чертогах[132]. И восполняются одни от других, благодаря зивугу Есодов, и соединяются друг с другом, пока не становятся одним целым благодаря зивугу де-нешикин и светят друг в друге благодаря зивугу хибук (объятие).

142) Тогда нисходит сверху самая возвышенная душа и светит над ними, зажигая все свечи, т.е. сфирот, этим совершенством, как подобает, пока не пробудится этот высший свет и не войдут все чертоги в святая святых, в седьмой чертог, благодаря зивугу седьмого с седьмым. И седьмой чертог благословляется и наполняется, подобно колодцу с водой, которая прибывает и не иссякает. И все чертоги благословляются наверху и внизу.

143) Здесь заключена тайна тайн – свет, который не познается и не входит в расчет десяти сфирот, никогда не уловимое желание, свет ехида. Потому что десять сфирот начинаются с Хохмы, Хохма-Бина-Даат-Хесед-Гвура-Тиферет-Нецах-Ход-Есод-Малхут (ХАБАД ХАГАТ НЕХИМ). А свет ехида подслащается внутри них, в самой их внутренней сути. И это желание не познаваемо и не уловимо никогда, даже в мысли, чтобы постичь его. И тогда все ступени объединяются и становятся единым желанием – до Бесконечности.

Объяснение. В то время, когда свет ехида подслащается и облачается в самую сокровенную сущность этих ступеней, объединяются благодаря его свечению все эти ступени, и становятся одним желанием, достигающим бесконечного единства. И все они приобретают совершенство, снизу и сверху и внутри всего, пока не становятся единым целым.

Ступени отделяются друг от друга по двум принципам. По принципу «высший и нижний», когда лучший считается высшим, а тот, кто хуже него – нижним. Или по принципу «внутренний и внешний», когда каждый, кто лучше другого, считается более внутренним. А благодаря облачению света ехида все они становятся одним целым – и те, которые разделяются по принципу «высший и нижний», и те, которые разделяются по принципу «внутренний и внешний».

144) Это желание, свет ехида, не облачается внутрь этих ступеней, хотя и остается в них непознаваемым, пока все они с самого начала не восполняются и не светят во всех этих свойствах – как в свойстве свечения Хохмы, так и в свойстве свечения хасадим. Тогда подслащается это желание, которое неуловимо, и облачается в самое сокровенное путем скрытия. И тогда счастлива участь того, кто сливается в этот час с Господином своим, он становится совершенным наверху и становится совершенным внизу, и о нем сказано: «Возрадуются отец и мать твои, и возликует родительница твоя»[134].

145) После того, как все восполнились друг от друга и соединились друг с другом в единой связи, и высшая душа, Бина, светит им сверху, и все источники света соединяются в одной свече в совершенстве, тогда единое желание мысли улавливает свет, который неуловим и непознаваем. «Единое желание мысли» – это свет хая. «Свет, который неуловим» – это свет ехида. И они облачаются друг в друга.

Объяснение. После того, как восполнились все эти чертоги, и высшая душа (нешама), Бина, светит в них, облачается свет хая, называемый единым желанием мысли, в свет нешама, а свет ехида – в свет хая. И этот свет хая улавливает внутри себя свет, который неуловим, т.е. свет ехида. Однако, хотя свет ехида облачается в свет хая, он всё еще светит в нем скрытым путем.

И несмотря на то, что это желание мысли, т.е. свет хая, облачает свет ехида, оно улавливает его и не знает, что улавливает, поскольку тот светит в нем путем скрытия. Однако желание мысли светит благодаря ему и подслащается от него, вследствие того, что он облачает его. И все они наполняются светом его, и все они восполняются и светят благодаря ему и подслащаются, как подобает. И об этом сказано: «Счастлив народ, которому это дано»[130].

---

[134] Писания, Притчи, 23:25.

146) Тот, кто удостаивается таким образом слиться с Господином своим, наследует все миры. Он любим наверху и любим внизу, молитва его не возвращается пустой. Он любим Господином его, как сын любим отцом, и исполняет желание его во всем, где нужно. Все создания испытывают страх перед ним. Он постановляет, а Творец выполняет. О нем сказано: «То, что решишь исполнить, сбудется у тебя, и на пути твоем воссияет свет»[135].

---

[135] Писания, Йов, 22:28.

# Да будет свет!

147) «И сказал Всесильный: "Да будет свет!"»[136] Отсюда следует, что Творец извлек эти саженцы с их места и посадил в другом месте. Это следует из сказанного: «Да будет». Объяснение. ЗОН называются саженцами Древа жизни. И всё то время, пока они были на своем месте, т.е. до подъема Малхут в Бину, ЗОН не были достойны получить какой-либо свет[137]. И поэтому извлек их Творец с их места, поднял и посадил в месте Бины, и там они стали способными получить высший свет.

И это следует из слов «да будет свет (ейи́ ор יהי אור)», где буквы «йуд-хэй יה» слов «да будет (йуд-хэй-йуд יהי)» – это Аба ве-Има, а последняя «йуд י» слов «да будет (йуд-хэй-йуд יהי)» указывает на вхождение «йуд י» в свет (ор אור) Абы ве-Имы, и образуется свойство «воздух (авир אויר)». И благодаря этому соединяются ЗОН с Аба ве-Има и становятся способными получить от них свет[138]. Свет, который уже был, ибо сказано: «И появился свет»[136]. Ведь не сказано: «И был свет», а сказано: «И появился свет», отсюда следует, что свет уже был.

Когда увидел Творец, что поколения грешников недостойны получать свет, Он упрятал его для праведников, как сказано: «Свет посеян для праведника»[139], то есть, этот свет был укрыт и посеян с тем, чтобы получили его только праведники, а не грешники. Поэтому говорится: «И сказал Всесильный: "Да будет свет!"»[136], где слова «да будет» указывают на скрытие света[138]. Потому что буквы «йуд-хэй יה» слов «да будет (йуд-хэй-йуд יהי)» – это свет Абы ве-Имы, а последняя «йуд י» слов «да будет (йуд-хэй-йуд יהי)» указывает на вхождение «йуд י» в «свет (ор אור)», и он становится свойством «воздух (авир אויר)». И это определяется как скрытие и посев света для праведников,

---

[136] Тора, Берешит, 1:3. «И сказал Всесильный: "Да будет свет!" И появился свет».
[137] См. Зоар, главу Берешит, часть 1, п. 3, со слов: «В свойстве суда...»
[138] См. Зоар, главу Берешит, часть 1, п. 31, со слов: «Слово "будет" указывает на Абу ве-Иму...»
[139] Писания, Псалмы, 97:11.

как сказано: «Кто побудил от востока праведность, назвал ее спутником своим?»[140]

Объяснение. Вследствие входа «йуд י» в свет (ор אור) Абы ве-Имы опускаются буквы ЭЛЕ (אלה) имени Элоким (אלהים) из Абы ве-Имы в ЗОН, и в Абе ве-Име остаются только буквы МИ (מי) имени Элоким (אלהים), и благодаря этому ЗОН становятся способными получить свет Абы ве-Имы. Получается, что две буквы МИ (מי) Абы ве-Имы являются корнем всех мохин ЗОН[138]. Как сказано: «Кто (МИ) побудил от востока?»[140] «От востока» – указывает на Зеир Анпин, «праведность» – это Малхут. То есть две буквы МИ пробудили мохин для Зеир Анпина, на который указывают слова «от востока», и для Малхут – праведности. Пробудили – означает начало пробуждения мохин, потому что мохин с помощью МИ приходят только в начале.

148) «И увидел Всесильный свет, что он хорош»[141] – т.е. Творец видел деяния грешников и скрыл его. То есть не видел сами деяния грешников, но видел величие самого света, что хорошо скрыть его, и тогда он не будет раскрыт миру. «И увидел Творец свет» – т.е. увидел, что он светит от края мира и до края, и хорошо скрыть его, чтобы не наслаждались от него грешники мира. Ведь если грешники мира насладятся от этого большого света, они больше не придут к раскаянию. Подобно тому, как сказано: «Как бы он не простер руку свою и не взял от Древа жизни и не вкусил и не стал бы жить вечно»[142]. Имеется в виду, что у него больше не возникнет потребность и побуждение прийти к раскаянию, и тогда останется неисправленным ущерб, который причинил он Древу познания. Поэтому изгнал его Творец из Эденского сада.

149) «И увидел Всесильный свет, что он хорош»[141] – увидел, что не будут пребывать в нем гнев и суды. Сказано здесь: «Что он хорош», и про Билама сказано: «И увидел Билам, что хорошо в глазах Творца благословлять Исраэль»[143]. Так же, как и там означает – чтобы не пребывало проклятие над Исраэлем, так

---

[140] Пророки, Йешаю, 41:2. «Кто побудил от востока праведность, назвал ее спутником своим, передал ей народы и покорил царей?»
[141] Тора, Берешит, 1:4. «И увидел Всесильный свет, что он хорош. И отделил Всесильный свет от тьмы».
[142] Тора, Берешит, 3:22.
[143] Тора, Бемидбар, 24:1.

же и здесь значение сказанного – чтобы не пребывали больше никакой гнев и суды. И это подтверждает конец отрывка: «И отделил Всесильный свет от тьмы»[141], означающий, что Он устранил разногласие между правой и левой линиями с тем, чтобы всё пребывало в совершенстве[144]. И также начало этого отрывка указывает на устранение ярости и гнева.

И хотя совместил Творец свет и тьму, т.е. правую и левую линии, как одно целое, с помощью средней линии, все же исчезли гнев и разногласие. И поэтому сказано: «И увидел Всесильный свет, что он хорош», и нет в нем никакой ярости и гнева.

150) Высшее свечение, Бина, нужно для того, чтобы светил этот свет, и от этого света нисходит радость ко всем. И это правая линия, которая облачилась в печати, оставленные левой. Объяснение. В то время, когда левая светила без взаимодействия с правой, она светила в ярости и гневе, и образовалась от нее преисподняя[145]. И это означает, что образовались печати при свечении левой линии. И вследствие этого правая линия получила силы присоединить к себе левую линию с помощью средней линии. И тогда правая линия увенчалась свечением Хохмы, раскрывающимся в левой линии.

Сказано: «Как велико благо Твое, которое хранишь Ты для боящихся Тебя»[146]. «Велико благо Твое» – указывает на первый свет, который скрыл Творец «для боящихся Тебя» – для праведников, боящихся греха, чтобы только они наслаждались от света, а не грешники.

---

[144] См. Зоар, главу Берешит, часть 1, п. 36.
[145] См. Зоар, главу Берешит, часть 1, п. 44, со слов: «И сразу после выхода состояния гадлут...»
[146] Писания, Псалмы, 31:20. «Как велико благо Твое, которое хранишь Ты для боящихся Тебя, даруешь уповающим на Тебя на глазах у сынов человеческих!»

# И был вечер и было утро

151) «И был вечер и было утро – день один»[147]. «И был вечер» – исходящий со стороны тьмы, т.е. Нуквы. «И было утро» – исходящее со стороны света, Зеир Анпина. И поскольку Зеир Анпин и Нуква вместе участвуют в зивуге, сказано о них: «День один», чтобы показать, что «вечер» и «утро» – как одна сущность, и оба они создают день. Иначе говоря, свет дня приходит благодаря совместному зивугу Зеир Анпина и Нуквы.

О каждом дне сказано: «И был вечер и было утро», так как это указывает на зивуг ЗОН, ведь от них обоих происходит свет дня. Но после того как Писание сообщает об этом в первый день, какой смысл сообщать в каждый из дней: «И был вечер и было утро»? Для того, чтобы знать, что нет дня без ночи, и нет ночи без дня, и они неотделимы друг от друга. И поэтому Писание каждый день сообщает нам об этом заново, чтобы показать, что никогда не сможет показаться свет дня, если не предшествует ему ночная тьма, и также не наступит ночная тьма, которая не принесет за собой свет дня, ибо они никогда не отделятся друг от друга.

152) Тот день, в который вышел первый свет, распространяется на все дни начала творения, ведь обо всех них сказано «день». Название «день» указывает на распространение первого света, вышедшего в первый день, т.е. сфиру Хесед. Однако вследствие того, что этот день распространился на все дни начала творения, т.е. в каждую из семи сфирот, все они называются «день» – так же, как и первый день.

Кроме того, распространение света первого дня на все дни следует из того, что в каждом дне упоминается слово «утро», так как это слово относится только к свойству первого света. Иными словами, слово «утро» указывает на начало нисхождения света, и это намек на появление первого света во всей действительности. И поскольку слово «утро» сказано в каждый день, распространение первого дня происходит каждый день.

---

[147] Тора, Берешит, 1:5. «И назвал Всесильный свет днем, а тьму назвал ночью. И был вечер и было утро – день один».

Но более того, первый день идет вместе со всеми днями, и все дни приходят вместе с первым днем. Это показывает нам, что нет между ними разделения, и все они являются одним целым. Иными словами, семь сфирот Хесед-Гвура-Тиферет-Нецах-Ход-Есод-Малхут (ХАГАТ НЕХИМ) состоят друг из друга, и поэтому в каждой из них есть Хесед-Гвура-Тиферет-Нецах-Ход-Есод-Малхут (ХАГАТ НЕХИМ). Таким образом, сфира Хесед, т.е. первый день, содержится в каждой сфире. И также в самом первом дне, т.е. в сфире Хесед, есть все Хесед-Гвура-Тиферет-Нецах-Ход-Есод-Малхут. И мы видим, что первый день содержится во всех днях, и все дни содержатся в нем. И поэтому они являются одним целым, без всякого разделения между ними.

# Да будет свет

153) «И сказал Всесильный: "Да будет свет"»[136] – означает, что низойдет распространение этого света вниз. И у тех ангелов, которые были созданы в первый день, есть место для существования в правой стороне. Потому что первый день, Хесед, считается правой стороной. Поэтому также и ангелы, происходящие от него, являются свойством правой стороны.

Объяснение. «Да будет» указывает на то, что «йуд י» в конце слов «да будет (йуд-хэй-йуд יהי)» вошла в «йуд-хэй יה» этих слов, и свет «йуд-хэй יה» стал по этой причине свойством «воздух»[138]. И по этой причине сократились все ступени до состояния, когда Тиферет-Нецах-Ход-Есод-Малхут (ТАНХИМ) парцуфа ЗОН упали в миры БЕА. И вследствие распространения света ЗОН в миры БЕА разделения были созданы ангелы, являющиеся светом, отделенным от Ацилута.

Таким образом, ангелы свойства Хесед были созданы вследствие сокращения первого дня, Хеседа Зеир Анпина. Ангелы свойства Гвура – вследствие сокращения второго дня, Гвуры Зеир Анпина. Ангелы милосердия – вследствие сокращения третьего дня, Тиферет Зеир Анпина. И все они распространились таким же путем, вследствие сокращения, которое произошло со словами: «Да будет». Часть распространилась от Хеседа вниз, в миры БЕА разделения. «И у тех ангелов, которые были созданы в первый день» – т.е. у тех, которые были созданы вследствие сокращения света сфиры Хесед, первого дня, есть место для существования в правой стороне, т.е. они являются ангелами правой линии со стороны Хеседа.

«И увидел Всесильный (эт) свет, что он хорош»[141]. Слово «эт» необходимо, чтобы учесть и соединить зеркало, которое не светит, Нукву, с зеркалом, которое светит, Зеир Анпином, о котором сказано: «Что он хорош». Иначе говоря, слово «эт» нужно для того, чтобы учесть, что также и Нуква включена в сказанное «что он хорош» вместе с Зеир Анпином.

Кроме того, слово «эт» показывает на включение и учет всех ангелов, исходящих со стороны света Хесед, что и они включены в сказанное «что он хорош». И все они светят как первый

Да будет свет

свет, во время своего становления, так как они включены в слова «что он хорош», сказанные о первом свете.

# Да будет свод

154) «Да будет свод посреди вод»[148]. Вследствие речения «да будет свод» высшие воды отделились от нижних. «Свод» означает распространение вод, и поэтому сказано: «И будет он отделять воды от вод»[148] – высшие воды от нижних вод. Как сказано: «Да будет свод» – т.е. произойдет распространение одних от других.

155) «И сделал Всесильный свод»[149]. «И сделал» указывает, что произвел в нем действие с помощью высшего величия, т.е. распространил в него мохин состояния гадлут от Бины. Потому что благодаря словам «да будет свод» была произведена подготовка для получения высших мохин Бины в ЗОН. А слово «сделал» указывает на довершение всего необходимого, т.е. что уже распространились в ЗОН все высшие мохин от Бины[150]. После слов «да будет свод...»[148] не сказано «и появился свод», а сказано «и сделал Всесильный свод»[149]. Это указывает на то, что Он придал ему большое величие.

156) Во второй день была создана преисподняя для грешников мира. Во второй день возникло разногласие[151]. Во второй день не была завершена работа, а только в третий день. Поэтому не сказано во второй день «и вот – хорошо», пока не наступает третий день, и довершается в нем работа. И поэтому сказано о третьем дне дважды «и вот – хорошо». Один раз – о довершении работы второго дня, и еще один раз – о довершении его собственной работы. В третий день был исправлен второй день, в третий день было достигнуто согласие, позволяющее установить свечение обоих, и в этот же день довершилось милосердие к грешникам в преисподней, чтобы избавить их от суда.

В третий день успокаиваются языки огня преисподней, иными словами, благодаря свечению третьего дня они остывают и

---

[148] Тора, Берешит, 1:6. «И сказал Всесильный: "Да будет свод посреди вод, и будет он отделять воды от вод"».
[149] Тора, Берешит, 1:7. «И сделал Всесильный свод, и отделил воды, которые под сводом, от вод, которые над сводом. И было так».
[150] См. Зоар, главу Берешит, часть 1, п. 53.
[151] См. Зоар, главу Берешит, часть 1, п. 44.

перестают жечь. Поэтому включен в него второй день и довершается в нем.

157) Но ведь свет выходит в первый день, а тьма – во второй день. И разделение вод и разногласие возникло в нем. Почему же не восполнилось всё это с помощью свечения первого дня, ведь правая сторона включает левую? Иначе говоря, поскольку свет правой стороны вышел в первый день, он является корнем второго дня. А любой корень включает также в себя и ветвь свою и властвует над ней. В таком случае, первый день может исправить его, почему же второй день стал нуждаться в третьем дне для своего исправления? Однако разница между ними огромная, ведь благодаря исправлению третьего дня уменьшилось свечение второго, и он не может светить сверху вниз, а только снизу вверх, что считается свойством ВАК де-ГАР. А если бы второй день был исправлен с помощью первого дня, он бы остался в своем свойстве и нисколько не сократился бы.

Однако разногласие возникло вследствие того, что на самом деле первый день желает исправить его как корень, исправляющий свою ветвь. Но второй день не желает принимать на себя власти первого дня и входит в разногласие с ним настолько, что третий день должен сам войти между первым и вторым днем, чтобы разрешить это противоречие и усилить мир между ними[145].

# Да произрастит земля

158) «Да произрастит земля зелень, траву семяносную, дерево плодовое, производящее плод по виду его»[152]. Это указывает на соединение высших вод и нижних вод для того, чтобы производить плоды. Высшие воды производят плоды, а нижние воды взывают к высшим, чтобы получить от них плоды и передать их миру. Подобно отношению некевы к захару, становящейся беременной от него и дающей порождения миру. Потому что высшие воды – это зхарим, а нижние воды – некевот.

Объяснение. Мохин состояния гадлут, называемые плодами, не могут раскрыться в Нукве от хазе Зеир Анпина и выше, и поэтому она называется «сушей», не способной производить плоды. Однако после того, как происходит зивуг с Нуквой, расположенной от хазе Зеир Анпина и ниже, та Нуква, которая была сушей выше хазе, становится землей, дающей плоды и порождения ниже хазе Зеир Анпина[153].

Место от хазе Зеир Анпина и выше называется «высшие воды», а от хазе и ниже – «нижние воды», так как свод, отделяющий высшие воды от нижних, находится в месте хазе. Таким образом, хотя мохин выходят в Нукве, расположенной выше хазе Зеир Анпина, как сказано: «Да соберутся воды под небесами в единое место, и покажется суша»[154], т.е. там, где находятся высшие воды, всё же они не смогут раскрыться там, и они там находятся в свойстве «суша». И раскрытие происходит только в месте от хазе и ниже, где находятся «нижние воды».

И сказано, что соединение высших вод и нижних необходимо для того, чтобы произвести плоды. Потому что мохин, называемые плодами, приходят благодаря высшему зивугу, совершаемому над хазе Зеир Анпина, как сказано: «Да соберутся воды в единое место»[154], но они не смогут раскрыться оттуда, поскольку там они являются свойством «суша». «И поэтому нижние воды взывают к высшим, чтобы получить от них плоды.

---

[152] Тора, Берешит, 1:11.
[153] См. «Предисловие книги Зоар», п. 206, со слов: «И тогда то, что было сушей, стало землей...»
[154] Тора, Берешит, 1:9.

Подобно отношению некевы к захару, становящейся беременной от него и дающей порождения миру».

Так же, как у семени захара (мужского свойства) нет силы проявиться в нем самом, а только в нукве, в которой происходит беременность и рождение, так же и мохин высших вод не могут раскрыться в их собственном свойстве, а только в свойстве от хазе и ниже, называемом «нижние воды», и поэтому они взывают к высшим водам, чтобы передали им мохин, и раскрылись с их помощью в мирах.

159) Все это происходит как выше хазе Зеир Анпина, так и ниже его хазе. То есть понятие высшие и нижние воды имеет место как от хазе и выше, так и от хазе и ниже. Ибо как выше хазе есть захар и нуква, называемые Зеир Анпин и Лея, где захар является высшими водами, а нуква – нижними, так и ниже хазе есть захар и нуква, называемые Яаков и Рахель, где Яаков – свойство «высшие воды», а Рахель – «нижние воды». И речение «да произрастит земля зелень»[152] указывает на соединение высших и нижних вод, находящихся от хазе Зеир Анпина и ниже. И нельзя истолковывать это речение, как указывающее на высшие и нижние воды от хазе Зеир Анпина и выше, потому что там место суши, не производящей траву и плоды.

В таком случае, что представляет собой имя Элоким в отрывке: «И сказал Всесильный (Элоким): "Да произрастит земля зелень"»[152]? Ведь это Создающий жизнь (Элоким хаим), высшая Бина, потому что все тридцать два имени Элоким в действии начала творения – это Бина. Если истолковывать, что в речении говорится о находящемся внизу, о высших и нижних водах ниже хазе, то и имя Элоким в отрывке будет означать просто Элоким, т.е. Нуква Лея, расположенная над хазе, называемая просто Элоким, а не Создающий жизнь (Элоким хаим), т.е. Бина. И это против принятого истолкования, что все тридцать два имени Элоким действия начала творения являются именами Бины, называемой Создающий жизнь (Элоким хаим).

Объяснение. «И сказал Всесильный (Элоким): "Да произрастит земля зелень"»[152] – это, конечно же, ступень, предшествующая высшим водам, на которые указывают слова: «Да произрастит земля зелень»[152]. Потому что любая ступень производится и образуется ближайшей высшей ступенью. И если речение «да произрастит земля зелень»[152] указывает на приведение в действие высших вод, находящихся выше хазе, соединившихся с нижними водами, имеющимися там, то имя Элоким, производящее их – это Бина, называемая Создающий жизнь (Элоким хаим).

Однако если «да произрастит земля зелень»[152] указывает на приведение в действие высших вод, находящихся ниже хазе, то слова «и сказал Всесильный (Элоким)» указывают на высшую ближайшую ступень, т.е. Нукву, расположенную выше хазе, называемую просто Элоким, а не Элоким хаим, как Бина. И это противоречит принятому толкованию, что все имена Элоким в действии начала творения являются именами Бины.

Однако ниже хазе находится место, из которого выходят порождения, как сказано: «Вот порождения неба и земли при сотворении их (бе-ибарам בהבראם)»[155]. Говорится «с помощью "хэй ה" сотворил их (бе-хэй барам בה' בראם)» – т.е. это Нуква, расположенная от хазе и ниже, называемая Рахель и обозначаемая последней «хэй ה» имени АВАЯ (הויה). И все порождения происходят от нее, а не от Нуквы, расположенной от хазе и выше. Те (ступени), которые расположены выше хазе, являются праотцами всех ступеней – т.е. три сфиры ХАГАТ, считающиеся праотцами и корнями миров. Потому что всё, принимаемое в мирах, приходит от них, и Нуква их считается завершением создания всех порождений, но не реальным выходом этих порождений в миры.

Иначе говоря, мохин в сущности своей и вся их работа завершаются захаром и нуквой, находящимися выше хазе, где захар – это свойства ХАГАТ, называемые «праотцы», а их нуква – Лея. Однако эти мохин еще не раскрываются и не исходят от них в миры, чтобы проявиться в виде порождений, поскольку эта нуква является свойством «суша». И только в нукве, находящейся ниже хазе и называемой «хэй ה», о которой сказано: «с помощью "хэй ה" сотворил их (бе-хэй барам בה' בראם)», действительно выходят порождения. И в соответствии с этим выясняется, что «да произрастит» означает – с помощью высших вод, расположенных выше хазе, но не реальные порождения,

---

[155] Тора, Берешит, 2:4. «Вот порождения неба и земли при сотворении их, в день созидания Творцом Всесильным земли и неба».

а только для завершения работы, так как нуква, находящаяся выше хазе, еще не производит мохин в виде реальных порождений. И тем самым выяснилось, что имя Элоким в этом отрывке на самом деле указывает на Бину, называемую Создающий жизнь (Элоким хаим), т.е. ближайшую высшую ступень.

И поэтому земля производит порождения, ибо она беременеет, как некева от захара. И поскольку высшая нуква завершила работу мохин, нижняя нуква, находящаяся ниже хазе и называемая «земля», может производить плоды, так как она принимает их подобно нукве, беременеющей от захара и приводящей его порождения к раскрытию. В соответствии с этим слова «да произрастит земля зелень»[152] истолковываются как зивуг высших и нижних вод, находящихся выше хазе, производимый для довершения работы мохин, а слова «и произвела земля зелень»[152] – как зивуг высших и нижних вод ниже хазе для раскрытия порождений, т.е. там раскрываются порождения того, что она получила от высшей ступени.

160) Все силы оканчивались на земле, Малхут, и она не извлекала этих сил, т.е. свои порождения. Иными словами, она не воплощала эти силы в действительность до шестого дня, в который сказано: «Да извлечет земля существо живое»[156] – т.е. она реально извлекла силы, имеющиеся в ней, и они стали «существом живым». Но ведь речение: «Да произрастит земля зелень»[152] – означает, что они вышли и раскрылись уже в самом действии, однако имеется в виду, что она произвела исправление сил с целью включить их в себя и быть завершенной как подобает, таким образом, чтобы она могла извлечь их в шестой день.

И всё было скрыто в ней, и они не раскрывались до тех пор, пока не вынуждены были раскрыться в шестой день, ведь вначале о них сказано: «И земля была пуста и хаотична», т.е. она была совершенно сухой. А затем, в третий день, была исправлена земля и установилась, и получила семя и зелень, и траву, и деревья. И затем произрастила их в мире на шестой день. И у светил тоже не действовал их свет в мире, пока не было необходимости. То есть свет, созданный в первый день, все же не

---

[156] Тора, Берешит, 1:24. «И сказал Всесильный: "Да извлечет земля существо живое по виду его: скот, и ползучее, и животное земное по виду его". И стало так».

раскрывался миру до четвертого дня, в который были размещены светила, чтобы светить земле.

# Неполные светила

161) Речение «да будут светила»[157] включает змея зла, который внес нечистоту и создал разъединение, чтобы солнце не произвело слияние (зивуг) с луной. Потому что на всех ступенях, предшествующих Нукве, «да будут (йуд-хэй-йуд)» указывает на сокращение и падение трех келим Бина-Тиферет-Малхут на нижнюю ступень. Однако эти келим не упали за пределы Ацилута, в отличие от Нуквы, являющейся нижней ступенью из всех ступеней Ацилута. В таком случае, после речения «да будут (ейи йуд-хэй-йуд)» и падения ее келим, они упали ниже парсы Ацилута, в миры БЕА разделения, и поэтому образовались в силу этого падения клипот и змей зла[158].

И поэтому «меорот (מארת светила)», написанные без буквы «вав ו», означают проклятия, так как змей вызвал проклятие земли, как сказано: «Проклята из-за тебя земля». То есть змей привел к греху Древа познания, и из-за него была проклята земля. И поэтому слово «меорот (מארת светила)» написано без «вав ו», что указывает на проклятие, которым была проклята земля из-за этого змея, порожденного сокращением НЕХИ. И поэтому слово «меорот (מארת светила)» в Торе, написанное без буквы «вав ו», означает проклятие.

162) «И будут они светилами на своде небесном, чтобы светить над землей»[157]. «И будут они светилами»[157], написанное без «вав ו», означает одно светило – луну. А второе светило, о котором сказано «свод небесный» – это солнце. И оба они составляют одно целое, поскольку сказано: «И будут они светилами на своде небесном, чтобы светить над землей»[157] – что указывает на совершение зивуга (слияния) между солнцем и луной, чтобы светить мирам выше хазе Зеир Анпина и ниже хазе Зеир Анпина. Сказано «светить над землей», а не «на земле», что означало бы свечение наверху и внизу, но здесь это означает, что все они учитываются в луне.

---

[157] Тора, Берешит, 1:15.
[158] См. Зоар, главу Берешит, часть 1, статью «Да будут светила», п. 98, со слов: «Пояснение сказанного...»

«И будут они светилами на своде небесном»[157] – указывает на зивуг (слияние) солнца и луны, представляющих собой ЗОН (захар и некева) выше хазе Зеир Анпина и ниже его хазе. И в таком случае надо было сказать: «Светить на земле», так же, как сказано: «На своде небесном», что означает совершение зивуга также и ниже хазе Зеир Анпина, где расположена нижняя Нуква, называемая «земля». Почему же сказано «над землей»? Ведь это означает, что зивуг происходит только наверху, на своде небесном, т.е. в месте парсы, расположенной как раз от хазе Зеир Анпина и выше и называемой сводом, и оттуда нисходит свечение земле, т.е. ниже хазе, однако на самой земле не происходит зивуг.

Это показывает, что счет их всех производится по луне. Объяснение. Мохин счета и числа всех ступеней выходят вследствие зивуга солнца и луны, поскольку есть мохин, являющиеся светом хасадим и называемые «без числа», а есть мохин свечения Хохмы, которые называются «число и счет»[159]. И также у Зеир Анпина есть две Нуквы, одна выше хазе, называемая «луна», а также «царство (малхут) Давида»[160], и вторая, ниже хазе, называемая «земля», а также Рахель.

И этот зивуг, производящий свечение мохин счета, происходит только в луне, т.е. в зивуге ЗОН от хазе и выше, где Нуква называется луной, а не в Нукве от хазе и ниже, называемой землей. И сказанное, что солнце и луна производят зивуг, чтобы светить мирам выше хазе Зеир Анпина и ниже хазе Зеир Анпина, означает, что две Нуквы, верхняя, луна, и нижняя, земля, включаются друг в друга, и достигает тогда это свечение места наверху и внизу. Однако основной зивуг производится только с луной, т.е. с Нуквой, расположенной выше хазе.

163) Гематрия и счет периодов и високосного года, означающие мохин счета и числа, все они производятся по луне, выше которой не происходит зивуг для свечения мохин счета и числа.

Каким же образом счет их всех производится по луне? И разве нет мохин счета и числа на ступенях, находящихся выше

---

[159] См. «Предисловие книги Зоар», п. 19, со слов: «И сказано: "Ибо по числу..."»
[160] См. Зоар, главу Берешит, часть 1, п. 117, со слов: «И это два свойства в Малхут...»

луны? Однако имеется в виду, что зивуг мохин счета происходит на ступени луны, а не на другой ступени, но оттуда человек восходит к постижению мохин счета также и на ступенях, находящихся выше луны.

Объяснение. Хотя мохин свечения Хохмы, называемые мохин счета, выходят в Бине после того, как она вернулась в рош Арих Анпина и стала в нем Хохмой, все же эти мохин не раскрываются в Бине, так как она всегда пребывает только в свете хасадим. И даже ЗАТ Бины, в сущности, только свет хасадим, и нет там места для раскрытия мохин свечения Хохмы, однако Бина передает эти мохин Зеир Анпину. Но и сам Зеир Анпин полностью исправлен благодаря мохин высших Абы ве-Имы, представляющих собой укрытые хасадим, и нет в нем места для раскрытия этих мохин, и лишь когда Зеир Анпин передает их своей Нукве, в ней они раскрываются.

И поэтому Нуква называется нижней Хохмой, так как мохин свечения Хохмы не раскрываются ни на какой ступени, а только в ней, так, что сначала эти мохин выходят в ЗАТ Бины, а Зеир Анпин получает их от нее и передает их Нукве. И это – Нуква, расположенная ниже хазе, в то время, когда она полностью включена в Нукву выше хазе, называемую луной. И тогда обе они называются луной.

Поэтому место раскрытия мохин счета находится только на ступени луны, а не на ступенях, предшествующих ей. Однако после того, как эти мохин выходят и раскрываются на ступени луны, они светят обязательно также и на всех ступенях, предшествующих ей, поскольку от них получила луна эти мохин. Однако прежде, чем раскрылись в луне, они совершенно непостижимы, хотя уже и вышли на предыдущих ступенях, так как в них нет места для раскрытия этих мохин. Однако после того, как раскрылись внизу, на ступени луны, все они довершаются в силу этого раскрытия в ней, потому что после того, как они раскрылись на ступени луны, их можно постичь также и на предшествующих ступенях.

Но ведь сказано: «Да будут они для знамений и для времен»[161] – во множественном числе. Разве не следует отсюда,

---

[161] Тора, Берешит, 1:14.

что в них обоих раскрываются мохин счета – т.е. также и в Зеир Анпине, называемом солнце? Однако «для знамений (ле-отот לאֹתֹת)» написано без буквы «вав ו», что означает единственное число, указывающее только на луну, а не на солнце, так как в нем мохин не раскрываются. «Да будут», сказанное во множественном числе, не указывает на солнце и луну, а только на раскрытие мохин, так как все раскрытия происходят только на ступени луны, которая подобна кораблю, наполненному всеми благами.

164) Есть одна точка, и оттуда начинаются мохин исчисления и счета, и это Арих Анпин, называемый поэтому «начало». А то, что находится до этой точки, т.е. выше Арих Анпина, вообще непостижимо. И есть точка наверху, которая скрыта и вообще не раскрывается, Бина Арих Анпина, со стороны ее сущности, облаченной в высшие Абу ве-Иму, у которых «йуд י» не выходит из их свойства «воздух (авир אויר)». Однако оттуда – начало исчисления и раскрытия всего скрытого и глубокого, т.е. ЗАТ Бины Арих Анпина, облаченные в ИШСУТ, когда они поднимаются в рош Арих Анпина и передают свечение Хохмы, называемое мохин исчисления и счета.

Однако они еще не раскрываются здесь, в ИШСУТе, так как являются свойством Бины, вся основа которой – свет хасадим. И есть также точка внизу, которая раскрывается, т.е. Нуква Зеир Анпина, и оттуда – начало раскрытия всех мохин счета и любого исчисления. То есть выше луны нет никакого раскрытия мохин счета, и поэтому здесь – место свечения всех мохин периодов и гематрий, високосных лет, времен, праздников и суббот. И Исраэль, которые слиты с Творцом, производят счет, т.е. притягивают мохин счета, к луне, как сказано: «Исраэль исчисляют по луне, а народы мира – по солнцу»[162]. И они поднимают ее наверх, чтобы облачить высшую Бину, как сказано: «А вы, верные Творцу Всесильному вашему, все живы сегодня»[163].

---

[162] Вавилонский Талмуд, трактат Сукка, лист 29:1.
[163] Тора, Дварим, 4:4.

# Да воскишат воды

165) «Да воскишат воды кишеньем существа живого»[164]. Нижние воды воскишели и породили, подобно высшим водам. Нижние воды породили то, что приняли от высших вод.

Сказано: «И птица будет летать над землей»[164]. Надо было сказать: «И птица полетит», почему сказано: «Будет летать»?

166) Дело в том, что слова «и птица будет летать над землей по своду небесному»[164] указывают на создание ангелов. «Птица» – это Михаэль, о котором говорится, что он летает, как сказано: «И подлетел ко мне один из серафимов»[165] – т.е. Михаэль. «Будет летать» – это Гавриэль, о котором сказано: «Пролетая, на лету», т.е. действие указано дважды, как сказано: «Муж Гавриэль, которого видел я прежде в видении, пролетая, на лету коснулся меня»[166].

«Над землей»[164] – это Элияу, всегда находящийся на земле. Нуква Зеир Анпина называется землей. И Элияу исходит от Нуквы Зеир Анпина и находится с ней всегда. Элияу не находится на стороне Абы ве-Имы, так как он облетает (мир) за четыре перелета. Объяснение. Ангелы со стороны Абы ве-Имы совершают свой полет, облетая мир за шесть перелетов, поскольку Аба ве-Има являются шестью сфирот Хохма-Бина-Даат-Хесед-Гвура-Тиферет (ХАБАД ХАГАТ) до хазе Арих Анпина, соответствующими этим шести перелетам. Однако Элияу облетает (мир) не за шесть перелетов, а за четыре, что указывает на его принадлежность к свойству Нуквы, расположенной от хазе и ниже, где есть только четыре сфиры Нецах-Ход-Есод-Малхут (НЕХИМ), которым соответствуют только четыре перелета.

Сказано об Элияу: «И дух Творца унесет тебя так, что будет неведомо мне»[167]. «И дух Творца» – указывает на один перелет.

---

[164] Тора, Берешит, 1:20. «Да воскишат воды кишеньем существа живого, и птица будет летать над землей по своду небесному».
[165] Пророки, Йешаяу, 6:6.
[166] Писания, Даниэль, 9:21. «И когда я еще возносил молитву, то муж Гавриэль, которого видел я прежде в видении, пролетая, на лету коснулся меня во время вечерней молитвы».
[167] Пророки, Мелахим 1, 18:12.

«Унесет тебя» – второй перелет. «Так, что» – третий. «Будет неведомо мне» – четвертый перелет. Таким образом, он совершает перелет в четыре приема.

167) Сказанное «по своду небесному»[164] указывает на создание ангела смерти, на что указывает слово «по (аль-пней)», поскольку он омрачает лица (пней) мира. И также потому, что сказано о нем: «И тьма над (аль-пней) бездною»[23]. А слова «свод небесный» – это как сказано, что «поднимается ангел смерти в небеса и обвиняет. И это Сатан, это злое начало, это ангел смерти»[168]. И называется он Сатан потому, что поднимается в небеса и обвиняет (мастин). И называется ангелом смерти потому, что он забирает затем душу его, и поэтому слова «по (аль-пней) своду небесному» указывают на ангела смерти, которому присуще обвинять в небесах.

Но ведь ангел смерти был создан во второй день. Как же говорится, что слова «по своду небесному», сказанные в пятый день, указывают на создание ангела смерти? Однако слова «над землей»[164] в этом отрывке указывают на создание ангела Рефаэля, отвечающего за исцеление земли, благодаря которому исцелилась земля, и человек может находиться на ней, и он исцеляет любую силу земли. И так как исцеление земли исходит от него, на его создание указывают слова «над землей». А слова «по (аль-пней) своду небесному» указывают на создание ангела Уриэля.

Объяснение. Ангел Рефаэль является носителем экрана Нуквы, называемой «земля». И на этот экран выходит любая ступень света, необходимая земле, для того, чтобы человек мог получить от нее мохин. Таким образом, с помощью Рефаэля, т.е. его экрана, исцеляется земля, выходя из состояния, в котором она «была пустынна и хаотична»[23], так как благодаря ему она снова достигает мохин.

Ангел Уриэль – это свойство Тиферет, т.е. Зеир Анпин. Так как Михаэль – это Хесед, Гавриэль – Гвура, Уриэль – Тиферет. И поэтому на создание Рефаэля указывают слова «над землей», потому что этот экран является свойством Нуквы, называемой «земля». А на Уриэля указывают слова отрывка «по

---

[168] Вавилонский Талмуд, трактат Бава батра, лист 16:1.

своду небесному», так как он является свойством Зеир Анпина, называемого «свод небесный». Ведь уже говорилось, что слова «свод небесный» – это солнце, т.е. Зеир Анпин, называемый солнцем.

И все они, т.е. все четыре ангела, несущие колесницу (меркава), указаны в этом отрывке. На Михаэля указывает слово «птица»[37]. На Гавриэля – «будет летать»[37]. На Рефаэля указывают слова «над землей»[37]. А на Уриэля – слова «по своду небесному». Однако по первому мнению, в этом отрывке были указаны только два ангела колесницы (меркава) – Михаэль и Гавриэль[169].

168) Поэтому сказано: «И сотворил Всесильный (Элоким) больших чудищ и всякую душу создания пресмыкающегося»[170]. «Большие чудища» указывают на высших правителей, т.е. семьдесят управляющих, правителей семидесяти народов. И поэтому все они были созданы, чтобы властвовать над землей, и поэтому о них сказано «большие», а не «пресмыкающиеся», ведь созданы они властвовать на земле.

169) «И всякую душу создания пресмыкающегося»[170] – указывает на создание души Исраэля, которые, конечно же, являются душой этого создания, т.е. Нуквы Зеир Анпина, и она называется созданием (хая), так как весь мир Ацилут считается светом хая, а пять парцуфов мира Ацилут считаются светами НАРАНХАЙ света хая: Арих Анпин – это ехида света хая, Аба ве-Има – хая света хая, ИШСУТ – нешама света хая, Зеир Анпин – руах света хая, Нуква – нефеш света хая. И поскольку Исраэль исходят от Нуквы Зеир Анпина, их душа (нефеш) тоже считается нефеш света хая, и они называются поэтому народом единым на земле.

А сказанное: «Какими воскишели воды, по виду их»[170] – указывает на усердствующих в Торе, потому что только Тора называется свойством «воды». И благодаря занятиям Торой они удостаиваются нефеш хая (досл. души живой). Если человек

---

[169] См. выше, п.166.
[170] Тора, Берешит, 1:21. «И сотворил Всесильный (Элоким) больших чудищ и всякую душу создания пресмыкающегося, какими воскишели воды, по виду их, и всякую птицу крылатую по виду ее. И увидел Всесильный, что хорошо».

не занимается Торой, то нет у него святой души, а если занимается, то удостаивается этой живой души (нефеш хая). Слова «и всякую птицу крылатую по виду ее»[170] указывают на тех праведников, которые находятся среди занимающихся Торой, и поскольку они праведники, они удостоились живой души (нефеш хая).

170) «Живая душа» сказано об Исраэле, поскольку они – сыновья Творца, от которого исходят их святые души. А из какого же места души остальных народов, поклоняющихся идолам? Души их исходят от сил левой линии, делающих их нечистыми, и поэтому все они нечисты, и делают нечистым всякого, кто приблизится к ним.

171) «И сказал Всесильный: "Да извлечет земля существо живое по виду его: скот, и ползучее, и животное земное по виду его"»[156]. Написано обо всех других созданиях, кроме Исраэля, каждое из которых получает по виду его. И на это указывает конец речения: «Скот, и ползучее, и животное земное по виду его»[156]. Отсюда следует, что «существо живое (нефеш хая)» сказано об Исраэле, у которых есть высшая святая живая душа. А «скот, и ползучее, и животное земное»[156] сказано об остальных народах-идолопоклонниках, которые не являются душой живой, а исходят от сил левой стороны, которые делают их нечистыми.

# Создадим человека

172) Речение «создадим человека в образе Нашем по подобию Нашему»[171] указывает на то, что человек состоит из шести окончаний, включающих всё – как Хохму, так и хасадим, по высшему подобию, т.е. по подобию Зеир Анпина мира Ацилут. И поэтому сказано: «В образе Нашем по подобию Нашему»[171], где «образ (целем צלם)» указывает на сфирот Хохма-Бина-Даат (ХАБАД), относящиеся к мохин Зеир Анпина, а «подобие» – на мохин Нуквы[172].

В частях тела, исправленных с помощью Хохмы как подобает, всё находится в высшем исправлении, подобном исправлению ЗОН мира Ацилут посредством келим Нецах-Ход-Есод (НЕХИ) парцуфа Аба ве-Има, с помощью которых он получает мохин Хохмы от Абы ве-Имы. И так же исправляется Адам посредством келим Нецах-Ход-Есод (НЕХИ) парцуфа ЗОН мира Ацилут, с помощью которых он получает мохин Хохмы от ЗОН. Эти келим НЕХИ называются частями тела, исправленными с помощью Хохмы как подобает, и это Бина, Тиферет и Малхут высшего, которые упали во время катнута в место нижнего и не исчезают у нижнего даже после того, как возвращаются к высшему, так как нет исчезновения в духовном. И благодаря этому, каждый нижний становится способным получить мохин высшего, потому что есть у него келим высшего[173]. И они называются Нецах-Ход-Есод (НЕХИ) высшего, облачающиеся в нижнего.

Отрывок «создадим человека» указывает на свойства захар и некева, т.е. имя Адам (человек) указывает на захара и некеву, и всё пребывает в высшей святой мудрости, т.е. всё создано для того, чтобы он был достоин получить высшую святую мудрость, так как Хохма (мудрость) притягивается только с помощью Нуквы. И поэтому создан Адам в свойстве захара и нуквы. И поэтому сказано: «В образе Нашем по подобию

---

[171] Тора, Берешит, 1:26. «И сказал Всесильный: "Создадим человека в образе Нашем, по подобию Нашему, и да владычествуют они над рыбою морскою и над птицами небесными и над скотом и над всею землею и над всеми гадами, пресмыкающимися по земле».
[172] См. "Предисловие книги Зоар», п. 237, со слов: «И суть этого заключается в следующем...»
[173] См. Зоар, главу Берешит, часть 1, п. 3, со слов: «В свойстве суда...»

Нашему», где «образ (целем צלם)» указывает на мохин захара, а «подобие» – на мохин нуквы, когда захар и некева восполняются один благодаря другому.

Потому что хасадим относятся к свойству захар, а свечение Хохмы – к некеве. И захар восполняется свечением Хохмы благодаря некеве, а некева восполняется свойством хасадим благодаря захару. И тогда человек становится единственным в мире и властвующим во всем, так же, как и высшие ЗОН. Так как никакая власть в мире не способна подчинить все клипот иначе, как с помощью мохин, наполненных совершенством Хохмы и хасадим.

# И увидел Всесильный всё, что Он создал

173) «И увидел Всесильный всё, что Он создал, и вот – хорошо очень»[174] – здесь исправлено то, о чем не сказано «и вот – хорошо» во второй день, потому что в этот день была создана смерть, а здесь сказано, что «хорошо очень». И истолковали товарищи отрывок «и вот – хорошо очень», что в нем говорится о смерти. И в таком случае, второй день тоже означает достоинство, так как сказано о нем «и вот – хорошо», хотя и создана в этот день смерть, так как здесь, в шестой день, раскрылось, что смерть – это «хорошо очень»[175].

174) «И увидел Всесильный всё, что Он создал» – разве Он не видел раньше, что создает? Ведь слова «и увидел Всесильный всё, что Он создал» означают, что Он увидел только после того, как сделал. Однако Творец всё видел – и всё, что делает, и всё, что раньше было сделано, но отрывок указывает на то, что Он видел все будущие поколения и всё, что возникнет в мирах в каждом поколении, еще до их появления в мире. И слова «что Он создал»[174] включают всё действие начала творения, ибо в действии начала творения была создана основа и корень всего того, что появится и возникнет в мирах. И поэтому увидел Творец еще до того, как всё было, и включил всё в действие начала творения.

Объяснение. Вследствие того, что действие начала творения является основой и корнем всего, что должно произойти, поэтому включил в них это Творец, чтобы видеть всё, что будет происходить в мире во всех поколениях. И на это указывает слово «всё» в отрывке. Отрывок «и сказать Циону: "Ты Мой народ (ами)"»[176] истолковывается так – «со Мной (ими) вы сотрудничаете, Я начал миры, а вы довершаете их». То есть Творец исправил всю действительность таким образом, чтобы люди могли завершить это исправление. И поскольку завершение

---

[174] Тора, Берешит, 1:31. «И увидел Всесильный всё, что Он создал, и вот – хорошо очень. И был вечер, и было утро – день шестой».
[175] См. Зоар, главу Трума, статью «И вот – хорошо очень», пп. 432-442.
[176] Пророки, Йешаяу, 51:16.

исправления предоставлено людям, они являются участниками этого творения. И поэтому есть два свойства неба и земли:

1. Те, что уже исправил Создатель, и это называется действием начала творения.

2. Новые небо и земля, которые раскроются после завершения исправления, как сказано: «Новые небо и земля, которые сотворю Я»[177].

И об этом спрашивается в Зоар. Разве сказанное «и увидел Всесильный всё, что Он создал»[174] включает только то, что Он создал в действии начала творения, а не будущие небо и землю, исправленные благодаря добрым деяниям людей, которые они будут совершать в каждом поколении? Разве не видит Он до начала создания также и то, что должно быть исправлено во всех поколениях благодаря добрым деяниям, вплоть до завершения исправления?

И объясняется, что слово «всё» в отрывке означает все добрые деяния, которые будут совершены в будущем в каждом поколении праведниками. «Что создал» – т.е. действие начала творения, которое уже произвел, потому что стадия исправления действительности, произведенная Творцом в действии начала творения, является основой и корнем для исправлений, относящихся к деянию людей. И получается таким образом, что деяния людей включены в действие начала творения. И поэтому видение будущего находится рядом с видением действия начала творения, которое уже произведено: т.е. слово «всё» указывает на видение будущего, а слова «что Он создал» – на действие начала творения.

175) «И был вечер, и было утро – день шестой»[174] – чем отличается он от всех дней начала творения, в которых не употребляется определяющая «хэй ה»[178], как здесь, в словах «день шестой (йом а-шиши יום השישי)»? Ведь при упоминании первого и второго дня не употребляется определяющая «хэй ה». Однако здесь, когда уже довершился мир, называемый ЗОН, так как уже завершилось действие начала творения, т.е.

---

[177] Пророки, Йешаяу, 66:22. «Ибо как новые небо и земля, которые сотворю Я, упрочены будут предо Мной, – слово Творца, – так упрочено будет семя ваше и имя ваше».

[178] Буква «хэй» в начале слова – показатель определенности, подобно определенному артиклю.

строение ЗОН, соединилась нуква с захаром в полном единстве, т.е. «хэй ה» с «шиши (ששי шестой)», чтобы стать полностью одним целым. «И завершены были небо и земля»[179] – это ЗОН, которые были довершены как одно целое, т.е. ЗОН были завершены в результате всего действия начала творения и получили всё свое наполнение.

---

[179] Тора, Берешит, 2:1. «И завершены были небо и земля и все воинства их».

# И завершены были небеса

176) «И завершены были небо и земля и все воинства их»[179]. Творец сотворил человека в мире и исправил его, чтобы добился совершенства в работе своей и исправил пути свои, дабы удостоиться высшего света, который Творец скрыл для праведников. «Глаз, не видевший иных божеств, кроме Тебя»[180] – т.е. скрытый свет, «даст Он уповающему на Него»[180] – т.е. праведникам.

177) И с помощью чего удостоится человек этого скрытого света? Он удостоится его с помощью Торы. Ибо всякий усердствующий в Торе каждый день, удостоится того, что будет у него доля в будущем мире, и будет это засчитано ему, словно он возвел миры. Потому что с помощью Торы был возведен мир и завершен. И сказано: «Творец мудростью основал землю, утвердил небеса разумом»[181] – т.е. мудростью и разумом Торы. И также сказано: «И была я у Него питомицею»[182] – т.е. Тора была Его ремеслом при создании мира.

Духом Творца был создан мир и благодаря этому духу существует – т.е. благодаря духу, исходящему из уст тех, кто изучает Тору, и тем более благодаря духу лепета, исходящего из уст детей, изучающих Тору, на котором держится и существует мир.

178) «Как велико благо Твое, которое хранишь Ты для боящихся Тебя, делаешь уповающим на Тебя перед сынами человеческими»[146]. «Как велико благо Твое»[146] указывает на то благо, которое было скрыто – на скрытый свет. «Для боящихся Тебя»[146] – т.е. он был скрыт для боящихся греха, занимающихся Торой. «Делаешь уповающим на Тебя». «Делаешь» – указывает на действия начала творения, созданного и существующего ради изучающих Тору, которые притягивают этот скрытый свет благодаря своим занятиям Торой.

«Делаешь» – указывает на Эденский сад, потому что благодаря искусству Своему создал Творец нижний Эденский

---

[180] Пророки, Йешаяу, 64:3. «Глаз, не видевший иных божеств, кроме Тебя, даст Он уповающему на Него».
[181] Писания, Притчи, 3:19.
[182] Писания, Притчи, 8:30.

сад, существующий на земле, равным по достоинству высшему Эденскому саду, чтобы укреплялись в нем праведники. И поэтому сказано: «Делаешь уповающим на Тебя перед сынами человеческими» – потому что нижний Эденский сад соответствует сынам человеческим, а высший Эденский сад – для высших праведников, а не для сынов человеческих.

Слово «делаешь» указывает на высший Эденский сад, и все же он считается «перед сынами человеческими», поскольку собираются там праведники, выполняющие желание Господина их. Иными словами, хотя высший Эденский сад не предназначен для сынов человеческих, все же праведники нижнего Эденского сада поднимаются в воздухе в высший Эденский сад. И они воспаряют оттуда в воздух, поднимаясь в высшее собрание, в этот высший Эденский сад, и умываются росой потоков чистого Афарсемона, а опускаясь, пребывают внизу, в нижнем Эденском саду. И поскольку эти праведники поднимаются и собираются там, хотя они и обязаны снова вернуться на свое место, все же он считается благодаря этому «перед сынами человеческими».

179) «И завершены были небо и земля и все воинства их»[179]. «И завершены» означает, что завершились и окончились деяния высшие и нижние. Ибо «небо и земля» означают – наверху и внизу. «Небо» – означает наверху, в высших мирах, а «земля» – внизу, в нижнем мире.

«Небо» – указывает, что были закончены действия и работа письменной Торы, т.е. строения Зеир Анпина. «И земля» – указывает, что были закончены действия и работа устной Торы, относящиеся к строению Нуквы. «Действия» означают ВАК, а «работа» означает ГАР. «И все воинства их» означает составляющие Торы, т.е. семьдесят ликов Торы, являющиеся частями строения Зеир Анпина, называемого Торой.

«И завершены были небо и земля» указывает, что оба они, Зеир Анпин и Нуква, называемые «небо и земля», смогли существовать и восполниться друг от друга. «Небо и земля» – это частное и общее, т.е. ЗОН. Зеир Анпин относится к свойству «частное», так как мохин выходят в нем в частном виде одни за другими, и он передает их Нукве в общем виде, т.е. все сразу. И они нуждаются друг в друге и восполняются друг от друга – частное нуждается в общем, а общее нуждается в частном. «И все воинства их» – т.е. тайны Торы: все виды очищения, указываемые в Торе, и все виды нечистоты, указываемые в Торе, т.е. законы, касающиеся чистоты и нечистоты, прописанные в Торе. Так как «цава (צבא воинство)» – это буквы слов «це (צא выйди)» «ба (בא войди)», где «це (צא выйди)» указывает на нечистоту, а «ба (בא войди)» – на чистоту.

# И завершил Всесильный в седьмой день

180) «И завершил Всесильный (Элоким) в седьмой день свою работу, которую делал»[183]. «Седьмой день» – это устная Тора, Малхут, так как Зеир Анпин включает шесть дней Хесед-Гвура-Тиферет-Нецах-Ход-Есод (ХАГАТ НЕХИ), а Нуква – это Малхут, седьмой день. И в этот день был довершен мир, так как он является становлением всего. Сказано: «Работу, которую делал», но не сказано: «И завершил Всесильный (Элоким) в седьмой день всю свою работу, которую делал», потому что Зеир Анпин, называемый «письменная Тора», вывел и завершил всё посредством письма – т.е. мохин, которые выходят и распространяются из Хохмы, от высших Абы ве-Имы. Таким образом, еще не был завершен весь Его труд в седьмой день, Малхут, но только с помощью Зеир Анпина. И поэтому сказано о нем только «свою работу, которую делал», а не «всю свою работу».

181) Трижды сказано о седьмом дне: «и завершил Всесильный (Элоким) в седьмой день»[183], «и отдыхал в седьмой день»[183], «и благословил Всесильный (Элоким) седьмой день»[184]. «И завершил Всесильный (Элоким) в седьмой день» – это устная Тора, т.е. Малхут, Нуква Зеир Анпина и седьмое свойство по отношению к Хесед-Гвура-Тиферет-Нецах-Ход-Есод (ХАГАТ НЕХИ) Зеир Анпина, ибо этим днем был довершен и закончен мир.

Пояснение сказанного. «И завершил Всесильный (Элоким) в седьмой день свою работу, которую делал» – это основа и корень завершения исправления, которое должно наступить через шесть тысяч лет. И состояние конца исправления относится только к Малхут де-Малхут, являющейся сутью Малхут, у которой нет исправления на протяжении шести тысяч лет. И

---

[183] Тора, Берешит, 2:2. «И завершил Всесильный в седьмой день свою работу, которую делал, и отдыхал в седьмой день от всей работы своей, которую сделал».

[184] Тора, Берешит, 2:3. «И благословил Всесильный день седьмой и освятил его, ибо в этот день отдыхал от всей работы своей, которую создал Всесильный для выполнения».

таким образом эта Малхут де-Малхут является той целью, ради раскрытия которой было создано всё действие начала творения, произошедшее в течение шести дней.

И поэтому Зеир Анпин и Нуква его – это частное и общее, так как Зеир Анпин, являющийся шестью днями начала творения, а также свойством шесть тысяч лет, представляет собой «частное», т.е. в нем выходят все детали действительности, без какого-либо недостатка. И они раскрываются на протяжении шести тысяч лет одна за другой. А Нуква, являющаяся седьмым днем, Малхут, получает от него свойство «общее», т.е. все эти детали, постигаемые в течение шести тысяч лет, раскрывают ее совершенство при завершении исправления, т.е. в седьмом тысячелетии. А в отношении основы и корня грядущего будущего седьмой день является свойством окончательного исправления, которое она получит от всех деталей шести дней начала творения.

Поэтому говорится в благословении: «Ты освятил день седьмой ради имени Твоего, завершение созидания неба и земли»[185] – т.е. ради Малхут, называемой «имя». «Завершение созидания неба и земли» – это конечное состояние, получаемое из всех элементов творения, имеющихся в небе и на земле, в течение шести дней начала творения. А завершается благословение словами: «И Ты благословил его более всех дней и освятил его более всех времен»[185]. Таким образом, эти шесть дней являются «частным», а седьмой день – «общим», т.е. завершением этих шести дней. И в отношении этого сказано: «И завершил Всесильный (Элоким) в седьмой день свою работу, которую делал»[183], потому что седьмой день является получением конечного состояния неба и земли. Ибо этим седьмым днем завершается мир, принимающий свое конечное состояние, и они (шесть дней) завершаются.

И кроме завершения, на которое указывает слово «всё», в седьмой день имеют место также и мохин, которые приходят всегда по трем линиям, раскрывающимся из трех точек холам-шурук-хирик, о которых сказано: «и отдыхал», «и благословил», «и освятил». «И отдыхал» – левая линия. «И благословил» – правая линия. «И освятил» – средняя линия. И

---

[185] Молитва Аравит, суббота.

поэтому «седьмой день» сказано трижды – «и завершил», «и отдыхал», «и благословил».

«И завершил» – это свет конечного состояния. «И отдыхал» – свечение мохин в левой линии. «И благословил» – правая линия этих мохин. И все эти три называются «седьмой», так как они являются свойством ГАР. Однако свечение средней линии мохин, на которое указывают слова «и освятил его», не называется седьмым, поскольку она согласует с помощью экрана точки хирик. И поэтому не сказано: «И освятил седьмой день», а «освятил его (ото אותו)», имеется в виду – знак (от את) союза.

182) «И отдыхал в седьмой день от всей работы своей, которую делал»[183] – это основа мира. «И отдыхал» – указывает на юбилейный год (йовель), т.е. свечение левой линии Бины, исходящей из точки шурук. Поэтому сказано здесь «от всей работы своей», поскольку всё исходит от Него. Объяснение. Сказано: «И завершил Всесильный (Элоким) в седьмой день свою работу, которую делал»[183], а не «всю свою работу», потому, что Зеир Анпин, называемый «письменная Тора», вывел и завершил всё посредством письма – т.е. мохин, которые выходят и распространяются из Хохмы, от высших Абы ве-Имы.

Потому что вместе с речением «и завершил», указывающим на завершение неба и земли, Он не мог сказать: «Всю свою работу», ведь она завершена еще только в своей основе и корне. И только Зеир Анпин, называемый письменной Торой, выводит и завершает всю работу посредством мохин письма, исходящих от Хохмы, т.е. с помощью свечения Хохмы, исходящей благодаря силе и гвурот левой линии Бины, снова ставшей Хохмой. Однако вместе с речением «и отдыхал», указывающим на свечение левой линии, исходящей от Бины, называемой «йовель», выходят все мохин, приносящие завершение исправления. И поэтому сказано здесь: «От всей работы своей, которую делал»[183], так как отсюда завершается вся работа.

Но все-таки «и отдыхал» указывает на Есод, а не на «йовель», потому что отдых в нем более важен, чем всё, т.е. покой, имеющийся в свечении Есода, раскрыт больше, чем покой от свечения «йовеля». Иными словами, «и отдыхал» указывает как на покой от свечения «йовеля», левой линии Бины, так и на Есод, светящий Малхут этим свечением «йовеля». Так как свечение левой линии довершается только в Есоде, в котором есть полный отдых и покой.

183) Речение «и благословил Всесильный седьмой день»[184] указывает на главного коэна, благословляющего все. И коэн берет свою часть во главе всех собраний. И благословения пребывают с ним, чтобы благословлять все, и он называется седьмым.

Объяснение. «И благословил» – это свечение правой линии, нисходящей от высших Абы ве-Имы, называемых главным коэном, т.е. хасадим, выходящие в непрерывном зивуге (слиянии). Поэтому сказано: «И благословения пребывают с ним». И он является свойством рош. И намек на это содержится в словах: «И коэн берет свою часть во главе». Высший Аба и высшая Има являются также свойством головного тфилина, и поэтому сказано: «И коэн берет свою часть во главе». Таким образом, выяснились две линии, светящие в свойстве седьмого дня: правая линия, на которую указывают слова «и благословил», и левая линия, на которую указывают слова «и отдыхал».

«И завершил» указывает на основу (есод) мира. «И благословил» указывает на центральный столб, Тиферет. Объяснение. «И завершил» указывает на свечение Есода, от слова всё (коль), потому что Есод называется «коль (всё)». «И благословил» указывает на центральный столб, на свечение средней линии, согласующей между правой и левой линиями. Таким образом, трижды сказанное слово «седьмой» выясняется через три линии. «И завершил», свечение Есода, указывает на правую линию. «И отдыхал» – на левую линию. «И благословил» – на среднюю линию.

184) Слова «и освятил его»[184] указывают также на Есод. Ведь сказано «и освятил его», но не указано кого, в отличие от речений «и завершил», «и отдыхал», «и благословил». И это указывает на то место, в котором пребывает знак союза, т.е. на Есод, потому что слово «его (отó אותו)» указывает на знак (от אות) союза. Как сказано: «И даст мне видеть его и обитель

его»[186]. «Его» – указывает на Есод, «и обитель его» – на Малхут. И также здесь слово «его» указывает на Есод. Объяснение. У Есода есть два свойства:

1. Свечение покоя, получаемое им от юбилейного года (йовель). Поэтому «и отдыхал» – указывает на Есод.

2. Он является носителем экрана точки «хирик», с помощью которого Тиферет согласует две линии, правую и левую. И поэтому говорится здесь, что «и освятил его» тоже означает Есод, так как он согласует между двумя линиями, на которые указывают слова «и отдыхал», «и благословил».

В Есоде пребывают все высшие святыни, и оттуда они выходят к Кнессет Исраэль, Нукве, чтобы дать ей наслаждение и хлеб услады. Как сказано: «От Ашера – тучен хлеб его, и он доставит яства царя»[187]. «От Ашера» – это совершенный союз, т.е. Есод. «Тучен хлеб его» указывает – то, что было до исправления Есода в свойстве «хлеб бедности», сейчас снова стало «хлебом услады». О каком же «царе» говорится в этом отрывке? Это Кнессет Исраэль, Нуква Зеир Анпина, которой Есод дарует все яства мира. И все святыни, исходящие сверху, выходят от Есода. Поэтому сказано: «И освятил его (ото́)»[184], что указывает на знак (от) союза, т.е. Есод.

---

[186] Пророки, Шмуэль 2, 15:25. «И сказал царь Цадоку: "Возврати ковчег Всесильного в город. Если обрету милость в глазах Творца, то Он возвратит меня и даст мне видеть его и обитель его».
[187] Тора, Берешит, 49:20.

# Которую создал Всесильный, чтобы сделать

185) «Ибо в этот день отдыхал от всей работы своей, которую создал Всесильный (Элоким), чтобы сделать»[184]. Потому что «в этот день», т.е. в Есоде, пребывает покой для всех, для высших и нижних, и в этот день суббота для покоя. Объяснение. Два свойства есть в Есоде:
1. Покой, получаемый от «йовеля».
2. Он является носителем экрана точки «хирик», с помощью которого он приводит к согласию и устанавливает мир и покой как в двух высших линиях, правой и левой в ИШСУТ, так и в двух нижних линиях, правой и левой в Зеир Анпине. И поэтому свойство «отдых», получаемое им от «йовеля», находится у него в покое. Поэтому сказано: «И в этот день суббота для покоя» – так как свечение «отдыха», которое он получает, находится у него в состоянии покоя.

«Которую создал Всесильный (Элоким), чтобы сделать»[184] – указывает, что из совокупности «помни» вышло «храни», для того чтобы исправить работу создания мира. Объяснение. «Создал» указывает на состояние катнут[188]. «Создал (бара)» – это скрытое слово, и поэтому относится к указанию «храни». Имя Элоким здесь указывает на состояние гадлут Бины, в котором она называется Элоким, и оно относится к указанию «помни». И из совокупности гадлута выходит катнут для того, чтобы исправить работу создания мира – Малхут. Иными словами, вследствие того что Нуква, называемая мир, получает это состояние катнут Бины, она тем самым становится способной прийти к получению также и гадлута Бины, т.е. к свойству святого имени Элоким Бины. Потому что имя Элоким, производящее действие начала творения, – это Бина. Таким образом, получение состояния катнут, на которое указывает слово «создал», необходимо для исправления мира.

«Чтобы сделать» – это созидание мира, т.е. мохин состояния гадлут, называемые созиданием. Так как «чтобы сделать»

---
[188] См. «Предисловие книги Зоар», п. 45.

указывает на совершенную работу. «Чтобы сделать» – это действие, которое довершает всё.

186) Сказано: «Хранишь Ты союз и милость»[189]. «Хранишь Ты» – это Кнессет Исраэль, Малхут. «Союз» – основа (есод) мира, т.е. Есод Зеир Анпина. «Милость (хесед)» – это Авраам, Хесед Зеир Анпина. Кнессет Исраэль, Малхут, хранит «союз и милость», т.е. Есод и Хесед Зеир Анпина. И поэтому Малхут называется «страж Исраэля». Так как Зеир Анпин называется Исраэль, а Малхут, поскольку она хранит его сфирот, называется «страж Исраэля». И она охраняет вход ко всем сфирот Зеир Анпина, потому что Есод является его нижней сфирой, а Хесед – высшей. И поскольку она хранит их, получается, что она хранит все его сфирот, от Есода до Хеседа.

От Малхут зависят все деяния в мире. Иначе говоря, кроме того, что она хранит все сфирот Зеир Анпина, чтобы не пристали к ним внешние свойства, относящиеся к запретительным заповедям, зависят от нее также все исправления и деяния в мире, относящиеся к исполнительным заповедям.

Таким образом, речение «которую создал Всесильный (Элоким), чтобы сделать»[184] означает – чтобы улучшать и исправлять всё, каждый день, т.е. каждый день шести дней начала творения, являющихся шестью сфирот Зеир Анпина – Хесед-Гвура-Тиферет-Нецах-Ход-Есод (ХАГАТ НЕХИ). А также – чтобы порождать духи и души святости. И даже духи и демоны относятся к совокупности свойств, которые «создал Всесильный (Элоким), чтобы сделать». «Чтобы сделать» означает «улучшение и довершение». То есть всё, что «создал Всесильный (Элоким)» в шесть дней начала творения, нуждается еще в улучшении и исправлении, и поэтому сказано: «Создал Всесильный (Элоким), чтобы сделать»[184] – чтобы улучшить и исправить его.

187) И даже духи и демоны созданы для исправления мира, т.е. для того, чтобы бичевать грешников мира и увещевать их идти прямым путем. А тот, кто уклоняется в левую сторону,

---

[189] Пророки, Мелахим 1, 8:23. «И сказал: "Всесильный, Владыка Исраэля! Нет подобного Тебе в небесах, вверху, и на земле, внизу. Хранишь Ты союз и милость к рабам Твоим, устремленным к Тебе всем сердцем своим"».

прилепляется к демонам и духам, т.е. к левой стороне, и наказывается ими. Поэтому демоны и духи тоже нужны для исправления мира, чтобы вернуть грешников на путь добра. И сказано у Шломо: «И накажу Я его палкой по-человечески, наказанием людским»[190]. «Наказанием людским» – это вредители, духи и демоны. Ведь они созданы, чтобы наказывать совершающих нарушения, и люди боятся и оберегают себя от греха.

188) В час, когда были созданы духи и демоны, Он освятил день, и не успел создать для них тела, и духи остались бестелесными[191]. И это те создания, которые не были довершены, и они исходят от левой стороны и называются «отходами золота». Объяснение. Во время разбиения келим, относящихся к ЗАТ, Хесед-Гвура-Тиферет-Нецах-Ход-Есод-Малхут (ХАГАТ НЕХИМ), клипа смешалась со святостью, а в мире исправления святость снова была выявлена из клипы. И от этих свойств происходят все парцуфы чистых миров АБЕА.

Однако остались отходы, непригодные для выявления из них никакой святости до завершения исправления. И из этих отходов образуются ситра ахра и клипот. И в этом различаются правая и левая стороны. Отходы правой стороны называются окалиной серебра, т.е. отходы, которые остаются после плавления серебра. А отходы левой стороны называются окалиной золота или отходами золота, которые остаются после плавления золота. Ибо правая сторона называется серебром, а левая – золотом. И поскольку они относятся к левой стороне, то называются отходами золота.

И поскольку они недовершены и ущербны, не пребывает в них святое имя, и они не прилепляются к святому имени. И они испытывают страх перед святым именем, трепещут и робеют перед ним. И поэтому они не смогут прилепиться к нему, и святое имя тоже не пребывает в ущербном месте, и поэтому не пребывает в них.

---

[190] Пророки, Шмуэль 2, 7:14. «И Я буду ему отцом, а он Мне – сыном. И если он согрешит, то Я накажу его палкой по-человечески, наказанием людским».

[191] См. «Предисловие книги Зоар», п. 248, со слов: «Разве не мог Творец подождать с освящением этого дня...»

189) Человек, который стал ущербным, потому что не оставил за собой сыновей в этом мире, когда покидает этот мир, то не может прилепиться к святому имени. И не вводят его во внутренние покои Творца, поскольку он ущербен и не восполнился. И это дерево, которое вырвано с корнем, т.е. человек, который умер, не оставив сыновей, необходимо посадить его повторно, т.е. он должен пройти повторный кругооборот в мире, поскольку святое имя совершенно со всех сторон. И поэтому не сможет ущербный прилепиться к нему. Потому что слиянием в духовном называется уподобление Ему. А ущербный далек от совершенного так же, как восток далек от запада.

190) Эти создания, духи и демоны, ущербны сверху и снизу, поэтому они не прилепляются к исходящему сверху и снизу. Сверху означает – со стороны Бины, а снизу означает – со стороны Малхут. О них сказано: «Которую создал Всесильный (Элоким), чтобы сделать»[184] – т.е. Он создал существа, которые необходимо доделать и завершить, так как они не завершены ни наверху, ни внизу – ни со стороны Бины, ни со стороны Малхут.

Но ведь духи бестелесны, почему же они не завершены со стороны Бины? Ведь все удержания ситра ахра – только в телах, т.е. в свойстве келим, а не в духах, относящихся к свойству светов. И если в них нет ничего от Малхут, почему не завершены со стороны Бины? Но поскольку духи не завершены внизу, на земле, они несовершенны также и наверху, в свойстве светов. Иначе говоря, на самом деле они исходят от Малхут, поэтому нуждаются в телах, чтобы облачиться в них. И так как нет в них тел, это является ущербом также у духов, и они не смогут получить исправления сверху, в Бине.

И все они исходят от левой стороны и скрыты от человеческого взора, и предстают перед людьми, чтобы причинить им вред. Три свойства у них такие же, как у ангелов-служителей, а три – как у людей. Потому что есть у них крылья, и они перелетают от края мира до края, и знают будущее – для того, чтобы быть как ангелы-служители. «А три – как у людей», т.е. они едят и пьют, плодятся и размножаются, и умирают[192].

---

[192] См. «Предисловие книги Зоар», п. 157, со слов: «Таким образом, становится понятным...»

191) После того как были созданы духи, эти духи остались за жерновами отверстия великой бездны. Клипа, противостоящая Бине, называется великой бездной. Клипа, противостоящая Малхут, называется малой бездной. И в каждой из них есть захар и некева, захар называется колесницей, а нуква называется жерновами. И после того, как были сотворены духи и демоны, сразу же освятил Он день, поскольку не успел создать для них тела. А в субботу устраняются все суды, и тогда Малхут поднимается в Бину и становится как она.

И поэтому сила управления исходит от Бины, так как Он ввел эти ущербные духи в место Нуквы Бины клипы, за жерновами отверстия великой бездны, и эта клипа полностью подчиняется Малхут святости, и поэтому все то время, когда они находятся там, исчезает весь ущерб, имеющийся в духах.

После того как уходит святость дня на исходе субботы, и эти духи не восполняются, они выходят в мир и снуют во всех направлениях, и жители мира должны остерегаться их. Ведь в это время пробуждается вся левая сторона, и в преисподней разгорается огненное пламя. И все те, кто относится к левой стороне, отправляются странствовать по миру, желая облачиться в тело, но не могут. И тогда нужно остерегаться их[191]. Мудрецы предписали произнести стих, защищающий от вреда: «Живущий под покровом»[193], каждый час, когда страх перед ними воцаряется в мире.

---

[193] Писания, Псалмы, 91:1. «Живущий под покровом Всевышнего в тени Всемогущего обитает».

# Шатер мира

192) В то время, когда освятил день в ночь субботы, появляется шатер мира и раскидывается над всем миром. Шатер мира – это суббота, потому что все духи, и ураганный ветер, и демоны, и вся сторона нечистоты, все скрываются, входя через глаз жёрнова в проем великой бездны. Ведь после того, как святость пробудилась, чтобы властвовать в мире, дух нечистоты не пробуждается вместе с ней, ибо они избегают друг друга. То есть святость избегает нечистоты, а нечистота избегает святости.

193) И тогда в субботу мир находится под высшей защитой, и не нужно молиться о защите, к примеру, не надо говорить: «Хранящий народ Исраэля навеки. Амен». Ибо это благословение, которое установлено только для будней, когда миру необходима защита. Однако в субботу раскидывается шатер мира над миром, и он защищен со всех сторон. И даже защищены грешники в преисподней, и все пребывают в мире, высшие и нижние. И поэтому при благословении святости дня, вместо «благословляющий народ Исраэля», благословляют «раскидывающий шатер мира над нами и над всем Исраэлем, народом Своим, и над Йерушалаимом»[194].

194) И почему говорят: «И над Йерушалаимом»? Однако Йерушалаим является отделом этого шатра, и там устанавливается шатер мира. Объяснение. «Шатер мира» – это Бина, и называется так, потому что она покрывает сыновей своих, ЗОН, и защищает их от внешних.

Состояние субботы, когда Малхут становится одним целым с шатром мира, и считается, что предел шатра мира находится внутри Йерушалаима, Малхут. Поэтому говорится: «И над Йерушалаимом». И необходимо молиться и просить у шатра мира, чтобы он раскинулся над нами и пребывал с нами, и укрыл нас, подобно тому, как мать укрывает птенцов своих. И поэтому в субботу не испытывают страх ни перед какой стороной в мире. Поэтому говорят в это время: «Раскидывающий шатер мира»[194]. И не надо произносить: «Хранящий народ Исраэля навеки».

---

[194] Вечерняя молитва (маарив) в субботу и праздники.

195) В час, когда Исраэль благословляют и приглашают в шатер мира святого гостя, потому что он приходит только в субботу, как гость, который не является всегда, и произносит: «Раскидывающий шатер мира»[194], тогда высшая святость нисходит, простирая свои крылья над Исраэлем и укрывая Исраэль, как мать – своих птенцов. И все виды зла уходят из мира. А Исраэль пребывают под святостью Господина своего. Тогда этот шатер мира дает новые души Исраэлю, так как в нем пребывают души, поскольку он является свойством Бины. И эти души находятся в Бине и из нее выходят. И когда шатер мира пребывает и простирает крылья над сыновьями своими, он дает новые души каждому.

196) Суббота является подобием высшего мира. И поэтому шмита (седьмой год) и йовель (пятидесятый год) равны, и так же суббота и будущий мир. Иными словами, суббота, Малхут, подобна шмите, седьмому году, а будущий мир, Бина, подобна пятидесятому году. И поскольку мы изучали, что суббота и будущий мир подобны, то получается, что шмита и йовель тоже подобны друг другу. Потому что суббота – это состояние, когда Малхут поднимается в Бину и становится с ней как одно целое. И различие между субботой и будущим миром и между шмитой и йовелем состоит в том, что Бина называется йовелем в состоянии преобладания левой линии, и когда Малхут в этом состоянии включается в нее, Малхут называется шмита. Однако когда Малхут состоит из всех трех линий Бины, то называется Малхут субботой, или шатром мира, а Бина – будущим миром.

Дополнительная душа, которую шатер мира дает сыновьям своим, исходит со стороны свойства «помни», т.е. Зеир Анпина, к шатру мира, нисходящему от будущего мира. А дополнительную душу, которую шатер мира получает от Зеир Анпина, он передает святому народу. И они радуются этой дополнительной душе, и забываются ими все будничные дела, все страдания и всё плохое. Как сказано: «В тот день, когда Творец даст тебе покой от мук твоих и гневной досады твоей, и от тяжкого труда»[195] – т.е. в момент достижения дополнительной души от шатра мира.

---

[195] Пророки, Йешаяу, 14:3. «И будет, в тот день, когда Творец даст тебе покой от мук твоих и гневной досады твоей, и от тяжкого труда, которым ты был порабощен».

197) В ночь субботы человек должен отведать все имеющиеся у него яства, символизируя этим, что шатер мира тоже состоит из всех трех линий Бины. Но, кроме того, не должно быть недостатка ни на одной из трапез, обязательных в день субботы – т.е. благодаря тому, что он отведал в ночь субботы все яства, не должно возникнуть ни малейшего недостатка на трапезе субботнего дня, так как величие дня превосходит величие ночи.

Но есть такие, кто считает, что не должно быть недостатка, по крайней мере, в остальных двух трапезах субботнего дня. И хорошо придерживаться этого. Не говоря уже о том, (что лучше всего) когда устраивает в субботний день больше, чем две трапезы и может отведать от каждого из яств. Но, в крайнем случае, достаточно, если останется у него хотя бы два блюда на субботний день[196].

198) Субботнюю свечу должны зажигать женщины святого народа. Дело в том, что Хава погасила свечу мира, принеся в мир смерть тем, что дала вкусить Адаму Ришону от Древа познания, и мир покрылся мраком. Поэтому женщины должны выполнять заповедь зажигания свечей, чтобы исправить содеянное Хавой, первой из всех женщин. Но скрытый смысл заключается в том, что шатер мира, который светит в субботу, символизирует прародительницу мира, и души, называемые «свечи мира», находятся в ней.

И поэтому мать, жена, должна зажигать свечи, так как она встает вместо высшей «матери сыновей», т.е. шатра мира, и выполняет это действие. И этим действием она приводит к тому, что «мать сыновей» наверху дает святые души сыновьям своим, называемые «высшие духовные свечи».

199) И по вышеуказанным причинам женщина должна с радостью в сердце и с правильными мыслями зажечь субботнюю свечу, ведь этим ей оказана высшая честь, и большая заслуга для нее удостоиться благодаря выполнению заповеди зажигания свечей праведных сыновей, чтобы стали они свечой мира, углубляясь в Тору и пребывая в трепете, и умножили мир

---

[196] См. Зоар, главу Итро, статью «Помни день субботний, чтобы освятить его», пп. 530-532.

в мире. А мужу ее даруют долгую жизнь, и поэтому должна она следить за тем, чтобы заповедь зажигания свечей сопровождалась сильным намерением.

200) Ночь и день субботы – это «помни» и «храни» как одно целое. И поэтому написано на первых скрижалях: «Помни день субботний, чтобы освящать его»[197], а на последних скрижалях: «Храни день субботний»[198], потому что «помни» и «храни» – как одно целое. «Помни» относится к захару, Зеир Анпину, а «храни» – к Нукве Зеир Анпина. И всё это – одно целое. Счастливы Исраэль, являющиеся частью Творца, уделом Его и наследием Его. О них сказано: «Счастлив народ, которому это дано, счастлив народ, чей Творец (АВАЯ) – Всесильный (Элоким)»[130].

---

[197] Тора, Шмот, 20:8.
[198] Тора, Дварим, 5:12.

# И отстроил Творец Всесильный эту сторону

201) «Всесильный (Элоким) понимает путь ее, и Он знает место ее»[199]. Как сказано: «И отстроил Творец Всесильный эту сторону, которую взял у человека»[200]. «Сторона» – это устная Тора, Малхут, в которой есть путь, как сказано: «Дающий в море путь»[201]. Море – это Малхут, и в ней Он дает путь, поэтому сказано: «Всесильный (Элоким) понимает путь ее»[199].

Объяснение. Есть два вида экранов: первый называется «манула (замо́к)», второй – «мифтеха (ключ)». И в свойстве ГАР, в месте от хазе и выше, установилась «манула», а в свойстве ВАК, от хазе и ниже – «мифтеха»[202]. И сказано: «В море путь Твой, и тропа Твоя в водах великих»[203] – в месте от хазе Зеир Анпина и выше, называемом большими ЗОН, он установился в свойстве «манула (замо́к)», называемом «тропа», и поэтому находится в свойстве «непознаваемый», и хасадим не раскрываются в нем. А в месте от хазе и ниже он установился в свойстве «мифтеха (ключ)», называемом «путь», и поэтому он познаваем, и хасадим раскрываются здесь посредством свечения Хохмы.

И поэтому «Всесильный (Элоким) понимает путь ее»[199] означает «и отстроил Творец Всесильный эту сторону»[200], т.е. устную Тору, в которой есть путь – Нукву Зеир Анпина, находящуюся в месте от его хазе и ниже. О ней сказано: «И отстроил Творец Всесильный»[200]. Иными словами, отстроил ее с помощью мохин де-ГАР, потому что она установлена в свойстве «мифтеха», и поэтому сказано: «В море путь Твой». И поэтому «Всесильный (Элоким) понимает путь ее»[199]. «Всесильный (Элоким)» – это

---

[199] Писания, Йов, 28:23.
[200] Тора, Берешит, 2:22. «И отстроил Творец Всесильный ту сторону, которую взял у человека, чтобы быть ему женой, и привел ее к человеку».
[201] Пророки, Йешаяу, 43:16. «Так сказал Творец, дающий в море путь и направление в водах мощных; выведший колесницы и коней, войско и ратную силу; разом пали они, не встали, угасли как фитиль».
[202] См. «Предисловие книги Зоар», статью «Манула и мифтеха», п. 41, со слов: «И мы уже знаем...»
[203] Писания, Псалмы, 77:20, «В море путь Твой, и тропа Твоя в водах великих, и следы Твои неведомы».

Бина, которая снова стала Хохмой. «Понимает» – это воздействие Бины. «Путь ее» – это «мифтеха», с помощью которой она становится способной получить ГАР.

В сказанном «и Он знает место ее»[199] что представляет собой «место ее»? Это письменная Тора, Зеир Анпин, т.е. большие ЗОН, расположенные в месте выше хазе, в котором есть Даат (знание). Объяснение. Зеир Анпин не устанавливается в свойстве «путь», а только в свойстве «тропа», т.е. в свойстве «манула». И поэтому он является правой линией, называемой Даат, согласующей между Хохмой и Биной, благодаря большому множеству его хасадим.

202) АВАЯ Элоким является полным именем, необходимым для исправления Нуквы во всем. И поэтому называются мохин Нуквы Хохмой и Биной, так как она отстроена этим полным именем во всем благодаря совершенству этих двух имен, где АВАЯ – это Хохма, Элоким – Бина. И с помощью них она была исправлена во всем в совершенстве, как в свечении Хохмы, исходящем от имени Элоким, так и в свечении хасадим, исходящем от имени АВАЯ. Это означает – «благодаря совершенству этих двух имен».

И это значение сказанного: «Всесильный (Элоким) понимает путь ее»[199] – т.е. свечение Хохмы, исходящее от Бины, называемой Элоким. «И Он знает место ее»[199] – это свечение хасадим, исходящее от Абы, благодаря Зеир Анпину, называемому Даат (знание), являющемуся именем АВАЯ.

203) «Эту сторону (це́ла)» – это зеркало, которое не светит, Малхут. Как сказано: «И беде моей обрадовались»[204]. «Беда (це́ла)» означает – неудача и надлом. И также сторона (це́ла), о которой говорится здесь, символизирует зеркало, которое не светит и требует исправления. Как сказано: «Сторону, которую взял Он у человека, чтобы быть женой» – т.е. Он взял Малхут у письменной Торы, Зеир Анпина, так как она исходит от Малхут письменной Торы, «чтобы быть женой». Слова «чтобы быть женой» указывают на связь ее с пламенем левой стороны. Потому что Тора, Зеир Анпин, дана со стороны Гвуры, и

---

[204] Писания, Псалмы, 35:15. «И беде моей обрадовались! Собрались против меня люди низкие, незнакомые, терзают непрестанно!»

эта Гвура связана с Нуквой. И поэтому «женщина (иша אִשָּׁה)» состоит из букв «огонь Творца (эш а-Шем אֵשׁ ה׳)». И это указывает, что огонь Гвуры будет связан с именем а-Шем, Нуквой.

204) «И привел ее к человеку» – поскольку Нуква не может быть одна, но ей необходимо взаимное включение и соединение с письменной Торой, Зеир Анпином. После того, как Нуква соединяется с Зеир Анпином, он питает ее, исправляет и дает ей всё необходимое. Сказано: «И (ве-эт וְאֶת) землю», где «вав ו» в слове «ве-эт וְאֶת» указывает на Зеир Анпин, дающий ей наполнение, называемое питанием[205].

205) Отсюда, когда он выдает замуж дочь свою, всё то время, пока она еще не вошла к мужу своему, отец с матерью исправляют ее и дают всё необходимое ей. А после того, как она соединилась с мужем своим, он питает ее и дает ей то, что необходимо ей. Вначале сказано: «И отстроил Творец Всесильный»[200] – т.е. Аба ве-Има исправили ее. А затем сказано: «И привел ее к человеку», и тогда они связались друг с другом и соединились один с другим. И муж даст то, что необходимо ей.

206) «Всесильный (Элоким) понимает путь ее»[199]. Когда дочь находится в доме матери, мать следит каждый день за всем, что необходимо дочери. И Элоким, Има, «понимает путь ее»[199], т.е. Нуквы. После того, как муж ее берет ее в жены, он дает ей всё, что она пожелает, и исправляет потребности ее. «И Он» – т.е. муж, «знает место ее»[199] – т.е. следит за ней после того, как она становится женой его.

207) «И создал Творец Всесильный человека». «И создал (ва-ицер וַיִּיצֶר)», написано с двумя буквами «йуд י». Это указывает, что человек получил завершение в правой и левой линиях, потому что с момента своего создания он содержит в себе доброе начало, а не злое начало. Однако в сказанном «и создал» он включает в себя также и злое начало, на что и указывают две буквы «йуд י» в словах «и создал (ва-ицер וַיִּיצֶר)», одна из которых указывает на доброе начало, а вторая – на злое начало. Почему же даны ему здесь два начала? Доброе начало дано ему для себя, а злое начало – чтобы пробудить его по отношению к Нукве.

---

[205] См. Зоар, Берешит, часть 1, п. 311.

## И отстроил Творец Всесильный эту сторону

Дело в том, что северная сторона, т.е. левая, всегда пробуждает Нукву и связывается с ней. И поэтому она называется именем «женщина (иша אשה)», состоящим из слов «огонь Творца (эш а-Шем אש ה')». Потому что левая сторона, «огонь (эш אש)», связана с именем «а-Шем ה'», Нуквой. Потому что Нуква возводится и исходит от левой стороны[206].

208) Доброе начало и злое начало даны человеку, потому что Нуква находится между ними и соединена с ними. И она не соединяется между ними прежде, чем пробуждается у нее злое начало, и тогда они соединяются друг с другом. А после того, как они соединились друг с другом, пробуждается доброе начало, называемое «радость», и приводит Нукву к нему. Объяснение. Доброе начало – это правая линия, злое начало – это левая линия. Нуква должна соединиться со средней линией, согласующей между ними, однако вначале пробуждается левая линия по отношению к ней, и она соединяется с ней, так как является свойством левой линии. А затем она получает хасадим от Зеир Анпина, свойства правой линии. И тогда, после того как уже содержит в себе правую и левую линии, она связывается со средней, находящейся между правой и левой.

---

[206] См. Зоар, Берешит, часть 1, п. 39.

# Баал и Ашера

209) Сказано: «И создал Творец Всесильный человека – прах от земли»[207]. «Человека» – включает захара и нукву вместе, т.е. сдвоенный парцуф, и они не расставались друг с другом, чтобы достигнуть состояния «паним бе-паним (досл. лицом к лицу)». И сказано о них: «Прах от земли». А теперь ему предстоит исправиться – т.е. им предстоит отделиться друг от друга, чтобы достигнуть состояния «паним бе-паним».

И далее выясняется исправление, на которое указывают слова «прах от земли». Когда женщина выходит замуж, она называется по имени мужа своего, как например: супруг – супруга, праведник – праведность. Он называется олененком (о́фер), а она – прахом (афа́р). Он называется оленем (цви), а она – красой (цвия). Как сказано: «Краса она всех земель»[208]. Объяснение. Так же, как Творец называется оленем или олененком, потому что прежде, чем Зеир Анпин подслащается в Бине, он называется олененком, а после того, как подслащается в Бине, он называется оленем (цви). Как сказано: «Подобен возлюбленный мой оленю или олененку»[209]. И также Нуква называется этими именами.

И приводится подтверждение из сказанного «краса (цви) она всех земель», что земля, Нуква, называется тоже «цви (краса)», как и муж ее «цви (олень)». И поэтому прежде, чем Нуква подслащается в Бине, она называется прахом (афар), как и ее муж, который в это время называется олененком (о́фер). Таким образом, мы выяснили название «прах (афар)» в сказанном «прах от земли».

210) «Не посади себе кумирного дерева (ашера), никакого дерева в месте жертвенника Творца Всесильного твоего»[210]. «В

---

[207] Тора, Берешит, 2:7, «И создал Творец Всесильный человека – прах от земли, и вдохнул в ноздри его дыхание жизни, и стал человек существом живым».

[208] Пророки, Йехезкель, 20:6. «В тот день поднял Я руку Мою, поклявшись вывести их из земли египетской в землю, которую выбрал для них, текущую молоком и медом, краса она всех земель».

[209] Писания, Песнь песней, 2:9.

[210] Тора, Дварим, 16:21.

месте жертвенника» означает – что только в месте жертвенника запрещено сажать кумирное дерево. Но разве над жертвенником или в другом месте кто-то разрешил сажать кумирное дерево (ашера)? Однако Ашер – это имя мужа ее, а жена называется по имени его – Ашера. Ашер – это Зеир Анпин. Потому что в именах «Я буду (Эке) таким, как (ашер) Я буду (Эке)»[211] два Эке – это Хохма и Бина, Ашер – это Зеир Анпин, т.е. свойство Даат, согласующее между Хохмой и Биной.

Ашера – Нуква Зеир Анпина. И поэтому сказано: «Для Баала и для Ашеры»[212], которые противостоят парцуфу ЗОН святости. Баал – Зеир Анпину, Ашера – Нукве. И поэтому сказано: «Не посади себе кумирного дерева (ашера), никакого дерева в месте жертвенника». «В месте» – то же самое, что и «вместо». Это значит «не посади себе кумирного дерева (ашера)» – т.е. для идолопоклонства, вместо «жертвенника Творца Всесильного твоего». Ведь жертвенник Творца установлен с тем, чтобы отменить клипу кумирного дерева (ашера). И поэтому взамен жертвенника «не посади себе кумирного дерева (ашера)» – т.е. другого, относящегося к идолопоклонству.

211) Все поклоняющиеся солнцу называются поклонниками Баала, а все поклоняющиеся луне называются поклонниками Ашеры. И поэтому сказано: «Для Баала и для Ашеры»[212], где Баал – это солнце, захар, а Ашера – луна, некева. И Ашера зовется по мужу, имя которого Ашер.

И если она зовется по мужу, Ашеру, почему у нуквы забирается это имя? Потому что нигде не сказано, что нуква святости называется Ашера. Но она называется Ашера в сказанном: «На счастье мне, ибо девушки превознесут мое счастье»[213] – потому что другие делают ее счастливой и возвышают ее. Ибо о ней сказано: «Прекрасна высота, радость всей земли»[214]. А

---

[211] Тора, Шмот, 3:14.
[212] Пророки, Мелахим 2, 23:4. «И царь повелел Хилькияу-коэну и помощникам коэна, и стоящим на страже у порога вынести из помещения Храма Всесильного все вещи, сделанные для Баала и для Ашеры и для всего воинства небесного, и сжег их вне Йерушалаима, в полях Кидрона, и пепел их отнес в Бейт-Эль».
[213] Тора, Берешит, 30:13. «И сказала Лея: "На счастье мне, ибо девушки превознесут мое счастье!" И нарекла ему имя Ашер».
[214] Писания, Псалмы, 48:3. «Прекрасна высота, радость всей земли, гора Цион, на краю северной стороны – город Царя великого».

остальные народы не превозносили ее счастье, но вместо нее поставили другую «ашеру (кумирное дерево)», относящуюся к идолопоклонству.

И мало того, еще пренебрегали ею. Как сказано: «Все почитавшие ее стали презирать ее»[215]. И поэтому было забрано от нее это имя, так как они больше не превозносят ее счастье. И чтобы остальные народы-идолопоклонники не усиливались, называют ее жертвенником, сделанным из земли.

Объяснение. Жертвенник – это имя, данное ей вместо Ашеры, и он сделан из земли (адама́), т.е. относится к свойству Бины, называемой «земля (адама)», от слов «земля Эдом», указывающих на Бину. И благодаря этому подслащению от Бины, она получает мохин состояния «паним бе-паним», отменяющего силы народов-идолопоклонников. Как сказано: «Жертвенник из земли сделай Мне»[216]. И поэтому сказано также об Адаме Ришоне: «И создал Творец Всесильный человека – прах (афар) от земли (адама)»[207]. Прах (афар) – это Малхут, земля (адама) – это Бина, и благодаря подслащению свойства «прах (афар)» в свойстве «земля (адама)», он удостоился получить мохин дыхания жизни (нешмат хаим).

212) После того, как прах подсластился в земле, сказано: «И вдохнул в ноздри его дыхание жизни» – это дыхание жизни включилось в прах, получивший подслащение, т.е. в гуф (тело) Адама Ришона, подобно некеве, становящейся беременной от захара. Иначе говоря, после того как это тело включилось в свойство земля, т.е. в Бину, поднялся гуф (тело) Адама Ришона в Нукву мира Ацилут, облачающую Бину и поднимающуюся в нее во время ибура (зарождения). И там он получает дыхание жизни (нешмат хаим), пройдя состояния ибур-еника-мохин. И тогда соединяются нешама и гуф.

Свет Бины называется «нешама», и после того, как гуф получает подслащение и становится кли Бины, он становится достойным получить свет Бины. И тогда соединяются свет и

---

[215] Писания, Эйха, 1:8. «Тяжко согрешила дочь Йерушалаима, за то и стала подобна нечистой; все почитавшие ее стали презирать ее, потому что увидели они срам ее; и сама она стонет и отворачивается».
[216] Тора, Шмот, 20:21. «Жертвенник из земли сделай Мне и приноси на нем всесожжения».

кли, и наполняется прах, гуф, всеми светами, т.е. свойствами руах и нешама. И тогда сказано: «И стал человек существом живым»[207], ибо теперь исправлен человек телом (гуф) и душой (нешама) и собирается исправить и питать «существо живое (нефеш хая)», т.е. его Нукву.

# Примирение и получение разрешения

213) «И отстроил Творец (АВАЯ) Всесильный (Элоким) эту сторону»²⁰⁰. Говорится о построении этой стороны и названо полное имя, так же, как в изречении «и создал Творец (АВАЯ) Всесильный (Элоким) человека». АВАЯ Элоким считается полным именем, потому что Аба ве-Има установили ее в виде строения этой стороны прежде, чем Нуква входит в дом мужа своего, Зеир Анпина. Поэтому написано здесь полное имя, так как АВАЯ – это Аба, а Элоким – Има. «Эту сторону» – о которой сказано: «Черна я, но пригожа»²¹⁷, ибо построена она в свойстве «зеркало, которое не светит», однако затем Аба ве-Има исправили ее таким образом, чтобы примирился с ней муж ее, и тогда сказано: «И привел ее к человеку».

Пояснение сказанного. Два действия приводятся в этом отрывке:
1. Построение стороны, как сказано: «И отстроил Творец Всесильный эту сторону»²⁰⁰.
2. Приведение ее к человеку, как сказано: «И привел ее к человеку»²⁰⁰.

И это потому, что вначале Аба ве-Има выстраивают Нукву в свойстве только левой линии, и она считается строением этой стороны. И тогда она «черна», так как в левой линии находится только Хохма без хасадим, но Нуква не может получить даже свет Хохмы без облачения света хасадим, и она темна. И поэтому она называется зеркалом, которое не светит. Но вместе с тем сказано о ней, что говорит она тогда: «Черна я, но пригожа»²¹⁷, поскольку, хотя и черна она без света, все же пригожа, так как находится в чертоге Абы ве-Имы, и ступень ее равна Зеир Анпину.

Ведь считается, что Зеир Анпин в это время облачает правую линию мохин Абы ве-Имы, представляющих собой Хохму и Хесед, а Нуква облачает левую линию мохин Абы ве-Имы,

---

²¹⁷ Писания, Песнь песней, 1:5. «Черна я, но пригожа, дочери Йерушалаима, как шатры Кедара, как завесы Шломо».

представляющих собой Бину и Гвуру. И поэтому она не нуждается в том, чтобы Зеир Анпин исправил ее, поскольку она совершенна, так же, как и он. И тогда говорится о них как о двух больших светилах[218]. И поэтому она говорит в это время: «Черна я, но пригожа»[217], хотя она и является свойством «зеркало, которое не светит». Но когда Нуква находится в состоянии построения этой стороны, относящегося к левой линии, она находится в разногласии с Зеир Анпином так же, как левая линия находится в разногласии с правой. Поэтому Аба ве-Има должны исправить ее, чтобы примирить с ней мужа ее.

И для этого необходимо второе действие – «и привел ее к человеку», т.е. Аба ве-Има исправили ее, дав ей такой экран, чтобы она смогла получить хасадим от Зеир Анпина. И установление этого экрана определяется как приведение ее к Зеир Анпину, мужу ее. Ведь сейчас Зеир Анпин может передать ей хасадим, и примиряется с ней муж ее. Однако вследствие исправления этого экрана Нуква приходит к состоянию, когда нет у нее ничего своего, так как теперь она должна получать всё от Зеир Анпина, мужа своего[219]. Итак, выяснились два действия Абы ве-Имы:

1. Построение стороны, когда Нуква становится свойством «зеркало, которое не светит».

2. Приведение ее к человеку, когда у самой Нуквы нет ничего.

214) Отсюда понятно, что отец и мать (аба ве-има) невесты должны ввести невесту во владения жениха, как сказано: «Дочь мою отдал я этому человеку в жены»[220]. Отсюда и далее муж ее будет входить к ней, потому что это ее дом, а не его. И поэтому он должен входить к ней, как сказано: «И вошел он к ней»[221], «и вошел также к Рахели»[222].

---

[218] См. Зоар, главу Берешит, часть 1, статью «Два больших светила», п. 111, со слов: «Сказанное: "Два светила"...»

[219] См. Зоар, главу Берешит, часть 1, п. 113, со слов: «В состоянии "два великих светила"...»

[220] Тора, Дварим, 22:16.

[221] Тора, Берешит, 29:23. «И было вечером: и взял тот Лею, свою дочь, и привел ее к нему. И вошел он к ней».

[222] Тора, Берешит, 29:30. «И вошел также к Рахели, и любил он Рахель больше, чем Лею. И служил он у него еще семь лет других».

## Примирение и получение разрешения

Свечение Хохмы называется домом, как сказано: «Мудростью устраивается дом»[223]. И свечение Хохмы не распространяется ни в один из парцуфов от Абы ве-Имы до Нуквы, кроме самой Нуквы, представляющей собой понятие «бэт решит»[224]. И поэтому дом принадлежит ей, и Зеир Анпин не может светить свечением Хохмы иначе, как во время зивуга с Нуквой. И поэтому он должен войти к ней. Поэтому сказано: «И вошел он к ней», «и вошел также к Рахели». Вначале сказано: «И привел ее к человеку»[200], потому что до сих пор Аба ве-Има должны были исправлять ее, давая такой экран, чтобы она смогла получить хасадим в своем зивуге с Зеир Анпином. А затем Зеир Анпин входит к ней, и весь дом принадлежит Нукве.

215) И получит разрешение у нее до зивуга, как сказано: «И достиг он этого места, и заночевал там»[225]. Это означает, что сначала получил разрешение. Отсюда видно, что желающий соединиться с женой должен добиться ее благосклонности и расположить ее к себе разговорами. А если не добьется ее благосклонности, то не сможет заночевать у нее, потому что их желание должно быть как одно целое, без всякого принуждения.

Внутренний смысл. Всё, что имеет место в порядке построения ступени, обязательно имеет место также и в порядке воплощения этой ступени. И поэтому эти два действия в Абе ве-Име для построения Нуквы имеют место также и в зивуге Нуквы с Зеир Анпином. Вначале нужно притянуть к ней свечение левой линии, подобно первому действию Абы ве-Имы при построении этой стороны. А затем он производит с ней зивуг и дает ей свет хасадим от своей средней линии, подобно второму действию Абы ве-Имы, о котором сказано: «И привел ее к человеку»[200], что означает – исправление экрана, чтобы она была достойна получения света хасадим.

Первое действие называется получением разрешения или примирением, потому что до этого она находится в разногласии

---

[223] См. Зоар, главу Берешит, часть 1, п.7, со слов: «Объяснение. Во время сокращения...»
[224] См. Зоар, главу Берешит, часть 1, п. 340.
[225] Тора, Берешит, 28:11. «И достиг он этого места, и заночевал там, когда зашло солнце. И взял он из камней того места и положил себе в изголовье, и лег на этом месте».

с Зеир Анпином, ведь исходит от левой линии, а Зеир Анпин – от правой. И поэтому существует между ними разногласие, возникающее между левой и правой линиями. Поэтому Зеир Анпин должен добиться ее расположения до зивуга, однако она примиряется только вследствие притяжения свечения левой линии, являющейся основным ее свойством.

И она не идет на связь между ними прежде, чем злое начало пробуждается у нее, и тогда они связываются друг с другом[226]. Потому что злое начало символизирует левую линию, и так как находится в разногласии с ним, она не соединяется с ним прежде чем он притянет к ней от свечения левой линии, т.е. пробуждения злого начала. «А если не добьется ее благосклонности, то не сможет заночевать у нее, потому что их желание должно быть как одно целое, без всякого принуждения» – ведь прежде чем притянет к ней свечение левой линии, она не приходит к согласию, и это будет считаться насилием.

Человек, который возносит МАН о единстве Зеир Анпина и Нуквы, тоже должен пробудить эти два действия Абы ве-Имы. Первое действие – это свечение левой линии, на которое указывает сказанное о Яакове: «И достиг он этого места»[225], ибо нельзя достичь иначе, как добившись расположения, как сказано: «И не умоляй Меня»[227]. «Примирение» означает – притяжение свечения левой линии. А второе действие Абы ве-Имы – это исправление экрана, делающее ее способной получить хасадим, на что указывают слова отрывка: «И взял он от камней этого места и положил себе в изголовье»[225], потому что экран называется камнем. И благодаря этим двум действиям создается высшее единство, о котором сказано: «И вот Творец стоит над ним»[228]. И поэтому Зоар приводит здесь подтверждение из сказанного: «И достиг он этого места».

216) «И достиг он этого места, и заночевал там, когда зашло солнце»[225] – указывает на то, что человеку запрещено пользоваться постелью днем. Объяснение. «И достиг он этого

---

[226] См. выше, п. 208.
[227] Пророки, Йермияу, 7:16. «Ты же не молись за этот народ, и не возноси за них мольбы и просьбы, и не умоляй Меня, ибо Я не внемлю тебе».
[228] Тора, Берешит, 28:13. «И вот, Творец стоит над ним и говорит: "Я Творец – Всесильный Авраама, отца твоего, и Всесильный Ицхака. Землю, на которой ты лежишь, – тебе отдам ее и потомству твоему"».

места» – т.е. притянул свечение левой линии, что называется примирением. И во время притяжения левой линии, омрачается Нуква и становится свойством «зеркало, которое не светит», поскольку из-за отсутствия хасадим она не может получить свет Хохмы. И поэтому «заночевал он там, когда зашло солнце», так как вместе с притяжением свечения левой, сразу же уходит свет дня, и темнеет ночь.

И поэтому человеку запрещено пользоваться постелью днем. Потому что необходимо совершить примирение перед слиянием (зивугом), т.е. притянуть свечение левой линии, а свечение левой линии не происходит днем, так как сразу же с появлением свечения левой линии уходит свет дня, и наступает ночная тьма. Поэтому сказано: «Встает она еще ночью»[229]. Поэтому добивающийся близости днем не может совершить примирения, а без примирения запрещено слияние (зивуг).

«И взял он из камней этого места»[225]. Даже если у царя будут золотое ложе и величественные облачения для ночлега, а царица приготовила ему ложе из камней, то свое он должен оставить и заночевать на том, что она приготовила ему, как сказано: «И лег на этом месте»[225] – т.е. на камнях. Объяснение. Хотя и есть у Зеир Анпина совершенные мохин, «в венце, которым украсила его мать (има)»[230], состоящие сами по себе из правой и левой линии, все же, для того чтобы произвести зивуг с Нуквой, он оставляет свое собственное свойство, и производит зивуг (слияние) с ней в ее свойстве, потому что это ее дом.

217) «И сказал человек: "Эта на сей раз кость от моих костей и плоть от плоти моей!"»[231] – это сладкоречие, направленное на то, чтобы развить свою любовь с ней и привлечь ее к своему желанию, чтобы разжечь в ней любовь. Посмотрите, как приятны эти речи, какую любовь пробуждают эти слова – «кость

---

[229] Писания, Притчи, 31:15. «Встает она еще ночью, раздает пищу в доме своем и урок служанкам своим».

[230] Писания, Песнь песней, 3:11. «Выйдите и посмотрите, дочери Циона, на царя Шломо, в венце, которым украсила его мать в день свадьбы его и в день радости сердца его».

[231] Тора, Берешит, 2:23. «И сказал человек: Эта на сей раз кость от моих костей и плоть от плоти моей! Эта названа будет женою (иша), ибо от мужа (иш) взята она».

от моих костей и плоть от плоти моей», показывающие ей, что они одно целое и нет между ними никакого разделения.

Объяснение. Есть четыре свойства в мохин, называемые «кости, сухожилия, плоть и кожа», и это – Хохма, Бина, Тиферет и Малхут, которые делятся на относящиеся к правой линии и к левой. Хохма и Тиферет – относятся к правой, Бина и Малхут – к левой. До зивуга у Нуквы есть только левая сторона мохин, Бина и Малхут, т.е. свойства «сухожилия и кожа» этих мохин. А благодаря зивугу она приобрела от Зеир Анпина правую сторону, Хохму и Тиферет. И поэтому сказано: «Эта на сей раз» – т.е. с помощью производимого сейчас зивуга становится Нуква «кость от моих костей и плоть от плоти моей», т.к. она достигает от него также и правую сторону, называемую «кости и плоть», т.е. Хохму и Тиферет. И когда она состоит из Хохмы и Бины, Тиферет и Малхут, как Зеир Анпин, то становится с ним одним целым без разделения.

218) Теперь он начинает прославлять ее: «Эта названа будет женою»[231] – т.е. нет подобной ей, дом ею славится, все женщины перед ней, как обезьяна перед человеком. Однако слова «эта названа будет женою» являются совершенством всего. Эта, а не другая. Объяснение. Слово «жена (иша אִשָּׁה)» состоит из слов «огонь Творца (эш а-Шем אֵשׁ ה׳)», и это совершенство свечения левой линии, называемой «огонь», который связан с буквой «хэй ה» – Нуквой. Поэтому он прославляет ее: «Она названа будет женою» – ведь по причине свечения Хохмы, светящей в ней после того, как она включилась в свойство хасадим мужа ее, наречена она женою, и это свечение Хохмы, называемое «огонь (эш אֵשׁ)», как сказано: «И будет свет Творца огнем»[232].

«Нет подобной ей» – потому что свечение Хохмы не раскрывается ни на какой ступени, кроме нее. И сказано, что слова «эта названа будет женою» являются совершенством всего. Эта, а не другая. Другая не называется женою, потому что в другой нет свечения Хохмы.

---

[232] Пророки, Йешаяу, 10:17.

И все это – слова любви, как сказано: «Многие женщины отличились благочестием, но ты превзошла всех их»[233]. Объяснение. Нуква Зеир Анпина является последней ступенью мира Ацилут, но тем не менее раскрытие Хохмы не происходит ни на одной ступени, кроме нее, хотя они выше нее[234]. И это «последнее кольцо» становится «началом (решит)», как сказано: «Многие женщины отличились благочестием». И хотя они выше нее, но все же «ты превзошла всех их»[233] – потому что в ней раскрывается свечение Хохмы и она становится началом (решит).

219) «Поэтому оставит человек отца своего и мать свою и прильнет к жене своей»[235] – чтобы жить с ней в любви и прилепиться к ней. После того как пробудился он к ней, обратившись со всеми этими речами, сказано: «А змей был хитрее»[236]. Потому что пробудилось злое начало, чтобы включиться в нее и привязать ее к телесным вожделениям, и разжечь ее другими вещами, которыми наслаждается злое начало.

220) «И увидела жена, что хорошо дерево для еды и вожделенно для глаз»[237] – т.е. приняла злое начало с желанием и нетерпением. «И дала также мужу своему вместе с собой» – потому что загорелась тогда страстью к мужу своему, чтобы подняться к нему в желании и любви. Деяние, о котором говорится в этих отрывках, представлено людям в таком виде, в каком оно происходит наверху, в высших ЗОН. Иными словами, хотя эти отрывки и говорят о происходящем внизу с Адамом и Хавой, все же подразумевается в них происходящее наверху с высшими ЗОН, чтобы люди по ним сверяли деяния свои.

221) Если в этих отрывках говорится о высших ЗОН, каким же образом можно объяснить, что наверху в Нукву включилось злое начало? Злое начало не действует в высшей Нукве, но в происходящем у высших подразумевается проистекающее

---

[233] Писания, Притчи, 31:29.
[234] См. Зоар, главу Берешит, часть 1, п.344.
[235] Тора, Берешит, 2:24. «Потому оставит человек отца своего и мать свою, и прильнет он к жене своей, и станут они плотью единой».
[236] Тора, Берешит, 3:1. «А змей был хитрее всех зверей полевых, которых создал Творец Всесильный».
[237] Тора, Берешит, 3:6. «И увидела жена, что дерево хорошо для еды, и что оно вожделенно для глаз и желанно дерево для познания; и взяла плодов его, и ела; и дала также мужу своему вместе с собой, и он ел».

внизу – в их ветвях, потому что нет ничего внизу, что не имело бы наверху своего корня, от которого оно берет свое начало и рост. И также доброе и злое начало исходят от своих высших корней: доброе начало выходит из высшей правой стороны, а злое начало – из высшей левой. И высшая левая сторона включается в гуф, Нукву, чтобы соединиться с ней в одно целое, как сказано: «Левая рука его – под моей головой»[126].

Поэтому под разбираемым здесь злым началом подразумевается свойство высшей левой линии, от которой исходит злое начало. И поэтому в рассматриваемых здесь отрывках выясняется как происходящее наверху, с ЗОН, и так и внизу – с Адамом и Хавой. Отсюда и далее смысл слов скрыт под тонким слоем смолы так, что не трудно разгадать его, в каком виде все это происходит наверху, и даже малый ребенок, изучающий Тору, может выяснить это.

## Тот, кто отправился в путь

222) Рабби Шимон отправился в Тверию, и вместе с ним были рабби Йоси и рабби Йегуда, и рабби Хия. В середине пути они увидели рабби Пинхаса, направляющегося к ним. Когда соединились все вместе, спустились со своих ослов и сели под одним из деревьев, которые росли на этой горе. Сказал рабби Пинхас: «Ну вот мы сели» – то есть, мы готовы слушать речения Торы, что-нибудь из тех замечательных речей, которые произносишь ты каждый день, мне хочется услышать.

223) Начал свою речь рабби Шимон, провозгласив: «И совершил он переходы свои от Негева до Бейт-Эля»[238]. В отрывке «и совершил он переходы свои» использовано множественное число, следовало бы сказать в единственном числе – «переход свой». Почему же сказано во множественном числе: «Переходы свои»? Однако, это два перехода – собственный переход и передвижение Шхины. Ведь любой человек должен всегда находиться в свойствах захар и некева, чтобы укреплять веру. И тогда Шхина никогда не отдалится от него.

224) А если кто-то отправился в путь, не находясь при этом в свойствах захар и некева, разве Шхина уходит от него? Каждый, кто отправляется в путь, должен вознести свою молитву к Творцу прежде, чем он вышел в путь, чтобы еще дома привлечь к себе Шхину, пока он находится в свойствах захар и некева. После того как вознес молитву и восславления, и Шхина пребывает над ним, он может отправляться в свой путь, потому что Шхина соединилась с ним, чтобы был он захаром и некевой в городе, т.е. в доме своем, и захаром и некевой в поле, когда отправился в путь. Ведь Шхина соединилась с ним. И об этом сказано: «Праведность перед ним пойдет»[239] – т.е. Шхина, называемая праведностью, и тогда «направит в пути стопы его».

---

[238] Тора, Берешит, 13:3. «И совершил он переходы свои от Негева до Бейт-Эля, до места, где был шатер его вначале, между Бейт-Элем и Аем».
[239] Писания, Псалмы, 85:14. «Праведность перед ним пойдет, и направит в пути стопы его».

225) Всякий раз, когда человек отдыхает в пути, он должен остерегаться прегрешить в деяниях своих, чтобы не отстранился от него высший зивуг, т.е. Шхина, и тогда он лишится совершенства, перестав быть захаром и некевой. Даже в городе он должен быть осторожным в деяниях своих, когда нуква его находится с ним, и уж тем более в пути, когда Шхина, называемая высшим зивугом, соединена с ним. И кроме всего, высший зивуг, т.е. Шхина, оберегает его в пути, и не оставляет его до самого возвращения домой. И потому он, конечно же, должен быть осторожным в деяниях своих, чтобы не привести к отстранению от него Шхины.

226) И когда приходит домой, он должен порадовать жену свою, потому что она вызвала этот высший зивуг (слияние). Ведь благодаря дорожной молитве, произнесенной им еще дома, когда пребывал в совершенстве, поскольку находился в свойствах захара и нуквы, он удостоился высшего зивуга в пути[240]. Таким образом, жена его вызвала высший зивуг в пути, т.е. присутствие Шхины. И когда входит к жене, он должен доставить ей радость по двум причинам. Во-первых, по причине радости зивуга, потому что этот зивуг является радостью заповеди. А радость заповеди – это радость Шхины.

227) Но кроме этого, он просто умножает мир в доме, как сказано: «И узнаешь, что благополучен шатер твой, и осмотришь жилище твое, и не согрешишь»[241]. А если не вспоминает о жене своей, это грех, потому что умаляет величие высшего зивуга, т.е. Шхины, совершившей с ним в пути зивуг (слияние), который вызвала жена его. И если он не отвечает благодарностью Творцу, то показывает тем самым, что высший зивуг неважен ему, умаляя величие его.

228) И вторая причина, по которой он должен радовать жену свою. Ведь если она становится беременной от этого зивуга (слияния), то высший зивуг наполняет ее святой душой (нешама). Потому что союз высшего зивуга, наполняющий душой (нешама), – это союз Творца. Таким образом, постоянной памятью о жене своей он вызывает слияние Творца со Шхиной Его. И поэтому должен удерживать намерение во время этой

---

[240] См. выше, п. 224.
[241] Писания, Йов, 5:24.

радости подобно тому, как следует удерживать намерение в субботнем слиянии – слиянии мудрецов. Иначе говоря, святость этого зивуга (слияния), когда он появляется, завершив свой путь, равна святости зивуга ночи субботы.

Поэтому сказано: «И узнаешь, что благополучен шатер твой» – так как Шхина приходит вместе с тобой и пребывает в доме твоем. И потому: «Осмотришь жилище твое, и не согрешишь» – поскольку не согрешишь в доставлении Шхине радости заповеди. Иначе говоря, он не препятствует наполнению его душой (нешама) от зивуга Творца и Шхины, что является большим грехом.

229) Таким же образом ученики мудрецов, которые отлучаются от жен своих на протяжении всех дней недели, чтобы не прекращать изучение Торы, – высший зивуг совершается в них, и Шхина не отдаляется от них, чтобы были они свойством захар и некева. После наступления субботы ученики мудрецов должны доставить радость своим женам во имя величия высшего зивуга, так как те вызвали высший зивуг, наполняющий души, и сердце их должно соответствовать воле их Господина.

У обычных людей есть два пути. Когда они находятся в пути, то пребывают в высшем зивуге, когда дома – в нижнем зивуге. И те же два пути различают у учеников мудрецов, но отделяя будни от субботы. В будни они отлучаются от своих жен, чтобы заниматься Торой, и тогда они как вышедшие в путь, то есть находятся в высшем зивуге. А в ночь субботы они словно вернулись домой проведать жен своих, и они притягивают высшую душу (нешама) от зивуга (слияния) Творца со Шхиной Его.

230) И также в случае, когда жена его пребывает в дни нечистоты своей, и он соблюдает заповедь супружеской чистоты как полагается, то высший зивуг соединяется с ним, чтобы находился в свойстве захара и некевы. А после того, как жена его становится чистой, он должен доставить ей радость заповеди, высшую радость. И все эти причины направлены к одной цели, и все постигающие веру должны направить к этому сердце свое.

231) Разве человек, вышедший в путь, не вознесен больше, чем когда он находится дома, за счет совершаемого с ним

высшего зивуга во время пребывания в пути? Когда человек находится дома, основой дома является жена его, потому что благодаря заслугам жены его, Шхина не отстраняется от дома его. Сказано об этом: «И привел ее Ицхак в шатер Сары, матери своей»[242] – т.е. свеча снова зажглась, как во времена Сары, матери его, потому что Шхина снова приходит в дом благодаря заслугам Ривки. Таким образом, Шхина пребывает в доме благодаря жене его.

232) Высшая Има, Бина, находится у захара, Зеир Анпина, лишь в то время, когда дом устроен, и соединяются захар и нуква, т.е. ЗОН. Тогда высшая Има передает благословения, чтобы благословить ЗОН. Подобно этому нижняя Има, Шхина, находится у захара, т.е. нижнего Адама, лишь в то время, когда устроен дом, и захар входит к нукве и они соединяются вместе. Тогда нижняя Има, Шхина, точно так же передает им благословения, чтобы благословить их.

233) И поэтому двумя нуквами украшается захар в доме своем, подобно высшему Зеир Анпину. Сказано: «До пределов возвышений мира»[243]. «До (ад ту)» – это мохин высшего Эдена, «пределы возвышений мира» – это две нуквы, называемые возвышениями мира:

1. Высшая нуква, Бина, желает исправить захара и украсить его свойством мохин де-ГАР и благословить его свойством хасадим.
2. Нижняя нуква желает соединиться в захаре и питаться от него, от мохин свойства «до (ад ту)». Иными словами, вследствие того, что нижняя нуква стремится к захару, чтобы получить мохин свойства «до (ад ту)», высшая нуква, Има, стремится передать захару эти мохин. И поэтому захар украшается с помощью двух этих нукв, потому что если бы не нижняя нуква, которая нуждается в мохин «до (ад ту)», т.е. в мохин свойства Хохмы, высшая Има не передавала бы эти мохин захару, так как захар нуждается не в них, а в укрытых хасадим.

---

[242] Тора, Берешит, 24:67. «И привел ее Ицхак в шатер Сары, матери своей. И взял он Ривку, и стала она ему женой, и он возлюбил ее. И утешение обрел Ицхак после утраты матери своей».
[243] Тора, Берешит 49:26 «Благословения отца твоего превышают благословения моих родителей до пределов возвышения мира. Да будут они на главе Йосефа и на темени отличившегося от братьев своих».

**234)** Все, что выяснилось относительно захара наверху, касается также и захара внизу – Адама (человека) этого мира. Когда мужчина женится, к нему направлены «пределы возвышенностей мира», и он украшается двумя нуквами, называемыми «возвышенности мира»: одна – высшая, Шхина, другая – нижняя, жена его. Высшая, Шхина, дает ему благословения, а нижняя, жена его, питается от него и соединяется в нем.

**235)** Когда он выходит в путь, это происходит не так, т.е. он не украшается двумя нуквами, а только высшая Има, Шхина, соединяется с ним во время пребывания в пути, а нижняя, жена его, остается дома. А когда возвращается домой, он снова должен украсить себя двумя нуквами. Таким образом, сидящий дома намного важнее отправляющегося в путь. Потому что сидящий дома украшается двумя нуквами, как сказано: «До пределов возвышений мира», тогда как у выходящего в путь есть только одна высшая нуква.

# Голос и речь

236) Тора, Зеир Анпин, устанавливается между двумя домами, между двумя Нуквами, потому что Нуква называется «дом». Как сказано: «И будет он святилищем... для обоих домов Исраэля»[244]. Первый дом является высшим и скрытым, высшая Има, Бина, а другой дом более открыт. Высший и скрытый, Бина, это громкий голос, о котором сказано: «Изрек... громким голосом, и более не продолжал»[245].

237) Этот голос является внутренним, и он не слышен и не раскрывается. Не слышен – т.е. в голосе, не раскрывается – в речи. И это происходит, когда соединение нёба и горла извлекает букву «хэй» шепотом, и тогда она совершенно беззвучна, а этот зивуг исходит всегда и никогда не прекращается. И это – тонкий внутренний голос, который не слышен миру.

Объяснение. Когда в мохин, исходящих и порожденных от зивуга, есть свечение Хохмы, считается, что они слышны снаружи, и они раскрываются с помощью зивуга голоса и речи. Но в час, когда эти мохин являются свойством хасадим, укрытых и скрытых от свечения Хохмы, считается, что они не слышны снаружи и не раскрываются. Зивуг высших Абы ве-Имы производится с помощью свойств «нёбо (хэх)» и «горло (гарон)» Арих Анпина, свойство «нёбо» соответствует Абе, свойство «горло» – Име. И поскольку Аба ве-Има всегда находятся в состоянии укрытых хасадим, о котором сказано: «Ибо желает милости (хафец хесед) Он»[20], считается, что их зивуг в «хэй» совершается в скрытии, подобно тому как произносится буква «хэй» посредством зивуга (соединения) нёба и горла, когда она неслышна снаружи. Голос при произнесении буквы «хэй» символизирует Иму, высшую Нукву Зеир Анпина, получающую от Абы. И о ней говорится в отрывке: «Изрек... громким голосом и более не продолжал»[245] – потому что зивуг Абы ве-Имы является постоянным, никогда не прерывающимся зивугом, и поэтому он называется «громкий голос».

---

[244] Пророки, Йешаяу, 8:14. «И будет он святилищем и камнем преткновения, и скалою преграждающей для обоих домов Исраэля, и западнею и тенетами для жителей Йерушалаима».

[245] Тора, Дварим, 5:19. «Слова эти изрек Творец всему собранию вашему с горы, из огня, облака и мглы, громким голосом, и более не продолжал».

238) От Абы ве-Имы, являющихся свойством «громкий голос», выходит Тора, называемая «голос Яакова», т.е. Зеир Анпин. И этот голос, который слышен, исходит от неслышимого голоса, т.е. от Абы ве-Имы. А затем соединяется с ним речь, т.е. его Нуква, и эта речь выходит и раскрывается снаружи, благодаря силе и мужеству голоса Яакова. И этот голос Яакова, называемый Торой, т.е. Зеир Анпин, удерживается между двумя Нуквами. Удерживается в той, которая внутри и не слышна, в Име, и удерживается в той, которая вовне, в Нукве. Внутренняя Нуква, Има, передает ему мохин и благословения, а внешняя Нуква, его Нуква, получает от него эти мохин и благословения.

239) Двое не слышны снаружи и являются свойством укрытых хасадим, а двое слышны снаружи и находятся в свойстве хасадим, раскрывшихся в свечении Хохмы. Двое, которые не слышны совсем, – это высшая скрытая Хохма, т.е. Арих Анпин, устанавливающийся в мысли и облачающийся в нее, т.е. в высшего Абу, который не раскрывается в речи и не слышен даже в свойстве голос. А затем он выходит и раскрывается немного в неслышном шепоте, т.е. в виде буквы «хэй», произносимой тем, кто называется «громкий голос». И это голос тихий и произносимый шепотом, т.е. высшая Има. И эти двое, т.е. Аба ве-Има, не слышны.

240) Двое, которые слышны, выходят из тех двух, которые не слышны. И это «голос Яакова», Зеир Анпин, и речь, соединяющаяся с ним, Нуква Зеир Анпина. Громкий голос, произносимый шепотом и неслышный, т.е. Бина, является домом для высшей Хохмы, т.е. Абы, потому что любая некева называется домом. И потому Бина, являющаяся свойством некевы, называется домом. А последняя речь, т.е. Нуква Зеир Анпина, является домом (байт) для голоса Яакова, называемого Торой, т.е. для Зеир Анпина. И поэтому Тора начинается с буквы «бэт», т.е. «бейт (дом) решит (начала)».

241) «Вначале создал Всесильный (Элоким)» равносильно сказанному: «И отстроил Творец Всесильный эту сторону»[200]. Словом, здесь имеется в виду построение Нуквы посредством Абы ве-Имы.

«(Эт) небеса», т.е. большие ЗОН, равносильно сказанному: «И привел ее к человеку»[200].

«И (ве-эт) землю», т.е. малые ЗОН, равносильно сказанному: «Кость от моих костей»[231].

Объяснение. «Создал (бара)» указывает на создание скрытого свойства, и это свойство «ашер», которое вышло из «решит (начала)». Иначе говоря, это состояние, при котором буквы ЭЛЕ (אלה) Бины опускаются в ЗОН, и Бина остается в свойстве ВАК с двумя буквами МИ (מי)[246]. А затем к ним снова поднимаются буквы ЭЛЕ (אלה), и она опять достигает свойства ГАР, и восполняется имя Элоким (אלהים). Это означают слова «вначале (берешит) создал (бара) Всесильный (Элоким)». И вместе с буквами ЭЛЕ, поднимаемыми Биной, поднимаются также и ЗОН, поскольку они слиты с ними, и они достигают там мохин Бины[247]. Таким образом, построение Нуквы осуществляется посредством ее подъема в парцуф Аба ве-Има, свойство Бины, в виде «вначале (берешит) создал (бара) Всесильный (Элоким)», и в этих словах содержится указание на подъем ЗОН в парцуф Аба ве-Има и постижение с их ступени этого строения, т.е. мохин. И поэтому «Вначале создал Всесильный (Элоким)» равносильно сказанному: «И отстроил Творец Всесильный эту сторону»[200].

«И привел ее к человеку»[200] – это исправление экрана в Нукве, чтобы сделать ее способной получить хасадим от Зеир Анпина. Под словами «и привел ее» подразумевается большая Нуква, расположенная от хазе Зеир Анпина и выше, на которую указывает слово «эт» в сказанном «(эт) небеса». И поэтому «(эт) небеса» равносильно сказанному: «И привел ее к человеку». Иначе говоря, слово «эт» – это большая Нуква свойства «небеса», т.е. Зеир Анпина, и о ней сказано «привел ее к человеку», т.е. сделал ее способной получить хасадим.

Десять сфирот Кетер-Хохма-Бина-Тиферет-Малхут (КАХАБ ТУМ) называются – «мозг-кости-сухожилия-плоть-кожа». Таким образом, свойство «кости» указывает на Хохму. Поэтому слова «и (ве-эт) землю» указывают на малую Нукву, расположенную ниже хазе, ту единственную, которая установилась для получения Хохмы. И сказанное о ней «кость от моих костей»

---

[246] См. Зоар, Берешит, часть 1, п. 4, статью «Сияние небосвода», со слов: «И так "начало (решит)" создало...»
[247] См. Зоар, Берешит, часть 1, п. 5, со слов: «Если о парцуфе ИШСУТ говорится...»

означает, что она получает Хохму. «И конечно же, она является землей жизни» – т.е. малая Нуква, на которую указывают слова «и (ве-эт) землю», называется землей жизни. Потому что свет Хохмы называется светом хая (жизни), и поэтому Нуква в то время, когда у нее есть этот свет Хохмы, называется землей жизни. И об этом сказано: «Мудрость (хохма) несет жизнь постигающим ее»[248].

---

[248] Писания, Коэлет, 7:12. «Если выбирать между сенью мудрости и сенью богатства, то предпочтительней знание – мудрость несет жизнь постигающим ее».

# Слово Творца господину моему

242) «Давиду. Псалом. Слово Творца господину моему: "Сиди справа от Меня, пока Я не сделаю врагов подножием твоим!"»[249] «Слово Творца господину моему» – т.е. высшая ступень, Зеир Анпин, говорит нижней ступени, Нукве: «Сиди справа от Меня» – чтобы соединить западную сторону, Нукву, т.е. левую сторону, с южной, Хеседом, являющимся правой стороной Зеир Анпина, с целью сокрушить силу народов-идолопоклонников, как сказано: «Пока Я не сделаю врагов подножием твоим!»

«Слово Творца» – это Яаков, т.е. Зеир Анпин, «господину моему», как сказано: «Ковчег завета Господина всей земли»[250] – это Нуква. Объяснение. Нуква, в основе своей, является свойством Хохмы, поэтому о ней сказано: «Кость от моих костей»[231]. И все то время, пока у нее нет хасадим, чтобы облачиться в них, внешние свойства могут удерживаться в ней. Поэтому говорит ей Зеир Анпин: «Сиди справа от Меня» – чтобы получать хасадим от сфиры Хесед, правой стороны Зеир Анпина, и тогда она сможет подчинить себе все силы суда.

243) «Слово Творца» – это «йовель (пятидесятый год)», Бина. «Господину моему» – «шмита (седьмой год)», Нуква, о которой сказано: «Люблю я господина моего»[251]. «Йовель (пятидесятый год)» говорит «шмите (седьмому году)»: «Сиди справа от Меня». Потому что правая линия, хасадим, пребывает в свойстве «йовель (пятидесятый год)», Бине, а «шмита (седьмой год)», Нуква, должна соединиться с правой линией.

244) «Шмита (седьмой год)», Нуква, не воплотила полностью связь с правой и левой сторонами, со дня своего появления. Когда Нуква хочет установить связь с правой и левой сторонами, Зеир Анпин протягивает свою левую руку навстречу ей, т.е. вначале передает ей мохин, имеющиеся в точке шурук, представляющие собой левую линию без правой, и

---

[249] Писания, Псалмы, 110:1.
[250] Пророки, Йеошуа, 3:11. «Вот ковчег завета Господина всей земли пойдет перед вами через Ярден».
[251] Тора, Шмот, 21:5. «Но если раб скажет: "Люблю я господина моего, жену мою и детей моих; не пойду на волю"».

тогда создает этот мир – Нукву в свойстве левой линии в ней, называемую «этот мир».

И поскольку она теперь состоит только из свойства левой линии, нет у нее становления, т.е. совершенных мохин, теперь, в течение шести тысяч лет, до наступления седьмого тысячелетия. Потому что только в этот день Нуква соединяется с правой линией, с хасадим, и тогда Нуква будет в правильном сочетании между правой и левой линиями в совершенном становлении, т.е. в совершенных мохин, и будут тогда «небеса новые и земля новая»[252]. И теперь она никогда больше не сдвинется оттуда, потому что навсегда установится в правильном сочетании между правой и левой линиями.

245) Если только в седьмом тысячелетии Нуква установит связь с правой линией, то как истолковывается сказанное: «Сиди справа от Меня», означающее именно шесть тысяч лет, а не седьмое тысячелетие? Однако указание «сиди справа от Меня» относится только к определенному времени, потому что затем сказано: «Пока Я не сделаю врагов подножием твоим!» – т.е. только назначенное время, а в седьмом тысячелетии она никогда больше не сдвинется оттуда. И сказано о ней в этом состоянии: «Ибо вправо и влево распространишься»[253] – т.е. тогда она включит себя в правую и в левую линии, и станут они в ней одним целым.

246) Слова «(эт) небеса» указывают на высшую Шхину, т.е. Нукву, расположенную от хазе Зеир Анпина и выше. «И (ве-эт) землю» – это нижняя Шхина, Нуква, расположенная от хазе Зеир Анпина и ниже, в соединении свойств захар и нуква, как одно целое. То есть и высшая Нуква соединена с захаром – большим Зеир Анпином, и нижняя Нуква соединена с захаром – малым Зеир Анпином.

---

[252] Пророки, Йешаяу, 65:17. «Ибо вот Я творю небеса новые и землю новую, и не будет упомянуто прежнее, и не придет в сердце».
[253] Пророки, Йешаяу, 54:3. «Ибо вправо и влево распространишься ты, и потомство твое народами завладеет и города опустевшие населит».

# Поднимающееся пламя

247) Есть два изречения. Первое: «Ибо Творец Всесильный твой – это огонь пожирающий»[254], означающее, что невозможно прилепиться к Нему так же, как невозможно прилепиться к огню. А второе изречение: «А вы, прилепившиеся к Творцу Всесильному вашему, – живы все вы ныне»[255] – то есть возможно прилепиться к нему. «Ибо Творец Всесильный твой – это огонь пожирающий» – пожирающий другой огонь, т.е. Он пожирает и уничтожает его, потому что есть огонь, который сильнее обычного огня.

248) Каждый, кто желает познать мудрость святого единства, должен обратить внимание на пламя, поднимающееся от углей, или поднимающееся от горящей свечи, потому что пламя может подниматься только соединившись с чем-то плотным.

249) В поднимающемся пламени есть два света. Один – это сияющий белый свет, а другой – это свет, в котором удерживается этот белый свет, и это черный свет или синий. Белый свет, который светит, находится наверху, и этот свет поднимается прямым путем, а под ним находится синий свет или черный, являющийся престолом для белого света.

250) И этот сияющий белый свет устанавливается над синим светом, и они включаются друг в друга и соединяются, чтобы быть совершенно одним целым. А другой свет, черный или же синий с виду, находящийся ниже него, является престолом величия для белого света. Поэтому он синий с виду, так как является престолом величия, а престол величия подобен своим оттенком синеве.

251) Этот престол, относящийся к свойству синего или черного света, соединен с другим предметом, поддерживающим горение и находящимся под ним, и побуждающим его включиться в белый свет.

---

[254] Тора, Дварим, 4:24. «Ибо Творец Всесильный твой – это огонь пожирающий, Он Всемогущий ревнитель».
[255] Тора, Дварим, 4:4.

252) И этот синий и черный свет иногда снова становится красным, а белый свет, находящийся над ним, никогда не меняется, и он всегда белый. Однако синий меняется, окрашиваясь в эти цвета, – иногда он синий и черный, а иногда красный.

253) Синий свет включается в две стороны, наверху – в белый свет, внизу – в грубую материю, находящуюся под ним, в фитиль, исправленный для него, чтобы светить, удерживаясь в нем, потому что фитиль дает ему удержание, и благодаря этому он сливается с белым светящим светом.

Пояснение сказанного. Белый свет – это свет хасадим, свет Зеир Анпина, обозначаемый буквами «йуд-хэй-вав יה״» имени АВАЯ (יהוה). А синий или черный свет – это свет Нуквы, обозначаемый последней «хэй ה» имени АВАЯ (יהוה). Белый светящий свет – этот свет точки холам, являющийся светом хасадим и правой линией, а также светом высших Абы ве-Имы. Синий или черный свет – это свет точки шурук, являющийся светом Хохмы и левой линией, а также светом ИШСУТ. И известно, что две эти линии, правая и левая, исходящие от двух точек, холам и шурук, находятся в разногласии и не могут светить до тех пор, пока не выйдет ступень хасадим на экран точки хирик, т.е. на экран Зеир Анпина, представляющий собой первую стадию. И он становится средней линией, согласующей над двумя линиями, правой и левой, при этом они включают одна другую, и тогда левая получает свечение хасадим от правой, а правая получает свечение Хохмы от левой.

И сила этого экрана, имеющегося в точке хирик, называется грубой материей, зажигающей синий свет, т.е. левую линию, и соединяет его с сияющим белым светом – с правой линией. А без этой грубой материи эти две линии, правая и левая, оставались бы в разногласии и не могли бы светить[256]. И эти три точки сначала выходят в Бине, в виде «три выходят из одного», а затем они выходят также и в ЗОН, в виде «один удостаивается всех трех». И в то время, когда ЗОН получают эти мохин в совершенстве, они облачаются на Абу ве-Иму и ИШСУТ, и тогда Зеир Анпин становится светом точки холам, так же, как Аба ве-Има, а Нуква – светом точки шурук, так же, как ИШСУТ. И

---

[256] См. Зоар, главу Берешит, часть 1, п. 34, со слов: «И распространился свет…»

они не могут совершить зивуг (слияние) друг с другом, пока не выйдет ступень хасадим на экран первой стадии, согласующая над двумя этими точками, так же, как и в Бине.

Однако здесь экран точки хирик находится в душах Исраэля. Ибо так же, как буквы ЭЛЕ Бины поднимают к себе ЗОН, и их экран служит согласующей линией в Бине, так же и буквы ЭЛЕ парцуфа ЗОН поднимают к себе души Исраэля, и их экран служит согласующей линией в ЗОН. Таким образом, эта грубая материя – приводящая к тому, что Нуква, являющаяся свойством точки шурук и левой линией, соединяется с Зеир Анпином, являющимся свойством точки холам, – становится силой экрана душ Исраэля. И чтобы зажечься и соединиться с белым светом, этот синий свет получает пробуждение только от Исраэля, так как они являются носителями экрана точки хирик, без которого нет единства между Зеир Анпином и Нуквой.

254) И синий свет свечи всегда пожирает и уничтожает эту грубую материю, которую устанавливают для него, т.е. фитиль. Потому что всё, с чем синий свет соединяется внизу, пребывая над этим, он уничтожает, сжигая его. Поскольку ему свойственно уничтожать и пожирать, так как от него зависят уничтожение всего и смерть всего. Потому что синий свет – это Нуква, называемая Древом познания, от которой исходят смерть и уничтожение.

255) А белый свет, находящийся над синим светом, никогда не пожирает и не губит, и свет его никогда не меняется, окрашиваясь в другой цвет. Потому что белый свет – это свет хасадим, который никогда не меняется и не становится грубее. И нет в нем также никакого включения судов. Поэтому он никогда не сжигает и не уничтожает.

И поэтому сказал Моше: «Ибо Творец Всесильный твой – это огонь пожирающий», так как Он, конечно же, огонь пожирающий, поскольку сжигает и уничтожает всё, что находится под ним. И поэтому сказал Моше: «Ибо Творец Всесильный *твой* – это огонь пожирающий», а не «Творец Всесильный *наш*», потому что Моше был строением (меркава) для белого света наверху, который не сжигает и не уничтожает, так как нет в нем включения судов.

256) И чтобы зажечься и соединиться с белым светом, этот синий свет получает пробуждение только от Исраэля, которые прилепляются к нему снизу, подобно фитилю, прилепляющемуся к синему свету снизу.

257) И хотя этому сине-черному свету свойственно уничтожать всё, что прилепляется к нему снизу, всё же Исраэль прилепляются к нему снизу и остаются живы. И также сказано: «А вы, прилепившиеся к Творцу Всесильному вашему, – живы все вы ныне»[255]. «К Творцу Всесильному вашему» – т.е. к Нукве. И не сказано: «К Творцу Всесильному нашему», что означало бы – к Зеир Анпину, строением (меркава) которого является Моше. То есть, он сказал им: «А вы, хоть и прилепились к этому синему и черному свету, сжигающему и уничтожающему всё, что прилепляется к нему снизу, вместе с тем, вы слиты с ним и вы живы. Как сказано: "Живы все вы ныне", потому что синий свет не сжег и не уничтожил вас».

258) А над белым светом находится наверху скрытый, окружающий его, свет. И здесь скрыта высшая тайна. То есть подразумевается высший окружающий свет, находящийся над Зеир Анпином, называемым белый свет, постижение которого вовсе невозможно. И всё это – синий свет и белый, и скрытый окружающий свет – находится в пламени, поднимающемся от свечи, и высшая мудрость содержится в нем.

259) Это является тайной мудрости, заключенной в святом единстве, ведь также и последняя «хэй ה» святого имени, т.е. Нуква, является синим и черным светом, и соединена она с «йуд-хэй-вав יהו», Зеир Анпином – сияющим белым светом.

260) Иногда синий свет обозначается буквой «далет ד», а иногда – буквой «хэй ה». В то время, когда Исраэль не прилеплены к ней снизу, чтобы зажечь ее и соединить с белым светом, она обозначается буквой «далет ד». А в то время, когда Исраэль пробуждают ее, т.е. поднимают МАН, соединиться с белым светом, она называется «хэй ה».

261) «Если будет девица девственница»[257]. Слово «девица (наар נער)» является усеченным, без «хэй ה», поскольку она

---
[257] Тора, Дварим, 22:23.

не соединилась с захаром. И в любом месте, где нет захара и нуквы, нет «хэй ה». Поэтому написано «девица (наар נער)» без «хэй ה». И «хэй ה» поднялась оттуда, и тогда нуква остается в свойстве буквы «далет ד», указывающей на бедность (далут) и нищету.

262) Когда она соединяется с сияющим белым светом, то называется «хэй ה», ибо тогда всё соединено как одно целое, Нуква прилепляется к белому свету, а Исраэль прилепляются к ней, и находятся под ней, чтобы зажечь ее посредством МАН, которые поднимают буквы ЭЛЕ. И тогда всё становится одним целым, потому что Зеир Анпин и Нуква соединились, а Исраэль возносят МАН к Нукве, чтобы зажечь ее и соединить с Зеир Анпином. И поскольку без их МАН она бы не соединилась, то и они соединяются с ними. Ведь всей меры, вызванной нижним в высшем, удостаивается также и он сам, и тогда становятся Творец, Шхина Его и Исраэль одним целым.

263) И это является жертвоприношением. Дым, поднимающийся от огнища, побуждает синий свет зажечься, и когда зажигается, он соединяется с белым светом. И свеча, т.е. Шхина, горит в полном единстве, соединяясь с белым светом и с дымом, и все три становятся одним целым.

264) И поскольку этому синему свету свойственно уничтожать и сжигать всё, что прилепляется к нему снизу, когда наступает время благоволения и свеча горит в полном единстве, тогда сказано: «И опустился огонь Творца и пожрал жертву всесожжения». И когда сгорает всё под ним, известно, что свеча, Шхина, горит в полном соединении и единстве. Потому что синий свет прилепляется к белому свету и становится одним целым с ним. Как они становятся одним целым? Синий свет, Нуква, соединяется с белым светом, Зеир Анпином, и оба они становятся одним целым.

И также синий свет пожирает и сжигает под собой весь тук и жертвы всесожжения. Это значит, что он пожирает и сжигает находящееся под ним только во время подъема к белому свету. Таким образом всё, дым и синий свет, связывается и соединяется с белым светом. И тогда устанавливается мир во всех мирах, и всё связывается в полном единстве.

265) После того, как синий свет закончил сжигать и уничтожать всё находящееся под ним, приходят и прилепляются к нему тогда коэны, левиты и исраэль. Возносят в радости песни левиты, в намерении сердца – коэны, в молитве – исраэль. И свеча, Шхина, горит над ними и светит. Света сливаются как одно целое и миры светятся, и благословляются высшие с нижними.

266) Тогда сказано об Исраэле: «А вы, прилепившиеся к Творцу Всесильному вашему, – живы все вы ныне»[255]. «Вав ו» в словах «а вы (ве-атем ואתם)» указывает на дополнительное достоинство по отношению к тукам и всесожжениям. Потому что туки и всесожжения, прилепляющиеся к синему свету, пожираются и сгорают, «а вы» прилепляетесь к сине-черному свету, сжигающему и пожирающему, и вы живы. Как сказано: «Живы все вы ныне». И это дополнительное достоинство символизируется буквой «вав ו» в словах «а вы (ве-атем ואתם)».

267) Любые цвета, которые приснились во сне, являются хорошим знаком, кроме синего цвета, пожирающего и уничтожающего всегда. И это – дерево, в котором содержится смерть, т.е. Нуква, называемая Древом познания добра и зла, пребывающая над нижним миром, называемым «этот мир». И поскольку всё находится под ним, оно пожирает и уничтожает их.

268) Нуква Зеир Анпина тоже пребывает в небесах наверху, в мире Ацилут, и множество воинств в мирах БЕА распространяются от этой Нуквы, но они живы и невредимы. Как же сказано, что синий свет, Нуква Зеир Анпина, «пожирает и уничтожает всё, что находится под ней». Все эти высшие воинства в трех мирах БЕА, расположенных выше этого мира, включены в этот синий свет, а не находятся под ним. Однако нижние, относящиеся к этому миру, не включены в сам синий свет, потому что являются грубой материей, на которой стоит и держится мир, который включен в нее и существует благодаря ей, как свет благодаря фитилю, и без нее мир не мог бы существовать. И поэтому он пожирает и уничтожает их, и нет ничего внизу, в нижнем мире, что бы он не уничтожил, поскольку синий свет уничтожает всё, находящееся под ним.

# В мире различаются сорок пять оттенков и светов

269) Сорок пять (МА) цветов и разных светов различаются в мире, т.е. в Нукве Зеир Анпина. Объяснение. Бина называется МИ, а Нуква называется МА. МИ означает верхний край небес, МА – нижний край небес. Нуква называется МА (45 מה), что указывает на отсутствие в ней пяти последних врат от пятидесяти (МИ מי) врат Бины, и есть у нее только сорок пять (МА מה) врат.

Пятьдесят врат Бины – это пять сфирот Кетер, Хохма, Бина, Тиферет и Малхут (КАХАБ ТУМ), каждая из которых состоит из десяти. И это пять полных парцуфов, облачающие один другой. Однако Нуква имеет только половину своего парцуфа Малхут, т.е. от хазе и выше, а нижней половины парцуфа Малхут, от хазе и ниже, нет у нее. И считается, что у нее есть сорок врат четырех парцуфов Кетер, Хохма, Бина и Тиферет, и пять врат парцуфа Малхут, от хазе и выше, и вместе их всего лишь сорок пять (МА מה), потому что ей недостает нижней половины парцуфа Малхут.

Известно также, что четыре сфиры Хохма и Бина, Тиферет и Малхут (ХУБ ТУМ), представляют собой четыре цвета белый-красный-зеленый-черный. «Сорок пять (МА) цветов и разных светов различаются в мире, т.е. в Нукве» – потому что недостает ей пяти нижних цветов. И сказано: «Разных светов» – потому что также и десять Кетеров включены в эти сорок пять (МА) светов, а Кетер находится выше любого цвета, и о Кетерах в них сказано «разных светов», потому что они не входят в совокупность цветов.

Но ведь сказано, что у Нуквы есть сорок девять врат, и лишь одних врат, Малхут де-Малхут, недостает ей. Почему же здесь у нее есть только сорок пять (МА) цветов и разных светов, и пяти свойств недостает ей? Потому что два основных свойства Малхут – это девять первых сфирот в ней и Малхут в ней. Девять первых сфирот считаются мерой милосердия, поскольку они происходят от включения в нее более высоких свойств, чем ее, и не являющихся ее собственными. Однако Малхут в ней считается мерой суда, поскольку это ее собственное свойство, над которым мера суда пребывает еще с первого сокращения. И парса, проходящая в месте хазе каждого парцуфа, – это результат подъема Малхут из окончания этого парцуфа в его хазе[258]. Поэтому нижняя половина любого парцуфа считается свойством его Малхут, так как Малхут в парсе властвует над ней.

Таким образом, от хазе и ниже парцуфа Малхут в ней можно считать ее пятью нижними сфирот, и это две трети Тиферет и Нецах-Ход-Есод-Малхут (НЕХИМ). И поэтому здесь говорится, что ей недостает пяти оттенков светов. И можно считать их одной сфирой, так как Малхут де-Малхут уже властвует в месте парсы в хазе, и все эти пять сфирот – как одна.

Поэтому сказано там, что ей недостает только одних врат. Таким образом, выяснилось, что в парцуфе Малхут есть только сорок пять светов от пяти парцуфов Кетер, Хохма, Бина, Тиферет и Малхут (КАХАБ ТУМ) в ней, облачающих друг друга, так как пятому ее парцуфу недостает меры суда, т.е. пяти сфирот Тиферет-Нецах-Ход-Есод-Малхут (ТАНХИМ) от хазе и ниже, и там есть только его мера милосердия, находящаяся от хазе и выше. Однако у Бины есть пятьдесят врат, потому что место от хазе и ниже ее пятого парцуфа считается тоже свойством меры милосердия, ведь Бина полностью является мерой милосердия, и также Зеир Анпин, так как мера суда первого сокращения образовалась лишь в Малхут.

И знай, что целью находящейся перед нами статьи является точное выяснение места прегрешения Адама Ришона в отношении Древа познания, и также – в чем заключается искушение змея. Поэтому в начале статьи в общем виде описывается место недостатка в Малхут, т.е. отсутствие нижней половины ее парцуфа Малхут, и что есть у нее только сорок пять цветов и разные света. А затем выясняется, что у Зеир Анпина пятьдесят свойств светов находятся в совершенстве, так как пять его парцуфов Кетер, Хохма, Бина, Тиферет и Малхут (КАХАБ ТУМ) пребывают в совершенстве, и даже у его парцуфа Малхут есть десять сфирот, поскольку у него есть Малхут, принадлежащая двум сторонам – стороне милосердия, расположенной выше хазе, и стороне суда, расположенной ниже хазе.

---

[258] См. «Введение в науку Каббала», п.67.

А затем выясняются детали строения Нуквы, и порядок совершения ее зивуга с Зеир Анпином, и во всех подробностях рассмотрены следствия, вытекающие из-за отсутствия меры суда ее парцуфа Малхут. И отсюда уже выясняется, к какому месту относится прегрешение Древа познания.

Семь сфирот делятся соответственно семи безднам, каждая из них производит удар по своей бездне. Объяснение. Зеир Анпин называется «семь» или «семь нижних», т.е. сфирот Хесед-Гвура-Тиферет Нецах-Ход-Есод-Малхут (ХАГАТ НЕХИМ), потому что даже во время гадлута, когда он достигает сфирот Хохма-Бина-Даат (ХАБАД), они не являются настоящими ГАР, а лишь его ХАГАТ, ставшими свойством ХАБАД. Таким образом, хотя в гадлуте у него есть десять сфирот, на самом деле это всего лишь семь сфирот ХАГАТ НЕХИМ, но только ХАГАТ его стали свойством ХАБАД, а НЕХИ свойством ХАГАТ, и появились у него новые НЕХИ, и это – десять сфирот.

Известно также, что порядок выхода каждой ступени таков, что высший свет, включающий девять сфирот, производит удар по экрану в Малхут и поднимает отраженный свет, облачающий высший свет снизу вверх, и они считаются десятью сфирот рош ступени. А затем поворачивается экран в Малхут, и десять сфирот прямого и отраженного света в рош распространяются сверху вниз в гуф.

Семь сфирот ХАГАТ НЕХИМ Зеир Анпина делятся соответственно семи безднам, потому что они включают в себя друг друга, и выходят семь парцуфов ХАГАТ НЕХИМ, в каждом из которых есть семь сфирот ХАГАТ НЕХИМ. Таким образом, в каждом из парцуфов есть свойство Малхут, называемое бездной. Из них образуются семь сфирот Малхут, называемые семь бездн. Каждый из них производит удар по своей бездне, по Малхут, и поднимает семь сфирот отраженного света, облачающий десять сфирот прямого, и они называются десятью сфирот рош.

А затем камни, т.е. экраны, имеющиеся в семи этих Малхут, оборачиваются в Малхут, то есть поворачиваются, чтобы светить сверху вниз. И свет входит в эти камни, в экраны, пробивая их, и вода выходит через эти отверстия. И обращение света для свечения сверху вниз сравнивается с пробиванием этим светом экрана, который препятствует его распространению вниз, и воды опускаются и погружаются – каждая в свою бездну.

Объяснение. Бездна каждого из них, т.е. Малхут, распространяется со своего уровня и входит в десять сфирот сверху вниз. И воды, т.е. свет, опускаются, погружаясь в них, пока не достигают их Малхут и свет заканчивается там. И этот экран покрывает обе стороны бездны, т.е. Малхут, – сторону Хесед этой Малхут, расположенную в месте от ее хазе и выше, и сторону меры суда этой Малхут, расположенную в месте от ее хазе и ниже. И поэтому есть у Зеир Анпина пятьдесят видов светов, однако у Нуквы, которой недостает стороны меры суда, есть только одна сторона, Хесед, расположенная от хазе и выше. И поэтому у нее есть только лишь сорок пять видов светов. Итак, выяснился порядок создания Зеир Анпина, находящегося в обеих сторонах Малхут.

270) А теперь приводится порядок создания Нуквы, происходящий в одной стороне. Воды выходят через отверстия, образовавшиеся в камнях Зеир Анпина, и света проходят сквозь них, светя сверху вниз, и высший свет, приходящий из Бесконечности, входит в них, производя удар по четырем свойствам бездны, составляющим всю бездну. То есть он производит удар по четырем свойствам ХУБ ТУМ, составляющим общую Малхут, Нукву Зеир Анпина. И вследствие этого удара образуются десять сфирот ХУБ ТУМ Нуквы.

В четырех этих свойствах каждый из светов включается в другие во время этого соударения, и в ней образуются четыре парцуфа, в каждом из которых есть ХУБ ТУМ, облачающие друг друга. И они встречаются только в одной стороне Малхут – лишь в Малхут меры милосердия, охватывающей половину парцуфа от хазе и выше. И поэтому воды, т.е. света, передаваемые ей Зеир Анпином, разделяются в ней, и она получает только часть от хазе и выше каждого парцуфа. Ведь поскольку ей недостает стороны Малхут меры суда, она не может получить от Зеир Анпина части от хазе и ниже, светящей только лишь над Малхут меры суда.

У Зеир Анпина мира Ацилут есть семь свойств ХАГАТ НЕХИМ, а у Нуквы только четыре, потому что два нисхождения есть у четырех свойств ХУБ ТУМ. Ведь настоящие ХУБ ТУМ имеются только в ГАР, однако в Зеир Анпине опустились Хохма и Бина (ХУБ), став в нем Хеседом и Гвурой (ХУГ), т.е. свойством хасадим, и называются эти четыре свойства в нем Хесед-Гвура-Тиферет-Малхут (ХУГ ТУМ). А в Нукве они совершают второе нисхождение. Потому что Хесед и Гвура (ХУГ) Зеир Анпина становятся в ней Нецахом и Ходом, Тиферет Зеир Анпина – Есодом, и поэтому четыре свойства в ней называются Нецах-Ход-Есод-Малхут (НЕХИМ). Таким образом, в ГАР – это ХУБ ТУМ, в Зеир Анпине – ХУГ ТУМ, а в Нукве – НЕХИМ.

И разница между ними огромна. Потому что ХУБ являются настоящими Хохмой и Биной, но в Зеир Анпине, где они становятся ХУГ, опустились Хохма и Бина, став свойствами хасадим и гвурот, поскольку его келим больше не получают Хохмы. Однако хасадим содержатся в них в большом изобилии, и поэтому ХАГАТ называют широкими келим, потому что ширина указывает на хасадим, а протяженность – на Хохму.

А когда они опускаются в Нукву и становятся Нецахом и Ходом, келим уже сокращаются, не принимая изобилия хасадим. Однако они считаются протяженными келим, т.е. способными получить свечение Хохмы, называемой протяженной. Таким образом в ГАР, содержащих ХУБ ТУМ, есть свет коренной Хохмы, т.е. Хохмы прямого света. Однако в ХУГ ТУМ Зеир Анпина есть только хасадим, а в Нукве есть только свечение Хохмы, исходящее из Бины, которая снова стала Хохмой благодаря ее подъему в Арих Анпин, и не является самой Хохмой, как в ГАР.

Известно, что высший включает в себя всех находящихся ниже него, так как они проходят через него и передаются нижним. И поскольку прошли через него, они остаются в нем, потому что в духовном ничего не исчезает. Поэтому корни любого нижнего находятся в его высшем. И поэтому считается, что каждое из трех высших свойств (ГАР) содержит в себе полные десять сфирот КАХАБ ХАГАТ НЕХИМ. КАХАБ есть в них самих, потому что четыре их свойства – это ХУБ ТУМ. ХАГАТ в них есть от четырех свойств ХУГ ТУМ Зеир Анпина. А НЕХИМ – от четырех свойств ХУБ ТУМ Нуквы.

Однако у Зеир Анпина уже отсутствует КАХАБ. Потому что четыре его свойства – это ХУГ ТУМ, называемые ХАГАТ, но поскольку он включает Нукву, у него есть также и НЕХИМ Нуквы, и поэтому он считается семью сфирот ХАГАТ НЕХИМ.

Однако в Нукве уже отсутствуют многочисленные хасадим, имеющиеся в ХАГАТ, потому что Хесед и Гвура Зеир Анпина сократились у нее до Нецаха и Хода, и поэтому есть в ней только НЕХИМ, и поэтому она называется «далет», чтобы показать, что у нее есть только четыре (далет) сфиры Нецах-Ход-Есод-Малхут (НЕХИМ), и недостает ей шести первых сфирот КАХАБ ХАГАТ. Поэтому число Зеир Анпина – семь, а число Нуквы – четыре.

271) Все семь сфирот Зеир Анпина содержатся в семи их Малхут, потому что каждая из них состоит из семи, и поэтому в каждой есть своя сфира Малхут. И семь этих Малхут называются левой линией Зеир Анпина. И они роют во тьме бездну, т.е. Нукву Зеир Анпина.

Иными словами, они притягивают к ней свечение левой линии от точки шурук в Име, являющееся тьмой. Таким образом, Нуква устанавливается в свойстве тьмы Имы. И об этом сказано: «Колодец, выкопанный старейшинами, вырытый»[259]. Начальные буквы слов этой фразы образуют слово «бе-хошех (во тьме)». Потому что «колодец» – это Нуква, «выкопанный старейшинами» – ХАГАТ Зеир Анпина, называемые старейшинами, и они считаются семью сфирот. И это привлечение тьмы Имы называется выкапыванием и формированием со стороны Зеир Анпина. И эти состояния тьмы вошли во все сфирот Нуквы.

И воды поднимаются снизу вверх. Иначе говоря, свет хасадим, называемый водами и являющийся правой линией, светит сначала снизу вверх, в свойстве точки холам, а затем хасадим опускаются в левую линию и соединяются там со светами левой линии, т.е. со светом Хохмы, раскрывающимся в точке шурук. И хотя этот свет обращается там тьмой, но это происходит потому, что свет Хохмы не может светить без облачения хасадим. Однако теперь, когда хасадим опускаются в левую линию, там снова пробуждается свечение Хохмы, и они распространяются друг в друге.

---

[259] Тора, Бемидбар, 21:18. «Колодец, выкопанный старейшинами, вырытый вождями народа жезлом, посохами своими».

И смешиваются вместе света, тьма и воды, и из них образуются света, которые не видны, так как они темны. Иными словами, вследствие взаимного включения светов, тьмы и вод друг в друга, выстраивается парцуф Нуквы большого состояния (гадлут), поэтому света ее определяются как света, которые не видны и темны, и называется она зеркалом, которое не светит.

272) **Каждая из семи бездн Зеир Анпина производит удар по свойству, соответствующему ей в бездне Нуквы, и они делятся на семьдесят пять потоков бездны, по которым нисходят воды, т.е. света.** Объяснение. Ступень, исходящая от этого зивуга, делится в месте хазе: выше хазе – относится главным образом к свойству Зеир Анпина, и поэтому там имеется семьдесят пять потоков, а ниже хазе – в основном свойство Нуквы, и поэтому там имеется триста шестьдесят пять сухожилий. Дело в том, что в каждом новом зивуге происходит десятикратное умножение[260], и поэтому они делятся на семьдесят пять потоков бездны, так как семь бездн, являющиеся семью свойствами Малхут Зеир Анпина, становятся семьюдесятью. И умножается также каждая сфира его, и их становится семьсот. Но бездна Нуквы не становится десятью, а только пятью, вследствие отсутствия половины Малхут, относящейся к мере суда, и поэтому ей недостает пяти потоков бездны, относящихся к половине Малхут, принадлежащей мере суда.

«И в них нисходят эти воды, т.е. света» – потому что от семидесяти потоков бездны Зеир Анпина передается наполнение пяти потокам бездны Нуквы, а от пяти потоков бездны Нуквы передается наполнение всей реальности. И называются они потоками потому, что каждая ступень передает наполнение только своей бездне, т.е. Малхут, и поэтому эти бездны называются потоками, выводящими наполнение высшего к нижнему. А смысл числа «триста шестьдесят пять» будет разъяснен ниже.

**Поднимается рев (досл. голос) от каждого из потоков и содрогаются бездны,** т.е. бездны получающего. Объяснение. В Нукве имеется только пять бездн, и говорится, что каждый из семидесяти потоков Зеир Анпина восходит, чтобы передать свой особый голос. Дающий, Зеир Анпин, называется «голос»,

---
[260] См. далее, п. 281.

а Нуква, получающая, называется речью. И в Зеир Анпине имеется два вида наполнения, называемые «два голоса»:

1. Голос меры милосердия, т.е. Бины, наполняющий половину Малхут, относящуюся к мере милосердия и называемую «речь».

2. Голос меры суда, т.е. Малхут меры суда, включенной в него, наполняющий половину Малхут, относящуюся к мере суда.

У Зеир Анпина есть два свойства Малхут, и поэтому у Зеир Анпина есть потоки, голос которых является мерой милосердия, а есть потоки, голос которых является мерой суда. «Поднимается рев (досл. голос) от каждого из потоков». У части из них – голос меры милосердия, а у другой части – голос меры суда. И поэтому содрогаются бездны Нуквы, которым недостает половины Малхут меры суда, так как нет у них места для получения голосов меры суда. И поэтому, когда слышен голос меры суда, каждая бездна взывает к другой и говорит: «Раздели воды свои, и я войду в тебя».

Объяснение. Семьдесят бездн Зеир Анпина включают в себя друг друга, и в каждой из них есть два вида голосов. И также десять бездн Нуквы включают в себя друг друга. Поэтому каждая бездна в семидесяти потоках бездны Зеир Анпина взывает к соответствующей ей бездне в Нукве, чтобы разделила то наполнение, которое она даст, и приняла наполнение только в половину бездны от хазе и выше, где властвует половина Малхут, относящаяся к мере милосердия, и не принимала наполнение, относящееся к половине бездны от хазе и ниже, где нет исправленной Малхут, поскольку недостает ей исправления половины Малхут, принадлежащей мере суда, в месте от хазе и ниже, и поэтому этой части недостает у нее.

И сказано: «Бездна взывает к бездне ревом потоков»[261] – бездна Зеир Анпина взывает к соответствующей ей бездне в Нукве в то время, когда слышен рев потоков меры суда. И взывает к ней, говоря: «Раздели воды свои, и я войду в тебя». Таким образом, десять бездн Нуквы разделились так, что пять от хазе Нуквы и выше получили свое наполнение, потому что есть у нее там исправленные келим получения, а пять от хазе и

---

[261] Писания, Псалмы, 42:8.

ниже не могут получить свое наполнение, поскольку нет у них там исправленных келим получения. И поэтому число потоков – семьдесят пять. Семьдесят – у Зеир Анпина, и только пять – у Нуквы, т.е. только те пять, которые расположены над ее хазе.

273) Под этими семьюдесятью пятью потоками выходят триста шестьдесят пять сухожилий – белые, черные, красные. Они включают в себя друг друга и становятся одного цвета. Объяснение. Место от хазе и ниже ступени зивуга представляет в основом свойство Нуквы, и в нем есть лишь включение Зеир Анпина, и до этого зивуга было в ней четыре парцуфа от четырех видов бездны, в каждом из которых было десять сфирот. Однако в четвертом парцуфе были пять сфирот от хазе и выше, и поэтому теперь, когда каждая сфира помножилась на десять благодаря этому зивугу, их стало триста пятьдесят, и включение в него Зеир Анпина – т.е. от хазе и выше, где светят буквы «йуд-хэй» этой ступени, составляющие в гематрии число пятнадцать, являющееся дополнительным к числу триста пятьдесят, всего – триста шестьдесят пять. А три цвета белый-красный-черный указывают на то, что недостает зеленого цвета Зеир Анпина, так как место его не здесь, а от хазе и выше.

Эти триста шестьдесят пять сухожилий переплетаются в семнадцать решеток, каждая из которых называется решеткой сухожилий, и они сочетаются друг с другом и опускаются в окончание бездны. Иными словами, они образовали основу, реализующую эту ступень. Под этими семнадцатью решетками установились еще четыре решетки, две – с виду железные, а две – с виду медные. Объяснение. Два Есода (основы) есть у Нуквы:

1. Первый – от включения Есода захара в ее Есод, и он называется Йосеф.
2. Ее собственное свойство, называемое Беньямин.

Поэтому свечение трехсот шестидесяти пяти сухожилий разделилось на два этих Есода:

1. Семнадцать решеток относятся к свойству Йосеф в нем, как сказано: «Йосеф, семнадцати лет»[262], и это в гематрии «тов (хорошо, 17)», чтобы указать, что хорошее в нем скрыто внутри него.

2. Четыре решетки относятся к свойству Беньямин, и это Нуквы в Есоде. И он делится на четыре, в соответствие Нукве, у которой есть только четыре сфиры Тиферет-Нецах-Ход-Есод (ТАНХИ) от захара. И в нем есть внутреннее свойство и внешнее. Две внутренние части – с виду медные, и это цвет, получивший подслащение от свойства милосердия. Две внешние части – с виду железные, не получившие подслащения от свойства милосердия.

274) Два престола стоят над ними, над всеми этими свойствами, один престол – справа, другой – слева. Все эти решетки соединяются как одно целое, и воды, т.е. света, нисходят от потоков и входят в эти решетки. Потоки, решетки и их света включаются в эти два престола. Один престол принадлежит черному небосводу, а другой престол – небосводу, напоминающему тахашевое покрытие.

Объяснение. Состояние единства относится к четырем сторонам небес, верху и низу. Четыре стороны небес – это ХУБ ТУМ, а верх и низ – это Нецах и Ход. Свечение Нецаха светит всем четырем сторонам ХУБ ТУМ снизу вверх, и поэтому Нецах считается верхом. А свечение Хода светит всем четырем сторонам ХУБ ТУМ сверху вниз, и поэтому Ход считается низом[263]. И два эти вида свечения имеются на каждой ступени. Поэтому и на этой ступени зивуга есть два эти свечения, называемые здесь двумя престолами: свечение Нецах – это правый престол, раскрывающий свечение ступени только снизу вверх. А свечение Ход – это левый престол, раскрывающий свечение ступени сверху вниз.

Эти престолы находятся в месте хазе ЗОН. Потому что зивуг не происходит ниже хазе. А в месте хазе имеются две парсы, называемые небосводами. Один небосвод относится к свойству

---

[262] Тора, Берешит, 37:2. «Вот родословие Яакова: Йосеф, семнадцати лет, пас с братьями своими мелкий скот, и играл с сыновьями Билги и с сыновьями Зилпы, жен отца его. И доносил Йосеф о них худые вести до отца их».

[263] См. выше, п. 14, со слов: «И сказано, что свет...»

ГАР, в котором есть лик человека, и он является свойством «манула (замок)» и окрашен в черный цвет. Другой небосвод относится к ВАК, является свойством «мифтеха (ключ)» и окрашен в цвет тахаша, и в нем отсутствует лик человека. Правый престол находится на черном небосводе, в свойстве ГАР. Левый престол – на небосводе, напоминающем тахашевое покрытие, в свойстве ВАК[264].

275) Эти два престола, когда света ступеней зивуга поднимаются, т.е. светят снизу вверх, поднимаются в престоле черного небосвода, т.е. в престоле Нецах, светящем снизу вверх. А когда они опускаются, то опускаются в престоле небосвода, напоминающего тахашевое покрытие, в престоле Ход, светящем сверху вниз.

276) Эти два престола расположены – один справа, другой слева. Престол, находящийся на черном небосводе – справа, а престол, находящийся на небосводе, напоминающем тахашевое покрытие – слева. Когда света поднимаются в престоле черного небосвода, опускается престол левого небосвода напротив него, и света опускаются в нем. Иными словами, два эти свечения престолов происходят не друг за другом, а одновременно, и правый престол воздействует на левый. И поэтому в то время, когда правый престол поднимает света снизу вверх, и света поднимаются в нем, опускается в это время престол левого небосвода напротив него, и притягивает света сверху вниз, и света опускаются внутри него.

277) Эти престолы включаются друг в друга и содержат в себе все эти решетки, и вводят их в окончание нижней бездны. Объяснение. Решетки – это часть ступени зивуга от хазе и ниже, поэтому в то время, когда эти престолы включены друг в друга, решетки получают свечение их обоих до тех пор, пока не опускают их вниз, и они светят и восполняют всё вплоть до окончания нижней бездны.

«Тогда один престол устанавливается, поднимаясь над всеми этими безднами, а второй престол устанавливается под всеми безднами» – т.е. после того, как опустили свечение решеток, вплоть до окончания нижней бездны, поскольку

---

[264] См. Зоар, главу Берешит, часть 1, п. 90.

света опускаются только внутри левого престола. Отсюда ясно, что сам престол остается стоять под нижней бездной, однако правый престол остается наверху и не опускается. И поэтому правый престол находится над всеми безднами, а левый – под всеми безднами.

Между двумя этими престолами кругообращаются и восполняются все эти бездны. И все потоки проходят между двумя этими престолами. Объяснение. Свечение Ход происходит с помощью кругообращения. И поэтому о восполнении бездн, приходящем сверху вниз, от престола Ход, сказано, что они кругообращаются, а о потоках, являющихся свойством от хазе и выше, сказано, что они проходят, т.е. они впитывают свечение от двух престолов вместе.

278) Есть семьдесят пять потоков. Однако семь, являющиеся семью безднами Зеир Анпина, расположены выше всех, а все остальные включены в них. Потому что во время зивуга умножились семь бездн Зеир Анпина и стали семьюдесятью[265]. Таким образом, эти семь, принадлежащие Зеир Анпину, являются высшими и корневыми для всех семидесяти пяти потоков. И все семьдесят пять потоков включены в колёса престола правой стороны и в колёса престола левой. Объяснение. Свойства от хазе и выше каждого престола называются колёсами, а от хазе и ниже – основаниями[266]. Таким образом, потоки включены в свойства от хазе и выше престолов, называемые колёсами, т.е. эти потоки относятся к месту ступени зивуга от хазе и выше, а триста шестьдесят пять сухожилий – к месту ступени зивуга от хазе и ниже.

279) В этих семи безднах Зеир Анпина, расположенных выше всех, поднимаются и опускаются воды, т.е. света. Объяснение. После того, как выяснилось всё распространение ступени зивуга от хазе и выше, подводится итог всему сказанному с тем, чтобы выяснить искушение змея и прегрешение Древа познания. И говорится, что «семь, являющиеся семью безднами Зеир Анпина, расположены выше всех» – т.е. они включают всё распространение. И далее выясняется зивуг, совершаемый

---

[265] См. выше, п. 272.
[266] См. выше, п. 67, со слов «Пояснение сказанного...»

в семи этих безднах, т.е. в семи Малхут семи сфирот ХАГАТ НЕХИМ Зеир Анпина.

И выражение «в этих семи безднах Зеир Анпина, расположенных выше всех, поднимаются и опускаются воды, т.е. света» означает, что в этих Малхут поднимается отраженный свет и опускается прямой свет, потому что нет ступени, которая не вышла бы на зивуг де-акаа (ударное соединение) прямого света с экраном в Малхут, поднимающей отраженный свет. И говорится также, что «те, которые опускаются» – т.е. высший свет, опускающийся сверху к экранам, имеющимся в Малхут, «копают эти бездны» – свойства Малхут, т.е. он производит удар по ним, желая облачиться в них, «и пробивают их» – т.е. экраны, сдерживающие появление света, словно пробиваются сейчас и поднимают отраженный свет, который поднимается и облачает высший свет.

«Те света, которые поднимаются» – т.е. отраженный свет, «входят в отверстия, которые были пробиты в камнях» – т.е. в экранах. И они поднимаются и облачают высший свет снизу вверх, наполняя, благодаря этому, семь сфирот ХАГАТ НЕХИМ, называемые здесь «семь дней», потому что высший свет, нисходящий к этим семи безднам и производящий удар по ним, называется семью сфирот ХАГАТ НЕХИМ. И благодаря этому выходят с помощью этого зивуга де-акаа семь ступеней, в каждой из которых есть ХАГАТ НЕХИМ. И они вышли в свойстве высшего, т.е. в месте от хазе и выше.

280) Семь других светов делятся на семь морей, и одно море включает их, т.е. высшее море, в которое включены все семь морей. Объяснение. После того, как произошел зивуг в месте от хазе и выше, и вышли там семь высших морей от хазе и выше, распространилась Малхут, имеющаяся в них, т.е. нижнее море в них, в семь других морей сверху вниз – т.е. ниже хазе. Таким образом, нижнее море, расположенное выше хазе, стало высшим морем по отношению к месту ниже хазе, потому что от него распространились все они, и поэтому оно включает их.

Но только шесть морей распространились от хазе и ниже, т.е. только шесть сфирот ХАГАТ НЕХИ, так как там недостает Малхут. И «семь» – имеется в виду в совокупности с верхним морем, относящимся к семи морям выше хазе, так как оно является их нижним морем.

281) Семь этих светов, т.е. высший свет, включающий в себя ХАГАТ НЕХИМ, входят в это море, т.е. в Малхут выше хазе, и производят удар по морю, т.е. производится зивуг де-акаа (ударное соединение) высшего света с морем, Малхут, и образуется море в семи сторонах, т.е. оно распространяется от хазе и ниже, в семь сфирот ХАГАТ НЕХИМ. Потому что этот зивуг де-акаа (ударное соединение) поднимает отраженный свет от Малхут, облачающий высший свет. И каждая из семи сторон делится на семь течений, как сказано: «Разобьет ее на семь течений»[267]. И каждое течение делится на семь рек, и каждая река делится на семь путей, и каждый путь делится на семь тропинок. И все воды моря входят в них.

Пояснение сказанного. Любая полная ступень выходит на пяти уровнях КАХАБ ТУМ, расположенных друг под другом и называемых: стороны, течения, реки, пути и тропинки. И они выходят так же, как вышли пять уровней Гальгальта-АБ-САГ-МА-БОН в мире Адам Кадмон[268], потому что все силы, имеющиеся в высшем, должны быть в нижнем. И они выходят в четырех зивугах, и в каждом зивуге умножаются сфирот высшего в десять раз.

Дело в том, что любой нижний выходит только из Малхут высшего таким образом, что десять сфирот нижнего являются лишь десятью Малхут десяти сфирот высшего, где Кетер нижнего – это только Малхут Кетера высшего, и также Хохма нижнего – это только Малхут Хохмы высшего, и т.д.

И в то время, когда высший создает нижнего, должен высший умножить каждую свою отдельную сфиру, сделав ее десятью сфирот, чтобы дать нижнему ее Малхут, ибо после того, как умножил свой Кетер, сделав его десятью сфирот КАХАБ ТУМ, он может передать эту Малхут Кетера нижнему. И также после того, как умножает сфиру Хохма, сделав ее десятью сфирот КАХАБ ТУМ, он может дать Малхут Хохмы нижнему, и так

---

[267] Пророки, Йешаяу, 11:15. «И иссушит Творец залив моря египетского, и взмахнет рукою Своею на реку, и сильным ветром Своим разобьет ее на семь течений, и проведет их вброд».
[268] Подробнее см. «Введение в науку Каббала», пп. 30-42.

же – все остальные[269]. Таким образом, для того чтобы в каждом зивуге произвести нижнюю ступень, высший должен умножить десять своих сфирот в десять раз.

Зоар говорит здесь о зивуге ЗОН, в которых десять сфирот стали семью сфирот ХАГАТ НЕХИМ, и таким образом в каждом зивуге высший в семь раз умножает семь своих сфирот. И поэтому сказано, что «семь светов» – т.е. высший свет, включающий ХАГАТ НЕХИМ, «входят в это море и производят удар по морю, и образуется море в семи сторонах». И это первый зивуг для распространения от хазе и ниже, т.е. ступень Кетер, относящаяся к этому распространению.

И когда эти семь сторон совершают зивуг, чтобы произвести ступень Хохма, называемую «семь течений», высшая ступень должна обязательно умножить свои семь сфирот в семь раз, чтобы создать ступень, находящуюся ниже Малхут каждой из них. И тогда разделяется Хесед этих семи сторон на семь сфирот ХАГАТ НЕХИМ, и Малхут Хеседа она дает нижней ступени, и та становится Хеседом нижней.

И так же делится сфира Гвура семи сторон на семь сфирот ХАГАТ НЕХИМ, и она дает нижней ступени Малхут этих семи сфирот, и та становится в ней Гвурой, и так же – каждая из семи сторон делится на семь течений для того, чтобы дать ступени последнее течение этой стороны семи течений. И таким же образом, когда ступень Хохмы, называемая «семь течений», собирается произвести ступень ниже нее, ступень Бины, называемую «семь рек», она тоже умножается, становясь семь раз по семь сфирот.

И каждое течение делится на семь рек, потому что Хесед течений делится на семь рек ХАГАТ НЕХИМ с целью дать последнюю реку ступени Бина, называемой «семь рек», чтобы она стала Хеседом этой ступени. И так же Гвура течений делится на семь рек для того, чтобы дать последнюю реку ступени Бина. И таким же образом – Тиферет этих течений, и т.д. И так же – каждая река делится на семь путей для того, чтобы дать последний из путей каждой сфиры ступени Зеир Анпина, называемой семь путей. А каждый путь – семи тропинкам, с

---
[269] См. п. 270, со слов: «Известно, что высший...»

тем, чтобы последнюю из тропинок каждой сферы дать ступени Малхут, называемой «семь тропинок».

Отсюда становится понятным правило, что десять сфирот Малхут исчисляются в единицах, Зеир Анпина – в десятках, Бины – в сотнях, Хохмы – в тысячах, и Кетера – в десятках тысяч. Ибо нет в нижнем того, что он не получил от высшего, а высший – от своего высшего, и так – до мира Бесконечности. Таким образом, когда высший создает нижнего, он обязан умножить себя до ста, т.е. в десять раз больше, чем он сам, для того чтобы передать десять Малхут от них своему нижнему. И вместе с этим высший высшего должен обязательно умножить также себя в это время в десять раз по сравнению с тем, что он представляет собой сейчас, т.е. увеличиться до тысячи сфирот, с целью передать сто Малхут из них своему нижнему, для того чтобы нижний его смог передать десять из них своему нижнему.

Таким образом, когда ступень Зеир Анпина умножается до ста, чтобы создать ступень Малхут в десяти сфирот из них, ступень Бины умножается в это время до тысячи сфирот, с целью передать сто Малхут из них Зеир Анпину. А ступень Хохмы умножается до десяти тысяч сфирот с целью передать тысячу Малхут из них Бине. А ступень Кетера умножается до ста тысяч с целью передать десять тысяч Малхут из них Хохме. Таким образом, каждая из десяти сфирот ступени Кетер исчисляется в десятках тысяч, т.е. их сто тысяч сфирот. А каждая из десяти сфирот ступени Хохма исчисляется в тысячах. А каждая из десяти сфирот ступени Бина исчисляется в сотнях. А каждая из десяти сфирот ступени Зеир Анпин исчисляется в десятках. А каждая из десяти сфирот ступени Малхут исчисляется всего лишь в единицах.

282) «Семь светов поднимаются и опускаются в семи сторонах» – для распространения от хазе и ниже, и их ступень Кетер называется «семь сторон», так как «семь верхних светов входят» – для зивуга де-акаа, «в нижнее море» – относящееся к семи высшим морям, то есть Малхут от хазе и выше. И вместе с тем их шесть, а не семь. И вышли они из одного высшего, т.е. из нижнего моря, расположенного выше хазе и считающегося высшим морем по отношению к шести, распространяющимся ниже хазе, и вместе с ним они считаются семью.

Иными словами, не распространились ниже хазе те семь светов, произведшие удар по высшему морю, т.е. ХАГАТ НЕХИМ, а распространились только шесть из них, ХАГАТ НЕХИ, и недостает Малхут в этом распространении от хазе и ниже. Однако они считаются семью, так как высшее море, Малхут свойства от хазе и выше, из которой они вышли, присоединяется к этим ХАГАТ НЕХИ, и вместе с ней их семь.

Этот вывод, отсутствие Малхут ниже хазе, является сутью всей статьи, находящейся перед нами, необходимой для понимания прегрешения Древа познания. И так же как море получает, так же оно распределяет свои воды всем этим морям и всем этим свойствам. Иными словами, все четыре зивуга распространения ниже хазе получают высшее море, расположенное выше хазе, и так же, как оно получает там, так же оно распределяет их в месте ниже хазе. И не происходит никакого зивуга от них ниже хазе.

283) Один змей, находящийся внизу, в левой стороне, плавает во всех этих реках, протянувшихся от хазе и ниже, и он приходит в левую сторону, так как может питаться от всех свойств рек только лишь от левой стороны в них. Его чешуя крепка, как железо, т.е. суды в нем очень суровы. Объяснение. Всё удержание клипот происходит в месте отсутствия святости, так как от хазе и ниже их только шесть, а не семь, т.е. сфирот ХАГАТ НЕХИ, и недостает Малхут. И поэтому змей удерживается в этом месте – в Малхут[270].

Этот змей удерживается внизу, в месте, где недостает Малхут, в левой стороне там, потому что клипот удерживаются только в левой стороне. Плавает во всех семи реках, протянувшихся от хазе и ниже, и приходит в левую сторону этих рек. И он приходит вследствие прегрешения нижних к поглощению наполнения от места Малхут, которая отсутствует там. И тогда все света в этих реках омрачаются перед ним, так как зивуг сразу же и немедленно прекращается, в момент соприкосновения змея с местом Малхут, так как уста и язык его – пламя огненное, и язык его – острый, словно суровый меч, т.е. суды его очень суровы, и нет спасения от него.

---

[270] См. выше, в начале этой статьи, п. 269.

284) Пока этот змей не достигает входа в святыню, находящуюся внутри моря, и тогда оскверняется эта святыня, Малхут, и света омрачаются, и высшие света, свойства ГАР, уходят из моря, и тогда воды моря разделяются и приходят с левой стороны, и море замерзает, и воды его не текут.

Объяснение. Малхут, совершающая зивуг с Зеир Анпином в свойстве выше хазе и взаимодействующая там с Биной, называется святостью, и также морем. И со стороны самой Малхут она не достойна зивуга и получения мохин, поскольку на нее было произведено первое сокращение, чтобы не получать в нее прямой свет[271]. И вся ее готовность к совершению зивуга и получению мохин приходит вследствие взаимодействия ее с мерой милосердия, Биной. И поэтому после того, как змей удерживается в месте Малхут, отсутствующей в свойстве от хазе и ниже, и он вбирает в себя от ее места, т.е. места собственного свойства Малхут без ее взаимодействия с Биной, поскольку она отсутствует там, и только место ее находится там, раскрывается тем самым мера суда в Малхут, когда она недостойна совершения зивуга и получения мохин.

Таким образом, из-за удержания змея в месте Малхут меры суда внизу, расстраивается взаимодействие Малхут с Биной, имеющееся в высшей Малхут, называемой морем, и это определяется как осквернение высшей Малхут и непригодность ее к зивугу для получения мохин, подобно женщине в нечистоте ее, когда она запрещена своему мужу. Ибо после того, как раскрывается ее собственное свойство, она запрещена Зеир Анпину, мужу ее, и не пригодна для зивуга и мохин.

«И тогда оскверняется эта святыня, Малхут, и света омрачаются, и высшие света уходят из моря» – т.е. прекращается зивуг в Малхут, называемой море. «И высшие света свойства ГАР», являющиеся прямым светом, «уходят из моря» – высшей Малхут, вследствие того, что раскрылась мера суда, имеющаяся в ней с первого сокращения, когда она сократилась, чтобы не получать в себя прямой свет.

---

[271] См. Зоар, главу Берешит, часть 1, п. 3, со слов: «В свойстве суда...»

И мы уже знаем, что есть две точки в Малхут[272], и это две рассматриваемые здесь Малхут. Малхут выше хазе подслащена в Бине, а Малхут ниже хазе не подслащена, и она отсутствует, т.е. скрылась и не познается. И поэтому Малхут, находящаяся выше хазе, способна получить мохин благодаря силе Бины в ней, так как сила суда и сокращения в ней скрылась и не проявляется. Однако в час, когда является змей из-за прегрешений нижних, чтобы вобрать в себя наполнение и забрать место ее, раскрывая меру суда в ней, раскрывается сила суда также и в Малхут, расположенной выше хазе.

И это смысл слов: «Если удостоился – хорошо, а не удостоился – плохо»[273], потому что в то время, когда нижние становятся достойными, змей не может удерживаться в месте Малхут внизу и раскрыть меру суда в ней. И поэтому «хорошо», так как она находится в зивуге с Зеир Анпином и несет нижним все добро. Однако, если нижние портят деяния свои, змей получает силы удерживаться в месте Малхут внизу и раскрывает меру суда в ней. И она становится нечистой и высшие света покидают море. И это означает «а не удостоился – плохо», и в этом заключается прегрешение Древа познания.

И сказано, что «воды моря разделяются и приходят с левой стороны, и море замерзает, и воды его не текут». «Воды моря» – света Малхут, «разделяются» – потому что ГАР уходят оттуда, а оставшиеся ВАК выходят в левой стороне и замерзают. Иными словами, даже те света, которые остались, не передаются от нее нижним, и они словно замерзли в ней.

285) И поэтому сказано: «А змей был хитрее»[236]. Это означает, что змей зла опускается сверху вниз, т.е. ему свойственно притягивать свечение левой линии сверху вниз, и он плавает в горьких водах, иначе говоря, пребывает в свойстве суда в ней. И поэтому он появляется в левой стороне и хочет притянуть свечение левой линии от высшего моря, находящегося над хазе, в место Малхут под хазе. И тем самым он раскрывает меру суда в ней, о которой сказано: «А не удостоился – плохо».

---

[272] См. «Предисловие книги Зоар», статью «Две точки», п. 122.
[273] См. «Предисловие книги Зоар», п. 123.

И в этом состоит прегрешение Древа познания. И поэтому он опускается вниз, чтобы совратить Хаву отведать от Древа познания, т.е. притянуть для него свечение левой линии сверху вниз, вследствие чего они попадают в его сети, и он получает силы подняться наверх и раскрыть меру суда в ней.

Этот змей является свойством смерти, раскрывшейся в мире, т.е. он совратил Хаву нарушить запрет Древа познания и навлек смерть на мир. И он входит в скрытый орган человека, называемый «слепая кишка», который находится в левой стороне, т.е. питание его происходит только от свечения левой линии. Слепая кишка относится к лишним органам, которые входили в состав тела человека после вкушения от Древа познания, и с их стороны тело было обречено на смерть[274].

И поэтому он является «свойством смерти, раскрывшейся в мире, и он входит в скрытый орган человека» – т.е. он входит и облачается там, и также в остальные лишние органы, несущие смерть телу человека. И есть другой змей, относящийся к свойству жизнь, в правой стороне, т.е. доброе начало, несущее жизнь человеку. И оба они сопровождают человека, т.е. злое начало и доброе начало.

286) Сказано: «А змей был хитрее всех зверей полевых»[236] – ибо среди всех остальных полевых зверей, т.е. всех клипот, нет настолько изощренного во зле, как он, так как он относится к свойству «отходы золота». Свечение левой линии, т.е. северной стороны, называется «золото». И этот змей является отходами свечения левой линии и поэтому называется отходами золота. Левая линия – это корень свечения Хохмы, и оттуда исходят все суды. И поэтому он изощреннее во зле «всех зверей полевых», т.е. сила нанесения вреда у него больше, чем у «всех зверей полевых», т.е. у всех клипот. Горе тому, кто последует за Адамом Ришоном, навлекшим смерть на себя и на всех приходящих после него.

287) Адам Ришон потянулся вниз за этим змеем и опустился, чтобы знать обо всем, происходящем внизу. Иначе говоря, он опустился, чтобы притянуть свечение левой линии сверху ко

---

[274] См. комментарий «Паним меирот и масбирот» на книгу «Древо жизни», п.20.

всему, находящемуся внизу, т.е. вплоть до места недостающей Малхут, как и змей. И тем самым оказался потянувшимся вслед за змеем, т.е. словно опустился притягивать наполнение сверху вниз, и также потянулись желания его и пути его вслед за клипот, так как притяжение свечения зивуга сверху вниз является запретом Древа познания[275]. И поскольку собирался притянуть (свечение) сверху вниз, сразу же прилепился к клипот, хотя еще и не притянул на самом деле. Тогда достигли этого змея и увидели они влечение мира.

Объяснение. Малхут называется миром, и ее собственного свойства недостает в распространении ниже хазе, и этот недостаток не может быть учтен до завершения исправления. Поэтому всё стремление Малхут – восполнить это. «И увидели они влечение мира» – потому что увидели место недостатка Малхут, называемой «мир», и что очень сильно ее стремление к восполнению себя.

Но извратил он пути свои и встал на порочный путь в этом месте, т.е. в месте Малхут, что и является прегрешением Древа познания. Тогда восстал змей и потянулся за Адамом и женой его. И прилепилась к ним нечистота его, и стали они смертными. И во всех поколениях, приходящих после него, пока не встали Исраэль у горы Синай, не устранялась нечистота его из мира.

---

[275] См. п. 284.

# И услышали голос Творца Всесильного, расходящийся по саду

288) После того, как они прегрешили и прилепились к дереву, в котором присутствует внизу смерть, сказано: «И услышали голос Творца Всесильного, расходящийся по саду»[276]. Не сказано «идущий (меалех מהלך)», что относилось бы к захару, а «расходящийся (миталех מתהלך)», что относится к некеве, потому что дополнительная буква «тав ת» указывает на отношение к некеве. Прежде чем Адам согрешил, он поднимался по своим ступеням и находился в высшей Хохме, и не отделялся от Древа жизни. Но поскольку умножилось его стремление познать и опуститься вниз, т.е. притягивать наполнение сверху вниз, он потянулся вслед за ними, пока не отделился от Древа жизни. И тогда познал зло и оставил добро, о чем сказано: «А не удостоился – плохо»[277]. Поэтому сказано: «Ибо Ты не божество, желающее беззакония, не водворится у Тебя зло»[278] – так как тянущийся за злом не может обитать в одном месте с Древом жизни.

289) Пока они не согрешили, то слышали высший голос и знали высшую Хохму, и находились в мохин высшего свечения, и не испытывали страха. После того как согрешили, они не могли удержаться даже в свойстве «нижний голос». Объяснение. Голос Зеир Анпина называется высшим голосом, а голос Нуквы – нижним. «Голос Творца Всесильного, расходящийся по саду»[276] – это голос Нуквы, потому что дополнительная буква «тав ת» указывает на отношение к некеве. И тем не менее он не может удержаться в нем, как сказано: «И спрятался Адам и жена его от Творца Всесильного»[276].

290) И так же все то время, пока не прегрешили Исраэль, с момента стояния у горы Синай, была устранена от них скверна этого змея. Ведь в это время злое начало было удалено из мира, поскольку они оттолкнули его от себя. И тогда они держались

---

[276] Тора, Берешит, 3:8. «И услышали голос Творца Всесильного, расходящийся по саду с наступлением дня, и спрятался Адам и жена его от Творца Всесильного среди деревьев сада».
[277] См. п. 284.
[278] Писания, Псалмы, 5:5.

за Древо жизни, и поднялись наверх и не опускались вниз. Иными словами, они подняли свет левой линии снизу вверх, и не притягивали их сверху вниз, что и является свойством Древа жизни.

291) И тогда они познавали и созерцали высшие зеркала, и светились глаза их, и они были рады познавать и слышать. «Зеркала» – это отражающее стекло, что указывает на постижение Зеир Анпина и Нуквы, так как Зеир Анпин называется светящим зеркалом, а Нуква – зеркалом, которое не светит. И тогда опоясал их Творец поясами, состоящими из букв Его святого имени, чтобы этот змей не мог властвовать над ними и не мог осквернить их, как раньше. И это – те украшения, которые они получили на горе Хорев.

292) После того, как согрешили, сделав себе золотого тельца, забрали у них все эти высшие ступени и света. И забрали у них эти пояса с оружием, которые были украшены высшим именем, и они притянули к себе змея зла, как и вначале. И навлекли смерть на весь мир.

293) А затем сказано: «И увидел Аарон и все сыны Исраэлевы Моше, и вот, лицо его сияет, и боялись подойти к нему»[279]. Вначале сказано: «И увидел Исраэль силу великую»[280], и все видели высшие света. И они получали свет от светящего зеркала, Зеир Анпина, как сказано: «И весь народ видел голоса»[281]. И также на море – видели и не боялись, как сказано: «Это Всесильный мой – буду прославлять Его»[282]. А после того, как прегрешили, даже лица посредника, т.е. Моше, не могли видеть, как сказано: «И боялись подойти к нему»[279].

---

[279] Тора, Шмот, 34:30.
[280] Тора, Шмот, 14:31. «И увидел Исраэль силу великую, которую проявил Творец на египтянах, и устрашился народ Творца, и уверовали в Творца и в Моше, служителя его».
[281] Тора, Шмот, 20:15. «И весь народ видел голоса и пламя, и голос шофара, и гору дымящуюся. И увидел народ, и дрогнули они и стали поодаль».
[282] Тора, Шмот, 15:2. «Моя сила и ликование – Творец. Он был спасением мне. Это Всесильный мой – буду прославлять Его; Всесильный отца моего – буду превозносить Его».

# И сняли сыны Исраэля украшения, полученные у горы Хорев

294) Сказано об Исраэле: «И были сняты сынами Исраэля украшения, полученные у горы Хорев»[283] – т.е. было забрано у них оружие, которым они препоясались у горы Синай для того, чтобы не властвовал над ними змей зла[284]. После того, как были забраны у них украшения, сказано: «А Моше взял шатер и раскинул его вне стана»[285]. Как связано это предложение в Писании со снятием украшений?

295) Но Моше, узнав о том, что забрано у них высшее оружие и они сняли украшения, сказал: «Совершенно очевидно, что отныне и далее явится змей зла, чтобы обитать среди них. И поэтому, если Храм будет возведен здесь, он будет осквернен». И сразу «Моше взял шатер и раскинул его вне стана, подальше от стана»[285] – поскольку видел Моше, что теперь будет властвовать над ними змей зла, чего не было прежде.

296) «И назвал его шатром собрания»[285]. Вначале он назывался просто шатром, а теперь он «назвал его шатром собрания». Рабби Эльазар видит это с хорошей стороны, потому что собрание – это праздник, радость луны, Шхины, поскольку добавилась святость Шхине, и никакой ущерб не властен над ней в этот день. Также и здесь он назвал Шхину именем «собрание», показывая тем самым, что этот шатер, т.е. Шхина, отдалился от них в час прегрешения золотого тельца, и не пострадал. Поэтому сказано: «И назвал его шатром собрания».

297) А рабби Аба видит это иначе. После дарования Торы Шхина была просто шатром. Но из-за прегрешения тельца стала шатром собрания, который излучает свет время от времени, а не всегда. До этого шатер нес долгую жизнь миру, чтобы не властвовала над ними смерть, потому что после дарования Торы установилась свобода от ангела смерти, а с момента

---

[283] Тора, Шмот, 33:6.
[284] См. п. 191.
[285] Тора, Шмот, 33:7. «А Моше взял шатер и раскинул его вне стана, подальше от стана, и назвал его шатром собрания. И было, каждый, ищущий Творца, выходил к шатру собрания, который вне стана».

прегрешения тельца и далее Шхина становится шатром собрания, о котором сказано: «Место пребывания всего живого»[286] – т.е. теперь определено время пребывания в нем, и отмеряема жизнь миру.

Вначале, до прегрешения тельца, шатер не был поврежден. А теперь он поврежден из-за прегрешения тельца. Вначале соединение и слияние (зивуг) луны с солнцем, т.е. Зеир Анпина с Нуквой (ЗОН), было непрерывным, а теперь шатер стал называться шатром собрания, потому что зивуг их совершается время от времени, и он прекращается в момент приближения змея, желающего питаться от него. И поэтому сказано теперь: «И назвал его шатром собрания» – т.е. зивуг совершается время от времени, чего не было раньше. Ибо тогда, после дарования Торы, ЗОН уже находились в зивуге, не прекращающемся никогда. И поэтому она (Шхина) называлась просто шатром.

298) Сказано: «И были сняты сынами Исраэля украшения, полученные у горы Хорев»[283] – т.е. прегрешением тельца навлекли на себя смерть, начиная с этого времени и выше. И властвовал над ними этот змей зла, от которого они уже избавились раньше. Как выяснилось – «высечено (харут) на скрижалях»[287], потому что была у них свобода (херут) от ангела смерти. Исраэль совершили прегрешение, однако у Йеошуа, не совершившего прегрешения, было забрано то высшее украшение, которое он получил вместе с Исраэлем у горы Синай, или нет?

299) Если оно не было забрано у него, то почему он умер, как и все люди? А если было забрано, то почему было забрано – ведь он не совершил прегрешения, так как был вместе с Моше в то время, когда прегрешили Исраэль? А если Йеошуа не получил того украшения на горе Синай, которое получили Исраэль, то встает вопрос: «Почему?» Чем отличается Йеошуа от всего Исраэля?

---

[286] Писания, Йов, 30:23. «Теперь я знаю, что низводишь Ты меня в обитель смерти, место пребывания всего живого».
[287] Тора, Шмот, 32:16. «А скрижали те были созданием самого Всесильного, и письмо на них – письмо Всесильного оно, высечено на скрижалях».

**300)** Сказано: «Ибо праведен Творец – правду любит Он, к честным обращает лик Свой!»[288] «Ибо праведен Творец» означает, что праведен Он, т.е. Зеир Анпин, и праведно имя Его, т.е. Нуква Зеир Анпина, называемая «имя Его» и называемая «праведник». И поэтому: «Правду любит Он» – т.е. любит единство праведника и праведности, чтобы наполнять по справедливости.

**301)** «Праведен и прям Он»[289], и поэтому все живущие в мире увидят свет Его лика и исправят пути свои, чтобы идти прямым путем, как подобает. И поскольку все жители мира должны будут прийти к этому, Творец судит мир по большинству людей в нем. Объяснение. Суд, вершимый Творцом над миром, т.е. наказать их или наградить, должен гарантировать, что все живущие в мире удостоятся света лика Его и пойдут прямым путем. И поэтому Он обязан судить мир по большинству людей в нем, и в итоге привести их к этому. И даже если есть среди них избранные, удостоившиеся другого управления, Он ради них не изменит суда над обществом.

**302)** Когда Адам прегрешил, вкусив от Древа, он стал причиной того, что смерть, вселившись в него, передалась всему миру. И он нанес ущерб, отделив жену от мужа, т.е. отделив Нукву от Зеир Анпина. И оставался этот грех и ущерб в луне, т.е. Нукве, до тех пор, пока не встали Исраэль у горы Синай. После стояния Исраэля у горы Синай, был устранен ущерб луны, и она установилась, чтобы светить всегда. Иными словами, после того как был устранен ущерб от прегрешения Древа познания, она опять вернулась к никогда не прекращающемуся зивугу (слиянию) с Зеир Анпином. Таким образом, в это время она светила непрерывно, без всякого сокращения, что и является состоянием свободы от ангела смерти, которого они тогда удостоились.

**303)** После того, как Исраэль прегрешили, произведя золотого тельца, луна снова стала ущербной, как и до дарования Торы. И тогда змей зла получил власть над ней, и ухватился за

---

[288] Писания, Даниэль, 9:14. «И ускорил Творец это бедствие, и навел его на нас, ибо праведен Творец – правду любит Он, к честным обращает лик Свой!»

[289] Тора, Дварим, 32:4. «Он твердыня, совершенно деяние Его, ибо все пути Его истинны; Творец верен и нет насилия; праведен и прям Он».

нее, и привлек ее к себе. А когда узнал Моше, что прегрешили Исраэль, и забраны у них высшие святые украшения, ему стало совершенно ясно, что змей ухватился за луну, Нукву, чтобы привлечь ее к себе, и она ущербна. И тогда вывел он ее наружу, как сказано: «А Моше взял шатер и раскинул его вне стана» – шатер, т.е. Шхину.

304) И поскольку становится ущербной, хотя Йеошуа и пребывает еще в своих украшениях, все же из-за того, что находится в состоянии ущерба, а она вернулась к ущербу, какой был у нее во время прегрешения Адама Ришона, человек не может существовать вечно. Кроме Моше, смерть которого была в другой, высшей стороне, смерть от прикосновения уст Зеир Анпина, как сказано: «И умер Моше по слову Творца»[120]. И дело в том, что он наполнял Нукву, а не получал, как остальные люди. И поэтому ущерб Нуквы не коснулся его.

Поэтому у Нуквы не было права поддерживать существование Йеошуа постоянно и вечно, и также после него. И поэтому «назвал его шатром собрания», что означает – шатер, в котором он находится в течение времени, отведенного для всего мира, т.е. каждый должен умереть.

305) «Есть правая линия наверху и правая линия внизу, и есть левая линия наверху и левая линия внизу». «Есть правая линия наверху» – т.е. в высшей святости, в ЗОН. И «есть левая линия внизу» – в ситра ахра, в клипот.

306) «Есть левая линия наверху», в высшей святости, пробуждающая любовь, которая привяжет луну к высшему месту святости, чтобы светить оттуда. То есть благодаря тому, что Зеир Анпин наполняет Нукву свечением левой линии, она приходит к согласию с ним, чтобы совершить зивуг и получить от него свет. И «есть левая линия внизу» – в ситра ахра, которая отделяет любовь, имеющуюся наверху. И она же отделяет луну, Нукву, не позволяя ей светить от солнца, т.е. Зеир Анпина, и приблизиться к нему для совершения зивуга. И это – свойство змея зла.

307) Когда пробуждается левая линия внизу, змей притягивает к себе луну, Нукву Зеир Анпина, отделяя ее от высшего, Зеир Анпина. И меркнет свечение ее, и она прилепляется

к змею зла. И тогда она навлекает смерть на весь мир внизу, поскольку прилепилась к змею и отдалилась от Древа жизни, Зеир Анпина, т.е. зивуг ее с Древом жизни происходит не постоянно, а прерывается. И поэтому прерывается также и жизнь, которую она получает от него.

Пояснение сказанного. Мы уже выяснили[290], что только в месте Малхут от хазе и выше есть лик человека, и там она достойна совершить зивуг с Зеир Анпином. Однако в месте от ее хазе и ниже отсутствует лик человека, и нет там никакого места зивуга, и он производится лишь посредством подъема и включения в место от ее хазе и выше. И также выяснилось[291], что грех Древа познания заключался в присоединении места Малхут ниже хазе и отделении тем самым лика человека, находящегося выше хазе, так как змей привел к искушению притянуть зивуг в место от хазе и ниже, откуда приходит наполнение к змею и ко всем клипот. И поэтому тотчас отделился также и высший зивуг, происходящий выше хазе, и померкла Нуква.

Поэтому сказано: «Если удостоился человек – стало добром»[292] – т.е. если притягивает зивуг от хазе ЗОН и выше, и остерегается притягивать зивуг от хазе и ниже, то Нуква называется Древом познания добра, а не зла, поскольку точка меры суда, относящаяся к первому сокращению, скрыта, а точка меры милосердия раскрыта, и из этой точки она способна получать высшие мохин.

«А если не удостоился – стало злом»[292] – если притягивает от зивуга, происходящего в месте ниже хазе ЗОН, тотчас раскрывается точка меры суда, относящаяся к первому сокращению. И поскольку Малхут не способна в своем свойстве получить никакой прямой свет свыше, сразу же прекращается ее зивуг с Зеир Анпином, и меркнут в ней все света. Таким образом, раскрытие точки меры суда напоминает женщину, которая обнаружила кровь нечистоты, и тогда становится нечистой и запрещеной мужу ее.

---

[290] См. Зоар, главу Берешит, часть 1, п. 82, со слов: «Пояснение сказанного...»
[291] См. «Предисловие книги Зоар», п. 210.
[292] См. «Предисловие книги Зоар», статью «Две точки», п. 123.

Поэтому сказано: «Есть правая линия наверху и правая линия внизу, и есть левая линия наверху и левая линия внизу». То есть, правая и левая линии, исходящие от зивуга в месте выше хазе, находятся в высшей святости, однако правая и левая линии, исходящие от зивуга в месте ниже хазе, являются свойством ситры ахра. И поэтому внизу есть левая линия в ситре ахра, отделяющая высшую любовь и отделяющая луну, Нукву, и не позволяющая ей светить от солнца. Ибо в то время, когда левая линия притягивает от зивуга, происходящего ниже хазе, который нисходит в клипот, сразу же прекращается и высший зивуг, совершаемый выше хазе, и тогда Нуква отделяется от Зеир Анпина и омрачается. И поэтому сказано, что «когда пробуждается левая линия внизу, змей, то притягивает к себе луну» – Нукву Зеир Анпина, «отделяя ее от высшего» – Зеир Анпина, от зивуга, совершаемого выше хазе, «и меркнет свечение ее».

«И тогда она навлекает смерть на весь мир внизу» – поскольку раскрывается тогда в Нукве точка меры суда, относящаяся к первому сокращению, и то, что со своей стороны она не достойна получить никакого света от Древа жизни, и смерть опускается на мир. И это – змей зла, который соединяет свойства ниже хазе Малхут, а лик человека, находящийся выше хазе, разъединяет[291].

308) И поэтому он навлек смерть на весь мир, поскольку оскверняется тогда святыня, Нуква, до назначенного времени – до тех пор, пока не исправится луна, Нуква, и не начнет снова светить. Ибо вследствие притяжения левой линии от зивуга, происходящего от хазе и ниже, раскрывается в Нукве точка первого сокращения. И вместе с ее раскрытием уходят из нее все света, и она подобна женщине, которая стала нечистой и отлучена от мужа своего до определенного времени – пока не очистится. И так же здесь она отделяется от Зеир Анпина до тех пор, пока нижние не совершат возвращение, исправив тем самым Нукву. И поэтому называется теперь шатром собрания, так как под собранием подразумевается установленное время, поскольку зивуг ее прекратился из-за приближения змея. И поэтому Йеошуа умер только из-за совета змея, который приблизился и сделал ущербной Скинию, Нукву, как и в начале – до вручения Торы.

Из-за прегрешения тельца, власть снова перешла к змею, соблазняющему нижних притягивать к нему от зивуга ниже хазе, и тогда змей приблизился, чтобы питаться светами Нуквы. И вследствие его приближения для получения питания прекращается тотчас высший зивуг, и она отлучается от Зеир Анпина. И она становится также ущербной из-за раскрытия точки первого сокращения. Но почему Йеошуа, который не совершал прегрешения, не остался свободен от ангела смерти? Потому что Нуква отделилась от Зеир Анпина по причине прегрешения золотого тельца, а затем установилась лишь в прерывающемся зивуге из-за власти змея, приближающегося и прерывающего зивуг. И поэтому Йеошуа тоже не может больше получать от Нуквы вечную жизнь, как до создания тельца, и поэтому смертен так же, как и другие.

309) «А Йеошуа бен Нун, юноша, не отлучался от шатра»[293]. Хотя он «юноша» внизу, получающий свет от Нуквы, т.е. ступень его выросла и позволяет находиться в свойстве ангела Матата, называемого «юноша» и находящегося под Ацилутом, все же «не отлучался от шатра» – т.е. он не лучше самого шатра, Нуквы. И насколько становится ущербным шатер, становится ущербным и Йеошуа. И несмотря на то, что были у него святые украшения, все же, поскольку стала ущербной луна, то и он, конечно, не мог уберечься точно от того же ущерба. Иначе говоря, тот же ущерб, который понесла луна из-за греха Исраэля, понес также и Йеошуа.

310) После того, как Адам прегрешил, вкусив от Древа познания, Творец взял у него эти украшения, т.е. светящие буквы святости, которыми украсил его Творец, – буквы святого имени[294]. И тогда они увидели и узнали, что забраны у них эти украшения, как сказано: «И узнали, что наги они»[295]. Вначале они были облачены в венцы (кетеры) величия, которые украшали их и давали свободу от всего. А после того, как прегрешили, были забраны у них венцы величия, и тогда узнали они,

---

[293] Тора, Шмот, 33:11. "И говорил Творец Моше лицом к лицу, как говорит человек ближнему своему; и возвращался он в стан, а его служитель, Йеошуа бен Нун, юноша, не отлучался от шатра».

[294] См. выше, п. 291.

[295] Тора, Берешит, 3:7. «И открылись глаза их обоих, и узнали, что наги они, и сшили листья смоковницы, и сделали себе опоясанья».

что это смерть зовет их, и узнали, что забрана у них свобода от всего, и навлекли смерть на себя и на весь мир.

# И сшили листья смоковницы

311) «И сшили листья смоковницы»[295] – т.е. научились всем видам колдовства и чародейства, и прилепились к тому, что внизу, к ситре ахра. «И сшили листья смоковницы» – т.е. стали держаться скрытия в тени дерева, от которого отведали, потому что листья дерева создают тень под ним[296]. Тенями называются скрытия света Его лика, подобно тени, образующейся вследствие скрытия света солнца. Потому что высший свет уподобляется свету солнца, являющемуся началом всех светов этого мира. И также высший свет является началом всех светов, имеющихся в действительности. И это означает сказанное: «Пока не занялся день, разогнав тени. Обернись, будь подобен оленю, возлюбленный мой!»[297]

Есть тень святости, которая приходит благодаря постижению величия Творца. Однако у этой тени есть противоположное действие, так как она притягивает высший свет. Как в случае Моше, который в награду за действие, о котором сказано[298]: «И закрыл Моше лицо свое»[299], удостоился состояния «и говорил Творец Моше лицом к лицу»[293]. И благодаря той тени, которую притянул на себя Моше, закрыв лицо свое, «потому что боялся смотреть на Всесильного»[299], он удостоился с помощью этого скрытия состояния «паним бе-паним», когда «и образ Творца видит он»[300].

Благодаря этой тени была проведена подготовка и создано облачение на весь большой свет, которого достиг Моше. Однако это происходило как раз в тени святости, приходящей вследствие заповеди, как в случае с Моше. Но не так происходит в тени, приходящей из-за прегрешения, поскольку она является началом тьмы, омрачающей лица людей, и она называется тенью смерти.

---

[296] См. Зоар, Берешит, часть 1, п. 452.
[297] Писания, Песнь песней, 2:17.
[298] Вавилонский Талмуд, трактат Брахот, лист 7:1.
[299] Тора, Шмот, 3:6. «И сказал еще: "Я - Всесильный Творец отца твоего, Всесильный Творец Авраама, Всесильный Творец Ицхака и Всесильный Творец Яакова". И закрыл Моше лицо свое, потому что боялся смотреть на Всесильного».
[300] Тора, Бемидбар, 12:8.

## И сшили листья смоковницы

До прегрешения Древа познания не было тени ситры ахра в мире, а только тень святости. И это было ошибкой Адама Ришона. Так как после прегрешения Древа познания, в результате которого удалились от него все высшие света, достигнутые им в высшем свечении, и «узнали, что наги они»[295] вследствие исчезновения всех светов, упала на них тень ситры ахра, т.е. скрытие. И это – тень, приходящая из-за нарушения, и тогда сказано: «И сшили листья смоковницы, и сделали себе опоясания»[295].

«Листья» означают тень, так как листья дерева создают тень. «Смоковницы» – это грех Древа познания, как сказали мудрецы, что Древо познания было смоковницей. И они ошибались, думая, что тень от листьев смоковницы, та тень, которая упала на них из-за прегрешения Древа познания, подобна тени святости, т.е. она способна притянуть все света, как в случае с Моше. И поэтому они сделали себе из этой тени опоясания, как сказано: «Подобно тому, как пояс прилипает к чреслам человека, так прилепил Я к себе весь дом Исраэля»[301], что означает – слияние из состояния скрытия.

Однако там говорится о поясе, образовавшемся вследствие тени святости, в то время как здесь – о поясе, сделанном из листьев смоковницы и являющемся тенью, приходящей из-за нарушения. А о нем сказано: «Как этот пояс, который ни на что не годен»[302]. И вследствие этого заблуждения спрятался Адам Ришон среди деревьев сада, и извиняясь перед Творцом, произнес: «Голос Твой услышал я в саду и убоялся, потому что наг я»[303] – т.е., красуясь перед Творцом деянием своим, он уподобил себя Моше, скрывшему лицо, чтобы не смотреть на Всесильного. И он думал, что благодаря этой тени тотчас удостоится снова всех светов, которые удалились от него.

---

[301] Пророки, Йермияу, 13:11. «Подобно тому, как пояс прилипает к чреслам человека, так прилепил Я к себе весь дом Исраэля и весь дом Йегуды, – сказал Творец, – чтобы были они Мне народом и славою, и хвалой, и красою; но они не слушали».

[302] Пророки, Йермияу, 13:10. «Этот негодный народ, отказывающийся слушать слова Мои, следующий своеволию сердца своего и идущий за чужими божествами, чтобы служить и поклоняться им, пусть станет он таким же, как этот пояс, который ни на что не годен».

[303] Тора, Берешит, 3:10. «И сказал он: "Голос Твой услышал я в саду и убоялся, потому что наг я, и укрылся"».

Однако Творец ответил ему: «Кто сказал тебе, что ты наг?»[304] – по какой причине ты потерял свои света и опустился в тень? «Не от дерева ли, о котором Я заповедал тебе не есть от него, ел ты?»[304] – это пришло к тебе вследствие заповеди? Ведь тень эта пришла к тебе из-за нарушения, это тень смерти, тень ситры ахра! И поэтому мало того, что не благословил Он его вследствие этого, но еще и проклял его. Ибо «стали держаться скрытия в тени дерева, от которого отведали» – т.е. в тени, приходящей из-за нарушения. И таким образом, прилепились к тени смерти.

Поэтому сказано здесь: «Научились всем видам колдовства и чародейства». Сказали мудрецы[305], что колдовством это считается потому, что они опровергают высшее собрание. Дело в том, что если бы не колдовство, праведники могли бы притянуть знаки и знамения из высших миров, чтобы приблизить мир к Творцу, как это было при выходе из Египта и в дни Йеошуа и пророков. Однако из-за греха Древа познания образовалось строение четырех миров АБЕА ситры ахра, противостоящее четырем мирам АБЕА святости, как сказано: «Одно против другого создал Творец»[306], т.е. все силы, которые есть в АБЕА святости, приближающие мир к Творцу, даны в противоположность им в нечистые миры АБЕА, удаляющие мир от Творца.

Дело в том, что так же, как нарушение запрета Древа познания было корнем, от которого исходят все нарушения в мире до окончательного исправления, также и тень, т.е. сила скрытия святости, идущая от нарушения запрета Древа познания и называемая «листья смоковницы», стала корнем, от которого исходят всевозможные силы скрытия святости, в совокупности своей называющиеся четырьмя нечистыми мирами АБЕА. И они устроены по принципу: «Одно против другого создал Творец» – т.е. четыре нечистых мира АБЕА в противоположность четырем мирам АБЕА святости.

---

[304] Тора, Берешит, 3:11. «И сказал Он: "Кто сказал тебе, что ты наг? Не от дерева ли, о котором Я заповедал тебе не есть от него, ел ты?"»
[305] Вавилонский Талмуд, трактат Санедрин, лист 67:2.
[306] Писания, Коэлет, 7:14. «В день благоволения – радуйся, а в день бедствия – узри, ведь одно против другого создал Всесильный с тем, чтобы ничего не искать человеку после Него».

И ближе всего к этому корню находятся колдовства, которым дана сила, по величине своей равная святости, чтобы опровергать высшее собрание, как это делали колдуны в противоположность знакам и знамениям Моше. Как сказано: «И сделали волхвы египетские своими чарами то же самое»[307]. И также Элияу, вознесший молитву: «Чтобы не сказали они, что это – колдовское деяние»[308]. И поэтому во всех случаях, кроме исключительных событий, т.е. выхода из Египта и дней пророков, праведники не могли притянуть знаки и знамения, приближающие мир к Творцу, поскольку им было ясно, что нечистые миры АБЕА дадут силу колдунам проделать «своими чарами то же самое».

А при окончательном исправлении сказано: «Как во дни исхода твоего из земли египетской, явлю ему чудеса»[309] – ибо тогда уйдет дух нечистоты с земли, и не будет больше страха перед нечистыми мирами АБЕА, и праведники притянут знаки и знамения, как это было при выходе из Египта.

Поэтому сказано, что «научились всем видам колдовства и чародейства», так как, вследствие листьев смоковницы, являющихся тенью, образовавшейся из-за нарушения запрета Древа познания, потянулись все эти колдовства. И поэтому, смотря на эти листья смоковницы, они «научились всем видам колдовства и чародейства», которые исходили от них в мир.

Тотчас уменьшились величие и ступень Адама до ста локтей. И тогда произошло разделение между Зеир Анпином и Нуквой, и Адам предстал перед судом, а земля была проклята. Объяснение. «Адам Ришон был от земли до небосвода»[310] – т.е. до небосвода, находящегося под Ацилутом, и он включал три мира БЕА, в каждом из которых содержится четыре парцуфа, Аба ве-Има и ЗОН (Зеир Анпин и Нуква), и в каждом парцуфе десять сфирот. Однако после прегрешения отдалились от него девять сфирот светов каждого парцуфа, и они удалились к своему корню. А девять нижних сфирот келим каждого парцуфа упали в клипот.

---

[307] Тора, Шмот, 7:11.
[308] Вавилонский Талмуд, трактат Брахот, лист 9:2.
[309] Пророки, Миха, 7:15.
[310] Вавилонский Талмуд, трактат Хагига, лист 12:1.

И остались у него только келим Кетера от каждого парцуфа, со светом нефеш, кроме двух первых парцуфов мира Брия, которые полностью ушли от него. Таким образом, у него осталось десять Кетеров от десяти парцуфов БЕА, каждый из которых включает все их, и это – сто Кетеров, или сто локтей. И поэтому сказано: «Тотчас уменьшились величие и ступень Адама до ста локтей».

# И изгнал Адама

312) «И изгнал Адама»[311]. Кто кого изгнал? Творец изгнал Адама или нет? Ведь не сказано: «И изгнал Творец Адама», а сказано просто: «И изгнал Адама (эт Адам)». Однако написано: «И изгнал эт Адам». «Эт» указывает на Шхину, называемую «Эт», т.е. Адам изгнал «Эт». Однако слова переставились, так как следовало написать: «И изгнал Адам Эт».

313) И поэтому сказано: «И отослал его Творец Всесильный из Эденского сада»[312] – потому что Адам изгнал «Эт», Шхину. Вот почему сказано дважды: «И отослал его Творец Всесильный из Эденского сада», и сразу же сказано: «И изгнал Адама (эт Адам)»[311]. Это является доказательством того, что «Эт» означает – Шхина. И написанное: «И изгнал эт Адам» является истолкованием отрывка «и отослал его Творец Всесильный из Эденского сада» – т.е. потому-то Он и отослал его из Эденского сада, что прегрешением своим он изгнал Шхину из места ее.

«И поставил к востоку от сада Эденского херувимов»[311]. Сказано просто: «И поставил», но не сказано: «И поставил Творец», так как это указывает на Адама Ришона, поставившего херувимов в этом месте, т.е. он стал причиной перекрытия высших путей и тропинок, и тогда прекратилось наполнение, и воцарились суды над миром. И с этого дня и далее он навлек проклятия на мир.

314) «"Пламя обращающегося меча"[311] означает: все носители судов мечутся по миру», – переходят от одной формы к другой, т.е. снимают одну форму и облачают другую. Иначе говоря, обращаются во множество форм, чтобы взыскивать с мира. Иногда они являются в виде мужчин, иногда – в виде женщин, иногда – в виде огненного пламени, иногда – в виде духов, и нет того, кто мог бы устоять против них. И всё это нужно для сохранения пути Древа жизни, чтобы не нанесли ему дополнительный вред, как и вначале.

---

[311] Тора, Берешит, 3:24. «И изгнал Адама и поместил к востоку от сада Эденского херувимов и пламя обращающегося меча, чтобы охранять путь к Древу жизни».
[312] Тора, Берешит, 3:23. «И отослал его Творец Всесильный из Эденского сада возделывать землю, откуда он взят».

**Объяснение.** Есть две точки, Бина и Малхут, в месте Малхут от хазе и ниже[313], которые включены друг в друга. Есть Бина и Малхут в точке Бины, и есть Бина и Малхут в точке Малхут. И отсюда происходят четыре вида правления. Свойства Бина и Малхут в Бине называются зхарим, т.е. мужскими, потому что Бина оканчивается свойством захар. А Бина и Малхут в Малхут называются некевот, т.е. женскими. Свечение правой линии в каждом свойстве называется духами (рухот), а свечение левой линии в каждом из них называется огненным пламенем[314].

315) «Пламя меча»[311] – это те, кто навлекает огонь и тяжелые наказания на головы грешников и преступников. И эти формы превращаются в многочисленные виды судов, сообразно путям человеческим. И поэтому они называются «пламя», как сказано: «И спалит их этот день грядущий»[315]. И они называются «меч», так как это «меч, принадлежащий Творцу», как сказано: «Меч, принадлежащий Творцу, полон крови»[316].

316) «Пламя меча»[311] – это даже те, кто наказывает внизу, находящиеся в нашем мире и обращающиеся из одной формы в другую. Все они поставлены над миром для того, чтобы вредить и выступать против грешников мира, нарушающих законы своего Господина.

«И спалит их этот день грядущий»[315] – говорится о высших наказаниях и правителях. И сказано здесь, что даже те, кто наказывает внизу, принадлежат свойству «пламя обращающегося меча»[311].

317) Адам, прегрешив, навлек на себя многочисленных вредителей и вершителей суда, и он испытывал страх перед всеми и не мог справиться с ними. Шломо постиг высшую мудрость, и Творец украсил его царской короной, и все жители мира боялись его. После того, как прегрешил, навлек на себя

---

[313] См. «Предисловие книги Зоар», статью «Две точки», п. 122.
[314] См. подробное объяснение выше, пп. 119-122.
[315] Пророки, Малахи, 3:19. «Ибо вот приходит день, пылающий как печь, и станут все надменные и все творящие преступление, как солома. И спалит их этот день грядущий, – говорит Властелин воинств, – так что не оставит им ни корня, ни ветви».
[316] Пророки, Йешаяу, 34:6. «Меч, принадлежащий Творцу, полон крови, тучнеет от тука, от крови баранов и козлов, от тука с почек баранов, ибо резня у Творца в Боцре, и заклание великое в земле Эдома».

вредителей и вершащих нечестный суд, и испытывал страх перед всеми. И тогда они смогли причинять ему зло, и всё, что было в его руках, забрали у него.

318) Ибо по тому, как идет человек, и согласно тому пути, к которому он прилепился, – так он притягивает на себя силу правителя, который идет навстречу ему. Если идет хорошим путем, то притягивает к себе силу правителя стороны святости, который помогает ему. Но если идет плохим путем, то притягивает к себе силу правителя нечистой стороны, вредящего ему. Так и Адам Ришон прегрешением своим притянул к себе другую силу, нечистую, которая сделала нечистым его и всех жителей мира.

319) Когда согрешил Адам Ришон, то навлек на себя силу нечистоты, осквернившую его самого и всех жителей мира. И это змей зла, который нечист и оскверняет мир. Когда ангел смерти забирает души у людей, от человека остается нечистое тело, и оно делает нечистым дом и делает нечистым всех приближающихся к нему. Сказано об этом: «Коснувшийся мертвого – нечист будет»[317]. И это потому, что смерть исходит от нечистого змея зла.

320) И поэтому, после того как ангел смерти взял душу и сделал нечистым тело, предоставлено право всем видам нечистоты воцаряться над телом, так как тело стало нечистым со стороны змея зла, царящего над ним. Потому что смерть исходит от него. И поэтому в любом месте, где пребывает этот змей зла, он делает человека нечистым и тот оскверняется.

321) Когда ночь простирает свои крылья над всеми жителями мира, спящими ночью на своей постели, они ощущают вкус смерти. И из-за того, что они ощущают вкус смерти, дух нечистоты гуляет по миру, делая его нечистым, и пребывает над руками человека, и тот становится нечистым.

322) И когда он пробуждается ото сна, и душа его возвращается к нему, то всё, к чему прикоснется своими руками, становится нечистым, потому что дух нечистоты пребывает над ними. Поэтому нельзя брать свою одежду, чтобы облачиться в

---

[317] Тора, Бемидбар, 19:11.

нее, от человека, не совершившего омовения рук. Потому что он навлекает на себя дух нечистоты и становится нечистым. И у духа нечистоты есть право пребывать в любом месте.

323) Поэтому для омовения рук нельзя пользоваться услугами человека, который сам не совершил омовения рук, потому что он навлекает на себя дух нечистоты, и получает его тот, кому он льет воду. И тогда дух нечистоты получает право пребывать над ним. И поэтому человек, куда бы он не обратился, везде должен беречься стороны змея зла, чтобы тот не получил власти над ним. А в будущем мире Творец устранит дух нечистоты из мира. Как сказано: «И дух нечистоты удалю с земли»[318]. И сказано: «Уничтожит Он смерть навеки!»[319]

---

[318] Пророки, Зехария, 13:2. «И будет в тот день, – слово Властелина воинств, – истреблю имена идолов с земли, и не помянут их более, а также лжепророков и дух нечистоты удалю с земли».

[319] Пророки, Йешаяу, 25:8. «Уничтожит Он смерть навеки, и смахнет Творец Всесильный слезу с лица всех, и позор народа Своего устранит Он на всей земле, ибо (так) сказал Творец».

# И познал Адам Хаву

324) Есть много значений у сказанного: «Кто знает дух сынов человеческих, который возносится ввысь, и дух животного, который нисходит вниз, в землю»[320]. И также у любого изречения Торы есть много значений, и все они истинны.

325) Вся Тора выясняется в семидесяти обличиях, соответствующих семидесяти окончаниям и семидесяти ликам Зеир Анпина. Семьдесят окончаний – в его ЗАТ[321], где каждое окончание включает десять сфирот, и семью десять – это семьдесят. И семьдесят ликов у его ГАР, и это тоже – семь раз по десять сфирот в его рош. Однако ГАР называются паним (лик), как сказано: «Мудрость человека просветляет лик его»[322]. И так это в любом слове Торы – множество ликов выясняется во всех сторонах.

326) Когда человек идет путем истины, он держится в правой стороне и притягивает к себе сверху высший дух святости. И этот дух становится у него желанием святости – соединиться наверху с высшей святостью и прилепиться к ней, чтобы она не прекращалась у него никогда.

327) Когда человек идет по пути зла, и пути его отклонились от прямого пути, он притягивает к себе дух нечистоты, пребывающий в левой стороне. И тот делает его нечистым и человек оскверняется им, как сказано: «Не оскверняйтесь ими, ибо станете нечистыми»[323], «собирающегося оскверниться – оскверняют»[324].

328) Если человек идет путем истины и притягивает к себе высший дух святости, и прилепляется к нему, то сын, порожденный им и вышедший от него в мир, притягивает к нему высшую

---

[320] Писания, Коэлет, 3:21.
[321] ЗАТ – аббревиатура слов «семь нижних сфирот (заин тахтонот)».
[322] Писания, Коэлет, 8:1. «Кто подобен мудрецу, и кто постигает суть вещей? Мудрость человека просветляет лик его и смягчает суровость лица его».
[323] Тора, Ваикра, 11:43. «Не оскверняйте душ ваших никаким пресмыкающимся. Не оскверняйтесь ими, ибо станете нечистыми»
[324] Вавилонский Талмуд, трактат Йома, лист 38:2.

святость, и он будет освящен святостью Господина его, как сказано: «Освящайте себя и будете святы»[325].

329) Если человек идет в левой стороне и притягивает к себе дух нечистоты и прилепляется к нему, то сын, вышедший от него в мир, притягивает к нему дух нечистоты, и он будет оскверняться нечистотой этой стороны.

330) И поэтому сказано: «Кто знает дух сынов человеческих, который возносится ввысь, и дух животного, который нисходит вниз, в землю»[320], ибо когда человек прилепляется к правой стороне, то притягиваемый им свет поднимается снизу вверх. А когда прилепляется к левой, то левая сторона, являющаяся духом нечистоты, опускается сверху вниз, т.е. он притягивает свечение левой стороны сверху вниз, и тогда она вселяется в человека и не оставляет его.

Объяснение. Если человек прилепляется к правой стороне, то «дух сынов человеческих» поднимается снизу вверх. А если человек прилепляется к левой, то «дух животного» нисходит вниз[326]. И тогда сын, порожденный им в нечистоте, считается сыном нечистого духа.

331) Адам Ришон прилепился к духу нечистоты, т.е. к змею. И его жена Хава прилепилась к нему вначале, и получила и приняла от него эту нечистоту. И породил сына, который был сыном духа нечистоты. Было два сына: один – от этого духа нечистоты, Каин, а другой – когда Адам произвел возвращение, Эвель. И поэтому, один был от нечистой стороны, Каин, а другой – от чистой стороны, Эвель.

332) В час, когда змей привнес скверну в Хаву, она приняла ее, т.е. зачала от него. И после того, как Адам вошел к ней, она родила двух сыновей, один был от нечистой стороны, Каин, а другой – со стороны Адама, Эвель. Эвель был подобием высшего образа, а Каин – нижнего, поэтому их пути разошлись.

---

[325] Тора, Ваикра, 11:44. «Ибо Я – Творец Всесильный ваш, освящайте себя и будете святы, ибо Я свят. И не оскверняйте душ ваших никаким гадом, ползающим по земле».
[326] См.выше, п. 287.

333) Каин был сыном нечистого духа, т.е. змея зла. И поскольку Каин исходит со стороны ангела смерти, он убивает брата своего. Иначе говоря, убийство Эвеля является тем же понятием, что и нарушение запрета Древа познания, спровоцированное змеем. И так же как с Древом познания ангел смерти получил власть над всем миром, так же и здесь он получил власть забрать душу Эвеля. А Каин относится к его стороне, и все дурные и вредные места, а также демоны и духи, исходят в мир от него.

334) Имя Каин (קין) означает – гнездо (кен קן) всех мест зла, исходящих в мир от нечистой стороны. А затем они принесли жертвы. Один принес со своей стороны, а другой – со своей. Поэтому сказано: «И было по прошествии дней, принес Каин дар от плодов земли»[327]. «По прошествии дней» – это «конец всякой плоти»[328], т.е. ангел смерти. Таким образом, жертва Каина была со стороны нечистоты.

335) И Каин принес жертву от этого «прошествия дней». От «прошествия дней» – «кец ямим», а не «кец ямин». «Кец ямим» – это дурная клипа. И Каин принес свою жертву от «кец ямим» – со стороны ангела смерти. Таким образом, он принес свою жертву от его стороны.

336) «И принес Каин дар от плодов земли», о которых сказано: «Но от плодов дерева»[329] – от Древа познания, относящегося к свойству змея зла. «От плодов земли», как сказано: «Ибо плоды деяний своих они вкушают»[330]. А ангел смерти – это «плоды деяний» грешников, ведь если бы не прегрешение, он бы не явился в мир. «Вкушают» – означает, что ангел смерти нисходит к ним и прилепляется к ним с тем, чтобы умертвить их и осквернить их. «От плодов земли» – указывает на то, что Каин принес жертву от его стороны, от свойства змея и ангела смерти.

---

[327] Тора, Берешит, 4:3. «И было по прошествии дней, принес Каин дар от плодов земли Творцу».
[328] Тора, Берешит, 6:13.
[329] Тора, Берешит, 3:2. «Но от плодов дерева, которое в середине сада, сказал Всесильный, не ешьте от него и не прикасайтесь к нему, а то умрете».
[330] Пророки, Йешаяу, 3:10. «Восславляйте праведника, ведь хорошо это, ибо плоды деяний своих они вкушают».

337) «А Эвель принес также от первородных овец своих»³³¹. Слово «также» указывает на включение также и высшей стороны, от хазе и выше, исходящей от стороны святости. И поэтому сказано: «И благоволил Творец к Эвелю», так как он исходил от стороны святости. «Но к Каину и дару его не благоволил»³³² – т.е. Творец не принял его жертву, т.к. была принесена от нечистой стороны. И поэтому «очень досадно стало Каину и поникло лицо его»³³² – так как не было благосклонно встречено лицо его, т.е. лик его стороны, но благоволил Он к Эвелю.

338) Поэтому сказано: «И когда они были в поле»³³³. «В поле» – указывает на женщину. И Каин завидовал Эвелю из-за дополнительной Нуквы, которая родилась вместе с Эвелем, как сказано: «И еще родила (эт) брата его, (эт) Эвеля»³³⁴. Дважды сказанное «эт» указывает на включение двух Нуквот, родившихся с Эвелем. И чтобы это понять, необходимо знать, что души Каина и Эвеля должны были быть одной душой, как и Шет. Но из-за того, что Адам совершил зивуг (слияние) с Хавой прежде, чем произвел возвращение за грех Древа познания, и скверна змея прилепилась к ним, он породил только левую половину души, раздельно от правой стороны, поскольку в левой стороне находится место скверны змея. И поэтому наречено ему имя Каин (קין), которое означает – гнездо (кен קן) всех мест зла³³⁵, исходящих в мир от нечистой стороны.

Левая сторона души – это местопребывание скверны змея, однако в правой стороне у него нет места, в котором он может удерживаться. И поэтому после того, как он совершил возвращение от греха своего, родил душу Эвеля³³⁶, правую сторону этой души, в которой нет места для скверны змея.

Любая душа исходит из трех точек холам-шурук-хирик, образующих имя Элоким:

---

³³¹ Тора, Берешит, 4:4. «А Эвель принес также от первородных овец своих; и благоволил Творец к Эвелю и к дару его».
³³² Тора, Берешит, 4:5. «Но к Каину и дару его не благоволил, и очень досадно стало Каину и поникло лицо его».
³³³ Тора, Берешит, 4:8. «И Каин предъявил это Эвелю, брату своему, и когда они были в поле, восстал Каин на Эвеля, брата своего, и убил его».
³³⁴ Тора, Берешит, 4:2. «И еще родила брата его, Эвеля. И стал Эвель пастухом овец, а Каин стал земледельцем».
³³⁵ См. п. 334.
³³⁶ См. п. 331.

1. На экран точки холам выходят буквы МИ (מי) имени Элоким (אלהים), правая сторона.

2. На экран точки шурук выходят буквы ЭЛЕ (אלה) имени Элоким (אלהים), левая сторона.

3. Средняя линия выходит на экран точки хирик, соединяющий буквы МИ (מי) и буквы ЭЛЕ (אלה) друг с другом, и тогда восполняется имя Элоким (אלהים).

Вначале вся эта последовательность выходит в Бине, затем в ЗОН, а затем в душах. В корне своем буквы МИ считаются свойством ГАР, а буквы ЭЛЕ – свойством ВАК. А в парцуфе часть от хазе и выше считается свойством МИ, и там находятся ГАР тела (гуф) парцуфа, и часть от хазе и ниже считается свойством ЭЛЕ, так как представляет собой ВАК тела (гуф) парцуфа. И соответственно, Эвель, относящийся к свойству МИ, это часть от хазе и выше, а Каин, относящийся к свойству ЭЛЕ, – часть от хазе и ниже.

Вследствие подслащения Малхут в Бине и включения их друг в друга, вышли четыре Малхут: две Малхут, относящиеся к Бине и Малхут в точке Бины, и две Малхут – к Бине и Малхут в точке Малхут[337]. Однако раскрываются всего лишь три Малхут: две Малхут, действующие в месте от хазе и выше парцуфа Малхут, т.е. Бина и Малхут сфиры Бина, и одна – в месте от хазе ее и ниже, т.е. только Бина сфиры Малхут. Но Малхут де-Малхут, относящаяся к мере суда, Малхут первого сокращения, не способна принять в себя прямой свет, а лишь отраженный свет, и поэтому находится в скрытии[338].

И поэтому нет свойства «лик человека» в месте от хазе ЗОН и ниже. И из-за того, что четвертая Малхут находится в скрытии, Нуква становится свойством «Древо познания добра и зла», о котором сказано: «А если не удостоился – то (стало) злом»[339] – т.е., если он протягивает место зивуга в свойство от хазе и ниже, то раскрывает тем самым четвертую Малхут, которая скрыта, и при ее раскрытии сразу же удаляются света.

---

[337] См. выше, п. 314, со слов: «Иногда они являются...», а также п. 121, со слов: «И эта искра...»

[338] См. Зоар, Берешит, часть 1, п. 82, со слов: «Михаэль записывает место зивуга...»

[339] «Предисловие книги Зоар», п.123.

Таким образом, у Эвеля, относящегося к свойству МИ и к месту от хазе и выше, есть две Малхут, Бина и Малхут сфиры Бина – т.е. вместе с его душой выходят две Нуквы, на которые указывает дважды написанное слово «эт» во фразе «и еще родила (эт) брата его, (эт) Эвеля»[334]. Но у Каина, относящегося к свойству ЭЛЕ и к месту от хазе и ниже, есть одна Малхут, Бина сфиры Малхут, и недостает ему четвертой Малхут. Поэтому говорится, что вместе с душой Каина вышла только одна Нуква – т.е. только третья Малхут.

Каин завидовал Эвелю из-за дополнительной Нуквы, родившейся вместе с Эвелем, т.е. он хотел раскрыть и произвести зивуг на недостающую ему четвертую Малхут, и тогда было бы у него две Нуквы, как и у Эвеля. Точно, как с нарушением запрета Древа познания, когда змей соблазнил их произвести зивуг от хазе и ниже, чтобы сам он мог притягивать света сверху вниз. И вследствие этого раскрылась четвертая Малхут, из-за которой удалились все света, и смерть вошла в него, так как исчезновение света жизни является смертью[340].

Поэтому сказано, что убийство Эвеля и нарушение запрета Древа познания являются тем же понятием[341], ведь он (Каин) тоже хотел раскрыть зивуг от хазе и ниже, на четвертую Малхут. И вследствие раскрытия этой Малхут, из всех душ, относящихся к Каину и Эвелю, сразу же ушли света, являющиеся свойством ГАР, а келим, являющиеся свойством ВАК, упали в клипот. Однако света не падают в клипот, а уходят к своему высшему корню. И поэтому Эвель, относившийся к свойству ГАР, отошел к своему корню и умер, а Каин, который был лишь свойством ВАК, упал в клипот. Таким образом, всё различие между убийством Эвеля и прегрешением Древа познания заключается в том, что Адам являлся совокупностью всех душ, и поэтому его грех затронул весь мир. А в случае Каина и Эвеля грех коснулся лишь свойства душ их самих.

---

[340] См. выше, п. 308.
[341] См. выше, п. 333.

# Ведь если склонишься к добру – возвысишься

339) «Ведь если склонишься к добру – возвысишься, если же не склонишься к добру, то у входа грех лежит»[342]. Слово «возвысишься» означает, что будешь вознесен наверх и не опустишься вниз, т.е. будешь возносить света снизу вверх, и не будешь больше притягивать света сверху вниз, чем и убил Эвеля. Однако «возвысишься» имеет еще и значение «отпущение» и «прощение», т.е. сказал ему Творец: «Если склонишься к добру», то устранится от тебя нечистый дух, и простится тебе слияние с ним.

340) «Если же не склонишься к добру, то у входа грех лежит». «У входа» – это высший суд, суд Малхут, являющийся входом ко всему, как сказано: «Откройте мне врата справедливости»[343]. Объяснение. «Справедливость» – это имя Малхут, «врата справедливости» – это суды, т.е. человек не может прийти к Малхут, если не обращает эти суды в ней во врата. Поэтому сказано: «Вот врата к Творцу, праведники войдут в них» – т.е. те суды, из-за которых грешники отдаляются, становятся для праведников вратами, благодаря которым они приходят к слиянию.

И слова «у входа» означают – когда «грех лежит» на Малхут, хотя она является источником всех наказаний, всё же, если совершит возвращение, этот грех преобразится и станет входом. «Грех лежит» означает, что Творец сказал ему: «Та сторона, к которой ты прилепился и тянешься, будет хранить тебя и взыскивать с тебя». И это означает сказанное: «Ведь если склонишься к добру – возвысишься» – т.е. устранится от него пристрастие духа нечистоты, к которому он прилепился вследствие греха. «Если же не склонишься к добру, то у входа грех лежит» – тот самый дух нечистоты, который прилепился к нему из-за греха, он сам взыщет с тебя.

---

[342] Тора, Берешит, 3:7.
[343] Писания, Псалмы, 118:19. «Откройте мне врата справедливости, войду я в них, возблагодарю Творца».

# Когда Каин убил Эвеля

341) В час, когда Каин убил Эвеля, он не знал, как выйдет из него душа, т.е. не знал, что его действия приведут к тому, что душа Эвеля выйдет из него, и тот умрет. И он впился в него своими зубами подобно змею.

Объяснение. Он завидовал ему из-за дополнительной Нуквы, так как хотел притянуть свет сверху вниз и раскрыть четвертую недостающую Малхут в свойстве от хазе и ниже. Однако он не знал, что вследствие этого усилится мера суда, и прекратится зивуг также в месте от хазе и выше, и жизненная сила покинет Эвеля, и тот умрет, а думал, что наоборот, Эвель тоже насладится от его деяний. И он впился в него своими зубами, подобно первородному змею, и убил его. Объяснение. Всё, что притягивается, притягивается посредством уст.

Однако то, что притягивается в святости, притягивается с помощью губ, являющихся экраном, стоящим в пэ (устах). И это зивуг де-нешикин (поцелуев), притягивающий наполнение от ступени к ступени. А притягиваемое не в святости подобно деянию первородного змея – притягивается силой зубов, т.е. отсутствует там исправление экрана в кли Малхут, называемого «губы», и наполнение притягивается сверху вниз, и это называется укусом. И таким образом змей навлек смерть на мир.

И известно, что деяние Каина было подобно греху Древа познания, т.е. он тоже подменил прикосновение уст укусом, так как притянул наполнение без экрана сверху вниз, и вследствие этого удалилась душа Эвеля. И таким образом, Каин впился в него своими зубами подобно деянию первородного змея, и в силу этого убил его. В этот час Творец проклял его, и он пошел странствовать по всем сторонам света, но так и не нашел места, которое приняло бы его. И тогда он поразил себя в голову, и вернулся к Господину своему. И тогда приняла его земля в нижнем пределе, т.е. возвращение его не было полным, и поэтому не приняла его наша земля.

342) Сама земля принимала его, чтобы он ступал по ней, как сказано: «И сделал Творец Каину знак»[344] – это значит, что Творец принял его возвращение. И поэтому снова начала принимать его земля. И не только нижний предел принял его, из-за того, что возвращение его не было полным, но так же и земля приняла его внизу, в один из пределов, расположенных под ней, ведь сказано: «Вот, ты сгоняешь меня теперь с лица земли»[345]. То есть с лица земли он изгнан, но не изгнан с уровня, находящегося ниже уровня земли. Таким образом, нижний предел, расположенный под землей, принял его.

343) Земля приняла его в Арку, одну из семи земель. О живущих там сказано: «Сгинут с земли и из-под небес этих»[346]. И там место его обитания, о котором сказано: «И поселился в земле Нод, к востоку от Эдена»[347] – т.е. имеется в виду нижний предел, называемый Арка. А Нодом называется потому, что у жителей там есть две головы, которые склоняются[348] иногда в сторону тьмы, а иногда – к свету[349].

344) Когда сказал Каин: «Вина моя больше, чем могу я вынести!»[350], т.е. раскаялся и совершил возвращение, Творец простил ему половину вины. После того, как вначале вынес ему приговор, сказав: «Изгнанником и скитальцем будешь ты на земле»[351], он теперь остался только скитальцем. Поэтому сказано: «И ушел Каин от лица Творца и поселился в земле Нод (скитания)»[347] – т.е. когда ушел от лица Творца, он сделал это,

---

[344] Тора, Берешит, 4:15. «И сказал ему Творец: "За то всякому, кто убьет Каина, отомстится всемеро". И сделал Творец Каину знак, чтобы не убил его всякий, кто встретит его».

[345] Тора, Берешит, 4:14. «Вот, Ты сгоняешь меня теперь с лица этой земли, и от внимания Твоего буду скрыт, и вечным скитальцем буду на земле. И теперь всякий, кто встретит меня, убьет меня».

[346] Пророки, Йермияу, 10:11. «Так объявите им: "Божества, которые не сделали неба и земли, сгинут с земли и из-под небес этих"».

[347] Тора, Берешит, 4:16. «И ушел Каин от лица Творца, и поселился в земле Нод, к востоку от Эдена».

[348] Слово «склоняются (митнаднедим)» и слово Нод являются однокоренными словами.

[349] См. «Предисловие книги Зоар», статью «Небо и земля», п. 154, со слов: «И поэтому две головы у них…»

[350] Тора, Берешит, 4:13. «И сказал Каин Творцу: "Вина моя больше, чем могу я вынести!"»

[351] Тора, Берешит, 4:12. «Когда будешь возделывать землю, она более не даст тебе силы своей. Изгнанником и скитальцем будешь ты на земле».

чтобы быть скитальцем на земле, а не изгнанником, потому что простилась ему половина вины.

И хотя грех Каина заключался в раскрытии Малхут меры суда, все же, поскольку Малхут и Бина подсластились одна в другой, то пострадала также и Бина из-за него. И поэтому наказанием его было: «изгнанником и скитальцем будешь ты на земле»[351] – изгнание со стороны Малхут, а скитание со стороны ущерба, причиненного Бине. И после того, как совершил возвращение, простился ему ущерб, причиненный Малхут, т.е. изгнание, и остался ущерб, причиненный Бине, – скитание. Потому что возвращение не было полным, как требовалось.

345) Когда «ушел Каин от лица Творца»[347], обратился к нему Адам: «Сын мой, что решил о тебе суд?» Ответил ему Каин: «Отец, мне сообщили, что Творец помиловал меня и я буду только скитальцем». Спросил его: «Как ты удостоился этого?» Ответил ему: «Потому что совершил возвращение и раскаялся перед Ним». Воскликнул Адам: «Неужели так велика сила возвращения – а я и не знал?!» Начал он восхвалять Господина своего, возгласив: «Псалом. Песнь на день субботний. Хорошо благодарить Творца, превозносить величественное имя Твое»[352] – т.е. хорошо восславлять, раскаяться перед Творцом и совершить возвращение к Нему.

346) С того момента, как Каин убил Эвеля, Адам был отлучен от жены своей, и два женских духа являлись и совершали соития с ним, и он порождал духов и демонов, блуждающих по миру. Их два, потому что блудницы исходят от клипот правой стороны, и поэтому они забавляются. Однако в конце они приносят страдания и наказывают человека, принадлежащего свойству левой стороны. И поэтому их было две: одна – от клипы правой стороны, другая – от клипы левой.

347) Это нетрудно понять. Ведь к человеку, когда он спит, тоже являются женские духи, и, забавляясь с ним, разгорячаются от него, а затем приносят порождения. И эти порождения называются «наказанием людским»[353], и они не обращаются

---

[352] Писания, Псалмы, 92:1-2.
[353] Пророки, Шмуэль 2, 7:14. «И если он согрешит, то Я накажу его палкой по-человечески, наказанием людским».

ни в какой образ, кроме человеческого. И у них нет волос на голове, потому что эти порождения относятся к свойству клипы правой стороны, а волосы исходят от свойства левой стороны. И о них сказано в отношении Шломо: «то Я накажу его палкой по-человечески, наказанием людским». А случается, что мужские духи приходят к женщинам, живущим в мире, во время их сна, и женщины беременеют от них и порождают духов, и все они называются «наказанием людским».

348) Спустя сто тридцать лет, Адам, охваченный ревностью, соединяется со своей женой, порождает сына и нарекает ему имя Шет. И оно состоит из последних букв, образующихся в связях двадцати двух установленных букв – т.е. прямые алфавитные сочетания: «алеф-бэт» «гимель-далет» «хэй-вав», а в конце «шин-тав (Шет)». И это отличает их от других сочетаний, в которых буквы «шин-тав (Шет)» не являются конечными. Имя Шет является тем исчезнувшим духом, духом Эвеля, который облачился в другое тело в мире, т.е. облачился в Шета, и поэтому получил имя Шет. Сказано об этом: «И нарекла ему имя Шет, так как доставил (шат) мне Всесильный другого потомка вместо Эвеля»[354].

349) «И родил подобного себе, по образу своему»[355] – отсюда следует, что остальные сыновья, Каин и Эвель, не были подобны ему, и только Шет был подобен ему, по образу его в исправлении тела и исправлении души прямым путем. А другие сыновья были привязаны к скверне змея и того, кто восседал на нем, т.е. Сама. И поэтому они не были подобны Адаму. Но ведь сказано, что Эвель происходит от стороны святости, а не змея, как Каин? Однако оба они не находились в образе Адама, пребывающего внизу, т.е. не было у них средней линии, называемой «образ Адама», но Эвель относился к правой стороне, а Каин – к левой, и поэтому не были подобны Адаму.

350) Однако Эвель тоже не был совершенным, поскольку сказано: «И Адам познал Хаву, жену свою, и она зачала и

---

[354] Тора, Берешит, 4:25. «И познал Адам еще жену свою, и родила она сына, и нарекла ему имя Шет, сказав: "Так как доставил Всесильный мне потомка другого вместо Эвеля, когда убил его Каин"».
[355] Тора, Берешит, 5:3. «И жил Адам сто тридцать лет и родил подобного себе, по образу своему, и нарек ему имя Шет».

родила Каина»³⁵⁶, что указывает на Хаву, ведь не сказано «и породил Каина». И даже о Эвеле не сказано «и породил», что указывало бы на Адама, а сказано: «И еще родила брата его, Эвеля»³³⁴. Но даже Эвель тоже не был подобен Адаму, не по образу его, поэтому и о нем не сказано: «И породил». Однако о Шете сказано: «И родил подобного себе, по образу своему»³⁵⁵ – т.е. он относится к Адаму.

351) На сто тридцать лет Адам был отлучен от жены его, и все эти годы порождал духов и демонов в мире от той же скверны, у которой всё время черпал силы. Когда кончилась у него вся скверна, он снова возревновал жену свою, и родил сына. Тогда сказано: «И родил подобного себе, по образу своему»³⁵⁵.

352) Всякий человек, уходящий в левую сторону и порочащий пути свои, привлекает к себе всех нечистых духов. И дух нечистоты привязывается к нему и не оставляет его. И привязанность этого духа нечистоты проявляется только по отношению к тому человеку, который привлек его, но не к другому, потому что их привязанность проявляется только к людям, привязавшимся к ним. Счастливы праведники, идущие прямым путем, и они являются истинными праведниками, и сыновья их праведники в мире. О них сказано: «Праведные будут обитать на земле»³⁵⁷.

353) «А сестра Тувал-Каина – Наа́ма»³⁵⁸. Ее имя, Наама, о чем говорит нам? Что увивались за ней сыны человеческие из-за ее чрезмерной красоты и привлекательности (неимут), и даже духи и демоны увивались за ней. На это указывает имя Наама, означающее привлекательность. И ангелы Аза и Азаэль увивались за ней, и из-за ее чрезмерности была названа Наама.

354) Она была матерью демонов, потому что она происходит от стороны Каина, от которого произошли демоны и духи. И она вместе с Лилит назначена над смертью младенцев от дифтерии.

---

[356] Тора, Берешит, 4:1. «И Адам познал Хаву, жену свою, и она зачала и родила Каина, и сказала: "Обрела я человека с Творцом"».
[357] Писания, Притчи, 2:21. «Праведные будут обитать на земле и беспорочные останутся на ней».
[358] Тора, Берешит, 4:22. «Также и Циля родила - Туваль-Каина, кузнеца всякого пахарского орудия из меди и железа; а сестра Туваль-Каина – Наама».

Наама назначена забавляться с людьми во сне, и это свойство правой стороны клипот, и умерщвлять младенцев – свойство левой стороны клипот. И она является и забавляется с людьми, а иногда она порождает от них духов в мире. И до сего времени она еще выполняет свое назначение – забавляться с людьми. Однако действует она совместно с Лилит, и смерть приходит со стороны Лилит, а не со стороны Наамы[359].

355) Эти демоны умирают так же, как и люди, почему же Наама до сих пор жива? Демоны умирают так же, как и люди, однако Лилит, Наама и Аграт бат Махлат, происходящая от их стороны, все они живы, пока не устранит Творец дух нечистоты с земли, как сказано: «И дух нечистоты устраню Я с земли»[318].

356) Горе тем людям, которые не знают, не наблюдают и не всматриваются, и все они глухи и не ведают, насколько мир переполнен странными невидимыми созданиями и незримыми предметами, и если бы они были доступны взору, то люди удивились бы – как можно существовать в мире.

357) Эта Наама является матерью демонов, и от ее стороны исходят все те демоны, которые разгорячаются от людей, и получают дух и стремление от них, забавляются с ними, добиваясь излияния семени. И поскольку излияние семени исходит от духа нечистоты, человек должен омыться и очиститься.

---

[359] См. «Предисловие книги Зоар», п. 157, со слов: «И необходимо понять...»

# Вот книга порождений Адама

358) «Вот книга порождений Адама»[360] – только образов, т.е. душ, потому что в ней были записаны все души от порождений Адама. Творец показывал Адаму Ришону образы душ всех поколений, которым предстоит прийти в мир, и также всех мудрецов мира и царей мира, которые должны взойти в Исраэле. Когда увидел он Давида, царя Исраэля, который родился и тут же умер, и не было у него совсем лет жизни, обратился к Творцу: «Добавь ему семьдесят лет от моей жизни». И были взяты семьдесят лет от Адама Ришона, и отдал их Творец Давиду.

359) И за это Давид произнес благословение, сказав: «Ты мне доставил радость деянием Твоим, Творец, делом рук Твоих наслаждаюсь я»[361]. Кто принес ему радость в мире – жить и пребывать в радости? Адам Ришон принес ему, и он является действием Его, а не действием «плоти и крови», т.е. делом рук Творца, а не людей. Иначе говоря, он не рожден людьми, но является делом рук Творца.

Поэтому Адаму Ришону недостает этих семидесяти лет от тысячи лет, которые он должен был прожить. Ведь было сказано ему: «В день, когда отведаешь от него, смертию умрешь»[362]. И день Творца – это тысяча лет, поэтому он должен был жить тысячу лет, а жил девятьсот тридцать лет и недостает ему семьдесят лет, потому что передал их Давиду, у которого не было жизни.

360) И показал ему Творец мудрецов всех поколений, пока не достиг поколения рабби Акивы, и увидел он учение его и обрадовался. Увидел смерть его, как был казнен он по императорскому указу, и опечалился. Возгласил о нем Адам Ришон: «Сколь вознесены надо мной замыслы Твои, Всесильный, как велико число их!»[363]

---

[360] Тора, Берешит, 5:1. «Вот книга порождений Адама: в день, когда Всесильный сотворил Адама, по образу Всесильного сделал Он его».
[361] Писания, Псалмы 92:5.
[362] Тора, Берешит, 2:17. «А от Древа познания добра и зла, – не ешь от него; ибо в день, в который ты вкусишь от него, смертию умрешь»
[363] Писания, Псалмы 139:17.

361) «Книга порождений Адама»³⁶⁰ – книга в прямом смысле этого слова. «Когда Адам находился в Эденском саду, опустил Творец ему эту книгу, передав ее через ангела Разиэля, ответственного за высшие святые тайны. Книга эта была отмечена высшими печатями» – т.е. свойствами, запечатленными благодаря подъему Малхут в Бину, «святая мудрость и семьдесят два вида мудрости разъяснялись в ней» – т.е. святая Хохма (мудрость), проясняющаяся во время гадлута, включает в себя семьдесят два вида Хохмы, относящиеся лишь к Бине, снова ставшей Хохмой, но не к самой Хохме.

«И она передается шестистам семидесяти печатям высших тайн» – т.е. Зеир Анпину и Нукве его. Зеир Анпин, содержащий сфирот ХАГАТ НЕХИМ, получает шестьсот от ХАГАТ НЕХИ Бины, сфирот которой исчисляются в сотнях, а Нуква получает в свои семь сфирот ХАГАТ НЕХИМ только семьдесят, т.е. каждая из ее сфирот содержит лишь десять, поскольку она получает от Зеир Анпина, сфирот которого исчисляются только в десятках.

362) «В середине книги имеется печать мудрости» – т.е. это центральная точка, печать которой не наполняется до завершения исправления, «уготованная, чтобы постичь» – с ее помощью в конце исправления, «тысячу пятьсот ключей, которые не были переданы» – в течение шести тысяч лет, «высшей святости». Потому что высшим парцуфам, т.е. ЗОН, раскрылись сейчас только ВАК де-ГАР, называемые «тысяча пятьсот ключей», так как в ГАР Хохмы все сфирот исчисляются в тысячах, и вместе они – три тысячи, а половина ступени, называемая ВАК, – тысяча пятьсот. А недостающие тысяча пятьсот раскроются в конце исправления на зивуг центральной точки, которая скрыта в Атике. Поэтому сказано: «Чтобы постичь тысячу пятьсот ключей» – т.е. в конце исправления. Однако сейчас они не передаются «высшей святости». В первой части «Берешит» было выяснено понятие «тясяча пятьсот локтей»³⁶⁴, здесь говорится о «тысяче пятистах ключей», и это – одно и то же.

И все тайны были скрыты в этой книге, прежде чем она попала к Адаму Ришону. А после того, как она досталась Адаму Ришону, высшие ангелы собирались у него, чтобы узнать и

---

³⁶⁴ См. Зоар, Берешит, часть 1, п. 320.

услышать о них, возглашая при этом: «Вознеси над небесами, Всесильный, над всей землей славу Твою!»[365].

363) В тот же час намекнул ему святой ангел Адарниэль, сказав: «Адам, держи в скрытии славу Господина своего, и не раскрывай ангелам, потому что никому, кроме тебя, не дано право познать величие Господина своего, и даже высшим ангелам». И книга эта принадлежала ему и была упрятана до тех пор, пока не вышел Адам из Эденского сада.

364) Вначале он внимательно изучал, пользуясь ею каждый день, тайны Господина своего, и раскрывались ему высшие тайны, которых не постигали высшие ангелы. А когда прегрешил, нарушив заповедь Господина своего и отведав от Древа познания, книга отдалилась от него. Он бил себя по голове и плакал, и заходил по шею в воды Гихона, т.е. раскаялся и истязал себя, пока тело его не покрылось рубцами, гнойниками и язвами и изменилось сияние его.

365) В этот час Творец намекнул ангелу Рефаэлю и вернул ему эту книгу, которой занимался Адам, и поместил ее у его сына, Шета. И во всех поколениях его, последовавших за ним, пока она не достигла Авраама, и тот научился с ее помощью познавать величие Господина своего. И книга была передана Ханоху, и с помощью нее тот постигал высшее величие.

---

[365] Писания, Псалмы, 57:6.

# Мужчиной и женщиной создал Он их

366) «Мужчиной и женщиной создал Он их»[366]. Высшие тайны раскрывались посредством двух изречений – «вот книга порождений Адама»[360] и «мужчиной и женщиной создал Он их»[366]. Изречение «мужчиной и женщиной создал Он их» – для постижения высшего величия в свойстве веры, и от этого свойства произошел Адам, т.е. от высших ЗОН, называемых небом и землей.

367) Так же как были созданы небо и земля, т.е. высшие ЗОН, был создан и Адам. О небе и земле сказано: «Вот порождения неба и земли при сотворении их»[367]. Об Адаме сказано: «Вот книга порождений Адама»[360]. О небе и земле сказано: «При сотворении их»[367], об Адаме сказано: «В день сотворения их»[366]. Таким образом, способ их создания расценивается как одно целое. Объяснение. Так же как и создание ЗОН происходит с помощью букв ЭЛЕ Бины, а затем посредством их подъема туда в МАН, чтобы согласовать между двумя линиями в Бине, точно таким же путем был создан Адам, с помощью букв ЭЛЕ парцуфа ЗОН, а затем посредством их подъема к ним в МАН, чтобы согласовать между двумя их линиями. Итак, мы видим, что точно так же, как были созданы ЗОН, был создан и Адам.

368) «Мужчиной и женщиной (захар и некева) создал Он их»[366]. Отсюда становится ясным, что любая форма, в которой не находятся свойства захар и некева, не является высшей формой, как подобает.

369) В любом месте, где свойства захар и некева не находятся вместе, не поселяется Творец. И благословения пребывают только в том месте, где есть свойства захар и некева. Ведь сказано: «И благословил Он их, и нарек им имя Адам в день сотворения их»[366]. Не сказано «и благословил Он его, и нарек ему имя Адам». Это учит нас тому, что даже именем Адам (человек) он нарекается лишь тогда, когда свойства захар и некева находятся вместе.

---

[366] Тора, Берешит, 5:2. «Мужчиной и женщиной создал Он их и благословил их и нарек им имя Адам в день сотворения их».
[367] Тора, Берешит, 2:4. «Вот порождения неба и земли при сотворении их, в день созидания Творцом Всесильным земли и неба».

370) Со дня разрушения Храма благословения не пребывают в мире, и пропадают с каждым днем, как сказано: «Праведник пропал» – т.е. потерял благословения, которые пребывали в праведнике, как сказано: «Благословения – на голове праведника»[368]. И сказано: «Потеряна вера» – т.е. Нуква, получающая благословения от праведника, т.е. Есода Зеир Анпина, являющегося свойством захар. И о времени совершенства сказано: «И благословил Он их, и нарек им имя Адам»[366], и также: «И благословил их Всесильный, сказав: "Плодитесь и размножайтесь"»[369]. Объяснение. Во время разрушения, когда нет зивуга захара и некевы, оба они считаются пропащими, потому что в них обоих не пребывают благословения. А во время совершенства оба они благословляются вместе, как сказано: «И благословил Он их, и нарек им имя Адам»[366] – т.е. вместе им двоим.

371) От Шета (שת) берут начало все поколения мира и все истинные праведники в мире. Эти буквы «шин ש» «тав ת» являются последними в Торе, которые остались совершенными и после того, как Адам преступил все буквы Торы в нарушении запрета Древа познания, включающего всю Тору. И при своем возвращении к Творцу, он придерживался этих двух букв «шин» «тав», которые были совершенными. И тогда первые тоже вернулись в порядке «тав» «шин» «рэйш» «куф» и т.д.

Объяснение. Совокупность всех букв Торы – это двадцать две буквы. И они являются келим для облачения в них светов нефеш-руах-нешама (НАРАН), в которых есть три ступени:
1. Единицы – до «йуд י», для света Бины, нешама.
2. Десятки – до «куф ק», для света Зеир Анпина, руах.
3. Сотни – «куф ק» «рэйш ר» «шин ש» «тав ת», для света Нуквы, нефеш.

До грехопадения у Адама был НАРАН мира Ацилут. А в момент, когда нарушил запрет Древа познания, отдалились от него девять первых сфирот – нешама, руах и ГАР де-нефеш, потому что нефеш мира Ацилут тоже отдалились от него, и остался от нее только ВАК, т.е. нефеш от десяти парцуфов БЕА.

---

[368] Писания, Притчи, 10:6. «Благословения – на голове праведника, а уста нечестивых скрывают насилие».

[369] Тора, Берешит, 1:22. «И благословил их Всесильный, сказав: "Плодитесь и размножайтесь, и наполняйте воды в морях, а птица пусть умножается на земле"».

И миры БЕА по отношению к миру Ацилут расцениваются как ВАК по отношению к ГАР. И также упали у него буквы, которые облачали эти удалившиеся от него НАРАН, и это буквы от «алеф א» до «йуд י», являющиеся келим для света «нешама», и буквы от «йуд י» до «куф ק», являющиеся келим для света «руах», и также половина букв «куф ק» «рэйш ר» «шин ש» «тав ת», и это келим ГАР света нефеш, и остались у него только две последние буквы «шин ש» «тав ת», являющиеся келим ВАК света нефеш, оставшегося у него.

И эти последние буквы Торы, т.е. «шин ש» «тав ת», которые остались и после того, как Адам преступил все буквы Торы. Даже и после прегрешения, когда удалились от него света НАРАН мира Ацилут вместе со всеми буквами Торы, облаченными в них, все же остались у него две буквы «шин ש» «тав ת», потому что их света, ВАК де-нефеш, не удалились от них. И при своем возвращении к Творцу, он придерживался этих двух букв «шин ש» «тав ת», которые остались у него из всех двадцати двух букв, и от них он черпал все свои жизненные силы.

И тогда вернулись буквы в порядке «тав ת» «шин ש» «рэйш ר» «куф ק» и т.д. Потому что прямой порядок букв «алеф א» «бэт ב» «гимель ג» «далет ד» и т.д. указывает на прямой свет, т.е. девять первых сфирот, а обратный порядок букв алфавита указывает на отраженный свет, считающийся светом некевы, светом нефеш. И после того как остался у него только свет нефеш, он не мог больше получать от прямой последовательности букв, а только отраженный свет – от «тав ת» «шин ש» «рэйш ר» «куф ק» до «бэт ב» «алеф א».

372) И поэтому назвал он сына, который родился подобным ему, по образу его, именем Шет, представляющим собой последние буквы алфавита, которые остались у него. И буквы не были исправлены от своей испорченности до стояния Исраэля у горы Синай. И тогда буквы снова вернулись к своему исправленному виду, в каком были в день, кода были сотворены небо и земля, до грехопадения Адама Ришона, потому что снова установился прямой порядок букв алфавита, и мир получил подслащение и смог существовать.

373) В день, когда Адам нарушил заповедь Господина своего, небо и земля попросили убрать их с их места, потому что

они могут существовать только опираясь на союз, как сказано: «Если бы не Мой союз днем и ночью, законов неба и земли не установил бы Я»[370]. Однако Адам нарушил союз, о чем говорится: «А они, как Адам, нарушили союз»[371]. И поэтому потеряли они основу свою, и попросили, чтобы их устранили с их места.

Объяснение. Союз – это исправление Есода посредством обрезания, т.е. удаления клипы крайней плоти, и подворачивания, т.е. притяжения мохин де-ГАР. И тогда происходит зивуг ЗОН, называемых «день и ночь», и эти мохин передаются небу и земле, и тогда может существовать мир. И сказано: «Если бы не Мой союз днем и ночью» – если бы не был заключен союз, т.е. исправление Есода посредством обрезания и подворачивания, «законов неба и земли не установил бы Я»[370] – потому что не было бы у них наполнения и не смогли бы существовать.

Адам Ришон во время прегрешения притягивал крайнюю плоть, то есть притягивал клипу крайней плоти к Есоду святости, и разделились высшие ЗОН, и не было наполнения и возможности существовать у неба и земли. И попросили небо и земля убрать их с их места, потому что наполнение не притягивалось к ним, чтобы была возможность существовать.

374) Если бы не было открыто Творцу, что в будущем Исраэль будет стоять у горы Синай, чтобы воплотить этот союз, мир не мог бы существовать после грехопадения Адама Ришона. Всякого раскаявшегося в своем грехе милует Творец и прощает грехи его. И после того, как Адам Ришон раскаялся и совершил возвращение, мир смог существовать.

375) Когда Творец создал мир, Нукву, он сделал союз, Есод Зеир Анпина, т.е. исправил его, очистив от клипот и притянув мохин. И установил на нем мир, Нукву, получающую от него. Ведь сказано, что слово «берешит (בראשית вначале)» состоит из слов «бара (ברא создал) шит (שית основание)», и «шит (שית основание)» – это союз, на котором установлен мир. И называется «шит (שית основание)», потому что имеется в виду Есод (основа), от которого проистекают и выходят в мир

---

[370] Пророки, Йермияу, 33:25.
[371] Пророки, Ошеа, 6:7. «А они, как Адам, нарушили союз, там изменили Мне».

благословения, и на нем создан мир. Однако Адам своим нарушением запрета Древа познания нарушил этот союз, и привел к изменению места его, и поэтому попросили тогда небо и земля, чтобы их убрали с их места.

376) На этот союз указывает буква «йуд י» – малая буква, и она является корнем и основой (есод) мира, потому что на ней был создан мир. Объяснение. Буквы «шин» «тав» пригодны только для отраженного света, т.е. (для отражения) снизу вверх. Но после того как распространяется между ними буква «йуд י», Есод Зеир Анпина, они принимают прямой свет, в котором содержатся все мохин. И тогда называется «шит (שית) основание)», так как «йуд י» включает все мохин.

И когда Адам породил сына, он раскаялся в грехе и нарек он имя ему Шет, но не упомянул в нем букву «йуд י», символизирующую прямой свет, дав ему имя Шит (שית). Это указывает на то, что он будет притягивать с помощью них только отраженный свет снизу вверх, поскольку нарушил его, как сказано: «А они, как Адам, преступили завет (и) там изменили Мне». И то, что назвал его Шет (שת) без «йуд י», указывает на раскаяние в грехе. И за то, что раскаялся, Творец основал от него мир, и берут начало от него все поколения и праведники мира. Таким образом, благодаря тому, что он раскаялся, простил ему Творец, и мир смог существовать.

377) Во время стояния Исраэля у горы Синай меж двух букв «шин ש» «тав ת» вошла тайна союза. Кто же она? Это буква «бэт», представляющая собой мохин, которые раскрываются вместе с исправлением союза. И поэтому называется тайной союза, и это «бэт ב» слова «берешит (בראשית вначале)». И она вошла меж двух букв, оставшихся после прегрешения Древа познания – «шин ש» «тав ת». И тогда Исраэлю была дарована суббота (шаббат שבת).

И когда вошла «бэт ב», символизирующая союз, между двумя буквами «шин ש» «тав ת», и они образовали «шаббат (שבת субботу)», сказано: «И пусть соблюдают сыны Исраэля субботу, чтобы сделать субботу для их поколений союзом вечным»[372] – т.е. они удостоились получить субботу на все поколения, бес-

---
[372] Тора, Шмот, 31:16.

прерывно. Ибо так же, как стали они началом мира, и от этих двух букв проистекают все поколения мира, так же и теперь, когда низошла в него «бэт ב», и они образовали субботу (шаббат שבת), они светят «для их поколений союзом вечным», беспрерывно. Потому что буквы «шин ש» «тав ת» находились в зависимом положении, пока мир не установился в подобающем совершенстве во время получения Торы, и тогда вошел меж ними союз святости, и мир установился в совершенстве, и они образовали «шаббат (שבת субботу)».

378) Эти две буквы «шин ש» «тав ת» приняли совершенство буквы «бэт ב», чтобы стать достойными получения прямого света при вручении Торы. И так же, как вернулись буквы в обратном порядке со дня рождения Шета, чтобы не получать сверху вниз, а только снизу вверх, так же они возвращаются в каждом поколении, чтобы светить снизу вверх, как свойственно свету нефеш. Пока не достигли Исраэль горы Синай, и не исправились так, чтобы светила в них «бэт ב», т.е. мохин прямого света, светящие сверху вниз, и тогда они образовали «шаббат (שבת субботу)».

379) Буквы вернулись к свечению сверху вниз, т.е. к свету руах, а не светили только снизу вверх, как до вручения Торы, т.е. светом нефеш. И тогда мир пользовался буквами, и они не оставались на своих местах. Объяснение. Они перемещались от милосердия к суду, от суда к милосердию, как свойственно свету руах, не оставаясь на одном месте. А когда Исраэлю была дарована Тора, все было исправлено, и они снова стали светить в совершенстве, как и до грехопадения.

В дни Эноша люди владели мудростью колдовства и чародейства, и мудростью, как остановить высшие силы, чтобы они не могли действовать в мире. А со дня выхода Адама из Эденского сада он унес с собой мудрость листьев смоковницы, т.е. колдовства, и не было больше человека, занимающегося ею, потому что Адам и жена его, и те, кто родились от нее до появления Эноша, оставили эту мудрость и не занимались ею.

380) Когда явился Энош, то увидел эти листья смоковницы и понял, что их мудрость противоречит высшему и противоречит святости, и они занимались, совершая действия колдовства и чародейства, и обучали им других, пока не распространилась

эта мудрость в поколении потопа, и все они совершали действия, несущие зло, пользуясь силой ее.

381) И они укреплялись против Ноаха в этой мудрости относительно его предупреждения о потопе. И говорили, что никакой суд в мире не будет властен над ними, потому что с помощью этой мудрости они смогут отвести от себя обвинения любого, кто затевает с ними тяжбу в суде. И от Эноша и далее все начали заниматься этой мудростью. И сказано: «Тогда начали нарекать именем Творца»[373]. «Начали» – означает, что сделали обыденным наречение именем Творца, пользуясь мудростью колдовства, которой они занимались.

382) Все те праведники, которые были после поколения Эноша, пытались избавиться от них, как например, Еред, Митушелах и Ханох, но не могли, пока не распространились в мире грешники, восставшие против своего Господина, и не сказали: «Кто такой Всемогущий, чтобы мы служили Ему»[374].

383) Разве возможно сказать такую глупость: «Кто такой Всемогущий, чтобы мы служили Ему»? Но поскольку они знали все свои премудрости и всех правителей мира, которые поставлены для управления миром, и они полагались на них, т.е. полагались на мудрость их, что благодаря клятвам, которыми они присягнут этим правителям, не постигнет их никакое зло. И это продолжалось до тех пор, пока Творец не вернул мир к тому же виду, в котором он был, наведя на них водяной потоп, потому что вначале мир был водами в водах, как во второй день сотворения мира, прежде чем была создана суша.

А после потопа вернул Творец мир к исправленному виду, как и вначале, и он не был полностью уничтожен во время потопа, потому что Он присматривал за ними тогда с милосердием, как сказано: «Творец (АВАЯ) над потопом воссел»[375], и это – мера милосердия. Не сказано: «Всесильный (Элоким) над потопом воссел», что означало бы меру суда. Таким образом

---

[373] Тора, Берешит, 4:26. «И у Шета также родился сын, и он нарек ему имя Энош. Тогда стали нарекать именем Творца».
[374] Писания, Йов, 21:15. «Кто такой Всемогущий, чтобы мы служили Ему, и что нам за прок Ему молиться?!»
[375] Писания, Псалмы, 29:10. «Творец над потопом воссел, на царском престоле восседает Творец навек!»

Он судил их с милосердием, и поэтому он не был полностью уничтожен потопом.

384) А в дни Эноша даже маленькие дети в этом поколении все изучали высшие мудрости, углубляясь в них, т.е. они постигали их. Но в таком случае, они были глупцами, так как не знали, что Творец наведет на них в будущем воды потопа, и они погибнут в них.

385) Они знали, но удерживали глупость в сердцах своих, т.е. они знали ангела, правящего огнем, и ангела, правящего водой, и знали, как остановить их, чтобы те не произвели над ними суд. И поэтому они не боялись наказания. Но они не знали, что Творец властвует над землей, и от него придет суд на мир.

386) Однако они видели, что мир находится в руках этих правителей, и от них зависит совершаемое в мире. И поэтому они не смотрели на Творца, и не следили за деяниями Его, пока не была разрушена земля. А дух святости возглашал над ними каждый день: «Пусть грешники исчезнут с земли, и нечестивых не будет больше!»[376]

387) И Творец ждал их все то время, пока праведники Еред, Митушелах и Ханох жили в мире. После того, как они ушли из мира, Творец совершил над ними суд, и они были уничтожены, как сказано: «И были стерты они с лица земли»[377].

---

[376] Писания, Псалмы, 104:35. «Пусть грешники исчезнут с земли, и нечестивых не будет больше! Благослови, душа моя, Творца! Алелуйа (хвалите Творца)!»

[377] Тора, Берешит, 7:23. «И стер Он все сущее, что на поверхности земли, от человека до скота, до ползучего и до птицы небесной: и были стерты они с лица земли. И остался лишь Ноах и то, что с ним в ковчеге».

# И ходил Ханох перед Всесильным

388) «Когда Царь в окружении Своем, мой нард источает аромат»[378]. Таковы пути Творца – в час, когда человек прилепляется к Нему, Он устанавливает свою Шхину над ним, хотя знает, что человек потом прегрешит, и Он заранее собирает весь хороший аромат от него, прежде чем забирает его из мира.

389) «Когда Царь» – т.е. Творец, «в окружении Своем» – это человек, который прилепился к Нему и идет путями Его, «мой нард источает аромат» – добрые деяния его, вследствие которых он уходит из мира преждевременно, с тем чтобы не испортить их.

390) Сказал об этом царь Шломо: «Вот суета, происходящая на земле: есть праведники, которым воздается по делам нечестивых, и есть нечестивые, которым воздается по делам праведников»[379]. «Есть праведники, которым воздается по делам нечестивых» – вследствие добрых деяний, которые они совершили, Творец забирает их из мира прежде, чем наступило их время, и производит над ними суды, с тем, чтобы не испортили деяния свои. «И есть нечестивые, которым воздается по делам праведников» – когда Творец продлевает их время и сдерживает гнев Свой.

Одних – чтобы не прегрешили и не испортили свои добрые деяния. И поэтому к ним приходят суды, как за деяния грешников. Других – чтобы совершили возвращение к Нему, или потому, что должны произойти от них хорошие сыновья, и поэтому Он ждет их, сдерживая Свой гнев, и им «воздается по делам праведников».

391) Ханох был праведником, но Творец видел, что он прегрешит затем, и забрал его прежде, чем тот прегрешит. И об этом сказано: «И собирать лилии»[380], т.е. благодаря тому, что они несут приятный аромат миру, забирает их Творец еще до прегрешения, как сказано: «И ходил Ханох перед Всесиль-

---

[378] Писания, Песнь песней, 1:12.
[379] Писания, Коэлет, 8:14.
[380] Писания, Песнь песней, 6:2.

### И ходил Ханох перед Всесильным

ным, и не стало его, ибо взял его Всесильный»[381]. «И не стало его» – означает, что Он не продлил дни его, как дни его поколения, в котором люди жили долгие годы, потому что Творец забрал его прежде, чем пришло его время.

392) Творец взял Ханоха с земли и поднял его в небесные выси, передав в руки его все высшие богатства. И все сорок пять (МА) ключей от запечатанных тайн, которыми пользуются высшие ангелы, были переданы ему.

---

[381] Тора, Берешит, 5:24.

# И увидел Творец, что велико зло человека

393) «Ибо Ты не божество, желающее беззакония, не водворится у Тебя зло»[382]. Однако всякий, кто прилепляется к злому началу и тянется за ним, становится нечистым, и оно оскверняет его.

394) «Что велико зло человека на земле»[383] – означает, что они делали все нарушения, и не заканчивался их грех до тех пор, пока не пролили невинную кровь на землю. И это те, кто извратили свой путь на земле, т.е. напрасно изливали семя, и об этом сказано: «И был Эр, первенец Йегуды, неугоден в глазах Творца»[384]. «Неугоден» означает, что изливал семя впустую.

395) Разве «неугоден» не означает «нечестив»? Неугодным называют именно того, кто изливает семя впустую. Нечестивым называется даже, если поднял руку на товарища своего, и хотя не сделал ничего, называется нечестивым. Как сказано: «И сказал он нечестивцу: "Зачем тебе бить ближнего своего?"»[385] Не сказано: «Зачем ударил ты», то есть нанес удар ему, а сказано: «Зачем тебе бить», т.е. еще не ударил его, но тем не менее, назван нечестивым.

396) Но ведь неугодным называется только тот, кто развращает путь свой, оскверняет себя и оскверняет землю, придавая силу и мощь духу нечистоты, называемому нечестивым. Как сказано: «Только неугодное весь день»[383]. И он не входит в чертог Творца и не видит лика Шхины, потому что вследствие этого греха Шхина уходит из мира.

---

[382] Писания, Псалмы, 5:5.
[383] Тора, Берешит, 6:5. «И увидел Творец, что велико зло человека на земле и все помыслы сердца его – только неугодное весь день».
[384] Тора, Берешит, 38:7. «И был Эр, первенец Йегуды, неугоден в глазах Творца, и умертвил его Творец».
[385] Тора, Шмот, 2:13. «И вышел он на другой день, и вот – два еврея ссорятся, и сказал он нечестивцу: "Зачем тебе бить ближнего своего?"»

397) Откуда нам известно, что Шхина устраняется вследствие этого прегрешения? От Яакова, ибо в час, когда отдалилась от него Шхина, он думал, что есть изъян в сыновьях его, т.е. вышеупомянутое прегрешение, из-за которого усилился нечистый дух в мире и привел к уменьшению света луны, Нуквы Зеир Анпина, вызвав ущерб в ней. И поэтому ушла от него Шхина. И думал он так потому, что это прегрешение оскверняет Храм. И потому отдалилась Шхина от Яакова, хотя сам он не совершал греха. И тем более тот, кто оскверняет пути свои и оскверняет себя, т.е. укрепляет дух нечистоты. И поэтому, когда он оскверняется, то называется неугодным.

398) Когда человек оскверняется вследствие вышеупомянутого прегрешения, он не будет помянут Творцом к добру. И каждый раз он поминается во зло со стороны духа нечистоты, называемого неугодным. И поэтому он приводит к удалению Шхины, ведь когда дух нечистоты вспоминает его, сразу же удаляется Шхина, как сказано: «И пребудет он сытый, не посетит его зло»[386], что означает — когда он идет прямым путем и не оступается из-за вышеназванного греха, тогда «не посетит его зло».

И поэтому сказано: «Только неугодное весь день»[383]. И сказано: «У Тебя не водворится зло». И тогда вместо нечестивого он называется неугодным. И сказано: «Даже если иду я долиной смерти, не устрашусь зла, ибо Ты со мной»[387]. Однако верно также и противоположное — если Шхина находится с ним, то он не боится духа нечистоты, называемого злом. Как сказано: «Не устрашусь зла, ибо Ты со мной» — потому что Шхина избегает нечистоты, называемой злом. И также нечистота избегает Шхины.

---

[386] Писания, Притчи, 19:23. «Страх Творца ведет к жизни. И пребудет он сытый, не посетит его зло».
[387] Писания, Псалмы, 23:4. «Даже если иду я долиной смерти, не устрашусь зла, ибо Ты со мной; посох Твой и опора Твоя — они успокоят меня».

# И огорчился он в сердце своем

399) «Горе вам, влекущие грех вервями обмана, и словно оглобли тележные – их вина»[388]. «Горе вам, влекущие грех» – это люди, грешащие перед Творцом каждый день, и эти грехи представляются в их глазах «вервями обмана», поскольку они считают совершаемое действие и совершаемый грех как ничего не значащие. И не преследует их Творец до тех пор, пока не становится их прегрешение грехом сильным и большим, «словно оглобли тележные», т.е. он – сильный, и невозможно его уничтожить.

400) Когда Творец вершит суд над нечестивцами мира, хотя они и грешат перед ним, весь день вызывая гнев Его, всё же Он не желает искоренять их из мира. И когда он смотрит на деяния их, то с сочувствием относится к ним из-за того, что они дело рук Его, и Он сдерживает по отношению к ним Свой гнев в мире.

401) И поскольку они дело рук Его, Он успокаивается и с сочувствием относится к ним, испытывая милосердие к ним. И когда требует совершить суд над ними, то Он словно огорчается. Ведь поскольку они дело рук Его, Он огорчается за них, как сказано: «И не приносили ему никакой пищи, и сон бежал от него»[389].

402) Сказано: «Слава и великолепие пред Ним, сила и радость в обители Его»[390], и также сказано: «И пожалел Творец, что создал человека на земле, и огорчился Он в сердце своем»[391]. «И огорчился Он в сердце своем» – указывает на то, что это огорчение затрагивает сердце Его, а не другое место. Сердце Его – это Нуква, как сказано: «То, что по седцу Мне и по душе Моей, будет он делать»[392].

---

[388] Пророки, Йешаяу, 5:18.
[389] Писания, Даниэль, 6:19. «Потом ушел царь во дворец свой, провел ночь в посте, и не приносили ему никакой пищи, и сон бежал от него».
[390] Писания, Диврей а-ямим 1, 16:27.
[391] Тора, Берешит, 6:6.
[392] Пророки, Шмуэль 1, 2:35. «И Я поставлю Себе священнослужителя верного: то, что по сердцу Мне и по душе Мне, будет он делать; и Я построю ему дом верный, и он будет ходить пред Мною помазанным во все дни».

**Объяснение.** Сокращение произошло на свет Хохмы, а не на свет хасадим. И поскольку все ступени перед Нуквой пребывают в свете хасадим, нет в них никакого удержания клипот. Об этом говорится в отрывке: «Слава и великолепие пред Ним, сила и радость в обители Его»[390] – потому что нет удержания судов и клипот. И только в одной Нукве, которая светит свечением Хохмы, удерживаются все суды и клипот, и огорчение присутствует в ней. Поэтому «огорчение затрагивает сердце Его» – так как это Нуква, « а не другое место» – т.е. никакое другое место, находящееся выше Нуквы, потому что все они светят укрытыми хасадим, в которых нет удержания судов.

«И пожалел Творец»[391] – как сказано: «И сожалел Творец о том зле, которое обещал сделать народу Своему»[393]. «И пожалел Творец, что создал человека»[391] – т.е. Он не хотел наказывать их, и поэтому, когда пришло время вершить над ними суд, «и огорчился Он в сердце своем»[391].

403) «И пожалел Творец» – это к добру, так как пожалел их Творец за то, что они – дело рук Его, и проявил милосердие к ним. «И пожалел Творец» – т.е. сжалился Творец, поскольку «создал человека», и тот является делом рук Его.

404) «И пожалел Творец» – это во зло, когда Творец требует уничтожить грешников мира, Он прежде сожалеет о них, словно тот, кто сожалеет о том, что потерял. И поскольку сожалеет, понятно, что суд свершился, и это больше не зависит от возвращения.

405) Когда это зависит от возвращения? Прежде, чем Он сожалеет о них. После того, как сожалеет о них, это уже вовсе не зависит от возвращения, и суд свершился. И тогда Творец добавляет суд за судом и усиливает место суда, Нукву, для того чтобы произвести суд. И устраняет грешников из мира, как сказано: «И пожалел Творец»[391] – т.е. сожалел. «И огорчился Он в сердце Своем»[391] – т.е. усилил Он место суда, чтобы произвести суд. Потому что «сердце Его», Нуква, является местом суда. «И огорчился» означает, что дал силу и укрепление.

---

[393] Тора, Шмот, 32:14.

406) «И пожалел Творец» – т.е. пребывал в сожалении и радости. Потому что в час, когда создал Творец на земле человека, который был подобен высшим, все высшие ангелы восхваляли Творца, и увидев его в высшем образе, произнесли: «Немногим Ты умалил его перед ангелами, славой и великолепием Ты увенчал его»[394].

407) Затем, когда Адам прегрешил, опечалился Творец из-за греха его, так как дал он повод ангелем-служителям обратиться к Нему вначале, когда Он хотел создать Адама: «Что есть человек, чтобы Ты помнил его, и сын человеческий, чтобы Тебе заботиться о нем?»[395] Сказанное «и пожалел Творец» означает – до прегрешения, когда принял сожаления и радость ангелов, «и огорчился» – после прегрешени.

408) «И огорчился Он в сердце Своем»[391] – потому что потребовал произвести над ними суд. Как сказано: «Выступая перед авангардом и говоря: "Славьте Творца, ибо навеки милость Его"»[396]. И не сказано здесь: «Славьте Творца, ибо добр Он»[397], потому что уничтожил Он дело рук Своих ради Исраэля.

409) Когда Исраэль перешли море, явились ангелы-служители, чтобы произнести в эту ночь песнь перед Творцом. Сказал им Творец: «Но ведь дело рук Моих тонет в море, а вы произносите песнь». Тогда сказано: «И не приближался один к другому всю ночь»[398]. Так же и здесь – каждый раз, когда уничтожаются грешники в мире, печаль сопровождает Его, потому что «один с другим» указывает на ангелов, о которых сказано: «И взывал один к другому»[399]. «И не приближался один к другому всю ночь» означает, что не говорили ничего друг другу всю ночь.

---

[394] Писания, Псалмы, 8:6.
[395] Писания, Псалмы, 8:5.
[396] Писания, Диврей а-ямим 2, 20:21. «И совещался он (Йеошафат) с народом и поставил певцов Творцу, чтобы восхваляли в великолепии святом, выступая перед авангардом и говоря: "Славьте Творца, ибо навеки милость Его!"»
[397] Писания, Псалмы, 106:1. «Славьте Творца, ибо добр Он, ибо навеки милость Его».
[398] Тора, Шмот, 14:20. «И вошел между станом египетским и станом исраэльским, и было облако и мрак, и осветил ночь, и не приближался один к другому всю ночь».
[399] Пророки, Йешаяу, 6:3. «И взывал один к другому, говоря: "Свят, свят, свят Повелитель воинств, наполнена вся земля величием Его!"»

410) В час, когда Адам согрешил перед Творцом и преступил заповедь Его, печаль сопровождает Его. Сказал ему Творец: «Горе тебе, ибо ослабил ты высшую силу». В тот же час померк один из светов – Нуква. Тотчас изгнал его из Эденского сада.

411) Сказал Он ему: «Я ввел тебя в Эденский сад, чтобы принести жертву и создать единство Творца и Шхины, а ты опорочил жертвенник, Нукву, настолько, что невозможно больше принести жертву. Отныне и далее – ступай отсюда, чтобы обрабатывать землю». И Он осудил его на смерть. Но сжалился над ним Творец, и когда он умер, похоронил его рядом с садом, в пещере Махпела, где находится вход в Эденский сад.

412) Что же сделал Адам? Адам сделал одну пещеру, пещеру Махпела, и были укрыты в ней Адам со своей женой. Откуда он знал, что нужно избрать это место? Однако он видел там один слабый свет, который вышел из Эденского сада и вошел в это место. И возникло у него желание быть погребенным там. И там – место, близкое к Эденскому саду.

413) Человек не может уйти из мира до тех пор, пока не увидит Адама Ришона. И спрашивает его Адам Ришон, за что он ушел из мира, и как вышла душа его? И он отвечает ему: «Горе мне, ибо из-за тебя я ушел из мира» – из-за того, что тот нарушил запрет Древа познания, и люди осуждены на смерть. И Адам Ришон отвечает ему: «Сын мой, я преступил одну заповедь и был наказан за нее. Взгляни же, сколько ты сделал нарушений, и сколько заповедей Господина своего преступил, не выполнив их».

414) До сего дня встает Адам Ришон и видит праотцев дважды в день, и раскаивается в своем грехе, и показывает им то место в саду, в котором он пребывал в высшем величии, прежде чем прегрешил. И он идет, встречая всех праведников и приверженцев, произошедших от него, и унаследовавших высшее величие Эденского сада, в котором он находился до прегрешения. И все праотцы благодарят, возглашая: «Как драгоценна милость Твоя, Всесильный! И сыны человеческие находят убежище в тени крыл Твоих»[400].

---

[400] Писания, Псалмы, 36:8.

415) Все люди в мире встречают Адама Ришона в час, когда уходят из мира, чтобы получить свидетельство, что из-за собственных грехов самого человека он уходит из мира, а не из-за грехов Адама Ришона. Как мы изучали, смерть не приходит без прегрешения.

416) Кроме тех трех, которые умерли из-за совета первородного змея, посоветовавшего Хаве вкусить от Древа познания, и они не умерли за собственные грехи, и это – Амрам, Леви и Беньямин. Некоторые считают, что также и Ишай. И они не прегрешили, и нет в них никакого греха, из-за которого они должны были умереть, кроме того, что упоминаются они в связи с советом змея.

417) Все поколения, которые были в дни Ноаха, показали себя, т.е. обнаружили свои прегрешения в мире, и это раскрылось всем воочию.

418) Любой грех, сделанный открыто, изгоняет Шхину с земли, и уходит Скиния из мира. Это те, кто в поколении потопа ходили с поднятой головой, не стыдясь, и совершали прегрешения свои открыто, изгнав Шхину из мира, до тех пор, пока не изгнал их Творец, прогнав их от Себя. Как сказано: «Удали примеси из серебра, и выйдет у плавильщика сосуд. Удали нечестивого от царя, и престол его утвердится правдою»[401].

---

[401] Писания, Притчи, 25:4-5.

# Да не судит дух Мой

419) «И сказал Творец: "Да не будет Мой дух судить человека вечно, ведь к тому же он – плоть"»[402]. Когда Творец создал мир, Он создал этот мир, Малхут, чтобы пользоваться ей, как высшим миром, Биной. Иными словами, Он сделал так, чтобы все света, светящие в Бине, светили также и в Малхут, в этом мире. И когда люди в мире являются праведниками, т.е. идут прямым путем, Творец пробуждает дух жизни, т.е. мохин, наверху, в Бине, пока эта жизнь не достигает места, где находится Яаков, Зеир Анпин, потому что от Бины они нисходят в Зеир Анпин.

420) И оттуда проистекает жизнь до тех пор, пока не распространяется этот дух жизни в этот мир, Нукву, в место, в котором пребывает царь Давид. И оттуда нисходят благословения ко всем нижним, находящимся в мирах БЕА. И этот высший дух распространяется, нисходя вниз, и нижние могут существовать в мире.

421) И поэтому сказано: «Навеки (леолам לעולם) милость Его»[397] с буквой «вав ו», и это мир (олам עולם) царя Давида, этот мир, Нуква. И эта «вав» является духом жизни, нисходящим в мир. И поэтому сказано: «Не будет дух Мой судить человека вечно (леолам לעלם)»[402] без «вав ו». Ибо когда этот дух нисходит в этот мир, выходят оттуда благословения и жизнь для существования всего. А теперь, в поколении потопа, люди стали грешить и притягивать наполнение сверху вниз, испортив среднюю линию, и стали держаться левой линии. И всё ушло из мира, для того чтобы дух жизни не являлся в этот мир для наслаждения нижних, и они смогли бы существовать в нем. И поэтому говорится здесь «навеки (леолам לעלם)» без «вав ו», так как они испортили среднюю линию, «вав ו», дух жизни, и стали держаться левой линии.

422) «Ведь к тому же (бешагам) он – плоть»[402]. Поэтому не будет передаваться дух жизни этому миру, чтобы не взращивать змея, т.е. нижнюю из ступеней, называемую «плоть», чтобы

---

[402] Тора, Берешит, 6:3. «И сказал Творец: "Да не будет дух Мой судить человека вечно, ведь к тому же он – плоть; пусть будут дни жизни его сто двадцать лет"».

не усилился он благодаря этому духу жизни и дух святости не смешался с духом нечистоты змея. И сказанное «ведь к тому же (бешагам) – он плоть» означает: ведь к тому же первородный змей, называемый плотью, благословится с помощью этого духа жизни. И поэтому называется змей плотью, как сказано: «Конец всякой плоти пришел предо Мною»[403]. И это ангел смерти, являющийся первородным змеем. Ведь этот змей называется плотью.

«Пусть будут дни жизни его сто двадцать лет»[402] – т.е. ожидание башни единства. Нуква называется башней только в то время, когда она поднимается в ХАГАТ и соединяется с ними как четвертая по отношению к праотцам. И поэтому она называется башней единства. И тогда есть у нее три вида связи, в которых ХАГАТ и Нуква соединяются друг с другом, и это четыре ступени, в каждой из которых десять сфирот, всего сорок (мэм). Есть связь сорока со стороны правой линии, и также связь сорока со стороны левой линии, а также связь сорока со стороны средней. И трижды сорок – это сто двадцать лет, т.е. сфирот.

И мы изучаем, что рабби Йоханан бен Закай из всех ста двадцати лет своей жизни сорок лет занимался торговлей, сорок лет учился и сорок лет – обучал. Потому что это – три вида связи в Малхут. Сорок лет занятий торговлей – со стороны правой линии, сорок лет учебы – со стороны левой линии, сорок лет обучения – со стороны средней линии.

И поэтому: «Да не будет дух Мой судить человека вечно (леолам)»[402] сказано без «вав», так как они испортили среднюю линию и стали держаться левой линии, чтобы притягивать от нее наполнение сверху вниз. Поэтому им не будет светить дух жизни, «ведь к тому же (бешагам) он плоть»[402] – потому что змей, называемый плотью, сможет расти от него. Однако «пусть будут дни жизни его сто двадцать лет»[402] – т.е. необходимо исправить Малхут, чтобы она получала от всех трех линий, трижды сорок, всего – сто двадцать лет. То есть число сто двадцать лет – это время ожидания и исправления башни единства во всех трех видах связи, – т.е. дух жизни вернется и будет светить нижним.

---

[403] Тора, Берешит, 6:13. «И сказал Всесильный Ноаху: "Конец всякой плоти пришел предо Мною, ибо земля наполнилась злодеянием из-за них. И вот, Я истреблю их с землею"».

# Исполины были на земле

423) «Исполины были на земле»[404] – это Аза и Азаэль, потому что поверг[405] их Творец, низведя с уровня высшей святости. И как могли они существовать в этом мире? Сказано о них: «И птица будет летать над землей»[406]. Они представляются людям в виде людей. Но как же они могут изменять свой вид ангелов, принимая образ человека? Они принимают несколько образов, и в час, когда опускаются в этот мир, они облачаются в воздух этого мира, и кажутся людьми.

424) Творец поверг с небес Азу и Азаэля, затеявших мятеж наверху, и они приняли земное облачение, живя в этом облачении и не имея возможности освободиться от него и вернуться на свое место, подобно остальным ангелам, и поэтому остались на земле. А затем они начали увиваться за женщинами мира. И доныне, до сего дня, они живут и существуют, обучая колдовству людей. И они порождали сыновей, которые назывались великанами и богатырями. И эти исполины называются также ангелами (бней элоким).

---

[404] Тора, Берешит, 6:4.
[405] Слово «поверг (ипиль)» того же корня, что и слово «исполин (нефилим)».
[406] Тора, Берешит, 1:20. «Да воскишат воды кишеньем существа живого, и птица будет летать над землей по своду небесному».

# Истреблю человека

425) «И сказал Творец: "Истреблю человека"»[407]. «Ибо мысли Мои – не ваши мысли»[408]. Когда человек хочет отомстить другому, то молчит и не говорит ему ничего, как бы предупреждая: «Берегись», и не содействует ему.

426) Однако не так – Творец, так как Он не вершит суда в мире, не провозгласив о нем и не сообщив им, – один раз, дважды, трижды. Потому что нет того, кто мог бы воспрепятствовать Ему и сказать Ему, как поступать. И невозможно защититься от Него и выступить против Него.

427) «И сказал Творец: "Истреблю человека"» – Он сообщил им об этом через Ноаха. И Он предупреждал их много раз, но они не послушались. И после того, как не послушались, Он произвел над ними суд и устранил их с лица земли.

428) Сказано: «И нарек ему имя Ноах, говоря: "Этот утешит нас после деяния нашего"»[409]. Откуда он знал, что это утешит его после деяния его, сразу же в момент его рождения? Однако в час, когда Творец проклял мир, как сказано: «Проклята земля из-за тебя», обратился Адам к Творцу: «Владыка мира, до каких пор будет проклят мир?» Ответил ему Творец – до тех пор, пока у тебя не родится сын, обрезанный подобно тебе.

429) И они ждали до того часа, как родился Ноах. И после того, как родился Ноах, он увидел, что тот обрезан и отмечен знаком святости. И увидел, что Шхина слита с ним. Тогда он понял, что в дни его будет снято проклятие с земли, и нарек ему имя, указывающее на содеянное после.

---

[407] Тора, Берешит, 6:7. «И сказал Творец: "Истреблю человека, которого Я сотворил, с лица земли, от человека до скота, до гадов и до птиц небесных, ибо Я раскаялся, что создал их"».
[408] Пророки, Йешаяу, 55:8. «Ибо мысли Мои – не ваши мысли, и не ваши пути – пути Мои, – слово Творца».
[409] Тора, Берешит, 5:29. «И нарек ему имя Ноах, сказав: "Этот утешит нас после деяния нашего и после труда рук наших над землею, которую проклял Творец"».

430) Вначале они не умели сеять, жать и пахать. И своими руками обрабатывали землю. После того, как явился Ноах, он исправил орудия (келим) труда, и все орудия, которые необходимы для исправления земли, чтобы она давала плоды. Как сказано: «Этот утешит нас после деяния нашего, и после труда рук наших над землею, которую проклял Творец»[409] – потому что он освободил землю от ее проклятия, когда сеяли пшеницу, а пожинали чертополох и колючку. И поэтому сказано о Ноахе «хозяин земли».

431) «Хозяин (досл. муж) земли»[410]. Подобно сказанному: «Муж Наоми»[411], т.е. «хозяин земли», поскольку он освободил землю от проклятия ее благодаря принесению жертвы. И тогда сказано: «Не буду более проклинать землю за человека»[412]. И поэтому он назван «хозяином земли». И потому нарек он ему имя Ноах, указывающее на содеянное после.

---

[410] Тора, Берешит, 9:20. «И начал Ноах, хозяин земли, и насадил виноградник».
[411] Писания, Рут, 1:3. «Но умер Элимелех, муж Наоми, и осталась она с двумя сыновьями своими».
[412] Тора, Берешит, 8:21. «И обонял Творец благоухание приятное, и сказал Творец в сердце своем: "Не буду более проклинать землю за человека, ибо помысел сердца человека зол от молодости его, и не буду более поражать все живущее, как Я сделал"».

# Идите, зрите дела Всесильного, который произвел опустошение на земле

432) Сказано: «Идите, зрите дела Всесильного (Элоким), который произвел опустошение на земле»[413] – если бы мир был создан деяниями имени АВАЯ, т.е. свойства милосердия, то возможно было бы существование на земле, но поскольку он создан деяниями имени Элоким, т.е. свойства суда, то «произвел опустошение» – т.е. разрушения.

433) Но так нельзя истолковывать, ибо всё, что связывает имена АВАЯ Элоким, относится к восславлению. И значение сказанного: «Произвел опустошение (шамот) на земле», товарищи истолковали так – именно святые имена (шемот) Он «произвел на земле».

434) Всё истина в приведенном объяснении, ведь если бы мир управлялся милосердием, то мог бы существовать. Но поскольку мир основан на свойстве суда, и стоит на суде, поэтому сказано: «Произвел опустошение на земле», т.е. произвел святые имена, которые защищают землю. Ведь мир иначе не мог бы существовать из-за прегрешений людей.

435) Когда родился Ноах, ему нарекли имя, указывающее на утешение для того, чтобы это имя привело их к утешению. Однако Творец не согласился с ними и навел на них потоп, потому что хотел, чтобы они улучшили пути свои и совершили возвращение. Если переставить буквы в слове Ноах, получается «хен (милость)». Как сказано: «А Ноах обрел милость»[414].

У праведников – имена их приводят к добру, а у грешников – имена их приводят к злу. О Ноахе сказано: «А Ноах обрел милость в глазах Творца»[414] – т.е. буквы переставились к добру. У Эра, первенца Йегуды, буквы переставились к злу.

---

[413] Писания, Псалмы, 46:9.
[414] Тора, Берешит, 6:8.

И Эр превратился в «ра (зло)», как сказано: «И был Эр, первенец Йегуды, неугоден в глазах Творца»[384].

436) После того, как родился Ноах, он увидел деяния людей, грешащих перед Творцом, и он скрывался, чтобы не идти их путями, и занимался служением Господину своему, т.е. изучал книгу Адама Ришона и книгу Ханоха. Занимался он ими для того, чтобы знать, как служить Господину своему.

437) Откуда знал Ноах, что нужно принести жертву Господину своему? Поскольку нашел мудрость в книгах Адама и Ханоха, позволяющую знать, на чем держится мир. И он знал из них, что на принесении жертвы держится мир, и если бы не жертва, то не могли бы существовать высшие и нижние, и поэтому принес он жерву.

438) Рабби Шимон находился в пути, и был с ним рабби Эльазар, сын его, а также рабби Йоси и рабби Хия. Пока они шагали, сказал рабби Эльазар отцу: «Ведь путь исправлен перед нами, и мы хотим услышать речения Торы».

439) Сказал рабби Шимон: «Если даже по пути идет глупец, сердца недостает ему»[415]. Когда человек желает исправить свои пути перед Творцом, он должен советоваться с Ним и молиться перед Ним о том, чтобы добиться удачи на пути своем. Как сказано: «Праведность перед ним пойдет, и направит в пути стопы его»[416] – потому что он молится, чтобы Шхина, называемая справедливостью, не расставалась с ним. А затем «направит в пути стопы его».

440) О том, кто не верит Господину своему, сказано: «Если даже по пути идет глупец, сердца недостает ему»[415]. А что представляет собой сердце его? Это Творец помещает Шхину Свою в сердце праведников, и если не идет с Ним в пути, то в сердце его недостает присутствия Шхины, и недостает помощи Его в пути, так как этот человек, не верящий Господину своему и называемый глупцом, о котором сказано: «Не прегрешит

---

[415] Писания, Коэлет, 10:3. «Если даже по пути идет глупец, сердца недостает ему, и объявляет всем о глупости своей».
[416] Писания, Псалмы, 85:14.

человек, если не войдет в него дух глупости»⁴¹⁷, не просил помощи у Господина своего, прежде чем вышел в путь.

441) И даже когда находится в пути, он не занимается речениями Торы, и поэтому «сердца недостает ему». Ведь он не идет с Господином своим, и Господин Его не находится на пути его. И даже когда он слышит слова веры в Господина своего, говорит, что глупость заниматься ими, как сказано: «И объявляет всем о глупости своей»⁴¹⁵.

442) И также, когда спрашивают человека о знаке святого союза, запечатленном на плоти этого человека, он говорит, что это не является верой. Услышал старец рабби Иса, посмотрел на него и превратил его в груду костей. А мы находимся на этом пути благодаря поддержке Творца, и поэтому во время него мы должны произносить речения Торы.

443) Сказал Давид: «Укажи мне, Творец, путь Твой, пусть направляет меня истина Твоя, скрепи в единстве сердце мое для трепета перед именем Твоим»⁴¹⁸. Трудно понять это высказывание, ведь всё находится в руках Творца. Кроме одного – будет человек праведником или грешником, как сказано: «Всё во власти небес, кроме трепета перед небесами»⁴¹⁹. И поэтому трудно понять, как Давид просил об этом Творца.

444) Однако Давид сказал: «Укажи мне, Творец, путь Твой» – т.е. просил Творца открыть ему глаза и сообщить ему путь прямой и исправленный. А затем: «пусть направляет меня истина Твоя» – т.е. пойду я путем истины, не уклоняясь ни вправо, ни влево.

«Скрепи в единстве сердце мое», как сказано: «Твердыня сердца моего и удел мой»⁴²⁰, т.е. святая Шхина, которая облачается в сердце и называется «твердыня сердца моего». О ней он просил: «Скрепи в единстве сердце мое»⁴¹⁸. И всё это я прошу, чтобы бояться имени Твоего, прилепиться в трепете к Тебе, и хранить как подобает путь свой. «Для трепета

---

⁴¹⁷ Вавилонский Талмуд, трактат Сота, лист 3:1.
⁴¹⁸ Писания, Псалмы, 86:11.
⁴¹⁹ Вавилонский Талмуд, трактат Брахот, лист 33:2.
⁴²⁰ Писания, Псалмы, 73:26. «Изнемогает плоть моя и сердце мое, твердыня сердца моего и удел мой – Всесильный, навек».

перед именем Твоим»[418] – это место удела моего, т.е. Малхут, являющаяся уделом Давида, в котором пребывает страх, чтобы бояться Его, так как Малхут является этим страхом и называется «страх».

445) Каждого человека, боящегося Творца, вера сопровождает как подобает, потому что человек этот совершенен в служении Господину его. А в том, в ком не пребывает трепет перед Господином его, не пребывает и вера, и он недостоин доли в будущем мире.

446) Счастливы праведники в этом мире и в мире будущем, ибо Творец желает величия их. Сказано: «Путь праведных – как светило лучезарное, светящее всё сильнее»[421]. «Как светило лучезарное» означает – как тот сияющий свет, который Творец создал в начале творения. И это тот свет, который Творец скрыл ради праведников в будущем мире. «Светящее всё сильнее» – потому что он непрестанно возвышается в свете Его всегда, и никогда не испытывает недостатка.

447) Однако о грешниках сказано: «Путь нечестивых подобен тьме, не знают они, вследствие чего оступятся»[422]. Разве они не знают, вследствие чего оступятся? Грешники идут извилистым путем в этом мире и не желают внимать, что будет их судить Творец в мире истины и приведет их на суд Его в преисподней. И они кричат в преисподней, восклицая: «Горе нам, ибо не желали мы слушать и не внимали заповедям Его в этом мире!» И каждый день они восклицают: «Горе нам!»

448) Творец будет светить праведникам в мире будущем, и дарует им награду ради удела их, места, которое неуловимо для глаза, как сказано: «Глаз не видел Творца кроме Тебя, сделавшего такое для уповающего на Него»[423]. И сказано: «И будете попирать грешников, ибо станут они пеплом под ногами вашими»[424]. Счастливы праведники в этом мире и в мире

---

[421] Писания, Притчи, 4:18. «Путь праведных – как светило лучезарное, светящее все сильнее, до полного дня».
[422] Писания, Притчи, 4:19.
[423] Пророки, Йешаяу, 64:3.
[424] Пророки, Малахи, 3:21. «И будете попирать грешников, ибо станут они пеплом под ногами вашими в тот день, который определю Я, – сказал Властелин воинств».

будущем. И о них сказано: «Праведники… навеки унаследуют землю»[425]. И сказано: «Но праведники воздадут благодарность имени Твоему»[426]. Благословен Творец вовеки. Амен и амен.

---

[425] Пророки, Йешаяу, 60:21. «И народ твой, все праведники, ветвь насаждения Моего, дело рук Моих для прославления, навеки унаследуют землю».
[426] Писания, Псалмы, 140:14. "Но праведники воздадут благодарность имени Твоему, справедливые обитать будут пред Тобой».

# Глава Ноах

# Ноах и ковчег

1) Счастливы Исраэль, занимающиеся Торой и знающие пути Торы, благодаря ей они удостоятся мира будущего.

2) У всего Исраэля есть доля в будущем мире, потому что они хранят союз, благодаря которому существует мир, как написано: «Если бы не Мой союз днем и ночью, не утвердил бы Я законов неба и земли»[427]. Когда хранят в святости союз обрезания, чтобы не осквернить его напрасным излиянием семени и кровосмешением. У Исраэля, хранящих союз, так как они обязались хранить его, есть доля в будущем мире.

3) И кроме того, Исраэль по этой причине называются праведниками. И каждый, кто хранит этот союз, благодаря которому существует мир, зовется праведником. Откуда это идет? От Йосефа, поскольку он хранил «союз мира», т.е. не согрешил с женой господина своего, и удостоился называться праведником. Сказано: «И народ твой, все праведники»[428]. «Ноах, муж праведный»[429], означает, что хранил союз, а потому выжило потомство его. И поэтому сказано в Писании: «Вот родословие Ноаха. Ноах, муж праведный»[429], так как одно зависит от другого.

4) «И река выходит из Эдена»[430]. Река, Есод, берет свое начало и вытекает из Эдена, то есть Хохмы, и входит в этот сад, т.е. в Малхут, и орошает его высшей влагой, и доставляет ему радость, и производит плоды, и взращивает семена. И тогда всё пребывает в радости, ведь сад наполняется радостью оттого, что есть в нем плоды. И это доставляет радость реке, поскольку приносит плоды.

---

[427] Пророки, Йермияу, 33:25.
[428] Пророки, Йешаяу, 60:21. «И народ твой, все праведники, ветвь насаждения Моего, дело рук Моих для прославления, навеки унаследуют землю».
[429] Тора, Берешит, 6:9. «Вот родословие Ноаха. Ноах, муж праведный, непорочным он был в поколениях своих, пред Всесильным ходил Ноах».
[430] Тора, Берешит, 2:10. «И река выходит из Эдена для орошения сада, и оттуда разделяется и образует четыре русла».

Сказано: «Ибо в этот день отдыхал»[431] – т.е. в реке, Есоде. И сказано: «И отдыхал в седьмой день»[432] – т.е. в саду, Малхут. «И отдыхал» указывает на покой и радость. И производит потомство именно Есод, называемый «река, выходящая из Эдена», потому что никакая другая сфира не дает плодов.

5) И подобно этому Ноах внизу представлял собой союз святости, как и высший Есод, т.е. «река, выходящая из Эдена». И потому называется «хозяин (досл. муж) земли»[433], так как земля – это Малхут, а Есод – это муж Малхут.

И Ноах нуждался в ковчеге, т.е. в Малхут, чтобы соединиться с ней и произвести семя всего мира. Как написано: «Чтобы сохранить семя»[434].

6) Ковчег – это ковчег завета, т.е. Малхут после того, как приняла в себя Есод, называемый заветом. Ноах и ковчег внизу были подобны высшим Есоду и Малхут, поскольку с Ноахом был заключен союз, как сказано: «И установлю Мой союз с тобой»[435]. И до тех пор, пока не воплотится союз в нем, не войдет в ковчег, как написано: «И установлю Мой союз с тобой, и войдешь в ковчег ты». Ведь тогда ковчег становится «ковчегом завета» – после того, как принял внутрь Ноаха-праведника, т.е. союз, он становится ковчегом завета.

7) Ковчег и Ноах полностью подобны высшим Малхут и союзу. И поскольку высший союз порождает потомство, Ноах тоже порождает потомство. И поэтому написано: «Вот родословие Ноаха»[429], так как он произвел потомство, подобно высшему союзу – Есоду Ацилута. И благодаря тому, что удостоился

---

[431] Тора, Берешит, 2:3. «И благословил Всесильный день седьмой и освятил его, ибо в этот день отдыхал от всей работы своей, которую создал Всесильный для выполнения».

[432] Тора, Берешит, 2:2. «И завершил Всесильный в седьмой день свою работу, которую делал, и отдыхал в седьмой день от всей работы своей, которую сделал».

[433] Тора, Берешит, 9:20. «И начал Ноах, хозяин земли, и насадил виноградник».

[434] Тора, Берешит, 7:3. «Также из птиц небесных по семи, самца и самку, чтобы сохранить семя на всей земле».

[435] Тора, Берешит, 6:18. «И установлю Мой союз с тобой, и войдешь в ковчег ты и сыновья твои, и жена твоя, и жены сынов твоих с тобою».

святого союза, Есод Ацилута, называемый «союз», пребывает над ним.

8) «Ноах, муж праведный»[429], как и высший Есод. И также сказано: «А праведник – основа (есод) мира»[436], поскольку земля, Малхут, держится на нем, и он, таким образом, является опорой, на которой стоит мир, Малхут. И потому он зовется основой мира. И кто является этой основой (есод)? – праведник, а Ноах – это праведник внизу, в душах. Поэтому сказано: «Ноах, муж праведный», – это учит нас тому, что мир держится на нем.

9) «Пред Всесильным (Элоким) ходил Ноах»[429] – никогда не отделялся от Него, т.е. никогда не отделялся от Малхут. И он удостоился быть на земле «мужем праведным», наподобие высшему, а это – основа мира, союз мира и мир в мире. И, конечно же, он «муж земли»[433], то есть хозяин этой земли. И поэтому сказано: «А Ноах обрел милость в глазах Творца»[437].

10) «Непорочным он был в поколениях своих»[429]. Это поколения, исходящие от него, и все они наполняются праведностью его, и сам он тоже восполняется от всех них. С одной стороны, его непорочность наполнила все поколения, исходящие от него. А с другой, он сам стал непорочным благодаря всем поколениям, исходящим от него.

Другое толкование слов «непорочным он был» – родился обрезанным, как сказано: «Ходи предо Мною и будь непорочен»[438], и здесь имеется в виду союз обрезания. «В поколениях своих» – а не в поколениях мира, которые от него произошли. И хотя он был непорочным во всех поколениях мира, тем не менее, сказано: «В поколениях своих», ведь все поколения мира – это его поколения, так как исходят от него.

11) Ноах был достоин со дня сотворения мира быть как одно целое в соединении с ковчегом и войти в него. И пока они не

---

[436] Писания, Притчи, 10:25. «Пронесется буря – и нет нечестивого, а праведник – основа мира».
[437] Тора, Берешит, 6:8.
[438] Тора, Берешит, 17:1. «Авраму было девяносто девять лет, и явился Творец Авраму и сказал ему: Я – Творец Всемогущий, ходи предо Мною и будь непорочен».

соединились в одно целое, мир еще не был готов как подобает. Вслед за этим сказано: «И от них расселилась вся земля»[439]. «Расселилась» – как сказано: «И оттуда разделяется»[430] наподобие высшего ковчега, означающего «Эденский сад», поскольку отсюда и далее есть разделение, и поколения расселяются во все стороны. То есть, после того, как они выходят, исправившись в ковчеге, они могут находиться в мире разделения и не будут стерты (с лица земли), как поколение потопа.

12) Ветви внизу подобны своим корням наверху. И поэтому сказано в Писании: «Вот родословие Ноаха» – т.е. вот оно родословие, которое отменяет прежнее, потому что именно Ноах, являющийся основой мира, производит плоды, чтобы существовать в мире.

Все сказанное о Ноахе и ковчеге внизу указывает на их корни наверху, в Ацилуте. Размеры ковчега указывают на меры построения мохин высшего ковчега, т.е. Малхут, строящейся Есодом Зеир Анпина. В ней указаны три меры: длина, ширина, высота, и это ХАБАД (Хохма-Бина-Даат).

Длина – это Хохма. Но она исходит от Бины, становящейся Хохмой, и ее сфирот исчисляются в сотнях. И потому ГАР (три первых сфиры), которые получает ковчег, это «триста локтей – длина ковчега»[440], т.е. сфирот КАХАБ (Кетер-Хохма-Бина), каждая из которых – «сто».

Ширина – это Бина со стороны хасадим в ней, и они светят во всех пяти ее сфирот КАХАБ (Кетер-Хохма-Бина) ТУМ (Тиферет и Малхут). И поскольку они – хасадим, каждая ее сфира исчисляется только в десятках. И поэтому сказано: «Пятьдесят локтей – ширина его»[440].

Высота – это Даат, т.е. соединение Хохмы и хасадим вместе. И это можно представить себе как высоту, на которую поднимается соединение Хохмы и хасадим вместе. И она исходит от Зеир Анпина, сфирот которого исчисляются в десятках. И она

---
[439] Тора, Берешит, 9:19. «Эти трое — сыновья Ноаха, и от них расселилась вся земля».
[440] Тора, Берешит, 6:15. «И вот как сделаешь его: триста локтей – длина ковчега, пятьдесят локтей – ширина его, и тридцать локтей – высота его».

светит в трёх первых ее сфирот КАХАБ, как и длина, и потому сказано: «Тридцать локтей – высота его»[440].

И мы видим, что меры построения ковчега Ноахом такие же, как и меры построения Малхут Есодом Зеир Анпина.

13) Почему «Ноах» сказано два раза подряд?[429] Дело в том, что у каждого праведника в мире есть два духа (руах): один – в этом мире, и один – в будущем мире. И то же самое ты можешь найти у всех праведников, которых призвал Творец: «Моше, Моше»[441], «Яаков, Яаков»[442], «Авраам, Авраам»[443], «Шмуэль, Шмуэль»[444] – т.е. имя их упоминается два раза подряд. За исключением Ицхака, имя которого два раза подряд не упоминается, ибо в час, когда Ицхак был принесен на жертвенник, вышла душа его, которая была в нем в этом мире. И поскольку было сказано Аврааму: «Благословен оживляющий мертвых»[445], т.е. было сказано ему: «Не простирай руки твоей к отроку»[446], после того как он уже простер свою руку, чтобы зарезать его, – вернулась к нему (к Ицхаку) только душа, которая в будущем мире.

И потому не был призван: «Ицхак, Ицхак». По этой причине Творец не проявил единства имени Своего ни над каким праведником при жизни его, а только над Ицхаком, так как считалось, словно он уже умер. Ибо не было у него души от этого мира, а была только от будущего мира, как у оставляющих этот мир. И потому сказано: «И святым Своим не доверяет Он»[447] – так как Он не проявляет единства имени Своего над праведником при жизни его.

14) Другое объяснение. Поскольку Ноах был праведником, восхвалил его дважды.

---

[441] Тора, Шмот, 3:4.
[442] Тора, Берешит, 46:2.
[443] Тора, Берешит, 22:11.
[444] Пророки, Шмуэль 1, 3:10.
[445] Вавилонский Талмуд, трактат Брахот, лист 58:2.
[446] Тора, Берешит, 22:12. «И сказал: "Не простирай руки твоей к отроку, и не делай ему ничего. Ибо теперь знаю, что ты боишься Всесильного, и не сокрыл ты сына, единственного твоего, от Меня"».
[447] Писания, Йов, 15:15. «И святым Своим не доверяет Он, и небеса не чисты в глазах Его».

«Непорочным он был в поколениях своих»⁴²⁹. Но если бы жил в других поколениях, таких как поколение Авраама, и поколение Моше, и поколение Давида, – не считался бы ничем.

Еще одно объяснение. Смотри, что он сделал в поколении, где все – грешники! А если бы жил в поколении, где все праведники, что бы сделал!

15) Можно понять сказанное: «Вот родословие Ноаха», поняв высказывание: «Идите, зрите дела Творца, который произвел опустошение на земле»⁴⁴⁸. Посредством действий, которые совершает Творец, раскрывается пророчество людям. А когда пророчество раскрывается, предваренное трудными делами, оно называется «видением тяжким»⁴⁴⁹ или предвидением. Сказано: «...Который произвел опустошение (שַׁמּוֹת)⁴⁵⁰ на земле», так как имя (שם) – причина всего. А потому следует проверить название каждого явления, так как Творец вкладывает в уста людей имена на земле. И это высказывание означает: «"Идите, зрите дела Творца"⁴⁴⁸ посредством имен, которые даны для выполнения дел на земле людьми», потому что Творец вложил эти имена в их уста в пророчестве, посредством предварения делами.

16) Сказано: «...говоря: "Этот..."»⁴⁵¹. «Говоря» указывает на Нукву, Малхут. «Этот» означает праведник, Ноах. Здесь написано: «этот», и также написано: «Это – Всесильный наш, на которого мы надеялись»⁴⁵². «Это» означает в данном случае: «Творец, называющийся праведником». И это косвенно указывает на Ноаха, что он называется праведником, как Творец. «И назвал его именем Ноах, говоря: "Этот утешит нас..."»⁴⁵¹ означает, что высшая Нуква, Малхут, назвала его Ноахом, «говоря» – т.е. Нуква сказала, «этот» – т.е. Ноах, «утешит нас».

---

⁴⁴⁸ Писания, Псалмы, 46:9.
⁴⁴⁹ Пророки, Йешаяу, 21:2. «Видение тяжкое сообщено мне...»
⁴⁵⁰ Опустошение – ивр. שַׁמָּה.
⁴⁵¹ Тора, Берешит, 5:29. «И назвал его именем Ноах, говоря: "Этот – утешит нас от труда нашего и от страдания рук наших из-за земли, которую проклял Творец"».
⁴⁵² Пророки, Йешаяу, 25:9. «И скажет в тот день: "Вот, это – Всесильный наш, на которого мы надеялись, и Он спасет нас"».

Счастливы праведники, находящиеся в списках, заверенных печатью перстня царя, Творца, поскольку отмечены они именем Его. И Он нарекает имена на земле, т.е. в устах людей, чтобы называли всякую вещь своим именем, как должно.

17) Сказано: «И назвал его именем (эт шмо) Ноах»[451]. А также сказано: «И назвал его именем Яаков»[453]. Почему в случае с Яаковом пропущен предлог «эт (את)», который употребляется в случае с Ноахом? «Эт» – означает соединение с ним Шхины, Нуквы, которая называется «эт». И потому о Яакове, ступень которого представляет собой строение, в котором раскрывается только Творец, не сказано «эт». Однако Ноах – это праведник, всегда соединенный со Шхиной, и потому в его случае пишется предлог «эт», указывающий на Шхину, связанную с Ноахом.

---

[453] Тора, Берешит, 25:26.

# Рабби Йегуда

18) Провозгласил рабби Йегуда: «Славен (досл. хорош) муж милосердный и дающий взаймы, ведущий дела свои по закону»[454]. «Хорош муж» – это Творец, называющийся хорошим, как сказано: «Добр (досл. хорош) Творец ко всем»[455]. И сказано: «Творец – муж битвы»[456], и Он милосерден и дает взаймы всем. «Все» – это Есод. Ведь АВАЯ, т.е. Зеир Анпин, передает и ссужает наполнение мохин Есоду – для того места, у которого нет своего (наполнения), т.е. для Нуквы. И это место, Нуква, питается от Есода. «Ведущий дела свои по закону (досл. по суду)»[454] – ибо такое дело, т.е. Нуква, подпитывается только по суду, что означает мохин свечения Хохмы. Как сказано: «Праведность и правосудие – основание престола Твоего»[457]. Ведь праведность, т.е. Нуква, питается от правосудия. А смысл ссуды, о которой сказано: «Мать (има) одалживает свои одежды дочери»[458], – в том, что у Нуквы нет ничего своего, чтобы получить мохин, и она занимает их (одежды) у Имы. И получает она их посредством Зеир Анпина. И вот общий смысл отрывка: «Славен муж» – т.е. Творец, «милосердный и дающий взаймы» – наполнение Есоду для Нуквы, и благодаря этому «ведущий дела свои» – т.е. Нукву, «по суду» – т.е. посредством больших мохин, называемых правосудием.

19) Другое объяснение. «Славен (досл. хорош) муж»[454] – это праведник, как сказано: «Восславляйте праведника, который благ (досл. хорош), ибо плоды деяний своих они вкушают»[459]. Отсюда видно, что праведник называется хорошим. «Славен муж»[454] – это Ноах, о котором сказано: «Ноах, муж праведный»[460]. И вот общий смысл отрывка: «Славен муж», т.е. Есод Зеир Анпина, который называется праведником или Ноахом –

---

[454] Писания, Псалмы, 112:5. «Славен муж милосердный и дающий взаймы, ведущий дела свои по закону».

[455] Писания, Псалмы, 86:5. «Ибо Ты, Господин мой, добр, милостив и милосерден ко всем призывающим Тебя».

[456] Тора, Шмот, 15:3. «Творец – муж битвы, Творец имя Его».

[457] Писания, Псалмы, 89:15.

[458] См. «Предисловие книги Зоар», п. 17, со слов: «И это означает: "Мать одалживает..."»

[459] Пророки, Йешаяу, 3:10.

[460] Тора, Берешит, 6:9. «Вот родословие Ноаха. Ноах муж праведный, непорочным он был в поколениях своих, пред Всесильным ходил Ноах».

праведником, милосерден и ссужает наполнение мохин Нукве и тем самым ведет дела свои, т.е. Нукву, по суду, посредством мохин большого состояния (гадлут).

«Славен муж» – это сказано в хвалу шаббата, т.е. мохин субботнего дня. И в этом смысле начинается *(псалом)* словом *хорошо*, как сказано: «Хорошо благодарить Творца»[461]. Ибо свет шаббата – это свет предназначения неба и земли, который светит в конце исправления. И потому до окончательного исправления он светит только заимообразно: «Займите у Меня, а Я возмещу»[462]. И потому слова «славен муж милосердный и дающий взаймы» сказаны о светах шаббата, которые даются взаймы.

20) Всё это – одно целое, и везде говорится об одном, что «этот» производит поколения в мире – т.е. праведник. Поколения мира – это души праведников, плод деяний Творца.

21) Когда Творец украшается Своими венцами, он украшается сверху и снизу. Сверху – от места, глубочайшего из всех, от парцуфа Аба ве-Има, а снизу – от душ праведников. Тогда прибавляется жизнь сверху и снизу, охватывая место Храма со всех сторон. Наполняется водоем, и восполняется море и дает тогда жизнь всем.

Объяснение. Мохин душ праведников выходят посредством трех точек: холам, шурук и хирик, подобно мохин Зеир Анпина. И проясняется в мохин Зеир Анпина, что в ИШСУТ выходят сначала две точки: холам и шурук – в виде МИ-ЭЛЕ, и это две линии: правая и левая. И они находятся в разногласии и не могут светить, пока не происходит зивуг (соединение) на экран Зеир Анпина, который поднялся туда в качестве МАН, – и выходит на него ступень хасадим, представляющая собой точку хирик и среднюю линию. И тогда она согласовывает между линиями, т.е. свойствами МИ (מי) ЭЛЕ (אלה), и они соединяются в имя Элоким (אלהים).

---

[461] Писания, Псалмы, 92:2.
[462] Вавилонский Талмуд, трактат Бейца, лист 16:1.

И сказано в Зоар[463], что «Яаков пробуждается», т.е. средняя линия, выходящая на экран точки хирик, «по отношению к Ицхаку, и приближает его к Аврааму» – т.е. к точке холам и к правой линии. Сам он устанавливается в точке шурук и левой линии, но облачается и включается в правую. И поскольку Зеир Анпин привел к восполнению мохин в ИШСУТ, сам он тоже удостаивается этих мохин, как сказано: «Три выходят из одного, а один находится в трех»[464].

И точно так же выходят мохин в свойстве душ праведников. Сначала выходят в ЗОН две точки: холам и шурук, образующие две линии, правую и левую. Зеир Анпин устанавливается в точке холам и правой линии, а Нуква устанавливается в точке шурук и левой линии. И тогда они в разногласии, и оба не светят в совершенстве, пока души праведников не поднимаются к ним в качестве МАН. И выходит там ступень хасадим на экран душ праведников, и это – точка хирик и средняя линия. И тогда преумножаются хасадим посредством средней линии и правой линии, и отменяются свойства судов в Нукве, и она соединяется с Зеир Анпином. И той же меры совершенства, которую души праведников вызвали в ЗОН, удостаиваются также и они.

И об этом говорится здесь: «Когда Творец украшается Своими венцами» – когда Зеир Анпин устанавливается со своими венцами, т.е. мохин, он облачается сверху и снизу, устанавливается сверху и снизу с мохин точки холам, что в правой линии, получаемой им свыше от Аба ве-Има, и мохин точки хирик, которые являются средней линией, получаемой им снизу, от душ праведников. И получает от места, самого глубокого из всех – от Абы ве-Имы, от которых исходят мохин точки холам и правая линия. И устанавливается внизу, в душах праведников, в мохин точки хирик, которые выходят на их экран.

«Тогда прибавляется жизнь сверху и снизу, охватывая место Храма со всех сторон» – и тогда преумножается жизнь благодаря хасадим, получаемым сверху, от точки холам и снизу, от точки хирик, и включает место Храма, т.е. Нукву, со всех сторон. Ибо Нуква Зеир Анпина – т.е. мохин точки шурук и левая линия, пребывавшая в разногласии с Зеир Анпином,

---

[463] Зоар, глава Эмор, п. 218.
[464] Зоар, глава Берешит, часть 1, п. 363.

т.е. с правой линией, – примирилась теперь с ней, поскольку окружена свойством хасадим с двух сторон: со стороны правой линии и со стороны средней линии. И относительно ее хасадим она называется «водоем», а относительно Хохмы называется «море». И потому, когда водоем наполняется свойством хасадим, облачается ее Хохма в хасадим, и море восполняется. И тогда дает жизнь всему, т.е. дает мохин душам праведников, так как той же меры совершенства, которую души праведников вызвали в Зеир Анпине и Нукве, удостаиваются и они сами.

# Пей воду из твоего водоема

22) «Пей воду из твоего водоема (בור) и текущую из твоего колодезя (באר)»[465]. «Водоем» – это пустое место без изливающейся воды, а колодезь – изливающаяся вода, и они непохожи друг на друга. Однако всё это является одним местом, и указывают оба они на Нукву – место, за которое держатся бедняки. Когда она не соединена со своим мужем Зеир Анпином, она бедна и называется водоемом, у которого нет своего содержимого, а лишь то, что вкладывают в него. Кто же это? Это буква «далет ד». И Нуква, которая отлучена от Зеир Анпина, тоже называется «далет ד».

23) А когда она соединяется с Зеир Анпином, становится источником, изобилующим и наполняющимся со всех сторон. То есть, наполняется она от правой линии – от Зеир Анпина, и от средней линии – от душ праведников. И когда она в соединении (зивуге) с Зеир Анпином, то называется «хэй ה». И наполняется свыше и струится снизу. Наполняется свыше от Зеир Анпина, от точки холам, и струится снизу от душ праведников, от точки шурук.

24) «Пей воду из своего водоема» – это царь Давид, который сказал: «кто напоит меня водою из колодца Бейт-Лэхема?»[466], «и текущую» – это Авраам, «из» – это Яаков, который посередине. «Из» означает – из середины. «Твоего колодезя» – это Ицхак, называемый «колодцем живой воды»[467]. Таким образом, в это изречение включено святое строение, состоящее из праотцев, и царь Давид присоединяется к ним.

25) Стремление нуквы к захару возникает лишь тогда, когда он вносит в нее дух, и она направляет женские воды навстречу высшим мужским водам. И так же в Кнессет Исраэль, Малхут, пробуждается стремление к Творцу лишь когда входит в нее дух праведников, поднимающих МАН. И тогда воды изливаются из нее – т.е. света́ хасадим, приходящие от точки хирик и светящие в ней благодаря душам праведников. Навстречу мужским

---
[465] Писания, Притчи, 5:15.
[466] Пророки, Шмуэль 2, 23:15.
[467] Тора, Берешит, 26:19. «И стали копать в долине слуги Ицхака, и нашли там источник живой воды».

водам – т.е. светам правой линии с мохин точки холам. А сама она – точка шурук.

И все три эти свойства холам-шурук-хирик становятся единым стремлением, единым союзом и единой связью. И это – желанно всеми, и тогда говорится, что Творец прогуливается с праведниками в Эденском саду. Здесь указаны пять свойств, образующиеся из свойств трех точек холам-шурук-хирик. И это пять видов мохин, называемые нефеш-руах-нешама-хая-ехида (НАРАНХАЙ). Стремление – свет нефеш; союз – свет руах; связь – свет нешама; желание всех – свет хая; прогулка, совершаемая Творцом с душами праведников, – свет ехида.

26) Всё это – порождения Эденского сада, т.е. Нуквы Зеир Анпина, облачающей высшую Иму и называющейся тогда Эденским садом. Ее порождения – это души, происходящие от праведника, Есода Зеир Анпина, только когда он входит в ковчег, в Нукву, в полном единстве. И все порождения, получаемые ею от праведника, скрыты в ней определенное время, а затем рождаются и выходят из нее. Также и Ноах, человек праведный, не произвел порождений, чтобы размножаться в мире, пока не вошел в ковчег. Все собрались и укрылись в нем на определенное время, а затем вышли из него, чтобы плодиться в мире и обитать на земле. И если бы они не вышли из ковчега, то не обитали бы в мире.

27) И всё происходило по высшему подобию. Из ковчега, т.е. Нуквы, вышли наверху, и из ковчега вышли внизу, – из ковчега Ноаха. И лишь теперь мир может существовать, но не ранее. Поэтому сказано: «и текущую из твоего колодезя». И сказано: «И породил Ноах трех сыновей»[468]. Объяснение. «И текущую из твоего колодезя» указывает на соединение праведника с высшим ковчегом, происходящее по трем линиям: Авраам, Ицхак и Яаков. «И текущую» – это Авраам, «из» – это Яаков, «твоего колодезя» – это Ицхак. И подобно этому написано о Ноахе и ковчеге: «И породил Ноах трех сыновей», которые тоже представляют три линии: Шем – правая линия, Хам – левая линия, Йефет – средняя линия. Ибо Ноах и ковчег внизу полностью подобны праведнику и ковчегу наверху.

---

[468] Тора, Берешит, 6:10. «И породил Ноах трех сыновей: Шема, Хама и Йефета».

# И развратилась земля

28) «И развратилась земля пред Всесильным»[469]. Почему написано: «Пред Всесильным», ведь это и так ясно? Но поскольку совершали свои грехи неприкрыто, на глазах у всех, поэтому написано: «Пред Всесильным».

29) Сказал рабби Йоси: «Я утверждаю обратное. "И развратилась земля пред Всесильным" – сначала было перед Творцом, т.е. они не грешили открыто, потому что совершали свои деяния перед Творцом, а не перед людьми. А в конце совершали свои деяния открыто. Писание гласит, что совершали два вида прегрешений, скрыто и открыто».

30) С того дня, как Адам нарушил заповедь Творца, все люди, родившиеся после него, зовутся «сыны Адама». Но это не делает им чести, ведь это все равно, что сказать: «Сыны такого-то, нарушившего заповедь Творца».

31) Когда появился Ноах, по имени его стали называться все люди мира поколениями Ноаха. И это – в похвалу ему, так как Ноах сделал возможным их существование в мире. Тогда как поколения Адама были устранены из мира, и он навлек смерть на всех них.

32) И после этого написано: «И сошел Творец, чтобы посмотреть на город и на башню, которые построили сыны Адама»[470]. Написано: «сыны Адама», а не «сыновья Ноаха», хотя они происходят от Ноаха. Поскольку Адам согрешил перед Творцом, относит их Писание к сынам Адама, – лучше не быть сотворенным, чем быть в таком виде представленным Торой!

33) Сказано: «Сын мудрый порадует отца»[471]. Если сын хороший, у всех в мире добрая память об отце. А если сын плохой, у всех – плохая память об отце.

---

[469] Тора, Берешит, 6:11. «И развратилась земля пред Всесильным, и наполнилась земля злодеянием».
[470] Тора, Берешит, 11:5.
[471] Писания, Притчи, 10:1. «Сын мудрый порадует отца, а сын неразумный – огорчение матери его».

Адам согрешил, нарушив заповедь Господина своего. Поэтому, когда пришло время тех, кто восстал против Творца, то есть строителей башни, написано о них, что строили ее люди (досл. сыны Адама), т.е. сыновья Адама Ришона, который восстал против Творца и нарушил заповедь Его.

34) И поэтому написано: «Вот родословие Ноаха». Именно они считаются поколениями, а не первые поколения. Те, кто вышел и берет свое начало от ковчега – они являются поколениями, а не поколения Адама, который вышел из Эденского сада, и не произвел их будучи там, и потому они нежизнеспособны.

# Если бы не грех – не породил бы потомство

35) Если бы Адам породил потомство, будучи в Эденском саду, они не умирали бы в поколениях и не затемнялся бы свет луны, свет Малхут никогда. И даже высшие ангелы не могли бы устоять перед ними, перед светом, сиянием и мудростью, как сказано: «И создал Всесильный (Элоким) человека по образу Своему»[472]. Но поскольку совершил грех и покинул пределы Эденского сада и произвел потомство вне сада, не смогли существовать в мире, поскольку не были такими, как подобает.

36) А как же могли породить потомство в Эденском саду? Ведь если бы не увлекло его злое начало и не согрешил, то существовал бы один в мире и не создал бы потомство? Это похоже на то, если бы Исраэль не согрешили и не навлекли на себя злое начало после получения Торы, никогда бы не создали потомство в мире и никогда не приходили бы в мир другие поколения. Таким образом, основа силы соития обусловлена злым началом[473], и без злого начала нет потомства.

37) И если бы Адам не согрешил, то не породил бы потомство этим путем – со стороны злого начала, но создал бы потомство со стороны духа святости. Однако теперь уже порождает потомство только со стороны злого начала, и поскольку все поколения людей – со стороны злого начала, они нежизнеспособны, и нет у них возможности выжить, поскольку примешалась к ним нечистая сила.

38) Но если бы не грех Адама, и если бы не был изгнан из Эденского сада, порождал бы потомство со стороны духа святости, и были бы святы, подобно высшим ангелам. И жили бы в поколениях, подобно высшим.

Есть два вида зивуга (соединения):
1. Духовный зивуг – у ангелов;
2. Зивуг Есодов (основ) в душах.

---
[472] Тора, Берешит, 1:27.
[473] См. Зоар, главу Берешит, часть 2, пп. 207, 208.

И необходимость в злом начале, о котором говорится, это только для зивуга Есодов, но не для духовного зивуга, происходящего со стороны духовной святости. И поскольку он прегрешил и породил сыновей вне Эденского сада, не удостоившись порождать их в Эденском саду, они не смогли ни выжить, ни даже укорениться в этом мире, пока не появился Ноах и не вошел в ковчег. А из ковчега вышли все поколения мира, и оттуда уже рассеялись на все четыре стороны света.

# И увидел Всесильный землю

39) Почему развратилась земля? Неужели земля заслужила наказание? «Ибо извратила всякая плоть путь свой на земле»[474]. Когда люди праведны и оберегают заповеди Торы, тогда крепнет земля и только радость царит на ней, потому что Шхина находится над ней. И тогда и высшие, и нижние – все в радости.

40) А когда люди извращают свой путь и не берегут заповедей Торы, и грешат перед Господином своим, они словно отталкивают Шхину от мира, и земля остается растленной, ведь Шхина отторгнута от нее и не пребывает над ней, и тогда развращается, поскольку иной дух витает над ней, который губит мир.

41) Может ли быть такое, что даже на земле Исраэля пребывает иной дух? Сказали мудрецы, что на земле Исраэля не пребывает иной дух и иной правитель, а только Творец. В таком случае, почему развратилась земля Исраэля? Над землей Исраэля и в самом деле нет иного правителя и посланника, кроме самого Творца. Но может настать час, когда губитель пребывает над ней, истребляя людей. Откуда это идет? О царе Давиде написано: «И увидел стоящего ангела Творца, и обнаженный меч в руке его занесен над Йерушалаимом»[475], – и тогда предается уничтожению земля.

42) Даже когда он видел стоящего ангела Творца, это был Творец. Ведь и во благо, и во зло властвует над нею Творец.

Во благо: потому что земля Исраэля не отдана никакому иному правителю, и никто не дает ей благо, кроме самого Творца. А все жители мира устыдятся деяний своих, поскольку находятся под властью правителей.

Во зло: властвует над ней только Творец, чтобы не возрадовались правители, властвуя над ней.

---

[474] Тора, Берешит, 6:12. «И увидел Всесильный землю, что вот: развратилась она, ибо извратила всякая плоть путь свой на земле».
[475] Писания, Диврей а-ямим 1, 21:16.

43) Но ведь сказано: «Видела чужеземцев, входящих в святыню, разрушивших Храм»[476] – это значит, что если бы правители не властвовали, Храм не был бы разрушен? Написано: «Что сделал Ты»[477], и также написано: «Свершил Творец то, что задумал»[480] – ведь самим Творцом это сделано, а не правителями.

44) Сказано: «И увидел Всесильный землю, что вот: развратилась она»[474]. А также: «И увидел Всесильный деяния их, что обратились они с пути зла»[478]. Поскольку тогда взывает земля к высшему, к Зеир Анпину, и поднимается на высшую ступень. И украшает лик свой. Как женщина, украшающая себя перед мужчиной, так же и земля – тем, что взращивает сыновей праведных Царю, Зеир Анпину.

45) А здесь, когда не вернулось поколение потопа, написано: «И увидел Всесильный землю, что вот: развратилась она»[474], подобно женщине, которая стала нечиста и прячет лицо свое от мужа. И в час, когда прегрешения человеческие умножаются настолько, что грешат открыто, становится лик земли подобен лицу женщины, не стыдящейся ничего, как написано: «И развратилась земля из-за живущих на ней»[479]. И поэтому: «И увидел, что развратилась» – конечно, потому что «извратила всякая плоть путь свой на земле»[474].

---

[476] Писания, Эйха, 1:10.
[477] Писания, Эйха, 1:21. «Услыхали, что я вздыхаю, нет мне утешителя, все мои враги услыхали о горе моем, обрадовались тому, что сделал Ты; приведи, призови день, и да будут они, как я!»
[478] Пророки, Йона, 3:10.
[479] Пророки, Йешаяу, 24:5.

# Свершил Творец то, что задумал

46) «Свершил Творец то, что задумал, исполнил слово Свое, которое заповедал в дни»[480].

47) «Исполнил слово Свое» – разорвал дорогие одежды свои, которые называются порфирой. «Которое заповедал в дни древние» – порфира эта заповедана Им еще с тех давних дней, то есть от сфирот парцуфа Атик, которые называются «дни древние». А в день, когда разрушился Храм, разорвал ее, поскольку эта порфира – слава Его и исправление Его. Малхут называется славой Творца и она – исправление Его, потому что Он исправляется с ее помощью в мохин свечения Хохмы. «И разорвал ее» означает, что ушли из нее девять первых сфирот, и осталась в ней лишь ее десятая часть.

48) «Свершил Творец то, что задумал». Разве может Царь задумать плохое для своих сыновей, да еще прежде, чем они согрешили? Это подобно царю, у которого был драгоценный сосуд, и боясь каждый день, как бы тот не разбился, присматривал за ним, и был он всегда у царя перед глазами. В один из дней пришел царский сын и разгневал царя. Взял царь драгоценный сосуд и разбил его. Это то, что написано: «Свершил Творец то, что задумал».

49) С того дня, когда был построен Храм, Творец смотрел на него, и был он очень мил Ему. Он боялся за Исраэль, чтобы они не согрешили, и чтобы не разрушился Храм. Поэтому каждый раз, когда приходил в Храм, надевал Он эту порфиру, т.е. соединялся с Малхут. Но когда они совершили грехи и разгневали Царя, был разрушен Храм, и разорвал Он порфиру. Как сказано: «Свершил Творец то, что задумал, исполнил слово Свое».

50) Малхут, называемая словом Его, вначале восседала на самой верхушке кроны. И украшался ею Царь, делая венцом голове Своей. И древо это было мило Ему – Древо душ прежде, чем они являются в мир. А теперь, когда разрушился Храм, «разорвал ее», – т.е. ушли из нее первые девять сфирот, и

---

[480] Писания, Эйха, 2:17. «Свершил Творец то, что задумал: исполнил слово Свое, которое изрек в давние дни: разрушил и не пощадил, и дал врагу восторжествовать над тобою, вознес рог недругов твоих».

осталась только со светом нефеш. И когда разрушился Храм, появилась печаль пред Ним. Во внешних покоях, разумеется, а не во внутренних. Как написано: «Вот ангелы-покровители громко взывают снаружи»[481], – т.е. только вовне.

51) Только когда был разрушен Храм, призвал к плачу и скорби. Но в иное время нет большей радости перед Творцом, чем когда исчезают из мира грешники и гневящие Его. Сказано об этом: «А при погибели нечестивых – торжество»[482]. И так в каждом поколении – в момент, когда вершит суд над грешниками мира, радость и веселье наступают пред Творцом.

52) Но ведь мы изучали, что это не доставляет радости Творцу, когда Он вершит суд над грешниками. Но в час, когда свершен суд над грешниками, радость и веселье пред Ним, поскольку исчезли они из мира. Но это говорится только когда наступило время, и Он ждет от них раскаяния, а они не обратились к Нему от греха своего. Однако, если суд над ними вершится прежде, чем подойдет их время, и еще не полон их грех, как сказано: «Ибо доселе еще не полна вина Эморейца»[483], т.е. еще возможно совершить возвращение – нет радости перед Ним, и исчезновение их считается злом перед Ним.

53) Если не пришло их время, то почему Он вершит над ними суд? Дело в том, что они причинили зло самим себе. Ведь Творец не стал бы вершить над ними суд прежде, чем придет их время, если бы не присоединились к Исраэлю, чтобы причинить им зло. Поэтому Он судит их и устраняет из мира до наступления их срока. Поэтому считается злом перед Ним преждевременное уничтожение их. И поэтому утопил египтян в море, и устранил врагов Исраэля во времена Йеошофата. И так все, кто причинял зло Исраэлю, были устранены прежде, чем пришло их время.

54) Однако, когда завершилось время Его ожидания, а они еще не пришли к раскаянию, радость и веселье приносит Ему

---

[481] Пророки, Йешаяу, 33:7. «Вот ангелы-покровители громко взывают снаружи, ангелы мира горько плачут».
[482] Писания, Притчи, 11:10. «При благоденствии праведных ликует город, а при погибели нечестивых – торжество».
[483] Тора, Берешит, 15:16. «Четвертое же поколение возвратится сюда, ибо доселе еще не полна вина Эморейца».

их уничтожение в мире. Кроме того времени, когда разрушился Храм. И несмотря на то, что завершилось отведенное им время гневить Его, тем не менее, не было радости перед Ним. И с этого момента и далее нет радости ни наверху, ни внизу.

# Ибо еще через семь дней

55) «Ибо еще через семь дней Я наведу дождь на землю сорок дней и сорок ночей; и сотру с лица земли всё сущее, Мною созданное»[484]. Что означают эти «сорок дней и сорок ночей»? «Сорок дней» нужны, чтобы покарать злодеев мира, как написано: «Сорок ударов можно дать ему, не более»[485] – по числу четырех сторон мира Хохма-Бина-Тиферет-Малхут (ХУБ ТУМ), от каждой по десять, так что всего сорок. Ведь человек сотворен состоящим из четырех сторон мира. И об этом написано: «И сотру с лица земли всё сущее». И нужно сорок ударов, для того чтобы покарать и уничтожить мир.

56) «И развратилась земля перед Всесильным»[469]. Если люди грешат, в чем грех земли? Сказано: «Ибо извратила всякая плоть путь свой»[474]. Подобно этому сказано: «И осквернилась земля, и Я взыскал с нее за вину ее»[486]. Но ведь люди грешат, а земля в чем провинилась? Однако люди являются основой земли, и они осквернили землю, поэтому она развращена. И Писание свидетельствует об этом: «И увидел Всесильный землю, что вот: развратилась она»[474].

57) Все грехи человека и всё его уничтожение зависят от возвращения. А грех изливающего семя на землю заключается в том, что извращает путь свой, изливая семя на землю. Развращает себя и развращает землю. Сказано о нем: «Позор прегрешения твоего предо Мной»[487], и еще сказано: «Ибо Ты не божество, желающее беззакония, не водворится у Тебя зло»[488] – т.е. изливающий семя на землю, что и называется злом, не пребудет больше в одном месте с Творцом. Иными словами, получит возможность возвращения только во время великого возвращения. И сказано: «И был Эр, первенец Йегуды, неугоден в глазах Творца, и умертвил его Творец»[489].

---

[484] Тора, Берешит, 7:4.
[485] Тора, Дварим, 25:3. «Сорок ударов можно дать ему, не более; ибо если даст ему больше, то унижен будет брат твой у тебя на глазах».
[486] Тора, Ваикра, 18:25. «И осквернилась земля, и Я взыскал с нее за вину ее, и отторгла земля живущих на ней».
[487] Пророки, Йермияу, 2:22.
[488] Писания, Псалмы, 5:5.
[489] Тора, Берешит, 38:7.

58) Почему Творец наказывает мир, т.е. поколение потопа, водой, а не огнем или чем-то иным? Поскольку они извратили пути свои тем, что высшие воды и нижние воды, мужская и женская часть, не соединились как подобает. Ибо каждый, кто извращает свой путь, извращает также женские и мужские воды. Иными словами, наносит ущерб высшим МАД (мужские воды) и МАН (женские воды), и приводит к тому, что они не соединяются. И поэтому наказываются водой – тем, в чем прегрешили.

59) И вода кипела так, что кожа облезала с них точно так же, как и они извращали путь свой кипящими водами. По вине – наказание, то есть взыскали с них меру за меру. И об этом сказано: «Разверзлись все источники великой бездны»[490] – нижние воды, «и отворились окна небесные»[490] – высшие воды. Таким образом, были наказаны как высшими, так и нижними водами.

---

[490] Тора, Берешит, 7:11. «В шестисотый год жизни Ноаха, во второй месяц, в семнадцатый день месяца, в этот день разверзлись все источники великой бездны и отворились окна небесные».

# И породил Ноах троих сыновей

61)[491] «И породил Ноах троих сыновей»[492]. Это подобно человеку, который оплодотворил жену свою один раз, а из ее чрева вышло два или даже три сына. И каждый отличается от другого своими путями и деяниями: один – праведник, другой – грешник, а третий – средний. И также здесь, три сочетания духа возносятся и включаются в три мира – Брия, Ецира, Асия.

«И породил Ноах троих сыновей» – это мохин, которые приходят по трем линиям, исходящим от трех точек холам-шурук-хирик. И это также внутренний смысл сказанного: «И текущую из твоего колодезя»[493]. Однако от этих мохин он должен был породить только одного сына. Почему же их три, и к тому же, они еще так сильно отличаются друг от друга? Шем был праведником. Хам был грешником, и сказано о нем: «И увидел Хам, отец Кнаана, наготу отца своего, и сообщил двум братьям своим снаружи»[494].

И поэтому сказано, что «это подобно человеку, который оплодотворил жену свою один раз, а из ее чрева вышло два или даже три сына». Ибо так же здесь, хотя все три и являют собой только один моах, когда находятся в Нукве Ацилута, в виде трех линий в нем, тем не менее, когда рождаются и выходят оттуда, они приходят в три отделенных мира БЕА и делятся там на три линии. И это три сочетания духа, включающие друг друга, которые называются нешама, руах, нефеш.
Правая линия – нешама в мире Брия.
Левая линия – руах в мире Ецира.
Средняя линия – нефеш в мире Асия. Поскольку средняя линия ниже левой.

Поскольку после выхода из Ацилута и включения в три мира БЕА, из-за них они разошлись и отделились друг от друга, и стали тремя сыновьями, т.е. свойствами нешама, руах, нефеш, и это – Шем, Хам и Йефет. Но свойство руах, то есть

---
[491] Пункт 60 в данной редакции текста не приводится.
[492] Тора, Берешит, 6:10. «И породил Ноах троих сыновей: Шема, Хама и Йефета».
[493] См. выше, п. 27.
[494] Тора, Берешит, 9:22.

левая линия, или Хам, еще не была исправлена подобающим образом. И потому Хам был грешником. А Йефет, поскольку он согласует между Шемом и Хамом, является средним.

62) Душа выходит из ЗОН мира Ацилут и входит между гор разделения – в БЕА. И руах соединяется с нешама, и она опускается еще ниже. Соединяется нефеш с руах, и все они непрестанно соединяются друг с другом. Объяснение. Хотя эти мохин и разделяются на три из-за их выхода в миры БЕА разделения, тем не менее, у них еще есть соединение друг с другом. И это потому, что при нахождении ее в ЗОН мира Ацилут у них есть КАХАБ ТУМ де-келим и НАРАНХАЙ светов. И когда она выходит в три мира разделения, то становится свойством ВАК, и три линии в ней отделяются друг от друга. ВАК правой линии – это нешама, и она входит в мир Брия. ВАК левой линии – это руах, и он входит в мир Ецира. ВАК средней линии – это нефеш, и она входит в мир Асия. А ГАР светов каждой (линии) остается в высшем мире по отношению к ней. А Бина, Тиферет и Малхут де-келим каждой (линии) падают в мир, находящийся ниже нее. И получается, когда нешама входит в мир Брия, опускаются Бина, Тиферет и Малхут де-нешама и облачаются в руах, находящийся в мире Ецира, который является нижней ступенью. И тем самым образуется соединение между руах и нешама. И об этом сказано: «Душа (нешама) выходит из ЗОН мира Ацилут и входит между гор разделения» – т.е. она входит в мир Брия разделения, «и руах соединяется с нешама». Ибо Бина, Тиферет и Малхут де-нешама опустились и облачились в руах, находящийся в мире Ецира, и благодаря этому они соединяются. «И она опускается еще ниже» – т.е. в мир Ецира, «соединяется нефеш с руах», – потому что Бина, Тиферет и Малхут де-руах, который находится в мире Ецира, падают и облачаются в нефеш, находящуюся в мире Асия. И благодаря этому они соединяются. «И все они непрестанно соединяются друг с другом» – т.е. все три: нешама с руах, а руах с нефеш.

Нефеш и руах включены друг в друга в тот момент, когда они появляются в мире, и не бывает нефеш без руах. Однако нешама воцаряется благодаря путям человека. Иными словами, она не рождается вместе с нефеш руах, но только когда человек должен притянуть ее благодаря тому, что идет прямым и правильным путем, и она пребывает в скрытом пределе, и неизвестно место ее. Потому что нешама рождается в ВАК, т.е.

И породил Ноах троих сыновей

в нефеш руах. А ГАР остаются в нукве Ацилута, которая скрыта от обитателей миров БЕА.

63) Если человек приходит очиститься, помогают ему святой душой, очищают и освящают его, и он называется святым. А если не удостоился и не приходит очиститься, только две ступени открыты ему – нефеш и руах. А святой души (нешама) нет у него. Но если он, к тому же, приходит оскверниться, его оскверняют и лишают высшей помощи. Отсюда и далее – каждый согласно путям его. Иначе говоря, если он раскаивается и приходит очиститься, ему снова помогают. И незачем спрашивать: ведь когда рождается человек, есть у него только животная душа (нефеш) от чистой стороны[495]. Дело в том, что руах всегда включен в нефеш. А если так, есть у него нефеш-руах, когда он рождается, но нешама этой ступени очищается согласно его действиям. И так – на каждой ступени.

64) (Тосефта). «Возвышенные связи крепости всех крепостей». «Связи» имеются в виду НАРАН, называемые тремя связями. Иными словами, наши НАРАН связаны в средней линии, которая является самой мощной из всех крепостей по отношению к ситра ахра. «И поэтому они с открытыми глазами и раскрытыми ушами», иначе говоря, у праведников есть Хохма и Бина, называемые эйнаим (глаза) и ознаим (уши). «Ибо голос голосов опускается сверху вниз и разбивает горы и скалы» – т.е. средняя линия, называемая «голос», и это Даат, включающий три голоса, т.е. ХАБАД де-Даат, и только один голос нисходит и светит сверху вниз и разбивает все сильные клипот, называемые «горы и скалы». «Однако два высших голоса» – т.е. Хохма и Бина де-Даат, «не опускаются вниз». «Кто это – видящие и невидящие, и ставшие глухими и слепыми, которые не видят и не слышат, и не могут постичь одного, который включен между ними двумя». Выталкивают их наружу. Объяснение. Поскольку они не знают, как постичь и притянуть одного, включенного в них обоих, т.е. среднюю линию, они становятся глухи и слепы, т.е. не могут получить святые мохин Хохмы, называемые эйнаим (глаза), и Бины, называемые ознаим (уши). И они не видят и не слышат, и поэтому выталкивают их за пределы святости.

---

[495] См. Зоар, главу Мишпатим, п. 11.

65) «Они прилепляются к этим двум» – к двум линиям, правой и левой, Хохме и Бине. «Один же» – средняя линия, «мастер из мастеров», – от которого зависят все мохин, «не пребывает меж ними». И поэтому «они не входят в число святых книг». «Ведь все те, в которых не пребывает этот мастер» – средняя линия, «не записываются в книги памяти» – т.е. они не получают большие мохин Бины, называемые «книга памяти» и «книга жизни». «И потому стёрты из "книги жизни"», – поскольку нет им там места. Как написано: «Будут стерты из книги жизни, и среди праведников не будут записаны»[496].

66) Горе им, когда покинут они этот мир – кто будет просить и требовать за них, когда будут переданы в руки ангела Думá и будут сожжены в пылающем огне? И выйдут оттуда только лишь в субботу и в новомесячье, как сказано: «И будет в каждое новомесячье и в каждую субботу...»[497] А потом, после субботы и новомесячья, с северной стороны раздается воззвание к ним, гласящее: «Возвратятся нечестивые в преисподнюю»[498]. И соберется множество ангелов-губителей и явятся к ним. В четырёх сторонах пылает огонь в Гей Бен-Инноме[499] – в наказание грешникам, привнесшим изъян в четыре свойства Хохму и Бину, Тиферет и Малхут.

67) Три раза в день они упоминаются, чтобы смягчить их наказание, – т.е. во время трёх зивугов ЗОН, происходящих во время трёх молитв. И только в час, когда Исраэль произносят в полный голос: «Амен, да будет великое имя Его прославляемо вовеки», вверху происходит зивуг, и Творец наполняется милосердием и прощает за всё. И Он подаёт знак ангелу-правителю во вратах преисподней, называемому Самариэль, в руках которого три ключа. Он открывает трое ворот, обращённых в сторону пустыни, и они видят свет этого мира.

---

[496] Писания, Псалмы, 69:29. «Будут стерты из книги жизни, и среди праведников не будут записаны».

[497] Пророки, Йешаяу, 66:23. «И будет в каждое новомесячье и в каждую субботу, приходить будет всякая плоть, чтобы преклониться предо Мной, – сказал Творец».

[498] Писания, Псалмы, 9:18. «Возвратятся нечестивые в преисподнюю, все народы, забывшие Творца».

[499] См. Новый Зоар, главу Берешит, пп. 224-225.

Объяснение. Получение разрешения и примирение[500] имеют место в каждом зивуге ЗОН, когда Зеир Анпин притягивает в начале зивуга свечение от левой линии. И это внутренний смысл сказанного: «Левая рука у меня под головой»[501]. А потом уже совершает с ней зивуг во власти правой линии. Таким образом, во время власти левой линии, Он подаёт знак ангелу-правителю преисподней Смари, ответвлению левой линии, чтобы тот открыл трое ворот, т.е. три линии в зивуге, обращённых в сторону пустыни, – т.е. власть левой стороны, от которой исходят силы пустыни.

И тогда свечение левой линии простирается сверху вниз, вплоть до этого мира. Поэтому сказано: «И они видят свет этого мира». Ведь «три раза в день они упоминаются, чтобы смягчить их наказание» – т.е. во время трёх зивугов ЗОН, происходящих благодаря трём молитвам, так как свечение линии левой в начале любого зивуга достигает грешников преисподней. И притяжение этого свечения происходит только в момент начала зивуга ЗОН, чтобы примирится с Нуквой. Но тут же исходит дым от огня и заслоняет путь свету, и наступает тьма.

68) И тогда троё правителей, в чьих руках находятся три совка, взмахами рук возвращают дым на прежнее место. Объяснение. После того, как примирился с Нуквой с помощью свечения левой линии, и она не может противиться ему, совершает зивуг (с ней) во власти правой линии, передавая ей совершенное свечение.

И получается, что три правителя исходят и приходят от зивуга правой линии, которые происходят от трёх линий этого зивуга, а три совка – это три силы правой линии, с помощью которых очищают потоки наполнения света света от судов, и они притягивают свойство хасадим, возвращая благодаря этому суды, называемые «дым и огонь», на свое место – в преисподнюю.

А в промежутке, с момента свеченья трёх линий под властью левой линии и прежде, чем приходят дым и огонь, застилая их

---

[500] См. Зоар, главу Берешит, часть 2, п.215.
[501] Писания, Песнь песней, 2:6. «Левая рука у меня под головой, а правая обнимает меня».

пути, у них наступает облегчение на час и еще полчаса. Так как три линии мохин – Хохма, Бина и Даат – называются тремя часами, а линия Даат делится на две – на Хесед и Гвуру. И поэтому, когда светила левая линия, светила Бина, т.е. ее час, а также светила Гвура – половина часа от Даат. Тогда как час и полчаса со стороны правой – Хохма и Хесед де-Даат в это время не светили вообще. И они таким образом получили временную передышку – лишь полтора часа пребывать в наслаждении.

Но после того, как свечение правой линии опять начало светить в зивуге, они снова возвращаются к своему огню, т.е. к огню преисподней и уже больше не могут получать наслаждение от Хохмы и Хесед де-Даат, которые светят во время этого зивуга. И так три раза в день – каждый раз, когда Исраэль говорят: «Амен! Да будет благословенно имя Творца вовеки!», они получают возможность передохнуть, т.е. в начале каждого зивуга. Счастливы праведники, пути которых светят в будущем мире всем сторонам. Как сказано: «Путь праведных – как светило лучезарное, которое светит всё ярче, пока не наступит день»[502].

---

[502] Писания, Притчи, 4:18.

# Законы преисподней

69) В преисподней есть пределы за пределами – вторые, третьи, до семи. Счастливы праведники, оберегающие себя от прегрешений нечестивых и не идущие их путями, и не оскверняющие себя ими. И всякий, кто оскверняется, и умирая, отходит в мир истины, он опускается в преисподнюю, причем опускается до самого нижнего предела.

70) Два предела находятся рядом друг с другом, называемые Шеол и Авадон (буквально – ад и пропасть). Тот, кто опускается в ад (Шеол), судят его там, он получает наказание свое, а затем поднимают его в другой предел, выше этого. И так поднимается, ступень за ступенью, пока не поднимут его оттуда. Но тот, кто опускается в пропасть (Авадон), не поднимут его оттуда никогда. И потому называется пропасть (Авадон), ибо он окончательно пропадает там.

71) Праведник Ноах предупреждал свое поколение, и не слушались его, пока не навел Творец суд преисподней на них, а это огонь и снег, вода и огонь, одно холодное, другое кипящее, и все осуждаются судом преисподней и исчезают из мира.

72) Затем возрождается мир, как и подобает ему, и Ноах входит в ковчег и вводит в него все виды живущих в мире существ. Ноах был «деревом, дающим плод»[503], т.е. праведной основой, и вышли из ковчега все существующие в мире виды, как и наверху – в высших Есоде и Малхут.

73) Когда это «дерево, дающее плод», Есод Зеир Анпина, соединяется с «плодовым деревом»[504], с Малхут, выходят из нее все эти высшие виды, «животные малые и большие»[505], множество видов, каждый по виду его. Подобно этому был Ноах

---

[503] Тора, Берешит, 1:12. «И извлекла земля поросль, траву семяносную по виду ее, и дерево, дающее плод, в котором семя его, по виду его. И увидел Всесильный, и вот – хорошо».
[504] Тора, Берешит, 1:11. «Да произрастит земля зелень, траву семяносную, плодовое дерево, производящее плод по виду его, семя которого в нем, на земле».
[505] Писания, Псалмы, 104:25. «Вот море великое и обширное, там пресмыкающиеся, которым нет числа, животные малые и большие».

в ковчеге, и все вышли из ковчега, все получили исправления со стороны пребывания в ковчеге, подобно тому, как высшие поколения получают свое исправление от Малхут. Тогда мир становится подобен тому, что находится выше. И потому зовется Ноах «мужем земли», то есть хозяином земли. И Ноах зовется мужем праведным, праведной основой (Есод), имеющейся выше[506].

74) Триста лет до наступления потопа предупреждал их Ноах о деяниях их, а они не слушали его, пока не завершилось время ожидания, отведенное им Творцом. Как сказано: «Пусть будут дни жизни его сто двадцать лет»[507], – и исчезнет из мира. Написано: «И было, когда стал человек умножаться на земле и дочери родились у них»[508] – и ходили они в наготе своей на виду у всех, тогда сказано: «И увидели сыны сильных дочерей человеческих, что хороши они, и брали себе жен из тех, что выбирали»[509]. И это было для них основой и главным принципом, и вынуждало их продолжать грешить, пока не привело их к истреблению с лица земли. И потому тянулись они за злым началом, за стволом и корнями его, и отторгали святую веру в среде своей, и погрязли в нечистоте. И поэтому «Конец всякой плоти пришел предо Мною»[510], чтобы обвинить их.

---

[506] См. выше, пп. 8-9.
[507] Тора, Берешит, 6:3. «И сказал Творец: "Да не будет дух Мой судить человека вечно, ведь к тому же он – плоть; пусть будут дни жизни его сто двадцать лет"».
[508] Тора, Берешит, 6:1.
[509] Тора, Берешит, 6:2.
[510] Тора, Берешит, 6:13. «И сказал Всесильный Ноаху: "Конец всякой плоти пришел предо Мною, ибо земля наполнилась злодеянием из-за них. И вот, Я истреблю их с землею"».

# Конец всякой плоти

75) «Сообщи мне, Творец, конец мой»[511], – сказал Давид пред Творцом. Это два конца, один – у правой, другой – у левой, и это два пути, по которым люди должны восходить в мир истины. Есть конец правой (ямин), как сказано: «В конце дней (ямин)»[512]. И есть конец левой, как сказано: «Установил конец тьме, и проверяет он все пределы камня могильного и тени смертной»[513]. «И проверяет он все пределы». Кто же это проверяет? Это конец, который в левой, он – тот проверяющий, который омрачает лик созданий. Окончание Ацилута называется конец (кец). В нем есть правая сторона, светящая снизу вверх, сторона святости, и называется она конец правой. И есть в нем левая, в которой удерживается ситра ахра, притягивая свет сверху вниз. И это сторона ангела смерти[514].

76) Конец правой – это, как мы уже говорили относительно окончания правой, сказал Творец Даниэлю: «Ты же иди к концу и успокойся»[512]. Спросил у Него Даниэль: «В этом мире или в мире истины?» Ответил ему: «В мире истины». Спросил у Него: «В час, когда восстанут из праха, то есть при возрождении из мертвых, поднимусь среди них или нет?» Ответил ему: «И ты поднимешься». Сказал Ему Даниель: «Знаю я, что поднимутся они, возрождаясь из мертвых, группами по вере своей, одни из них – истинные праведники, другие же – злодеи мира, и не знаю, с кем из них поднимусь я?» Ответил ему: «По жребию своему»[512] – то есть с праведниками. Сказал Ему: «Но ведь Ты сказал: "Иди к концу". Однако есть конец у правой (стороны) и есть конец у левой. И не знаю я, к какому концу – к концу правой или к концу левой?» Ответил ему: «К концу правой».

77) И Давид также сказал Творцу: «"Сообщи мне, Творец, конец мой", какова участь моя?» И не успокоился, пока не выяснилось, что будет относиться к правой, как написано:

---

[511] Писания, Псалмы, 39:5. «Сообщи мне, Творец, конец мой и меру дней моих – какова она, чтобы знать мне, когда я обрету покой!»
[512] Писания, Даниэль, 12:13. «Ты же иди к концу и успокойся, и встанешь по жребию своему в конце дней!»
[513] Писания, Йов, 28:3.
[514] См. «Предисловие книги Зоар», п. 210.

«Сиди справа от Меня»[515]. Однако Ноаху сказал Творец: «Конец всякой плоти пришел предо Мной»[510]. Кто же это – конец левой или конец правой? И говорит: «Это конец, который омрачил лик созданий, будучи концом всякой плоти» – т.е. конец левой (стороны), ангел смерти.

78) Отсюда ясно, что грешники мира преждевременно навлекают его на себя, вызывая этим мрак. Когда дают ему право, он забирает душу. И не забирает души, пока не дано ему позволение. Поэтому сказано: «Пришел предо Мной»[510]. «Пришел предо Мной», чтобы получить разрешение омрачить лица жителей мира. Поэтому: «И вот, Я истреблю их с землею»[510]. То есть Я дал ему разрешение, и потому: «Сделай себе ковчег из дерева гофер»[516] – чтобы ты мог спастись, и не будет он властен над тобой.

79) В тот час, когда на город или мир нападает мор, нельзя человеку появляться на рыночной площади, поскольку губителю позволено уничтожать всё. Поэтому Творец сказал Ноаху: «Будь осторожен, не попадайся на глаза губителю, чтобы он не был властен над тобой».

80) И если ты скажешь: «Где здесь губитель – ведь была только вода, которая все время усиливалась и обратилась в потоп?» Во всех судах, совершаемых в мире, не найти такого суда, – и когда на мир уже обрушиваются удары и даже, когда мир еще отдан на суд, – в котором бы не чувствовалась поступь этого губителя. И здесь то же самое. Был потоп, и губитель шествовал внутри потопа, и он именуется потопом, потому что это название содержит его в себе. Поэтому Творец указал Ноаху скрыться внутри ковчега и не показываться на миру.

81) Но ведь ковчег был виден этому миру, когда губитель прошелся по нему – потому и губитель все еще видит его. Однако, пока губитель еще не увидел лица человека, он не властен над этим человеком. Откуда это следует? В Египте

---

[515] Писания, Псалмы, 110:1. «Давиду. Псалом. Слово Творца господину моему: "Сиди справа от Меня, пока Я не сделаю врагов подножием твоим!"»

[516] Тора, Берешит, 6:14. «Сделай себе ковчег из дерева гофер; с отделениями сделай ковчег и просмоли его изнутри и снаружи».

Конец всякой плоти

было сказано: «Вы же не выходите никто за двери дома своего»[517]. Поскольку снаружи находится губитель, который может вас истребить, и нельзя показываться ему на глаза. И поэтому Ноах и все те, кто был с ним, скрылись в ковчеге, и губитель не был властен над ними.

---

[517] Тора, Шмот, 12:22-23. «...Вы же не выходите никто за двери дома своего до утра. И пройдет Творец, чтобы поразить египтян, и увидит кровь на притолоке и на двух косяках, и минует Творец этот вход, и не даст ангелу-губителю войти в дома ваши, чтобы поразить вас».

# Кричи в голос – бедный Анатот

84)[518] «Кричи в голос, Бат-Галим! Слушай, Лайша, бедный Анатот!»[519]. Это сказано о Кнессет Исраэль, Малхут. «Кричи в голос, Бат-Галим (досл. – дочерь волн)!» – то есть дочь праотца Авраама, как сказано: «Отец воспитал дочь». И это Хесед, возвысившийся, чтобы стать Хохмой. И когда есть у нее мохин де-Аба (мудрость от отца), называется Бат-Галим. И также зовется «замкнутый источник (галь-науль)»[520], то есть Малхут называется «источник (галь)», в то время, когда есть у нее мохин де-Аба. И здесь она тоже называется «галим» (волны).

Потому что «галим» – это света, собирающиеся в виде трех точек холам-шурук-хирик. И они все больше и больше входят внутрь Малхут и наполняют ее. «Ростки твои – сад гранатовый»[521]. «Ростки твои» тоже означают света, которые собираются и тянутся к Малхут, словно реки и ручьи. И выражение: «Кричи в голос, Бат-Галим» означает Малхут, которая возрадуется и возликует в полный голос в то время, когда она станет Бат-Галим, т.е. когда есть у нее большие мохин, которые называются «галим», мохин Абы.

85) «Слушай, Лайша». «Лайша (львица)» – это, как сказано: «Лев пропадает без добычи»[522], то есть противоположность понятию «галим (волны)», потому что указывает на то время, когда Малхут пропадает из-за отсутствия наполнения. «Лайиш (лев)» – мужской род, «Лайша (львица)» – женский. И когда говорится «Лайша», это указывает на Малхут, т.е. нукву (женское начало). Почему она называется (мужским) именем «Лайиш» – согласно сказанному: «Лев – самый отважный (гибор) из зверей»[523], т.е. по свойству Гвуры в ней, или

---

[518] Пункты 82 и 83 в данной редакции текста не приводятся.
[519] Пророки, Йешаяу, 10:30.
[520] Писания, Песнь песней, 4:12. «Замкнутый сад – моя сестра, невеста, родник замкнутый, источник запечатанный».
[521] Писания, Песнь песней, 4:13.
[522] Писания, Йов, 4:11. «Лев пропадает без добычи, и детеныши львицы отторгнуты».
[523] Писания, Притчи, 30:30. «Лев – самый сильный (гибор) из зверей, и не отступит ни перед кем».

согласно сказанному: «Лев пропадает без добычи»[522], т.е. по отсутствию наполнения в ней?

Однако, всё это содержится в свойстве «Лайиш (лев)». «Лайиш» указывает на то время, когда она находится в состоянии точки шурук. И тогда есть у нее оба эти свойства – как Гвура (отвага), так и отсутствие наполнения. И тогда это – нижняя Гвура, Малхут, исходящая от высшей Гвуры, т.е. от Гвуры в Бине. Поэтому сказано о ней: «Лев – самый отважный (гибор) из зверей», и она же – «лев, пропадающий без добычи». В тот час, когда эти реки, т.е. высшие света, удаляются и не входят внутрь ее, она называется львицей, пропадающей без добычи, как сказано: «Лев пропадает без добычи, и детеныши львицы отторгнуты»[522].

86) Сказанное: «Лайша – бедный Анатот» означает, что Лайша и бедный Анатот – это одно и то же. «Бедный Анатот» означает «беднейший из бедных», как сказано: «Из числа священнослужителей, которые в Анатоте, в земле Бениаминовой»[524]. И сказано: «Ступай в Анатот на поле свое»[525], где Анатот означает бедность. И здесь это тоже указывает на «бедность», и именно поэтому Шломо назвал его Анатот. Но разве до сих пор он не звался Эвьятар?

Однако, все то время, пока был жив царь Давид, Эвьятар отличался богатством и всем остальным. А затем, то есть после того, как умер Давид, обеднел. Сказал ему Шломо: «Ступай в Анатот на поле свое»[526]. И удовлетворился этим, поскольку до тех пор, пока царь Давид был жив, не звался именем Анатот, так как пребывал в богатстве. Но после смерти Давида обеднел, и Шломо назвал его Анатот.

87) Почему (царь) Шломо назвал его Анатот (бедный), зачем ему надо было называть его столь позорным именем? И сказал

---

[524] Пророки, Йермияу, 1:1. «Слова Йермияу, сына Хилкияу, из числа священнослужителей, которые в Анатоте, в земле Бениаминовой».

[525] Пророки, Мелахим 1, 2:26. «А Эвьятару, священнику, сказал царь: "Ступай в Анатот на поле свое, ибо ты заслуживаешь смерти, но сегодня я не умерщвлю тебя, потому что ты носил ковчег Владыки Творца перед Давидом, отцом моим, и поскольку страдал ты от всего того, от чего страдал отец мой"».

[526] Прим. Можно прочитать эту фразу также: «Ступай, Анатот (бедный), на поле свое».

он ему: «В твои дни отец мой пребывал в нищете. А сейчас, когда я богат, ступай на поле свое». Потому что тот, кто служил в дни нищеты, не достоин служить в дни богатства. И согласно этому можно объяснить, почему Эвьятар назван Анатот. Если скажешь – это потому, что был он из Анатот, то ведь мы уже знаем из сказанного: «Но спасся один сын Ахимелеха, сына Ахитува, по имени Эвьятар»[527], что он был из Нова, и Нов был городом священнослужителей. И хотя сказано: «Нов – это Анатот», почему он назван Анатот? Потому что опустился в нищету, и город этот уничтожен Шаулем, и священнослужители тоже погибли. И все же это не так, ведь Анатот был деревней, а не городом Нов. Поэтому Шломо назвал Эвьятара Анатот, так как сказал Шломо: «И поскольку страдал ты от всего того, от чего страдал отец мой»[525], а был он (Эвьятар) из города Нов. И за то, что Давид был беден в дни его, назвал его Анатот.

88) Мир находился в нищете с того дня, как Адам нарушил заповедь Творца. Пока не пришел Ноах и не принес жертву, – и успокоился мир. Сказал: «Не успокоился мир, и земля не избавилась от нечистоты змея, пока не встали Исраэль у горы Синай, и не стали держаться Древа жизни, – тогда успокоился мир».

89) Если бы Исраэль снова не согрешили перед Творцом, то никогда бы не умирали, потому что была устранена из них нечистота змея. Но из-за того, что согрешили, были разбиты первые скрижали, в которых было освобождение от всего, освобождение от того змея, который является концом всякой плоти, то есть ангелом смерти.

90) И когда левиты были готовы карать смертью, т.е. когда сказал им Моше: «Пусть каждый из вас опояшется своим мечом»[528], тогда снова пробудился змей зла и шел перед ними, но не мог властвовать среди них, потому что весь Исраэль

---

[527] Пророки, Шмуэль 1, 22:20. «Но спасся один сын Ахимелеха, сына Ахитува, по имени Эвьятар, и убежал к Давиду».

[528] Тора, Шмот, 32:26-28. «И встал Моше в воротах стана, и крикнул: "Кто за Творца – ко мне!" И собрались вокруг него все левиты. И он обратился к ним: "Так сказал Творец, Всесильный Исраэля: пусть каждый из вас опояшется своим мечом, пройдите весь стан туда и обратно, от ворот и до ворот – и пусть каждый убьет брата своего, и друга своего, и близкого своего!". И сделали левиты, как повелел Моше, и пало в тот день из народа около трех тысяч человек».

надели пояса с оружием. И уже говорилось, что при даровании Торы вооружил их Творец поясами из букв Его святого имени, и это – те украшения, которые они получили на горе Хорев[529]. Поэтому змей не мог властвовать над ними. Но когда Творец сказал Моше: «Сними мое украшение»[530], змей получил право властвовать над ними.

91) Сказано: «И были сняты сынами Исраэля украшения, полученные у горы Хорев»[531]. Надо было бы написать: «И сняли». Но «были сняты» указывает на то, что были сняты под влиянием другой силы, поскольку змею дано было право властвовать над ними. «Украшения, полученные у горы Хорев» – это то украшение, которое они получили с горы Хорев, когда Тора вручена была Исраэлю.

92) Ноах был праведником, почему же он не устранил смерть из мира, как это было при даровании Торы? Потому, что нечистота змея еще не ушла из мира. А кроме того, поскольку не было у жителей земли веры в Творца, все они поклонялись духам Древа внизу, то есть внешним силам, и были охвачены духом нечистоты.

93) Вдобавок, когда вышли из ковчега, продолжали грешить и следовать злому началу, как и раньше. А святую Тору, Древо жизни, Творец еще не опустил на землю. И кроме того, он (Ноах) снова навлек смерть на мир, как сказано: «И выпил он вина…»[532].

---

[529] См. Зоар, главу Берешит, часть 2, п. 291.
[530] Тора, Шмот, 33:5.
[531] Тора, Шмот, 33:6.
[532] Тора, Берешит, 9:21. «И выпил он вина, и опьянел, и обнажился внутри шатра».

# Этот иудей

94) Когда еще шли, увидели, что им навстречу идет один иудей. Спросили его, кто он? Сказал им: «Послан я ради заповеди, ибо пришло время праздника, и нам нужен лулав[533] и все виды растений вместе с ним, необходимые для выполнения заповеди». Пошли они вместе.

95) Сказал им этот иудей: «Четыре вида растений в (заповеди) лулава – все призваны нести благо в мир. Известно ли вам, почему они нужны в праздник, а не в другое время?» Сказали ему: «Товарищи уже указывали их внутренний смысл, но если у тебя есть что-то новое – скажи».

96) Сказал им: «Место, в котором мы живем, конечно, мало́. Однако все занимаются Торой. И обучает нас учитель, самый лучший из всех. Каждый день он раскрывает нам новое в Торе. И он сказал, что в праздник наступило время правления – т.е. чтобы Исраэль пришли к власти над правителями семидесяти народов. И сказано: "Тогда прошли бы над душой нашей во́ды враждебные. Благословен Творец, спасший нас от их зубов"[534]. Но разве у воды есть зубы? "Воды враждебные" – это остальные народы, а «зубы» – это правители, назначенные над остальными народами-идолопоклонниками. И они благословляются со стороны Исраэля».

97) «И чтобы властвовать над ними, над правителями народов, мы обращаемся к тайне святого имени, подразумеваемого под этими четырьмя видами растений, включенных в заповедь лулава:

Адасим[535] – Хесед, Гвура, Тиферет, от буквы "йуд י" в имени АВАЯ (הויה).

Аравот[536] – Нецах, Ход, исходящие от буквы "хэй ה" в имени АВАЯ (הויה).

Лулав[533] – Есод, от буквы "вав ו" в имени АВАЯ (הויה).

Этрог[537] – Малхут, нижняя "хэй ה".

---

[533] Пальмовая ветвь, атрибут праздника Суккот.
[534] Писания, Псалмы, 124:5,6.
[535] Ветки мирта.
[536] Ветки ивы.
[537] Цитрон.

Выполнить волю Его, Творца, и править над ними с помощью тайны святого имени. И пробуждать на нас святые во́ды, – т.е. изобилие высших вод, изливаемых на жертвенник, т.е. Малхут, – которые подчиняют враждебные во́ды».

98) Еще сказал им: «В Начале года в мир снова приходит первое пробуждение» – и это Нуква. Иными словами, Нуква возвращается к начальному состоянию, в котором пребывала на четвертый день начала творения. Первое пробуждение – это суд, производимый внизу, когда мир пробудился к суду и Творец сидит на престоле суда и судит мир».

Объяснение. Нуква называется «дом». И в четвертый день начала творения, прежде чем была построена, она располагалась от хазе Зеир Анпина и ниже, с его обратной стороны. И тогда ее заполняли свойства суда, и она называется судом, производимым внизу, т.е. ниже хазе. И потому она судит мир свойством суда, и Зеир Анпин тоже сидит тогда на престоле суда и судит мир. И это состояние называется первым пробуждением.

99) И этот суд имеет власть, чтобы судить мир до Дня Искупления. И тогда лик ее светел, т.е. она постигает в это время ГАР, называемые «паним (лик)». И нет в мире змея-обвинителя, поскольку он занят козлом отпущения, которого приводят ему, и тот относится к стороне духа скверны, как и положено этому обвинителю. И поскольку занят этим козлом, он не приближается к Храму, т.е. к Нукве. Иными словами, не приближается к обвинению Исраэля и разрыву зивуга (соединения) Зеир Анпина с Нуквой.

100) И это подобно козлу, приносимому в грехоочистительную жертву на новомесячье. И поскольку он занят им, светится лик Храма, т.е. Нуквы. И потому весь Исраэль находят милость перед Творцом, и Он прощает их грех. И поведал им этот иудей, что есть одна тайна, раскрывать которую нельзя никому, кроме мудрых высших святых праведников.

101) Когда луна, Нуква, приближается к солнцу, Зеир Анпину, Творец освещает северную сторону, левую линию, исходящую из точки шурук, и окутывает ее любовью, и привлекает ее к Себе, и это – примирение и предоставление права. Юг, правая линия, пробуждается с другой стороны, со стороны точки

хирик. А луна, Нуква, поднимается и соединяется с востоком, Зеир Анпином, и тогда получает питание с обеих сторон, с юга и с севера, и получает благословения, наполнение зивуга, шепотом, т.е. свойство ВАК, с помощью точки хирик, о которой сказано: «Го́лоса же ее не было слышно»[538]. Ибо голос и речь означают ГАР.

Тогда луна благословляется и становится полной изобилия. И здесь приближается жена к своему мужу, т.е. это полный зивуг, дающий миру совершенные мохин[539]. И порядок этого зивуга следующий: сначала Зеир Анпин привлекает к Нукве свечение левой линии, как сказано: «Левая рука у меня под головой»[540]. А затем правую линию, как сказано: «Правая обнимает меня»[540]. Слева привлекается свечение Хохмы, а справа – хасадим. А затем разъясняет, как присоединяется змей во время свечения левой стороны.

102) Как формы органов Адама, Зеир Анпина, и его исправления имеют свою внутреннюю суть, так же и формы органов Нуквы Зеир Анпина и исправления Нуквы имеют свою внутреннюю суть. И всё отличие – лишь в оттенке: у Зеир Анпина зеленый оттенок, а у Нуквы – красный оттенок. Однако по форме своей эти органы у них одинаковы. И также под миром Ацилут есть суть исправления другого Адама – нижнего, от нечистой стороны, что под луной. И у него органы той же формы, т.е. правая и левая и т.п. Это дает нам понять, что ступени отпечатываются одна от другой, и формы высшей переходят к нижней, и пробуждение любого свойства в одной из них пробуждает соответствующее свойство в других.

103) Как левая рука наверху, в Зеир Анпине, обнимает Нукву, и он соответственно пробуждается в любви к ней, также есть снизу, от Нуквы, этот змей, являющийся левой рукой духа скверны и Нуквой скверны. И держится за него тот, кто восседает на нем, – захар (мужское начало) скверны, соединяющийся со змеем. И он приближается тогда к луне, т.е. к Нукве,

---

[538] Пророки, Шмуэль 1, 1:13. «Только губы ее шевелились, голоса же ее не было слышно».
[539] См. Зоар, главу Берешит, часть 1, статью «Сияние небосвода», п. 9.
[540] Писания, Песнь песней, 2:6. «Левая рука у меня под головой, а правая обнимает меня».

и притягивает ее, т.е. вытягивает из нее между слитыми, – из места зивуга (соединения), – и она оскверняется.

Объяснение. В Нукве есть две точки:
1. Точка свойства суда, недостойная получать мохин в силу первого сокращения, и она скрыта в ней.
2. Точка свойства милосердия, от Бины, в которой она получает все мохин и светит миру, и она раскрыта в Нукве.

И потому она называется «Древо познания добра и зла»[541], если удостаивается человек – становится добром, а если не удостаивается – то злом. Иначе говоря, если человек получает свечение левой линии в исправлениях святости, снизу вверх, то становится добром и получает от нее все мохин в совершенстве.

А если не удостаивается и притягивает мохин сверху вниз, тогда приближается змей к Нукве и раскрывает точку свойства суда в ней, которая недостойна получения мохин и наполнения от Зеир Анпина, в силу первого сокращения, и из-за нее портится также вторая точка, свойства милосердия. И потому прерывается зивуг, и считается нечистой, и она не пригодна больше соединяться и получать наполнение от Зеир Анпина[542]. И как сказано здесь, раскрывает точку свойства суда, скрытую между слитыми, и тогда не может она больше соединяться и получать наполнение для мира.

104) И тогда Исраэль внизу приносят в жертву козла на новомесячье, продлевая подслащение Малхут в Бине и свечение левой линии снизу вверх. И тогда змей тянется за этим козлом, ведь всё его влечение – к свечению левой линии. И луна очищается, ибо она теперь достойна получать наполнение от Зеир Анпина, своего мужа. И поднимается наверх и привязывается наверху, т.е. к Зеир Анпину, чтобы благословиться. И лик ее теперь светел, по сравнению с тем, каким был мрачным раньше, когда она находилась внизу, прежде чем вошла в зивуг с Зеир Анпином.

---

[541] Тора, Берешит, 2:9. «И произрастил Творец Всесильный из земли всякое дерево, прелестное на вид и приятное на вкус, и Древо жизни посреди сада, и Древо познания добра и зла».
[542] См. «Предисловие книги Зоар», статью «Две точки», пп. 122-123.

Итак, мы выяснили, как принесение в жертву козла на новомесячье призвано очистить Нукву, т.е. привлечь к ней келим свойства милосердия от Бины, со свечением левой линии, посредством чего она возвращается к своей чистоте. И хотя змей еще может пробудить точку свойства суда, после того как она уже раскрылась ему, все равно он не делает этого, так как не хочет испортить свечение левой линии – свечение, к которому он очень вожделеет. И выходит теперь, что обвинитель становится защитником.

105) Так же и в День Искупления, когда этот змей зла занят козлом отпущения, что тоже является привлечением свечения левой линии, как и в случае принесения в жертву козла на новомесячье, луна отделяется от этого змея, поскольку тот занят козлом и не хочет больше обвинять ее. И Нуква занята теперь поддержкой Исраэля, и она беседует с ними, как мать с сыновьями, и Творец благословляет их свыше и прощает им грехи их.

106) А затем, когда Исраэль подходят к празднику Суккот, пробуждается свыше правая сторона, как сказано: «Его правая (рука) обнимает меня»[540], чтобы Луна, т.е. Нуква, установила связь с ним в правой линии, и лик ее будет светел как подобает. И тогда раздает часть своих благословений всем, кто назначен внизу, т.е. семидесяти правителям, чтобы занимались своей долей и не начинали питаться от доли Исраэля и приближаться к их стороне. Как уже выяснилось в случае со змеем и Нуквой: будучи занят козлом, он не обвиняет Нукву.

107) Так же и внизу, в этом мире: когда все остальные народы благословляются, они заняты своим уделом и не начинают смешиваться с Исраэлем и желать их удела, как и в случае со змеем и Нуквой, а также с семьюдесятью высшими правителями и Исраэлем. А потому в праздник, посредством принесения в жертву семидесяти быков, Исраэль привлекают благословления ко всем этим правителям семидесяти народов, чтобы те были заняты своей долей и не смешивались с ними.

108) А когда луна наполняется наверху благословениями как подобает, приходят Исраэль, и лишь они впитывают от нее. И потому сказано: «В восьмой день сбор пусть будет у

вас»⁵⁴³. Сбор – это собрание, так как всем собранным от высших благословений питаются от нее не другие народы, а один лишь Исраэль. И потому сказано: «Сбор пусть будет у вас» – что означает: у вас, а не у остальных народов; у вас, а не у остальных правителей.

109) И потому Исраэль ублаготворяют Творца водою, которую льют на жертвенник, чтобы дать правителям народов долю благословений, дабы занимались ею и не примешивались потом к радости Исраэля, когда будут впитывать Исраэль высшие благословения. И об этом дне сказано: «Любимый – мне, а я – ему»⁵⁴⁴, и никто другой не смешивается с нами.

110) Притча о царе, который пригласил любящего его на трапезу, проводимую им в определенный день, дабы любящий царя узнал, что царь благоволит к нему. Сказал царь: «Сейчас я хочу радоваться только с любящим меня. Но боюсь я, что когда буду на трапезе с любящим меня, придут вместе с любящим меня все эти назначенные стражи и сядут с нами за стол, чтобы насладиться трапезой, несущей радость».

Что же сделал любящий? Он приготовил сперва блюда из овощей и говядины, и поднес этим назначенным стражам. А потом сел царь с любящим его за высшую трапезу из всех самых лучших яств. И пока они с царем находятся наедине, он просит у него всё необходимое, и царь дает ему и радуется, находясь наедине с любящим его, и чужие не помешают им. Так и Исраэль с Творцом. И потому сказано: «В восьмой день сбор пусть будет у вас»⁵⁴³.

111) В чем отличие, если сказано: «И Творец (АВАЯ) пролил дождь на Сдом и Амору»⁵⁴⁵, и не сказано: «Всесильный (Элоким) пролил дождь»? И в чем отличие потопа, в связи с которым сказано в каждом месте: «Всесильный (Элоким)», и не сказано в его связи «Творец (АВАЯ)», как в связи с уничтожением Сдома и Аморы?

---
⁵⁴³ Тора, Бемидбар, 29:35. «В восьмой день сбор пусть будет у вас, никакой работы не делайте».
⁵⁴⁴ Писания, Песнь песней, 2:16.
⁵⁴⁵ Тора, Берешит, 19:24.

112) Каждый раз, когда сказано «И Творец (ве-АВАЯ)», это означает Он и Его суд, т.е. Зеир Анпин, свойство милосердия, вместе с Нуквой, свойством суда. А если сказано просто «Всесильный (Элоким)», это указывает только на суд, т.е. на одну лишь Нукву без Зеир Анпина. Ибо при Сдоме решено было судом не разрушать мир, и потому смешался Он, Зеир Анпин, с судом. И потому там сказано «И Творец (ве-АВАЯ)» – что указывает на свойство милосердия, т.е. на Зеир Анпин, который называется АВАЯ, и вместе с тем на его суд, т.е. Нукву. Поскольку «вав ו», которая присоединяется к АВАЯ (הויה), включает и Нукву. Однако при потопе Он разрушил весь мир и всех находившихся в нем, и потому употребляется в этом случае имя «Всесильный (Элоким)», что указывает на одно лишь свойство суда, без включения в него свойства милосердия.

113) Почему же Ноах и все, кто был с ним, спаслись – и не были уничтожены все, кто там находился? Это потому, что скрылся с глаз, т.е. не был замечен губителем. И потому мы видим, что было уничтожено всё находившееся в мире, т.е. всё, что открылось взору губителя. И потому «Творец» – означает, что не разрушает всё, что открыто взору, как при уничтожении Сдома. А «Всесильный (Элоким)» – означает, что нужно спрятаться и нужно остерегаться, потому что разрушает всё, то есть всё, что открыто взору. И потому «Всесильный (Элоким)» – указывает на одну лишь Нукву без Зеир Анпина, представляющего милосердие.

114) И об этом сказано: «Творец над потопом восседал»[546]. Восседал один, сам по себе, ибо не соединился с судом, который вершился во время потопа. И сказано: «Должен находиться один, вне стана»[547], т.е. должен остаться один, сам по себе. И «Творец над потопом восседал» – во время наказания потопом сидел сам по себе и не присоединился к вершению этого суда. И потому он был полностью судом без милосердия.

115) И поскольку Ноах был скрыт от глаз, поэтому после того, как свершился суд и был уничтожен мир, и утих Его гнев,

---

[546] Писания, Псалмы, 29:10.
[547] Тора, Ваикра, 13:46. «Во все дни, когда язва на нем, нечист будет, нечист он. Должен находиться один, вне стана место его».

сказано: «И вспомнил Всесильный (Элоким) о Ноахе»[548]. Ибо до тех пор, т.е. пока уничтожал мир, Ноах не был вспомнен, потому что был скрыт от глаз.

116) Говорится, что Творец скрыт и раскрыт. Раскрыт – это суд снизу, Нуква Рахель, которая находится в месте от хазе Зеир Анпина и ниже. Скрыт – это место, откуда выходят все благословения, т.е. зивуга Зеир Анпина и Леи, которая находится в месте от хазе Зеир Анпина и выше. И от этого зивуга исходят все благословения. И потому над всеми речами человека, которые он держит в скрытии, пребывают благословения, а над теми, что открыты, пребывает место суда, т.е. Нуква, находящаяся от хазе Зеир Анпина и ниже, поскольку это – место раскрытия, раскрытый мир. Иными словами, хасадим раскрываются в ней в свечении Хохмы, и то, что зовется дурным глазом, не властвует над ним. Иными словами, в месте раскрытия свечения Хохмы держатся все суды и клипот.

Однако у Нуквы, расположенной от хазе Зеир Анпина и выше, где хасадим укрыты, и потому она называется «укрытым миром», никакая клипа не может пристать к ней. И потому над каждым, чьи речи укрыты, пребывает благословение укрытого мира, а над каждым, чьи речи открыты, пребывают суды раскрытого мира. И всё вершится по высшему подобию.

---

[548] Тора, Берешит, 8:1. «И вспомнил Всесильный о Ноахе, и о всех зверях, и о всем скоте, что с ним в ковчеге; и навел Всесильный ветер на землю, и унялась вода».

# Таинства жертвоприношений

118)[549] Наслаждается ли «конец всякой плоти», т.е. ситра ахра[550], от жертв, которые Исраэль приносили на жертвенник, или нет? Они все вместе испытывали чувство удовольствия – как наверху, так и внизу.

119) Коэны, левиты и исраэлиты, т.е. три линии правая-левая-средняя, называются человек в соединении этих желаний святости, поднимающихся от них в МАН: от коэнов – во время служения, от левитов – во время пения, от исраэлитов – в то время, когда они стояли в момент принесения жертвы. При принесении в жертву ягненка, барана или другого животного, ещё до возложения на жертвенник, необходимо все грехи и плохие желания выяснить на жертве – признать на ней. И тогда называется эта жертва именем животного, на котором совершено признание во всех этих грехах, пороках и пагубности мыслей. В иврите слово «адам (אדם человек)» имеет числовое значение МА (מה 45), поэтому так называется Зеир Анпин, АВАЯ (הויה) с наполнением «алеф א», числовое значение которого – МА (מה 45).

Слово «бээма» (בהמה животное)» имеет числовое значение «нун-бэт נב (52)». Поэтому так называется Нуква – АВАЯ (הויה) с наполнением «хэй ה», числовое значение которого БОН (בן 52). Это название, как правило, указывает на мохин левой (линии), которые получает Нуква. Поэтому свечение завершенных мохин, приходящих при зивуге всех трех линий, называется именем «адам (אדם человек)». А свечение Хохмы, притягиваемое в левой линии, до соединения в зивуге трех линий, называется «бээма» (בהמה животное)».

В принесении жертвы есть два свойства – «человек» и «животное». Ибо посредством МАН, поднимаемых коэнами их служением, левитами – их пением, а исраэлитами – их стоянием во время принесения в жертву животного, то есть тремя линиями, притягиваются мохин в свойство «адам (человек)». А посредством признания в грехах на жертве притягивается

---

[549] Пункт 117 в данной редакции текста не приводится.
[550] См. выше, п. 75.

свечение Хохмы только в левой линии, без зивуга всех линий, и это свечение называется «бээма (животное)». И от этого свечения «бээма» (בהמה животное)» наслаждается также «конец всякой плоти». И искупление грехов не происходит иначе, как притяжением свечения Хохмы в левой линии. И вследствие признания и искупления грехов с помощью этой жертвы, она называется «бээма (животное)», т.е. это свечение Хохмы в левой линии, и оттуда происходит искупление грехов.

120) Так же как о жертвоприношении козла отпущения сказано: «И признается над ним во всех прегрешениях»[551], так и в каждом жертвоприношении имеет место признание прегрешений. Поскольку, когда жертва возлагается на жертвенник, а не отпускается в пустыню, ему полагается дважды исповедаться над ней. И поэтому и то, и другое восходит на свое место. Одно относится к свойству «человек», а другое – к свойству «животное», как написано: «Человека и животное спасаешь Ты, Творец»[552].

121) Приношение хавитим[553] и все остальные приношения должны пробудить дух святости, т.е. свойство «человек», – и в желании коэнов и в пении левитов, и в молитве исраэлитов, т.е. в соединении трех линий. И этим воскурением, а также маслом и мукой, возложенными на жертвенник, насыщаются и ублаготворяются все те судящие, которые не могут управлять судом, порученным им, и они относятся к свойству «животное». Таким образом, в приношениях тоже имеется два свойства – «человек» и «животное». И все это восходит одновременно, т.е. как свойство «человек», так и «животное» восходят во время жертвоприношения как одно целое.

---

[551] Тора, Ваикра, 16:21. «И возложит Аарон обе руки свои на голову живого козла, и признается над ним во всех прегрешениях сынов Исраэля и во всех грехах их, и во всех провинностях их, и возложит их на голову козла, и отошлет его с нарочным в пустыню. И понесет на себе козел все провинности их».

[552] Писания, Псалмы, 36:7. «Справедливость Твоя – как высочайшие горы; правосудие Твое – пучина великая! Человека и животное спасаешь Ты, Творец!»

[553] Ежедневное приношение первосвященника. Из масла с пшеничной мукой он замешивал тесто, и маленькие кусочки, размером с маслину, посыпал солью и сжигал на жертвеннике вместе с благовониями.

И все это происходит в понятии «вера», для того, чтобы обеспечивать друг друга всем необходимым, и возносить наверх все, что нужно, до Бесконечности. «Обеспечивать друг друга всем необходимым» – указывает на правую линию, дополняющую левую, и левую, дополняющую правую[554]. «Возносить наверх все, что нужно» – указывает на свечение Хохмы в левой линии, которое надо поднимать наверх, а не опускать вниз[555]. «До Бесконечности» – то есть поднять всё в РАДЛА (в непознаваемый рош).

---

[554] См. Зоар, главу Берешит, часть 1, п.385.
[555] См. Зоар, главу Берешит, часть 1, п.386, со слов: «И известно...»

# Вознес я вверх руки в молитве

122) Сказал рабби Шимон: «Вознес я вверх руки в молитве», потому что подошел к раскрытию порядка создания ГАР (трех первых сфирот) Арих Анпина, называемых «Кетер», «Моха де-авира» и «Моха стимаа», и как поднимаются в непознаваемый рош (РАДЛА), означающий Бесконечность. Это очень высокое и очень скрытое понятие, и поэтому он молился о том, чтобы раскрытие тайн этих соответствовало желанию Творца.

«Когда желание высшего, очень вознесенное» – имеется в виду Кетер Арих Анпина, «держится и устанавливается на том желании, которое непознаваемо и неуловимо никогда» – на рош Атика, называемом «непознаваемый рош», Кетер Арих Анпина становится благодаря этому самым скрытым рош наверху. «И этот рош создал то, что создал, и это неизвестно», – т.е. Моха де-авира Арих Анпина, «и высветил то, что высветил скрытым путем», – и это Моха стимаа (скрытый разум) Арих Анпина.

123) «Желание высшей мысли» – это Кетер Арих Анпина, называемый высшим желанием. Когда он установился в виде рош, называется он высшей мыслью, которая стремится за РАДЛА, чтобы получить его свечение. Но между РАДЛА и Кетером пролегла парса. «И из-за этой парсы, в стремлении за высшей мыслью», – т.е. Кетера за светом РАДЛА, «свет приходит и не приходит», – потому что парса препятствует ему. «И так светит до парсы то, что светит», – но не от парсы и ниже. И поэтому высшая мысль светит скрытым свечением свойству Моха стимаа, и этот свет непознаваем в Моха де-авира. И сама мысль, то есть Кетер, находится в свойстве «непознаваемая».

Объяснение. Здесь продолжается выяснение двух вещей:
1. Как наслаждается «конец всякой плоти» от жертвоприношений, возносимых Исраэлем.
2. Свечение рош парцуфа Атик Ацилута, называемого непознаваемый рош (РАДЛА) и относящегося к свойству Бесконечности, из которого нисходят мохин катнут и мохин гадлут трех рош Арих Анпина, называемых Кетер, «Моха де-авира» и «Моха стимаа», что представляет собой «юд-хэй-вав יהו» самого Арих Анпина.

И также выясняются малое и большое состояние облачений Арих Анпина, называемых Аба ве-Има, ИШСУТ, ЗОН. И то, как «юд, хэй, вав» облачений включены в «юд-хэй-вав יהו» самого Арих Анпина, и все включаются в упомянутый уже рош Атика, называемый РАДЛА, Бесконечность. И это подразумевается в жертвоприношении под словами: «Обеспечивать друг друга всем необходимым, и возносить наверх все, что нужно, до Бесконечности».

И там «пролегла парса» означает, что Малхут поднялась в место Бины и оканчивает там ступень, и это новое окончание называется «парса». И вследствие этого окончания опустились три сфиры Бина-Тиферет-Малхут от каждой ступени на ступень, находящуюся под ней[556]. В результате Бина, Тиферет и Малхут высшей мысли, Кетера, опустились в Моха де-авира. А Бина, Тиферет и Малхут Моха де-авира опустились в Моха стимаа. А Бина, Тиферет и Малхут Моха стимаа опустились в Абу ве-Иму, и т.д. Таким образом, на каждой ступени остались только Кетер и Хохма де-келим, которые могли получить в себя от РАДЛА только два света – нефеш и руах, определяемые как ВАК и катнут трех рош.

Кетер Арих Анпина светит в Моха стимаа скрытым свечением, ВАК. И в Моха де-авира светит светом, который непознан, тоже только ВАК. И сама эта мысль, Кетер Арих Анпина – непознаваема, т.е. она тоже только свойство ВАК. Однако между ними есть различие, ибо он называется скрытым светом, т.е. даже в состоянии гадлут, когда достигает ГАР, он останется скрытым, и не будет светить другим. А свет, который непознан, называется так потому, что только сейчас он непознан. Но в состоянии гадлут будет познан, а потому и называется Моха де-авира, поскольку в состоянии гадлут выходит «йуд י» из его свойства «авир (אויר воздух)», и оно становится свойством «ор (אור свет)». И «непознаваемый» означает, что даже в состоянии гадлут он не будет познан. И все эти уменьшения образовались вследствие парсы, которая поднялась в место Бины и окончила там ступень, опустив Бину, Тиферет и Малхут каждого рош в рош, находящийся под ним. И поскольку осталось в каждом из рош лишь два кли, то не могут получить больше, чем два света, нефеш и руах, определяемые как ВАК.

---

[556] См. выше, п.62.

124) И тогда это свечение непознанной мысли ударяется в свечение стоящей там парсы, и светит в трех уменьшениях: по отношению к тому, что не познано в Моха де-авира, и непознаваемо в Кетере, и не раскрылось в Моха стимаа. Таким образом, свечение непознаваемой мысли, то есть РАДЛА, ударяется в свечение парсы, и они светят вместе.

Ибо свечение РАДЛА ударяет и снова опускает парсу на ее место, в Малхут, и благодаря этому возвращаются на каждую ступень три кли Бина-Тиферет-Малхут, упавшие с нее, и ступени снова восполняются до КАХАБ ТУМ келим и НАРАНХАЙ светов. И вследствие этого соударения они снова стали светить во всей полноте, как и прежде. И три рош Арих Анпина, включенные в парса, светят вместе с РАДЛА. Потому что рош Атика, называемый РАДЛА – это свойство рош Нуквы Атика, который установился в свойстве «разделенный»[557].

Итак, во время подъема парсы на место Бины, упали также Бина-Тиферет-Малхут де-РАДЛА на место трех рош Арих Анпина. А теперь, после того, как произошло соударение, снова поднимающее Бину, Тиферет и Малхут каждой ступени, поднялись также Бина, Тиферет и Малхут де-РАДЛА на их место. И известно, что при подъеме Бины, Тиферет и Малхут высшего, поднимается вместе с ними и нижний, который и до этого держался за них[558]. Соответственно, и три рош Арих Анпина поднялись в РАДЛА при возвращении ее Бины, Тиферет и Малхут, и стали одной ступенью. И три рош Арих Анпина светят вместе с РАДЛА, потому что стали теперь одной ступенью.

Из них образовались девять чертогов в РАДЛА. Потому что три рош Арих Анпина взаимно включены друг в друга, и это девять светов на своем месте, т.е. в Арих Анпине. И благодаря их подъему в РАДЛА и свечению вместе, образовались в РАДЛА девять чертогов. И это не означает, что эти девять светов отсутствуют на своих местах, вследствие их подъема в РАДЛА, но они светят в двух местах, т.е. это девять чертогов в РАДЛА, и они же – девять светов на своих собственных местах. Ибо не

---

[557] См. Зоар, главу Берешит, часть 1, п. 2, со слов: «Самый скрытый из всех скрытых...»
[558] См. Зоар, главу Берешит, часть 1, п. 5.

бывает исчезновения в духовном, и каждое движение означает только дополнение.

125) Эти чертоги не являются светами, как девять светов Арих Анпина на своих местах, и не являются ни светами руах, ни светами нешама. И нет того, кто мог бы установить, что они собой представляют. Потому что свет Бесконечности светит в РАДЛА (непознаваемой рош). И поэтому считаются эти девять чертогов, которые образовались в РАДЛА, свойством Бесконечности, которую мысль не способна постичь.

Желание каждого из девяти светов трех рош Арих Анпина, – а все они присутствуют в мысли, то есть находятся на своем месте в Арих Анпине, называемом «мысль», – быть одним из тех светов, которые берутся в расчет. Мысль Арих Анпина – это один из этих девяти светов. И это противоположно их состоянию в РАДЛА, ведь РАДЛА вообще не относится к их свойству, и желание всех их – достичь тех девяти чертогов, которые находятся в месте РАДЛА, в тот час, когда девять светов присутствуют в мысли, в Арих Анпине.

Но эти чертоги недостижимы и непознаваемы для этих девяти светов. Потому что эти девять чертогов не находятся ни в свойстве «желание», ни в свойстве «высшая мысль», то есть Арих Анпин. Она постигаема и не постигаема. В этих девяти чертогах находятся и устанавливаются все тайны веры, и все эти света, относящиеся к высшей мысли, Арих Анпин, берутся от них. Все они, все девять чертогов, называются Бесконечностью, поскольку света доходят и не доходят сюда, и они непознаваемы, и нет здесь ни желания, ни мысли.

126) Когда светит мысль, и невозможно познать, от кого она светит, т.е. из Моха де-авира она облачается в Бину и скрывается внутри нее, и светит, кому светит, и они входят друг в друга, пока не станут все вместе одним целым. Объяснение. Благодаря этому соударению свечения РАДЛА со свечением парсы, возвращается парса на свое место в Малхут, а Бина, Тиферет и Малхут, которые упали с каждой ступени, снова возвращаются на свое место, как и раньше. В результате также и Бина, которая вышла из рош Арих Анпина, сейчас возвращается в рош Арих Анпина и снова получает там свет Хохмы. Известно также, что свойству Хохма Арих Анпина недостает хасадим,

поэтому Бина скрыта там, как сказано: «Находится глубоко и скрыт в имени своем»[559]. Ибо ЗАТ Бины (семь нижних сфирот) не могут получить Хохму без облачения хасадим.

Поэтому сказано, что «когда светит мысль, и невозможно познать, от кого она светит». То есть второй рош Арих Анпина, называемый Моха де-авира, светит в ГАР после соударения РАДЛА со светом парсы, и тогда Бина тоже возвращается в рош Арих Анпина. И тогда «она облачается в Бину и скрывается внутри нее», т.е. получается, что он облачается в это свечение и скрывается внутри Бины, потому что Бина поднялась в рош и облачает его, а свет Хохма, который она получает от него, скрывает ее.

И поэтому сказано, что эта мысль не познана в Моха де-авира, чтобы исключить два других рош Арих Анпина, Кетер и Моха стимаа, которые не светят другим, поскольку Кетер является свойством «непознаваемый», так как он облачает РАДЛА, а в Моха стимаа светит скрытым свечением[560]. Поэтому считается, что и после подъема в рош Арих Анпина, она облачает не их, а только Моха де-авира.

И для того, чтобы освободить свечение Хохма из скрытия, происходит зивуг, извлекающий свет хасадим. И облачается Хохма в хасадим, и тогда раскрывается ее свечение[561]. «И светит тому, кому светит», – когда производит зивуг и светит ступень хасадим, называемая «сияющим драгоценным облачением». И благодаря этому «и они входят друг в друга» – т.е. Хохма входит и облачается в свет хасадим, и свет хасадим тоже включается в свет Хохмы, «пока не станут все вместе одним целым» – т.е. ЗОН тоже включаются в этот зивуг, так как именно они стали причиной раскрытия этой ступени хасадим в Бине[562].

127) И посредством того, что называется «возложение жертвы на жертвенник», производятся все эти соединения трех рош

---

[559] См. «Предисловие книги Зоар», п. 14, со слов: «Сказано, что "оно стоит и не стоит"...»
[560] См. выше, п. 123.
[561] См. «Предисловие книги Зоар», п. 14, со слов: «И сказано, что пожелал раскрыться...»
[562] См. Зоар, главу Берешит, часть 1, п. 363.

Арих Анпина с РАДЛА, и Бины с рош Арих Анпина, и всё, о чем уже говорилось выше. «И всё связывается друг с другом», – потому что сначала всё связывается друг с другом во время опускания парсы, и когда Бина, Тиферет и Малхут каждой ступени возвращаются с места нижнего на свою ступень, находящуюся в высшем, они поднимают вместе с ними также и нижнего, который прилепился к ним. И в результате эти Бина, Тиферет и Малхут, возвращающиеся на свою ступень, связывают каждого нижнего с его высшим. И благодаря этому ЗОН поднимаются в Бину, а Бина – в рош Арих Анпина, а рош Арих Анпина – в РАДЛА, в девять чертогов в нем. В результате этого подъема Бина скрывается из-за отсутствия хасадим. «И тогда они светят друг в друге», – так как производят зивуг и выводят ступень хасадим в свойстве «сияющего драгоценного облачения». И тогда хасадим светят в Хохме, а Хохма – в хасадим.

И теперь все ступени находятся в состоянии подъема, потому что Бина и ЗОН находятся в этом подъеме в Арих Анпин, к уровню трех его рош. А три рош Арих Анпина – в подъеме в РАДЛА, к уровню девяти чертогов, находящихся там. И тогда мысль, Арих Анпин, увенчивается в своем подъеме в РАДЛА светом Бесконечности – т.е. свечением девяти чертогов, находящихся в РАДЛА, в которых светит свет Бесконечности. Ибо это свечение, которым высшая мысль, Арих Анпин, светит оттуда, из девяти чертогов, называется Бесконечностью.

И оттуда, из Бесконечности, возвышается Арих Анпин и светит, кому светит. И на этом стоит все – на притяжении света Бесконечности в миры Арих Анпином. Счастлив удел праведников, поднимающих МАН и совершающих эти высочайшие единения в этом мире и в мире будущем, ведь они получают в свое владение оба этих мира.

128) Теперь по вопросу о «конце всякой плоти»[563]. Подобно связи, имеющейся наверху, у Бины и Арих Анпина, пребывает и каждый нижний в радости и в связи со своим высшим. Возвращение Бины, Тиферет и Малхут на свою ступень доставляет им радость, поскольку облачилась Хохма в хасадим. Так и внизу, в ЗОН и в нижних мирах, образуется связь каждого нижнего с высшим, в радости и желании доставить удовольствие всем,

---

[563] См. выше, п. 123.

наверху и внизу. То есть и концу всякой плоти тоже. И Има, Шхина, пребывает над Исраэлем, как подобает.

129) В начале каждого месяца, во время новолуния, т.е. когда Нуква обновляется в своем зивуге с Зеир Анпином, дают концу всякой плоти дополнительную часть, сверх обычных жертвоприношений. И это – козел, приносимый в жертву в начале каждого месяца. Чтобы занялся им и воспользовался своей долей, т.е. с помощью козла, приносимого в жертву, обновляется свечение левой стороны, которым наслаждается конец всякой плоти, и это – его доля. И остается сторона Исраэля, правая, только для них, чтобы объединились в их правлении. А приносят в жертву именно козла, поскольку он относится к уделу Эсава, так как сказано о нем: «Волосатый». Как сказано: «Эсав, брат мой, весь волосатый»[564]. И поэтому конец всякой плоти пользуется долей Эсава, левой стороной. А Исраэль пользуется своей долей, т.е. правой стороной, как сказано: «Ибо Яакова избрал Творец, Исраэль сделал достоянием Своим»[565].

130) Всё желание «конца всякой плоти» направлено только на плоть. И по этой причине исправление плоти в любом месте – только для него. И потому называется «концом всякой плоти». И когда он властвует – властвует над телом, являющимся плотью, а не над душой. Душа уходит на свое место, а плоть, т.е. тело, отдано этому месту, т.е. концу всякой плоти. И так же при жертвоприношении, когда желание приносящего его в жертву поднимается к одному месту, к святости, а плоть жертвы поднимается к другому месту – к концу всякой плоти.

Ибо суть клипот – от разбитых сосудов (келим), которые остались со времени разбиения сосудов. И хотя Создатель выявил и исправил миры АБЕА и всё, что в них, их Он не исправил, и они не пригодны для исправления в течение шести тысяч лет, до наступления конца исправления. Однако в конце исправления будут исправлены и они, и тогда аннулируются все клипот, как сказано: «Уничтожит смерть навеки»[566]. И в будущем станет Сам святым ангелом. Отсюда понятно, что вся их сила,

---

[564] Тора, Берешит, 27:11.
[565] Писания, Псалмы, 135:4. «Ибо Яакова избрал Творец, Исраэль сделал достоянием Своим».
[566] Пророки, Йешаяу, 25:8.

позволяющая ввергать человека в прегрешение, происходит оттого, что они пусты от всякого света до наступления конца исправления и потому преследуют человека, чтобы притянул к ним немного от совершенных светов, которые будут светить в конце исправления, и дал им жизненные силы. Подобно тому, как голодный и испытывающий жажду преследует того, у кого есть хлеб и вода, и вступает с ним в схватку.

И сказали мудрецы о Древе познания, что грех совершен из-за того, что они ели незрелый плод. Это значит – слишком поспешно. Ибо Древо познания – от совершенных светов, которые будут исправлены лишь в конце исправления. Эти света́ довершат клипот и исправят их. И поэтому стремился Сам, и змей, соблазнить Адама и Хаву, чтобы они тотчас притянули ему этот свет. И хотя знали, что еще недостойны этого, поскольку им недостает времени, – но тем не менее, выпадает на их долю в силу греха.

Известно, что пять келим КАХАБ ТУМ называются «мозг-кости-сухожилия-плоть-кожа». Таким образом, кли де-Тиферет называется «плоть», а кли де-Малхут называется «кожа». Известно также, что, по причине скрытия внутренних Абы ве-Имы после разбиения келим, нельзя до завершения исправления привлекать ГАР мохин де-хая, т.е. свет Хохмы, а только лишь ВАК[567]. И известно, что существует обратный порядок между келим и светами. И когда у Зеир Анпина нет ничего, кроме «мозга» – у него есть только свет нефеш. А когда достигает уровня парцуфа «кости», обретает свет руах. А с парцуфом «сухожилия» – свет нешама. А с парцуфом «плоть» – свет хая. А с парцуфом «кожа» – свет ехида. И поскольку нельзя привлекать ГАР све́та хая до наступления конца исправления, выходит, что в четвертом парцуфе, «плоть», недостает нижних келим – «плоть» и «кожа», и в нем есть только три кли – «мозг», «кости» и «сухожилия», завершающиеся на уровне хазе этого парцуфа. А от хазе и ниже, – это келим «плоть» и «кожа» парцуфа «плоть», которых недостает ему до завершения исправления.

---

[567] См. Зоар, главу Берешит, часть 1, п. 76, со слов: «Пояснение сказанного…»

И всё желание нечистых сил (ситры ахра) – чтобы человек притянул к ним эти света́ ГАР де-хая, приходящие в келим «плоти» и «кожи» четвертого парцуфа Зеир Анпина. Ибо тем, что меньше этого, т.е. светами, которые светят лишь в исправленных келим, клипот не смогут насладиться даже в самой ничтожной мере, так как нет у них ничего от этих келим. И об этом сказано, что грех Древа познания состоит в том, что змей соединил внизу и разъединил наверху[568], притянув света́ от хазе четвертого парцуфа и ниже, т.е. свет Хохмы в кли «плоти». И грех Древа познания – это источник, от которого ответвляются все грехи.

И поэтому сказано, что «всё желание "конца всякой плоти" направлено только на плоть» – т.е. на привлечение к себе ГАР де-хая, которые светят после завершения исправления, так как от светов, раскрывающихся до завершения исправления, нечистые силы (клипот) не получают никакого удовольствия. Ведь потому они и нечистые силы, что нет у них исправленных келим для получения этих светов. Поэтому нечистые силы не желают ничего, кроме «плоти» – т.е. чтобы им притянули свет в кли «плоти» четвертого парцуфа.

И вместе с этим, ты поймешь внутренний смысл принесения в жертву козла на новомесячье, а также всех жертвоприношений, ведь в это время притягивается часть этих ГАР из-за власти левой линии. И теперь в момент начала зивуга, когда нечистые силы получают свет от их свойства «плоть», святость ничего не теряет от этого, так как это очень малая часть. А, кроме того, из-за той части, которую получают, они отделяются от святости и больше не выступают против Исраэля, обвиняя их в прегрешении. И основное исправление производится жертвоприношением козла на новомесячье.

И об этом сказано выше, что каждый пользуется своей долей. Ибо ситра ахра берет то свечение левой линии, которое светит в начале зивуга, и это их часть (нечистых сил). А Исраэль получают совершенные мохин, исправленные в трех линиях, т.е. ВАК де-хая, и это их часть. И после того как совершается основное исправление жертвоприношением козла на

---
[568] См. «Предисловие книги Зоар», п. 210.

новомесячье, это исправление производится и во всех остальных жертвоприношениях.

И поэтому сказано: «И так же при жертвоприношении, когда желание приносящего его в жертву поднимается к одному месту» – т.е. с помощью подъема МАН, называемых желанием, удостаиваются коэны, левиты и исраэлиты получить совершенные мохин в келим, которые исправлены в трех линиях. «А плоть жертвы поднимается к другому месту» – к ситра ахра (нечистым силам), чьей долей является «плоть», и никак не менее. Но у них есть лишь тонкое свечение с момента начала зивуга.

131) А человек праведный, он на самом деле делает себя искупительной жертвой, тем, что возлагает на жертвенник свое желание. И другой, не праведник, не может быть жертвой, поскольку содержится в нем порок, как сказано: «Ибо этим не удостоитесь благоволения»[569]. И потому праведники являются искуплением для мира, и они – искупительная жертва в мире. И сказал Творец Ноаху: «Конец всякой плоти пришел предо Мною»[510] – т.е. ситра ахра. И он приходит, чтобы получить разрешение омрачать лица людей. Поэтому: «И вот, Я истреблю их с землею»[510].

132) Сказано: «А Ноаху было шестьсот лет»[570]. Зачем Писание ведет счет годам жизни Ноаха? Если бы Ноаху не исполнилось шестьсот лет, он не вошел бы в ковчег и не соединился с ним. И когда пришел к завершению в шестьсот лет, то соединился с ним. Ковчег соответствует высшей Нукве, а Ноах – высшему Есоду. Есод – это шестая сфира Зеир Анпина. Поэтому, пока у него не завершились эти шестьсот лет, он еще не был достоин быть меркавой (строением) для шестой сфиры, а то, что счет ведется в сотнях, указывает на его мохин, идущие от Бины, исчисляемой сотнями.

133) Поэтому с того дня, как завершились прегрешения сынов мира, т.е. когда они уже заслужили получить наказание, еще ждал их Творец до того времени, пока не исполнится

---

[569] Тора, Ваикра, 22:20. «Ничего, на чем есть порок, не приносите, ибо этим не удостоитесь благоволения».
[570] Тора, Берешит, 7:6. «А Ноаху было шестьсот лет, когда начался потоп и вода затопила землю».

Ноаху шестьсот лет и не довершится его ступень, как должно, и не станет завершенным праведником. И тогда вошел в ковчег, и всё было по высшему подобию, т.е. всё происходило таким образом, что он находился под воздействием высших Малхут и Есода. Как сказано: «А Ноаху было шестьсот лет». И потому не сказано: «Около шестисот лет», потому что необходимы именно шестьсот лет для завершения сфиры Есод.

# А Я – наведу потоп

134) «А Я, вот Я наведу потоп воды на землю»[571]. Каков смысл того, что в Писании сказано: «вот Я», после того, как уже сказал: «А Я»? Везде, где сказано «Я», образовался гуф (тело) для души. Иначе говоря, Я – это Нуква, гуф для Зеир Анпина, который считается ее душой, когда она получает от того, что выше Зеир Анпина. И поэтому слово «Я» указывает на знак союза с буквой «вав», которая является Есодом Зеир Анпина. Как сказано: «А Я, вот Мой союз с тобой»[572] – поскольку получает наполнение от союза Зеир Анпина. «Я» указывает на то, что собирается раскрыться, готова к постижению. «Я» указывает на то, что «Я» – это престол для того, что находится сверху. «Я» указывает на то, что «Я совершаю возмездие во всех поколениях». «А Я», когда написано вместе с «а» (на иврите «вав»), указывает на то, что захар (мужская часть) и нуква (женская часть) соединены вместе, так как «а» («вав») во фразе «а Я» указывает на свойство захар – на Зеир Анпин.

А затем пишется Нуква отдельно, без Зеир Анпина, в то время, когда она призвана совершить суд, как сказано: «Вот Я, наведу потоп воды на землю». И сказано: «Вот Я», без «а» («вав»). Таким образом, выясняется сказанное: «А Я, вот Я», потому что «а Я» написано с «а» (с «вав»), что указывает на Зеир Анпин, соединенный с Нуквой, которая называется «Я». И это, прежде чем завершен суд, а затем, когда он уже завершен, написано: «Вот Я», без «а» («вав»), чтобы указать, что суд вершится только Нуквой, без Зеир Анпина.

135) Когда говорит: «Наведу потоп», мы еще не знаем, что это вода, пока не был вынужден сказать: «Потоп воды». Но потоп указывает на то, что в него включен ангел смерти, находящийся там. И хотя там была лишь вода, губитель шествовал по миру, уничтожая всех этими водами.

136) «Я – Творец»: указывает на то, что «верен Я в воздаянии хорошей награды праведникам и во взыскании с

---

[571] Тора, Берешит, 6:17. «А Я, вот Я наведу потоп воды на землю, чтоб погубить всякую плоть под небесами, в которой дух жизни, – всё, что на земле, погибнет».

[572] Тора, Берешит, 17:4.

грешников»[573]. Поэтому гарантирует Писание словом «Я» хорошее вознаграждение в мире грядущем. И угрожает грешникам взыскать с них в мире грядущем тоже словом «Я». Потому что слово «Я» указывает, что находится в раскрытии. И нет раскрытия иначе, как раскрытие вознаграждением и наказанием. И несомненно то, что «Я» указывает на то, что «верен Я в воздаянии награды».

137) «Погубить всякую плоть» – это губитель мира, и (Творец) не дает этому губителю подойти к их домам, чтобы поразить их, т.е. не дает ему разрешения. Это и означает: «Погубить всякую плоть», и это – со стороны губителя, как сказано: «Конец всякой плоти пришел предо Мной»[510] – т.е. пришел ко Мне, чтобы получить право. Ибо после прекращения времени ожидания их Творцом, вплоть до того времени, когда Ноаху исполнилось шестьсот лет, и стало возможным осуществление через него «воздаяния хорошей награды праведникам», тогда и наступает время взыскания с грешников[574]. И посему Я дам власть губителю «погубить всякую плоть»[571].

---

[573] Мишна, трактат Авот, часть 3, мишна (закон) 16.
[574] См. выше, п. 78.

# Я сказал: «Не узрю Творца»

138) «Я сказал: "Не узрю Творца, Творца на земле живых, не увижу более человека между живущими в покое"»[575]. Как бесчувственны люди, которые не знают и не примечают слов Торы, а смотрят на происходящее в мире, – и дух мудрости покидает их.

139) Ибо когда человек уходит из этого мира и дает отчет Всевышнему обо всем, что сделал в этом мире, будучи в духе и теле одновременно, он видит то, что видит, – пока не приходит в истинный мир и не встречается там с Адамом Ришоном, который сидит во вратах Эденского сада, чтобы видеть всех соблюдающих заповедь Всевышнего, и радуется им.

140) И сколько же праведников вокруг Адама Ришона, которые отказались от пути преисподней и перешли на путь Эденского сада. И они называются «живущими в покое (хадель חדל)». Почему не сказано: «живущие на земле (халед חלד)»[576]? Потому что они не как крыса (хульда חולדה), которая тащит и прячет, и не знает кому она оставит. А они – «живущие в покое», как сказано: «Оставьте человека»[577]. «Оставьте» – значит, «оставьте в покое». И называются они здесь «живущими в покое», поскольку отказались от пути преисподней и преодолели себя, чтобы войти в Эденский сад.

141) Другое объяснение. «Живущие в покое» – это раскаявшиеся, которые отказались от пути нечестивых. И поскольку Адам Ришон раскаялся перед Всевышним – он сидит с теми, которые раскаялись и отвратились от своих прегрешений. Они называются «живущими в покое», как сказано: «Узнаю, когда я обрету покой»[578]. И потому Адам Ришон сидит во вратах Эденского сада. И он радуется им, – праведникам, которые находятся на пути к Эденскому саду.

---

[575] Пророки, Йешаяу, 38:11.
[576] Писания, Псалмы, 49:2. «Слушайте это, все народы; внимайте, все живущие на земле!»
[577] Пророки, Йешаяу, 2:22. «Оставьте человека, чье дыхание в ноздрях его, ибо что он значит?»
[578] Писания, Псалмы, 39:5.

142) «Я сказал: "Не узрю Творца"». А кто же может узреть Творца? Но из дальнейших слов становится ясно, что имеется в виду, так как сказано: «Творца на земле живых». Когда души поднимаются в место вечной жизни, они наслаждаются там сиянием светящего зеркала, которое из высшего места светит во все места. А если бы не облачилась душа в сияние другого облачения – она не смогла бы приблизиться, чтобы увидеть этот свет.

Когда Зеир Анпин и Нуква (ЗОН) поднимаются и облачают высшие Абу ве-Иму, чей свет называется светом хая, называется тогда Зеир Анпин «Древом жизни». И он также называется «светящим зеркалом», а Нуква – «землей живых». А Есод Зеир Анпина называется «вечной жизнью», поскольку представляет собой место собрания мохин, раскрывающихся в трех местах холам-шурук-хирик[579], как сказано: «Пусть соберутся воды под небом в единое место»[580]. И собираются они из трех мест и приходят к Есоду Зеир Анпина, который называется «единым местом».

И потому называется «вечной жизнью». А когда души поднимаются к Зеир Анпину и Нукве (ЗОН), они поднимаются с буквами ЭЛЕ (אלה) де-ЗОН, которые упали на их место, и они прилепились к ним. Они представляют собой НЕХИ Зеир Анпина, и основа их – средняя линия, т.е. Есод Зеир Анпина. Ведь место подъема душ к Зеир Анпину находится в его Есоде, называющемся «вечной жизнью». И там они наслаждаются свечением Зеир Анпина, называющегося «светящим зеркалом».

143) Как дают душе облачение, т.е. тело, чтобы существовать в этом мире, так же дают душе облачение Высшего свечения, чтобы существовать в нем в будущем мире и смотреть в светлое зеркало, т.е. Зеир Анпин, из земли живых, т.е. Нуквы Зеир Анпина. И тогда становится понятным, что в словах: «Я сказал: "Не узрю Творца, Творца на земле живых"»[575] имеются в виду два исправления:

1. Посредством облачения высшего свечения.
2. Посредством Нуквы Зеир Анпина, называющейся «землей живых».

---

[579] См. Зоар, главу Берешит, часть 1, п. 12.
[580] Тора, Берешит, 1:9.

И с помощью двух этих исправлений праведники удостаиваются смотреть в светящее зеркало, т.е. удостаиваются видеть, как сказано: «Творца на земле живых».

144) Моше не мог приблизиться и увидеть то, что увидел, пока не облачился в другое облачение. Как сказано: «И вошел Моше в облако»[581], и облачился в него, как облачаются в одеяние. И благодаря этому «Моше приблизился»[582], и сказано: «И вошел Моше в облако и взошел на гору; и был Моше на горе сорок дней и сорок ночей»[581], – и смог увидеть то, что увидел.

145) Так же облачаются души праведников в мире истины, в облачение, подобное тому миру, поступая в соответствии с этим облачением. И тогда они готовы к тому, чтобы увидеть в свете, который светит «на земле живых», т.е. в свете Нуквы. И из нее они смотрят в светящее зеркало. И это означают слова: «Творца, Творца на земле жизни», произнесенные Хизкияу, который думал, что не удостоится больше того света и того видения, потому что «река, вытекающая из Эденского сада» перестала течь и не порождала. Ибо тот, кто не выполняет заповедь «плодитесь и размножайтесь», делает ущербной реку, вытекающую из Эденского сада, т.е. Есод Зеир Анпина. «Не увижу более человека» – имеется в виду Адам Ришон, о котором сказано, что он сидит во вратах Эденского сада и встречает души праведников, входящие в Эденский сад. А Хизкияу думал, что не удостоится увидеть Адама во вратах Эденского сада.

146) И почему думал Хизкияу обо всем этом? – потому что сказал ему пророк: «"Умрешь ты"[583] в этом мире, "и не будешь жить" для мира истины». Ибо каждого, кто не рождает сыновей в этом мире, когда покидает и уходит из мира, изгоняют его отовсюду, о чем мы сказали выше, и не пребывает там, чтобы видеть в том свет, который там светит. И если случилось такое с Хизкияу, который был чист, праведен и благочестив, то уж

---

[581] Тора, Шмот, 24:18. «И вошел Моше в облако и взошел на гору. И был Моше на горе сорок дней и сорок ночей».

[582] Тора, Шмот, 20:18. «И стоял народ поодаль, а Моше приблизился ко мгле, в которой скрывался Всесильный».

[583] Пророки, Йешаяу, 38:1. «В те дни заболел Хизкияу смертельно, и пришел к нему Йешаяу, сын Амоца, пророк, и сказал ему: "Так сказал Всевышний: сделай завещание для дома твоего, ибо умрешь ты, и не будешь жить"».

с тем, у кого нет заслуги праотцев и кто согрешил перед Всевышним, – тем более.

147) Это одеяние – мантия мудрецов, в которую они облачаются в мире истины. Счастлив удел праведников, для которых сокрыл Творец много блага и неги для истинного мира. О них сказано: «Глаз не видел Всесильного, кроме Тебя, сделавшего такое для уповающего на Него»[584].

---

[584] Пророки, Йешаяу, 64:3. «И никогда не слышали, не внимали, глаз не видел Всесильного, кроме Тебя, сделавшего такое для уповающего на Него».

# А Я – наведу потоп (2)

148) «А Я, вот Я наведу потоп воды на землю»[571]. «Это – воды распри, из-за того, что спорили сыновья Исраэля с Творцом»[585]. Разве в другом месте не спорили сыновья Исраэля с Творцом? Что же изменилось здесь, если говорит: «Это – воды распри», что означает: «а не иные»? Это были воды распри, которые дали силу и мужество осуждаемому, чтобы укрепиться. Поскольку есть:

1. Сладкие воды и горькие воды, т.е. святость и противоположность ее, относящиеся к правой линии.
2. Прозрачные воды и мутные воды, святость и противоположность ее в левой линии.
3. Воды мира и воды распри, святость и ее противоположность в средней линии.

И сказанное в Писании: «Это – воды распри, из-за того, что спорили сыновья Исраэля с Творцом» указывает на противоположность святости в средней линии. Ибо они привлекли к себе того, кого не должны были привлекать, т.е. противоположность святости, называемую «водами распри», и осквернились ею. И поэтому сказано: «И освятил их»[585].

149) В таком случае, что значит «и освятил»? Надо было сказать «и освятили», во множественном числе, что указывало бы на сыновей Исраэля. Однако же это слово со скрытым смыслом, и оно означает, что ущерб якобы потерпел тот, кто не должен был, поскольку ущербной стала луна, Нуква. Слово «освятили» сказано здесь не в положительном смысле, но Писание это скрывает и не желает делать заметным.

«А Я, вот Я наведу потоп» – как уже говорилось, для того чтобы навести на них губителя, которым они осквернились. Как мы сказали, «воды распри» – это имя губителя, которым осквернились; так же и здесь: «потоп» – это имя губителя, которым осквернились.

---

[585] Тора, Бемидбар, 20:13. «Это – воды распри, из-за того, что спорили сыны Исраэля с Творцом, и освятил их».

150) Горе грешникам, которые не хотят раскаяться пред Творцом за свои прегрешения во время пребывания в этом мире. Ибо когда человек раскаивается и сожалеет о своих прегрешениях, Творец прощает ему. А все те, кто держится за свои прегрешения и не хочет раскаяться пред Творцом за свои прегрешения, – падают затем в преисподнюю, и не поднимут их оттуда никогда.

151) Но поскольку все поколение Ноаха ожесточило сердце свое и пожелало открыто показывать свои прегрешения, принес им Творец суд в том же виде. Ведь даже если человек грешит, но скрывает это, Творец милосерден к нему, и если человек вернется к Нему, то Он снисходителен к нему и не ставит ему в вину, и прощает его. А если не возвращается к Нему, то раскрывает его прегрешения на глазах у всех. Откуда мы это видим? Из сказанного о неверной жене, которая согрешила втайне, а Творец раскрывает ее грех открыто, посредством «воды, наводящей проклятие»[586].

152) И так же стерты были эти грешники с земли открыто – поколение потопа. Воды выходили и поднимались из бездны, и вскипали, и сдирали с них кожу. А когда кожа с них уже сходила, начинала сходить также и плоть, и оставались от них одни только кости. И исполнилось сказанное: «И были стерты они с земли»[587]. И все их кости отделялись друг от друга и не остались вместе. И были отовсюду устранены из мира. «И были стерты», как сказано: «Будут стерты из книги жизни»[588]. И нет им воскрешения вовеки, и не восстанут во время суда.

---

[586] Тора, Бемидбар, 5:27. «Если она осквернилась и поступила нечестно с мужем своим, то станет в ней эта вода, наводящая проклятие, горькой».
[587] Тора, Берешит, 7:23. «И стер всё сущее, что на поверхности земли: от человека до скота и гада, и птиц небесных, – и были стерты они с земли; и остался только Ноах и что с ним в ковчеге».
[588] Писания, Псалмы, 69:29. «Будут стерты из книги жизни, и среди праведников не будут записаны».

# И установлю союз Мой

153) «И установлю союз Мой с тобою»[589]. Отсюда следует, что соблюдение союза наверху такое же, как и соблюдение союза внизу. «Союз» – это Есод, соблюдение союза – это зивуг (соединение) Зеир Анпина и Нуквы (ЗОН). «И установлю союз Мой» указывает на зивуг Зеир Анпина и Нуквы. «С тобою» – посредством твоего соединения с ковчегом. Ибо Ноах и ковчег – это Есод и Малхут внизу, и от них зависит зивуг Есода и Малхут наверху, т.е. ЗОН.

Когда есть праведники в мире, существует мир наверху и внизу. Нуква называется «мир наверху», а «существование» означает – зивуг. И когда есть праведники в нижнем мире, вызывают зивуг ЗОН наверху, и Нуква существует благодаря им. И это следует из сказанного: «И установлю союз Мой с тобою».

154) Стремление мужчины к женщине пробуждается, когда он ревнует ее. Когда есть праведник в мире, Шхина не уходит от него, и страсть ее – к нему. Тогда пробуждается к ней высшая страсть с любовью, как страсть мужчины к женщине, когда он ревнует ее. Об этом и сказано: «И установлю союз Мой с тобою»[589] – пробудилась во Мне страсть из-за тебя. Аналогично этому сказано: «Союз Мой установлю с Ицхаком»[590] – ради Ицхака, так же как и с Ноахом.

И всё привлекается в мир посредством Нуквы – как исправления, так и повреждения. Как сказано: «И царство Его во всем властвует»[591]. Если отдача исправлена, она исходит от зивуга Зеир Анпина и Нуквы. А если отдача испорчена, она исходит от зивуга ЗОН нечистоты, называемых «другой бог», который прилепляется к Нукве Зеир Анпина[592], и притягивает к себе изобилие святости, превращая его в нечистоту и пороки. И это –

---

[589] Тора, Берешит, 6:18. «И установлю Мой союз с тобой, и войдешь в ковчег ты и сыновья твои, и жена твоя, и жены сынов твоих с тобою».
[590] Тора, Берешит, 17:21. «Союз Мой установлю с Ицхаком, которого родит тебе Сара к этому сроку в будущем году».
[591] Писания, Псалмы, 103:19. «Творец в небесах утвердил престол Свой, и царство Его во всем властвует».
[592] См. выше, п. 103.

ревность, которой Зеир Анпин ревнует Нукву, чтобы другой бог не прилепился к ней.

И если есть праведник в мире, тогда из-за большого желания Нуквы отдавать праведнику, она отдаляется от другого бога, и любовь Зеир Анпина к ней возрастает теперь очень сильно, чтобы в слиянии со Шхиной дать наполнение праведнику. Подобно тому, как усиливается любовь мужчины к жене, когда он ревнует ее, и боится, что она может уйти к другому. Так же боится Зеир Анпин, как бы она не прилепилась к отдаче другому богу.

155) «И установлю союз Мой с тобою»[589], чтобы ты был Моим союзом в мире. А затем: «И войдешь в ковчег ты»[589]. Ибо если бы не был праведником, не вошел бы в ковчег, так как ни один человек не соединится с ковчегом, кроме праведника. И потому сказано: «И войдешь в ковчег ты» после слов: «И установлю союз Мой с тобою».

156) Пока люди соблюдают этот союз, нет народа и наречия в мире, способного им навредить. И Ноах соблюдал этот союз и хранил его. И потому хранил его Творец. А все его современники не хранили этот союз, и потому истребил их Творец из мира. Каким грехом согрешили – точно таким же образом были стерты из мира[593].

---

[593] См. выше, пп.58-59.

# И восстановил он разрушенный жертвенник Творцу

157) «И восстановил разрушенный жертвенник Творцу»[594]. Во времена Элияу весь Исраэль оставили Творца и оставили свой святой союз. Когда пришел Элияу и увидел, что сыновья Исраэля оставили святой союз, и союз снят с них, – начал исправлять это, (возвращая всё) на свое место, т.е. начал исправлять Есод (основу), чтобы был достоин зивуга (слияния) с Малхут. Это и есть восстановление жертвенника, что в Малхут.

158) Когда приблизил это к своему месту, т.е. исправил Есод, приблизив его к Малхут, восстановилось всё. Как сказано: «И восстановил разрушенный жертвенник Творца» – это союз, который был оставлен миром. Объяснение. Малхут называется «жертвенником Творца» и была разрушена по причине союза, который оставили сыновья Исраэля. Сказано: «И взял Элияу двенадцать камней, по числу колен сынов Яакова»[595] – это исправление жертвенника Творца, т.е. исправление разрушенного и его восстановление, так как нарушение союза разрушает строение Малхут. Ибо девять ее нижних сфирот разрушаются и падают в нечистые силы *(клипот)*. А исправление союза снова выстраивает ее в десяти сфирот, которые в свечении Хохмы делятся на двенадцать, и они называются «двенадцать камней».

159) «Которому сказано было слово Творца: "Исраэль будет имя твое"».[595]. Спрашивается: по какой причине упоминается здесь имя Исраэль в связи с жертвенником? И объясняет, что исправление, безусловно, состоит в том, чтобы поднять Малхут к Абе ве-Име и вернуть святой союз на свое место, чтобы Есод Зеир Анпина снова соединился с Малхут. То есть зивуг (соединение) ЗОН наступает лишь после их подъема в место Абы

---

[594] Пророки, Мелахим 1, 18:30. «И сказал Элияу всему народу: "Подойдите ко мне!" И подошел весь народ к нему, и восстановил он разрушенный жертвенник Творцу».
[595] Пророки, Мелахим 1, 18:31. «И взял Элияу двенадцать камней, по числу колен сынов Яакова, которому сказано было слово Творца: "Исраэль будет имя твое"».

ве-Имы. Как сказано: «Ибо оставили союз Твой сыновья Исраэля»[596], и потому жертвенники Твои, т.е. Малхут, разрушили. А при исправлении союза она отстраивается заново.

160) Пока Исраэль хранят святой союз, они обеспечивают существование наверху и внизу. А когда они оставляют этот союз, тогда нет существования наверху и внизу. Как сказано: «Если бы не Мой союз днем и ночью, не утвердил бы Я законов неба и земли»[597]. И потому сказано здесь: «И восстановил разрушенный жертвенник Творцу». Но разве считается это восстановлением? Да, ведь он восстанавливает то место, от которого зависит вера, – восстанавливает союз, Есод (основу), от которого зависит Малхут, называемая верой.

161) Пинхас, когда возревновал в деле Зимри[598], он на своем месте исправил этот союз. И потому сказано: «Вот Я даю Свой союз мира»[599]. И разве можно помыслить, что мир – для Пинхаса? Какое же противоречие было у Пинхаса с этим союзом? Однако здесь, благодаря слову мир, всё встает на свое место.

«Вот Я даю ему Свой союз». И что же дам к союзу? – Мир, то есть соединение (зивуг), чтобы соединился дом на своем месте – в Малхут. Поэтому сказано: «Вот Я даю ему Свой союз мира». И что такое «мир»? Это место, с которым нужно соединиться, т.е. зивуг с Малхут, называемой миром. Ведь то, что отделилось от него, от Есода, из-за прегрешений Исраэля, – Малхут, отделившаяся от Есода, – снова соединилось с помощью Пинхаса. И поскольку он исправил дело на своем месте, отсюда и далее «будет ему»[600].

162) Нет в мире ничего, что Творец ревнует так, как грех нарушения союза. Как сказано: «меч, мстящий за нарушение

---

[596] Пророки, Мелахим 1, 19:10. «Весьма возревновал я о Творце Всесильном воинств, ибо оставили союз Твой сыновья Исраэля, жертвенники Твои разрушили и пророков Твоих убили мечом; и остался я один; но и моей души искали они, чтобы отнять ее».
[597] Пророки, Йермияу, 33:25.
[598] Тора, Бемидбар, 25:6-14.
[599] Тора, Бемидбар, 25:12. «Вот Я даю ему Свой союз мира».
[600] Тора, Бемидбар, 25:13. «И будет ему и потомству его союзом вечного священнослужения за то, что возревновал он за Всесильного своего и искупил вину сыновей Исраэля».

союза»[601]. Грех поколения потопа стал полным, лишь потому, что согрешили извращением путей своих на земле. И хотя грабили друг друга, как сказано: «И наполнилась земля злодеянием»[602], и сказано: «Ибо земля наполнилась злодеянием из-за них»[602], тем не менее, сказано: «И развратилась земля... и вот, Я истреблю их»[602]. Это означает «мера за меру» – «вот, Я истреблю их» за грех уничтожения семени. Таким образом, приговор был вынесен прямо за нарушение ими союза.

163) А некоторые говорят, что их чаша переполнилась именно из-за греха разбоя, поскольку грабили друг друга, и тем самым причиняли зло небесам и людям. Сколько же управителей наверху, назначенных за голоса тех, кто передавал тяжбу с ближним на суд небес – за то, что им сделали. И об этом грехе сказано: «Ибо земля наполнилась злодеянием из-за них»[602]. То есть каждый передавал тяжбу с ближним на суд небес. И потому сказано о них: «Вот, Я истреблю их с землею».

---

[601] Тора, Ваикра, 26:25. «И наведу на вас меч, мстящий за нарушение союза, и будете собираться в города ваши, но наведу Я на вас язву, и будете преданы в руки врага».

[602] Тора, Берешит, 6:11-13. «И развратилась земля пред Всесильным, и наполнилась земля злодеянием. И увидел Всесильный землю, что вот: развратилась она, ибо извратила всякая плоть путь свой на земле. И сказал Всесильный Ноаху: "Конец всякой плоти пришел предо Мною, ибо земля наполнилась злодеянием из-за них. И вот, Я истреблю их с землею"».

# Войди со всем семейством Твоим

164) «И сказал Творец (АВАЯ) Ноаху: "Войди со всем семейством твоим"»[603]. До сих пор в тексте Писания используется имя Элоким, а в данном случае написано имя АВАЯ, являющееся свойством высшего милосердия. Поскольку по правилам приличия не принято, чтобы женщина приглашала к себе гостя иначе как с позволения мужа.

165) Так и здесь, пригласил Ноаха войти в ковчег, в Малхут, чтобы соединиться с ней. И было ему (Ноаху) неудобно, пока хозяин ковчега не даст ему позволения войти. Как сказано: «Войди со всем семейством твоим в ковчег». И потому в данном случае пишется Творец (АВАЯ), поскольку именно Он – хозяин ковчега. Ибо Творец (АВАЯ) – это Зеир Анпин, а ковчег – это Малхут. И тогда вошел Ноах и соединился с ковчегом, поскольку гостю нельзя входить в дом иначе как с позволения мужа – хозяина дома.

166) Сказано: «Ибо тебя увидел Я праведным»[603]. Отсюда видно, что человек не пригласит в дом гостя, если опасается, что тот грешен, но если гость в его глазах считается праведником, то у него вовсе не возникает никаких опасений. Как сказано: «Войди со всем семейством твоим в ковчег, ибо тебя увидел Я праведным предо Мною в этом поколении»[603].

167) Если позволение дано только гостю, но не всем, кто пришел с ним, то гость не введет их в дом. Как сказано: «Войди со всем семейством твоим в ковчег»[603], когда все получили позволение войти. На этом примере мы изучили внутренний смысл правил приличия.

---

[603] Тора, Берешит, 7:1. «И сказал Творец Ноаху: "Войди со всем семейством твоим в ковчег, ибо тебя увидел Я праведным предо Мною в этом поколении"».

# Творцу земля и всё наполняющее ее

168) «Давида псалом. Творцу земля и всё наполняющее ее, мир и все обитающие в нем»[604]. «Давида псалом» – указывает, что вознес песнь, а затем опустился на него дух святости. А если написано: «Псалом Давида» – это указывает, что сначала охватил его дух святости, а затем вознес песнь.

169) «Творцу земля и всё наполняющее ее» – сказано о земле Исраэля, о земле святости. «И всё наполняющее ее» – это Шхина. Так же как сказано: «Ибо наполнила слава Творца дом Творца»[605], и сказано: «И слава Творца наполнила Скинию»[606]. Как здесь говорится о Шхине, так же «и всё наполняющее ее»[604] сказано о Шхине. Почему сказано «наполнила», а не «наполняла», т.е. почему не сказано: «Наполняла Скинию»? Но, конечно же, она наполнена, т.е. наполнилась всем – наполнилась солнцем. Луна, т.е. Шхина, полна благодаря всем праведникам, наполнена всеми благами свыше, как сокровищница, наполненная всеми драгоценностями мира. «Мир и все обитающие в нем» – говорится обо всех остальных странах вне земли Исраэля.

170) Другое объяснение. «Творцу земля и всё наполняющее ее» – это высшая земля святости, Нуква, которую страстно желает Творец. «Всё наполняющее ее» – это души праведников, которыми Нуква наполняется, благодаря одной основе, Есоду Зеир Анпина, на которой установлен мир. То есть всё, что есть в мире, т.е. Нукве, получено от Есода Зеир Анпина, и поэтому считается, что мир установлен на нем.

171) На одном столбе стоит. Сказано: «Ибо Он на морях основал ее (землю)»[607]. «Он» – указывает на Творца.

---

[604] Писания, Псалмы, 24:1.
[605] Пророки, Мелахим 1, 8:11. «И не могли священники стоять на служении из-за облака, ибо наполнила слава Творца дом Творца».
[606] Тора, Шмот, 40:35. «И не мог Моше войти в шатер собрания, ибо пребывало над ним облако и слава Творца наполнила Скинию».
[607] Писания, Псалмы, 24:2. «Ибо Он на морях основал ее и на реках утвердил ее».

172) «Ибо Он на морях основал ее и на реках утвердил ее»[607]. Это семь основ, на которых стоит Нуква, и они наполняют ее, а она наполняется ими. И это семь сфирот ХАГАТ НЕХИМ Зеир Анпина. И наполняется им в час, когда праведники умножаются в мире, тогда эта земля (нуква) дает плоды и полна всем.

173) О том времени, когда грешники умножаются в мире, написано: «Как воды уходят из моря, и река иссякает и высыхает»[608]. «Как воды уходят из моря» – это святая земля, Нуква, орошаемая высшей влагой. А теперь: «Как воды уходят» – и их нет. «И река иссякает и высыхает» – это та самая основа, на которой она стоит, т.е. Есод, который сейчас «иссяк и высох». Это все равно, что сказать: «Исчез праведник»[609] – это Есод (основа), называемый праведником.

---

[608] Писания, Йов, 14:11, 12. «Как воды уходят из моря и река иссякает и высыхает, так и человек ляжет и не встанет; не пробудятся, пока не исчезнут небеса и не воспрянут ото сна своего».
[609] Пророки, Йешаяу, 57:1. «Исчез праведник, но нет того, кто принял бы близко к сердцу, забирают людей достойных; и никто не понимает, что это и есть зло, из-за которого забрали праведника».

# Когда грешники исчезают из мира

174) В тот час, когда грешники исчезают из мира, Творец взирает на мир и не видит, кто защитит их. И если можно возразить, что Ноах – тот, кто мог бы защитить свое поколение во время потопа и породить потомство миру, почему же тогда он не защитил их? Об этом сказано: «Ибо тебя увидел Я праведным предо Мною в этом поколении»[603]. «В этом поколении» – именно «в этом», чтобы научить, что в другом поколении не был бы праведником. И поэтому недостаточно заслуги его, чтобы защитить поколение потопа.

175) «В этом поколении» – сказано в похвалу ему, так как жил в поколении грешников. Конечно, совсем не обязательно, что он считался бы праведником лишь только в своем поколении, а считался бы праведником даже и в поколении Моше. Но не смог защитить мир, поскольку не было в мире десяти праведников. Как сказано об уничтожении Сдома: «Может быть найдется там десять»[610], и не нашлось, и потому был разрушен. Так и здесь, не нашлось десяти (праведников), только Ноах и трое его сыновей с женами, и не было десятка. И потому не смогли защитить свое поколение.

176) В час, когда мир переполняют людские грехи и наступает суд – горе тому праведнику, который находится в мире, ведь он первым наказывается за преступления грешников. Как же Ноах был спасен от потопа и не был наказан за грехи поколения? Творец хотел, чтобы от Ноаха происходили поколения мира, и потому он был спасен. Более того, суд не был властен над ним, потому что он был скрыт – спрятался в ковчеге и был невидим.

177) Сказано: «Ищите праведность, ищите смирение – может быть, будете защищены в день гнева Творца»[611]. Ноах искал праведности, и вошел в ковчег, и был защищен в день гне-

---

[610] Тора, Берешит, 18:32. «И сказал он: «Да не прогневается мой Господин, спрошу я в последний раз: "Может быть найдется там десять?" И Он сказал: "Не истреблю ради десяти"».
[611] Пророки, Цефания, 2:3. «Ищите Творца, все смиренные земли, исполняющие заповеди Его; ищите праведность, ищите смирение – может быть, будете защищены в день гнева Творца».

ва Творца. И потому суд не был властен над ним и не мог его обвинить.

178) Здесь говорится о высшей святости, о том, как изучить и познать высшие буквы святости, ведь обратная последовательность двадцати двух букв существует для уничтожения грешников. Поэтому написано: «И были стерты они с земли»[587]. И написано: «Войди со всем семейством твоим в ковчег»[603].

Существует два порядка следования двадцати двух букв:
1. Прямой порядок: «алеф», «бэт», «гимель», «далет», «хэй», «вав» и так далее, указывающий на свойство милосердия;
2. Обратный порядок: «тав», «шин», «рэйш», «куф», «цадик», «пэй», «айн», «самэх» и так далее, указывающий на свойство суда.

Слова «байт» (дом) и «тейва» (ковчег) на иврите имеют одни и те же буквы, согласно написанию Зоар, где слово «тейва» (ковчег) пишется с буквой «йуд». При этом «байт» (дом בית) имеет прямой порядок: «бэт», «йуд», «тав». А «тейва» (ковчег תיב) – обратный: «тав», «йуд», «бэт», указывающий на свойство суда, при этом конечная буква «хэй» (слова «тейва») не произносится. И сказано: «Войди со всем семейством твоим в ковчег», и это нас учит тому, что свойство милосердия, подразумеваемое под словом «байт» (здесь: семейство), входит и скрывается в свойстве «суда», подразумеваемом под словом «тейва» (ковчег). А всё, что не вобрал в себя ковчег, стирается с лица земли.

179) «Направлял Он десницу Моше прославленной мышцей Своей»[612]. «Прославленная мышца Его» – достоинство Авраама, Хесед, который «направлял» – был справа – от Моше, это Тиферет (слава) Моше. То есть Моше – это Тиферет, а Хесед справа от Моше, от Тиферет. И там, где написано: «мышцей», означает правой мышцей, «прославленной (мышцей)» его, Тиферета Моше. И потому: «Рассек воды пред лицом их»[612], так как достоинство Авраама, Хесед, рассекает воды. И все это для того, «чтобы сделать Себе имя вечное»[612].

---

[612] Пророки, Йешаяу, 63:12. «Направлял Он десницу Моше прославленной мышцей Своей, рассек воды пред лицом их, чтобы сделать Себе имя вечное».

180) Какая взаимосвязь между Моше и всеми другими в мире? Когда Творец сказал Моше: «А теперь, оставь Меня, и воспылает Мой гнев на них, и истреблю Я их, и сделаю тебя народом великим»[613], – сразу ответил Моше: «Что, ради своей выгоды оставлю я Исраэль на суд их, и не попрошу для них милосердия? Тут же скажут все в мире, что это я погубил Исраэль, как это было с Ноахом».

181) Поскольку сказал Творец, что спасет его в ковчеге, сказав ему, что спасутся он и его сыновья, не попросил (Ноах) милосердия для мира, и поэтому были уничтожены они. И потому воды потопа называются его именем, как сказано: «Ибо это у Меня воды Ноаха»[614].

182) Моше ответил: «Тут же скажут все в мире, что я погубил их», потому что было обещано мне: «И сделаю тебя народом великим»[613]. Пусть лучше я умру, но не будет уничтожен Исраэль. И немедленно «стал умолять Моше Творца»[615], прося о милосердии к ним. И пробудилось милосердие к миру.

183) Неужели он насмехается вначале, когда просит о милосердии к ним, говоря: «Зачем, Творец, гневаться Тебе на народ Твой?»[615] Слово «зачем», как Моше мог сказать его? Они ведь занимались идолопоклонством, как сказано: «Сделали себе литого тельца, и пали ниц перед ним... и сказали: вот божество твое, Исраэль»[616]. А Моше возражает: «Зачем?» Но ведь тому, кто просит снисхождения за товарища у человека, против которого тот согрешил, не нужно говорить о тяжести греха – но он постарается преподнести это в более легком виде. А затем усилит тяжесть греха в глазах другого – того, кто согрешил. И поэтому обратился Моше к Творцу, сказав: «Зачем гневаться Тебе?», пытаясь умалить грех. А затем уже обратился к Исра-

---

[613] Тора, Шмот, 32:10.
[614] Пророки, Йешаяу, 54:9, «Ибо это у меня воды Ноаха: как клялся Я, что воды Ноаха не пройдут более по земле, так поклялся Я не гневаться на тебя...»
[615] Тора, Шмот, 32:11. «И стал умолять Моше Творца Всесильного своего: "Зачем, Творец, гневаться Тебе на народ Твой, который вывел Ты из земли Египетской силою великою и рукою крепкою?»
[616] Тора, Шмот, 32:8. «Быстро сошли они с пути, который Я заповедал вам, – сделали себе литого тельца, и пали ниц перед ним, и принесли ему жертвы, и сказали: "Вот божество твое, Исраэль, которое вывело тебя из земли египетской!"»

элю, указав на тяжесть греха, как сказано: «Совершили вы страшный грех!»[617]

184) И не оставлял Творца до такой степени, что готов был умереть за Исраэль, как сказано: «Простишь ли Ты их?»[618] И Творец простил их, как сказано: «И передумал Творец, решив не делать того зла»[619]. А Ноах так не поступил, но просил лишь о своем спасении, оставив весь мир (в беде).

185) Каждый раз, когда в мире воцаряется суд, говорит дух святости: «Очень жаль, что нет больше такого, как Моше», как сказано: «И вспомнил народ... где Тот, который поднял их из моря»[620], и «сказал Творец, обращаясь к Моше: "Что ты вопиешь ко мне?"»[621] Потому что Творец поднял их из моря благодаря его молитве. И потому, когда готов был пожертвовать собой, молясь за Исраэль, то, что произошло на море, называется по его имени: «Тот, который поднял их из моря» – ведь это он поднял их из моря.

186) «Где Тот, который вложил в него дух святой?»[620] Моше – тот, кто воцарил Шхину в среде Исраэля, кто провел их через бездну, когда расступились воды, и они прошли сквозь бездны, как по суше[622], через застывшие воды. И это потому, что он пожертвовал собой за Исраэль, поэтому называется все это именем его.

187) Хотя Ноах – праведник, он не был достоин того, чтобы Творец из-за него защитил весь мир. Моше не ставил ничего в зависимость от своих заслуг, а только от заслуг праотцев. А у Ноаха не было возможности поставить это в зависимость от чьих-либо заслуг, как у Моше.

---

[617] Тора, Шмот, 32:30. «И было назавтра, и сказал Моше народу: "Совершили вы страшный грех, теперь поднимусь я к Творцу – может быть, искуплю я грех ваш"».

[618] Тора, Шмот, 32:32. «И потому, простишь ли их? И если нет – то, прошу тебя, – сотри и меня из книги Твоей, которую Ты написал!»

[619] Тора, Шмот, 32:14.

[620] Пророки, Йешаяу, 63:11. «И вспомнил народ Его древние дни Моше. Где Тот, который поднял их из моря вместе с пастырем стада Его? Где Тот, который вложил в него дух святой?»

[621] Тора, Шмот, 14:15.

[622] Тора, Шмот, 14:21, 22. «И расступились воды. И пошли сыны Исраэля внутри моря по суше, а воды были им стеною справа и слева от них».

188) Вместе с тем, когда сказал ему Творец: «И установлю Мой союз с тобою»[589], следовало бы Ноаху просить за них милосердия, а жертву, принесенную им после потопа, следовало бы принести до этого. И, может, утихомирил бы этот гнев, отведя его от мира.

189) Что же следовало делать Ноаху – ведь грешники мира гневили Творца, а он принес за них жертву? Разумеется, Ноах боялся за себя, чтобы не настигла его смерть среди грешников мира, поскольку весь день видел их дурные поступки, и как весь день гневят они Творца.

190) Все то время, пока умножаются грешники в мире, находящийся среди них праведник наказывается первым, как сказано: «И от святилища Моего начнете»[623]. И мы изучали, следует читать не «от святилища Моего», а «от освящающих Меня». И тогда, как же Творец спас Ноаха, находящегося среди всех этих грешников? Но лишь для того, чтобы вышли от него поколения в мире, спас его. Поскольку был праведником, как подобает – т.е. именно он достоин произвести исправленное потомство.

191) И еще. Он предупреждал их каждый день, но не слушали его. И выполнял всей душой то, о чем сказано: «А если ты предостерег нечестивого»[624]. И завершается фраза словами: «А ты спас душу свою». Отсюда следует: каждый, кто предостерегает грешника, даже если и не принимают от него (предостережений), он спасает себя, а этот грешник будет застигнут в грехе своем. Спрашивается: «До каких же пор он должен предостерегать его?» И ответ: «Пока не разъяснит ему».

192) Почему счел необходимым Творец покончить со всеми полевыми зверями, со всеми птицами небесными, вместе со всеми грешниками? Если люди грешили, то животные, птицы небесные и остальные существа чем согрешили? Об этом сказано: «Ибо извратила всякая плоть путь свой на земле»[474] – все извращали пути свои; оставляли свой вид, испытывая влечение к другим видам.

---

[623] Пророки, Йехезкель, 9:6.
[624] Пророки, Йехезкель, 3:19. «А если ты предостерег нечестивого, а он не раскаялся в нечестии своем, – он в грехе своем умрет, а ты спас душу свою».

**193)** Эти грешники мира вызвали то же самое у всех существ, чтобы те испытывали влечение не к своим видам, отрицая само действие Творения смешением видов друг с другом и отрицанием их истинной формы. Именно они привели к тому, что все существа извратили свой путь, как извращали и они сами. Сказал Творец: «Вы хотите отвергнуть деяние рук Моих? Я выполню ваше желание и уничтожу все сущее, содеянное Мной на поверхности земли, обращу весь мир в воду, каким он и был вначале – воды в водах. Отныне и далее Я создам иные творения в мире, как подобает».

# И вошел Ноах в ковчег

194) «И вошел Ноах и сыновья его...»⁶²⁵. Написано: «Если спрячется человек в укрытии, то разве Я его не увижу? – сказал Творец»⁶²⁶. Насколько же люди бессердечны и слепы – ведь не видят и не ведают величия Господина своего, о котором говорится: «Ведь и небо и земля полны Мною»⁶²⁶. Как хотят люди спрятаться от греха своего и говорят: «Кто видит нас и кто знает нас?» И сказано: «И под покровом тьмы вершат дела свои»⁶²⁷ – куда вы спрячетесь от Него?

195) Это подобно царю, построившему дворец, а под ним он построил подземные укрепленные убежища. В один из дней придворные устроили мятеж, и он окружил их своим войском. Что они сделали? Взяли и скрылись внутри укрепленного подземелья. Сказал Царь: «Я построил эти убежища – и от меня вы хотите скрыться в них?» Именно об этом здесь говорится: «Если спрячется человек в укрытии, то разве Я его не увижу? – сказал Творец». Я – тот, кто выстроил укрепленные подземелья. Я создал свет и тьму. Как же вы сможете укрыться от Меня?

196) Когда человек согрешил перед Господином своим и продолжает (грешить), держа это в тайне, – то есть начинает думать, что нет Того, кто видит его, – тогда Творец совершает над ним суд открыто. А когда человек очищает себя, совершает возвращение, Творец хочет спрятать его, чтобы он не был виден в день гнева Творца. Но человек, разумеется, должен спрятаться сам и не попадаться на глаза губителю, когда тот правит в мире, чтобы не заметил его, поскольку ему позволено уничтожать всех, кого он видит перед собой.

197) Над всяким человеком с «дурным глазом», пребывает глаз губителя, и он сам зовется губителем мира. И человек должен остерегаться его, чтобы тот не приблизился к нему и

---

⁶²⁵ Тора, Берешит, 7:7. «И вошел Ноах и сыновья его, и жена его, и жены сынов его с ним в ковчег от вод потопа».

⁶²⁶ Пророки, Йермияу, 23:24. «Если спрячется человек в укрытии, то разве Я его не увижу? – сказал Творец, – ведь и небо и земля полны Мною».

⁶²⁷ Пророки, Йешаяу, 29:15. «Горе тем, которые прячут глубоко замыслы свои от Творца, и под покровом тьмы вершат дела свои, говоря: "Кто видит нас и кто знает нас?"»

не причинил ему вред. И запрещено ему приближаться к нему открыто, то есть открыться его дурному глазу. И если надо остерегаться человека с дурным глазом, то уж тем более – ангела смерти, и необходимо спрятаться от него в день гнева Творца.

198) Написано про Билама: «И речь мужа прозорливого»[628]. И был у него «дурной глаз». И куда бы он не посмотрел, притягивал к себе дух губителя. И потому хотел смотреть на Исраэль, чтобы покончить с ним в любом месте, куда бы не посмотрел. «И поднял Билам глаза свои»[629], и одним глазом смотрел прямо, а другой опустил, чтобы смотреть на Исраэль дурным глазом.

Потому что парные органы, – глаза, уши и так далее, – происходят от сочетания свойства суда и свойства милосердия, Малхут и Бины. Правый орган, в основе своей, – от свойства милосердия, от Бины. А левый орган – от свойства суда, от Малхут первого сокращения. Известно также, что если человек удостаивается, то свойство суда упрятано и скрыто, а свойство милосердия – раскрыто и вершит все. А если не удостаивается, раскрывается над ним свойство суда, и он теряет все[630].

Когда в мире умножаются грешники, дается позволение губителю раскрыть свойство суда и покарать мир. Поэтому и праведник должен бояться его. Ведь в чем вся сила его – свойство суда упрятано и скрыто, и не действует по отношению к праведникам, и поэтому губитель может раскрыть свойство суда, находящееся в нем, и покарать праведника вместе с грешниками. И это смысл сказанного о Биламе, что своим дурным глазом обнажал скрытое свойство суда, то есть левый глаз – свойство суда. И когда он отменял силу своего правого глаза, в котором содержится свойство милосердия, то смотрел на Исраэль своим левым глазом, т.е. свойством суда.

199) «И увидел он Исраэль, размещенный по племенам своим»[629], и увидел, что Шхина укрывает их и пребывает над ними, и исправляется двенадцатью коленами, находящимися под ней. И глаз Билама не властен над ними. Сказал: «Что я могу поделать с ними, ведь высший дух святости, Бина, пребывает над

---

[628] Тора, Бемидбар, 24:15.
[629] Тора, Бемидбар, 24:2. «И поднял Билам глаза свои, и увидел он Исраэль, размещенный по племенам своим, и снизошел на него дух Всесильного».
[630] См. «Предисловие книги Зоар», статью «Две точки», п. 122.

ними, прикрывая их своими крыльями». Как сказано: «Опустился он на колени, прилег как лев – кто поднимет его?»[631] Это означает: кто приподнимет высший дух святости, чтобы тот не укрывал их, и тогда бы они раскрылись, и мой глаз был бы властен над ними? Ведь высший дух святости – это Бина, т.е. свойство милосердия, которое прикрывало и защищало Исраэль, чтобы свойство суда не могло властвовать над ними. И потому сказал Билам: «Кто поднимет его?», – чтобы не укрывало их свойство милосердия, и дурной глаз его мог бы покончить с ними.

200) И потому Творец хотел укрыть Ноаха, чтобы скрыть его от глаза высматривающего, чтобы дух нечистоты не мог властвовать над ним и не уничтожил его. «И вошел Ноах», – чтобы скрыться от глаза, «от вод потопа», – потому что воды подгоняли его к ковчегу. Иными словами, он видел воды потопа и боялся их, и потому вошел в ковчег. Другое мнение: увидел ангела смерти, надвигавшегося с водами потопа, и потому вошел в ковчег.

201) И укрывался в ковчеге (все) двенадцать месяцев года. Почему было двенадцать месяцев? Двенадцать месяцев потому, что таков приговор грешникам в преисподней. Другое мнение: чтобы восполнить двенадцатью ступенями как праведника Ноаха, так и остальные ступени, которые достойны были выйти из ковчега. А для исправления каждой ступени необходим один месяц, и потому задержались на двенадцать месяцев.

202) Ибо шесть месяцев присуждают грешникам находиться в водах преисподней. А шесть месяцев – в огне. Но ведь здесь, когда был потоп, им только присудили находиться в водах, почему же тогда присудили двенадцать месяцев, ведь достаточно было бы шести месяцев? Было вынесено два приговора – водами и огнем. Приговорили находиться в водах, потому что воды, которые падали на них свыше, были холодны как лед. И был приговор – наказать огнем, потому что воды, исходящие снизу, из бездны, были кипящими, как огонь. И потому приговорил их суд на двенадцать месяцев преисподней – в водах и в огне. Пока не истребили их из мира. А Ноах укрывался в

---

[631] Тора, Бемидбар, 24:9. «Опустился он на колени, прилег как лев – кто поднимет его? Всякий благословляющий тебя – благословен, а всякий проклинающий тебя – проклят!»

ковчеге и скрылся от глаз, и губитель не приближался к нему. А ковчег носило по волнам, как сказано: «И понесли ковчег»[632].

203) Сорок дней они испытывали лишения, как сказано: «И был потоп на земле сорок дней»[632]. А все остальное время, до двенадцати месяцев, уже были истреблены из мира. Горе этим грешникам, поскольку они не возродятся в мире, чтобы предстать перед судом. Как сказано: «И были стерты они»[633], то есть: «Имя их стер навсегда»[634]. Потому что даже для того, чтобы предстать на суде, не оживут. То есть, их не будет даже среди тех, кто оживет «на вечный позор»[635].

---

[632] Тора, Берешит, 7:17. «И был потоп на земле сорок дней, и умножились воды, и понесли ковчег, и поднялся над землей».

[633] Тора, Берешит, 7:23. «И стер всё сущее, что на поверхности земли: от человека до скота и гада, и птиц небесных, – и были стерты они с земли; и остался только Ноах и что с ним в ковчеге».

[634] Писания, Псалмы, 9:6. «Вознегодовал Ты на народы, погубил преступных, имя их стер навсегда».

[635] Писания, Даниэль, 12:2. «И пробудятся многие из спящих во прахе земном: одни – для вечной жизни, а другие – на поругание и на вечный позор».

# И понесли ковчег

204) «Поднимись над небесами, Всесильный»[636]. Горе нечестивцам, которые грешат и гневят своего Властителя каждый день, и грехами своими прогоняют Шхину с земли, и приводят к отдалению ее от мира. Шхина называется «Всесильный», и о ней сказано: «Поднимись над небесами, Всесильный».

205) Сказано: «И понесли ковчег»[632] – т.е. вытеснили его наружу. «Ковчег» – это Шхина. «И поднялся над землей»[632] означает, что Шхина не пребывала в мире, а удалилась из него. И когда удалилась из мира, некому присматривать за ним. И тогда суд властвует над миром. И после того как уничтожаются грешники в мире и удаляются из него, Шхина снова возвращает место своего пребывания в мир.

206) Если уничтожены грешники, пребывавшие на земле Исраэля во время разрушения Храма, почему Шхина не вернулась потом на свое место, как в начале? Потому что не остались в ней остальные праведники мира, т.е. оставшиеся после разрушения не остались на земле Исраэля, а ушли в Египет. Однако повсюду, куда уходили Исраэль в изгнание, опускалась Шхина и устанавливала место своего пребывания рядом с ними. И если в чужой земле не расставалась с ними Шхина, то тем более, если бы Исраэль остались на земле Исраэля, она вернулась бы к ним после разрушения.

207) Итак выяснилось, что грешники мира всеми грехами своими изгоняют Шхину. И один из них – это извращение пути своего на земле. И потому не увидит лика Шхины и не войдет в царские чертоги. Поэтому сказано о них: «И были стерты они с земли»[633] – т.е. устранены отовсюду.

208) В то время, когда Творец воскресит мертвых, всех тех мертвецов, которые будут находиться вне святой земли, в прочих чужих странах, – Творец возродит их в теле, как полагается. Ибо одна кость остается в человеке под землей, и кость

---

[636] Писания, Псалмы, 57:6. «Поднимись над небесами, Всесильный! Над всей землей слава Твоя!»

эта сделается как закваска (основа), и на ней выстроит Творец всё тело.

209) И не даст им Творец ду́ши, кроме как в земле Исраэля, как сказано: «Вот Я открываю погребения ваши»[637]. Ибо будут перемещаться под землей и придут на землю Исраэля. А далее сказано: «И вложу дух Мой в вас – и оживете»[638]. Ибо в земле Исраэля получат души все жители мира, кроме тех, которые осквернились и осквернили землю, – поколение потопа. О них сказано: «И были стерты они с земли»[633]. И не восстанут при воскрешении мертвых и не придут на землю, чтобы получить души. И хотя первые мудрецы задавали этот вопрос, и полагали иначе, сказав, что восстанут при воскрешении мертвых, все же это так, как мы сказали. Ибо «были стерты» означает, как сказано: «Будут стерты из книги жизни»[639] – т.е. не воскреснут.

210) Разумеется, что у поколения потопа нет доли в будущем мире, как сказано: «И были стерты они с земли». Однако встанут, чтобы предстать в суде. И о них сказано: «И пробудятся многие из спящих во прахе земном»[635].

---

[637] Пророки, Йехезкель, 37:12. «Посему пророчествуй и скажешь им, что так сказал Господин мой, Творец: «Вот Я открываю погребения ваши, и подниму Я вас из погребений ваших, народ Мой, и приведу в землю Исраэля».

[638] Пророки, Йехезкель, 37:14. «И вложу дух Мой в вас – и оживете. И дам вам покой на земле вашей, и узнаете, что Я, Творец, сказал и сделаю – слово Творца».

[639] Писания, Псалмы, 69:29. «Будут стерты из книги жизни, и среди праведников не будут записаны».

# И стер всё сущее

211) «И стер всё сущее»[633]. Писание включает здесь всех тех властителей, которые правят и распоряжаются землей, т.е. ангелов, которые повелевают народами земли, – и они тоже были истреблены. Слова «всё сущее, что на поверхности земли»[633] означают, что когда Творец вершит суд над обитателями мира, Он устраняет сначала правителей, властвующих над ними, а затем – обитателей мира, сидящих под крыльями их покровительства. Как сказано: «Накажет Творец воинство небесное в вышине»[640], а затем «царей земных на земле»[640].

212) Как же устраняются пред Ним эти правители? Если смерть не присуща им – как Он устраняет их? Он уничтожает их сжигающим огнем, как сказано: «Это Творец Всесильный твой идет перед тобой, словно огонь пожирающий!»[641]. Сущее, находящееся над ними, т.е. правителей наверху, уничтожает огнем, а тех, кто находился под ними, т.е. людей, уничтожает водой. И потому сказано вначале: «И стер всё сущее»[633], а затем: «от человека до скота»[633]. И остался лишь Ноах, только он – т.е. не осталось во всем мире никого, кроме Ноаха и тех, кто с ним в ковчеге.

---

[640] Пророки, Йешаяу, 24:21. «И будет в тот день: накажет Творец воинство небесное в вышине и царей земных на земле».
[641] Тора, Дварим, 9:3. «Знай же сегодня, что это Творец Всесильный твой идет перед тобой, словно огонь пожирающий! Он уничтожит их, и Он низложит их перед тобой, и ты изгонишь их, и уничтожишь их скоро, как говорил тебе Творец».

# И вспомнил Всесильный о Ноахе

213) «И вспомнил Всесильный о Ноахе...»[642]. «Разумный видит зло и укрывается»[643] – это сказано о Ноахе, который вошел в ковчег и укрылся в нем. И вошел в ковчег, когда воды подгоняли его. И прежде чем войти в ковчег, увидел ангела смерти, идущего посреди них и овладевающего ими. Когда увидел его, вошел в ковчег и укрылся в нем. Как сказано: «Разумный видит зло и укрывается». «Видит зло» – т.е. ангела смерти. «И укрывается» от него, как сказано: «От вод потопа»[625] – от ангела смерти, которого увидел в водах потопа.

214) Выражение «разумный видит зло и укрывается» означает, что когда смерть царит в мире, разумный человек укроется и не будет стоять снаружи, и не окажется пред разрушителем. Ведь когда разрушителю дано право, он уничтожает всех тех, кто оказывается пред ним и открыто проходит пред ним. И глупцы проходили и были наказаны за то, что прошли пред ним и оказались пред ним. «Прошли» – значит, преступили заповедь своего Владыки, и были наказаны. Вот и при Ноахе глупцы прошли и были наказаны – таким было его поколение.

215) После того, как укрылся в ковчеге и пробыл там всё это время, сказано: «И вспомнил Всесильный о Ноахе»[642]. Когда вершился суд, не сказано, что вспомнил о нем. А когда суд свершился и грешники мира исчезли, тогда сказано, что вспомнил о нем. Ибо когда в мире царит суд, нет высшего слияния, и разрушитель правит миром. Поэтому о хорошем в это время не вспоминают, так как «воспоминание» означает – соединение (зивуг).

216) А когда прошел суд и гнев успокоился, всё вернулось на свое место, и высшее соединение (зивуг) вернулось на свое место, и в мир нисходит милосердие. И потому сказано здесь: «И вспомнил Всесильный о Ноахе»[642], так как с Ноахом пребывает «воспоминание», означающее соединение (зивуг). Ведь

---

[642] Тора, Берешит, 8:1. «И вспомнил Всесильный о Ноахе, и о всех зверях, и о всем скоте, что с ним в ковчеге; и навел Всесильный ветер на землю, и унялась вода».

[643] Писания, Притчи, 22:3. «Разумный видит зло и укрывается, а глупые преступают и наказываются».

сказано, что «Ноах муж праведный», и он является престолом для высшего соединения. И когда вернулось соединение (зивуг) на свое место, тогда сказано: «И вспомнил Всесильный о Ноахе».

217) Сказано: «Ты властвуешь над гордыней моря»[644]. Когда море вздымает волны, и бездны поднимаются и опускаются, Творец протягивает нить милости с правой стороны и влечет обратно волны его, и гнев его успокаивается, и нет того, кто мог бы постичь его.

Объяснение. Когда Нуква получает Хохму, она называется морем. И если Нуква получает только от левой линии, т.е. наполнение Хохмы без хасадим, тогда вздымаются волны моря, как бы желая раскрыться, – ведь это намек на то, что воды Хохмы поднимаются и раскрываются, и предоставляются для постижения. Однако море не может получить Хохму без хасадим, и потому волны опускаются снова, поскольку поднимаются, чтобы раскрыться и сразу же опускаются, становясь скрытыми от постижения из-за отсутствия хасадим.

И поэтому говорится, что море бушует, т.е. пытается поднять свои воды с большой силой, и опять опускается с большой силой. И это может повторяться непрерывно, снова и снова. И это длится до тех, пока не придет средняя линия, и притянет правую линию, т.е. Хесед (милосердие), и облачает Хохму (мудрость) левой линии в хасадим правой линии. И тогда волны возвращаются на свое место, и утихает ярость моря. Ибо Хохма́ и хасадим светят тогда вместе во всех своих исправлениях и желанном совершенстве[645].

Поэтому сказано: «Когда море вздымает волны», – т.е. когда Нуква, называемая морем, получает только от левой линии, море вздымает волны и бушует. «И бездны поднимаются и опускаются», – т.е. поднимаются, чтобы получить Хохму, и сразу же опускаются, так как не могут получить ее из-за недостатка хасадим. «Творец протягивает нить милости» – Творец, т.е. срединный столп, согласовывает и притягивает хасадим из правой

---

[644] Писания, Псалмы, 89:10. «Ты властвуешь над гордыней моря; когда вздымаются волны его, Ты укрощаешь их».
[645] См. выше, п. 126, со слов: «И для того...»

линии, и Хохма́ облачается в хасадим, «и влечет обратно волны его» – так как облачает их в хасадим, «и гнев его успокаивается» – потому что теперь мохин светят в нем в совершенстве. Однако, в результате облачения Хохмы в хасадим, исчезают ГАР Хохмы, и светит лишь ВАК Хохмы. Поэтому сказано о ГАР: «И нет того, кто мог бы постичь его» – т.е. некому постичь три верхние сфиры (ГАР), скрывшиеся в результате облачения в хасадим.

218) Йона опустился в море, и встретилась ему та самая рыба, и проглотила его. Как же сразу не отошла от него душа? Потому что Творец властвует «над гордыней моря»[644], т.е. над свойствами суда, исходящими от силы власти левой линии. И вместе с тем Йона спасся от них. Ведь Творец, средняя линия, милосердие, властвует «над гордыней моря» посредством нити милосердия, которую посылает с правой стороны и смиряет его. И потому он остался жив в желудке у рыбы и спасся от нее.

219) «Гордыня моря»[644] – это нить левой линии, поднимающая вверх волны моря, и с ее помощью оно поднимается. Но если бы не попала к нему нить милосердия справа – не поднялся бы никогда. Ведь когда нить левой линии опускается в море, и море захватывает ее, пробуждаются волны его и ревут, желая поглотить добычу. Ибо не могут получать обилие Хохмы и питаться от него из-за недостатка хасадим. И потому голодны и ревут о добыче, пока Творец не возвращает волны назад – и возвращаются на свое место, когда Он притягивает нить милосердия и облачает Хохму (мудрость) в хасадим (милосердие). И тогда Он несет волны моря обратно. Тем самым исправляется Хохма и может светить в совершенстве – потому что море не может подняться в Хохме, исходящей от левой линии, пока не привлечена нить Хеседа (милосердия), в которую облачается Хохма (мудрость).

220) «Ты укрощаешь»[644] волны моря. «Укрощаешь» – как «разбиваешь», потому что Он разбивает их, возвращая на свое место, посредством нити милосердия. Другое объяснение слова «укрощаешь (тешабхе́м משבחם)»: подъем волн – это хвала их (шивхам שבחם), так как поднимаются, желая увидеть в стремлении своем. Отсюда следует, что каждому, кто рассчитывает смотреть и знать, хотя и не может, это считается похвалою, и все восхваляют его. Хохма называется «глаза (эйнаим)», а

свечение Хохмы называется «ви́дение». Подъем волн происходит в силу свечения левой линии свойством Хохма без хасадим, и потому они не могут видеть, т.е. получить Хохму. И хотя не могут видеть, все равно это считается им похвалою, потому что они желают увидеть в стремлении своем.

221) Когда Ноах находился в ковчеге, он боялся, что Творец, может быть, не вспомнит о нем никогда. И после того как свершился суд и были уничтожены грешники мира – тогда сказано: «И вспомнил Всесильный о Ноахе»[642].

222) В час, когда в мире царит суд, во благо самому человеку, чтобы его имя не упоминалось наверху. Ведь если бы вспомнили его имя, то вспомнили бы и грехи его, и пришлось бы провести расследование и судить его.

223) Мы можем увидеть это из сказанного шунамитянкой. Это было в день праздника Рош а-шана (Начало года), когда Творец судит мир, сказал ей Элиша: «Не нужно ли поговорить о тебе с царем?»[646] Это – Творец, который называется тогда «Царь», «святой Царь», «Царь правосудия». И сказала шунамитянка: «Среди своего народа я живу»[646], т.е. сказала тем самым: «Я не хочу, чтобы меня особо вспоминали и рассматривали, но лишь "среди своего народа"». Ибо того, чья голова занята только заботами о народе, не преследуют, чтобы судить его. Поэтому сказала она: «Среди своего народа».

224) Когда в мире царил гнев, Ноах не был помянут. Но когда закончился суд, сказано: «И вспомнил Всесильный о Ноахе»[642]. Теперь упомянуто имя его. Еще одно объяснение. «И вспомнил Всесильный о Ноахе» – равносильно сказанному: «И вспомнил Я союз Мой»[647], т.е. он становится причиной высшего соединения (зивуга)[648].

---

[646] Пророки, Мелахим 2, 4:13. «...Скажи ей, прошу: "Вот, ты так заботилась о нас, что сделать для тебя?" Не нужно ли поговорить о тебе с царем или с военачальником". Но она сказала: «Среди своего народа я живу"».
[647] Тора, Шмот, 6:5. «И также услышал Я стенание сынов Исраэля, которых египтяне порабощают, и вспомнил Я союз Мой».
[648] См. выше, п. 216.

# И построил Ноах жертвенник Творцу

228)[649] «И построил Ноах жертвенник Творцу»[650]. «И построил Ноах жертвенник» – это тот жертвенник, на котором совершал жертвоприношения Адам Ришон. Почему Ноах принес жертву? Ведь жертва призвана ни для чего иного, как искупить сомнения сердца. А Ноах – в чем согрешил? Однако Ноах сомневался, сказав: «Вот, Творец вынес приговор миру, чтобы разрушить его. Он спас меня, и может быть эта награда исчерпала все мои заслуги, и не осталось у меня больше заслуг в мире?» И сразу же построил Ноах жертвенник Творцу.

229) Это тот жертвенник, на котором совершал жертвоприношения Адам Ришон. Что же значит «и построил» – разве не Адам Ришон построил его? Дело в том, что грешники мира привели к тому, что он не находился на своем месте, т.е. на месте отдачи во имя святости. И поскольку пришел Ноах, чтобы вознести на нем жертву, сказано о нем: «И построил», ибо вернул его в место отдачи во имя святости.

230) «И вознес жертвы всесожжения»[650]. «Жертвы всесожжения (олóт עלֹת)» написано без буквы вав, указывающей на множественное число, потому что он принес только одну жертву. Сказано: «Это жертва, предаваемая огню (ишэ אִשֶּׁה)»[651]. Но ведь жертва – мужского рода, а не женского, как сказано: «Пусть принесет он самца без порока»[652]. А раз так, почему написано «огонь (ишэ אִשֶּׁה)» с буквой «хэй ה» в конце, что указывает на женский род? Разве не должно было стоять там слово «огонь (эш אֵשׁ)» без буквы «хэй ה» в конце, что означало бы мужской род?

---

[649] Пп. 225-227 в данной редакции текста не приводятся.
[650] Тора, Берешит, 8:20. «И построил Ноах жертвенник Творцу, и взял от всякого чистого скота и от всякой чистой птицы, и вознес жертвы всесожжения на жертвеннике».
[651] Тора, Ваикра, 1:13. «А внутренности и голени омоет водой, и принесет священнослужитель все, и воскурит на жертвеннике; это жертва, предаваемая огню, – благоухание, приятное Творцу».
[652] Тора, Ваикра, 1:3. «Если из крупного скота жертва его для всесожжения, то пусть принесет он самца без порока. Ко входу в шатер откровения пусть приведет его по своей воле к Творцу».

231) И хотя в жертву всесожжения приносится самец, и приносится на свое место, – т.е. Зеир Анпину, который является свойством захар (мужским), – все же Нуква не должна из-за этого отделятся от Зеир Анпина. Напротив, это жертвоприношение было совершено в Нукве, чтобы соединить Зеир Анпин и Нукву друг с другом, потому что благодаря жертвоприношению Нуква поднимается к Зеир Анпину, чтобы соединиться вместе.

232) Ноах должен был принести жертву, так как Творец установил его на месте захар, чтобы он соединился с ковчегом (тэйва́), женским свойством, и вошел в него. И потому он принес именно жертву всесожжения, а не другую жертву – ибо в действительности не согрешил, но подумал, что закончились у него все заслуги[653].

«Это жертва, предаваемая огню (ишэ אִשֶּׁה)»[651]. Аббревиатура этого слова – אשה, что означает, что левая линия Зеир Анпина, называющаяся «огнем (эш אֵשׁ)», соединилась с Нуквой, называющейся «хэй ה». Ибо Нуква исходит от левой стороны, называющейся «огонь (эш)», и Нуква с огнем слиты друг с другом, и потому называется в женском роде «огонь (ишэ אִשֶּׁה)». Название «огонь (ишэ אִשֶּׁה)» указывает на связь любви, когда левая линия, «огонь (эш אֵשׁ)» соединяется с «хэй ה», чтобы поднять ее наверх, к Зеир Анпину, и связать их воедино. И потому говорит Писание: «Это жертва, предаваемая огню (ишэ אִשֶּׁה)»[651], что указывает на связь огня и Нуквы друг с другом.

---

[653] См. выше, п. 228.

# И обонял Творец благоухание приятное

233) «И обонял Творец благоухание приятное»[654]. И сказано: «Жертва, предаваемая огню, – благоухание приятное»[655]. Сказано: «И обонял Творец», и сказано: «Жертва, предаваемая огню, – благоухание приятное». Выражение «жертва, предаваемая огню» означает, что дым и огонь объединены воедино, ведь нет дыма без огня, как сказано: «А гора Синай дымилась вся оттого, что сошел на нее Творец в огне»[656].

234) Огонь исходит изнутри, и он слаб, и когда снаружи в чем-либо ином, менее слабом, и они поддерживают друг друга, то поднимается дым. Потому, что огонь удерживается в том, что воспламеняется от него. И у нас признаком этого является нос, через который проходит дым от огня.

Объяснение. Законы называются «огонь», как сказано: «Ибо огнем Творца судиться будет»[657]. Корень этих законов берет свое начало в выходе Бины из рош Арих Анпина, в котором есть свет Хохмы. В ней происходит уменьшение Хохмы, и она остается со светом хасадим, без Хохмы. И в этом уменьшении есть три особенности, три вида огня:

1. «Эша дахья (ясный огонь)» – в ГАР Бины, т.е. в высших Абе ве-Име. Поскольку уменьшение света Хохмы в рош Арих Анпина их совершенно не касается, ведь они обычно получают не Хохму, а только хасадим. И даже когда находятся в рош Арих Анпина, они не получают Хохму. Поэтому они всегда в свойстве ГАР и всегда пребывают в свете хасадим. И уменьшение Хохмы рассматривается в них как «ясный огонь», потому

---

[654] Тора, Берешит, 8:21. «И обонял Творец благоухание приятное, и сказал Творец в сердце своем: "Не буду более проклинать землю за человека, ибо помысел сердца человека зол от молодости его, и не буду более поражать все живущее, как Я сделал"».
[655] Тора, Ваикра, 1:9. «А внутренности и голени омоет водой, и воскурит священнослужитель все на жертвеннике; жертва, предаваемая огню, – благоухание, приятное Творцу».
[656] Тора, Шмот, 19:18.
[657] Пророки, Йешаяу, 66:16. «Ибо огнем Творца судиться будет, и мечом Его – всякая плоть, и многие поражены будут Творцом».

что они остаются в свойстве ГАР даже после того, как уменьшается в них Хохма.

2. «Эша стам (простой огонь)» – в ЗАТ Бины, т.е. в ИШСУТ. Поскольку они являются корнями ЗОН и нуждаются в свечении Хохмы для передачи в ЗОН. Поэтому все то время, пока нет в них Хохмы, они рассматриваются как свойство ВАК без рош. И потому они не называются ясным огнем, так как им недостает рош, а называются простым огнем, ведь в них отсутствует чистота, пока не постигнут свечение Хохмы. Однако находящийся в них «простой огонь» определяется как слабый огонь, поскольку они нечувствительны к свечению Хохмы, ведь они не нуждаются в свечении Хохмы для самих себя, а только для ЗОН – а для себя получают только хасадим, поскольку тоже являются свойством Бины. Таким образом, огонь вообще не может удерживаться в них. И потому огонь в них определяется как слабый огонь, без поддержки.

3. «Огонь и дым» – в ЗОН, потому что Зеир Анпин чувствителен к этому огню, т.е. к уменьшению Хохмы, поскольку Зеир Анпин нуждается в свечении Хохмы. Ведь вся суть Зеир Анпина – это хасадим со свечением Хохмы, и именно поэтому он становится третьей стадией[658]. И определяется, что этот огонь уменьшения Хохмы по причине выхода Бины из рош, удерживается в нем (в Зеир Анпине), ведь у него есть масса и восприимчивость к огню, и потому этот огонь Бины охватывает Зеир Анпин, и из него выходит дым.

И об этом сказано: «Огонь выходит из ИШСУТ, и он слабый, потому что не может удержаться в ИШСУТ, поскольку они совсем нечувствительны к свечению Хохмы». Но огонь удерживается в другом свойстве, внешнем, т.е. в Зеир Анпине, и там огонь не такой слабый, так как он (Зеир Анпин) чувствителен к свечению Хохмы. И они соединяются друг с другом, и тогда поднимается дым – законы, действующие в Малхут Зеир Анпина, называемые дымом, которые проявляются вследствие того, что огонь удерживается в Зеир Анпине. У нас отличительным признаком этого является нос (хотем), через который проходит дым от огня. Хотем – это Зеир Анпин. Озен, хотем и пэ – это Бина, Зеир Анпин и Нуква. И когда огонь достигает хотема

---
[658] См. «Введение в науку Каббала», п. 5.

(носа), который восприимчив и через который проходит дым от огня, то суды становятся двойными – огонь от Бины и дым от Малхут. Поэтому в носу есть две ноздри: от правой ноздри исходит смягчение огня Бины, а от левой – смягчение дыма Малхут.

235) И потому сказано: «Возлагают воскурение пред Тобой»[659], и этим воскурением смягчают законы, т.е. огонь и дым, исходящие из хотема (носа), поскольку оно возвращает огонь из свойства «хотем» на свое место, в ИШСУТ, откуда он и вышел. И хотем собирает благоухание воскурений, и оно проникает в самые внутренние пределы, пока все они не соединяются друг с другом. И каждый возвращается на свое место, и все они приближаются к мысли, то есть к Арих Анпину. И затем все становятся единым желанием. И тогда это «благоухание приятное», успокаивающее гнев и несущее радость.

Объяснение. Здесь совершаются два действия, пробуждением снизу в виде воскурения благовоний:

1. Все ступени соединяются друг с другом, т.е. каждая из них снова поднимает свои буквы ЭЛЕ, упавшие на нижнюю ступень, вплоть до полного соединения. И буквы ЭЛЕ Бины вместе с ЗОН, слившимися с ними, поднимаются в Бину. А буквы ЭЛЕ Арих Анпина вместе с Биной, слившейся с ними, поднимаются и возвращаются в рош Арих Анпина, и светит в них Хохма без хасадим. И приближаются к мысли, благодаря чему отменяется огонь этих законов в хотеме и в ИШСУТ, ведь Бина еще до этого вернулась в рош Арих Анпина, а вместе с ней – и остальные ступени. И потому утихает гнев.

2. Все они становятся единым желанием. Ведь Хохма не может светить без хасадим, и поэтому происходит затем зивуг на экран Зеир Анпина, т.е. свойство «хотем». И выходит ступень хасадим, и облачается Хохма в хасадим. И затем все становятся единым желанием, потому что благодаря этому все три линии соединились друг с другом, и это «благоухание приятное», несущее радость. Поскольку теперь совершенство светит

---

[659] Тора, Дварим, 33:10. «Учат законам Твоим Яакова и учению Твоему Исраэль; возлагают воскурение пред Тобой и всесожжение на жертвенник Твой».

во всем, так как хасадим восполнились свечением Хохмы, а Хохма – облачением в хасадим.

236) Дым скапливался и проникал, и стелился в огне. А огонь удерживался в дыме. И оба они проникали в самые внутренние пределы, пока не утих гнев. Это первое действие, совершенное силой Бины, вернувшейся в рош Арих Анпина.

А затем, когда все соединились друг в друге, и гнев утих, совершается новое слияние. И тогда приходит чувство радости, и единая связь всех трех линий, и это называется благоуханием, т.е. вторым действием.

И это чувство радости от хасадим, и ликование всего от Хохмы – всё это, как одно целое. Потому что хасадим восполнились свечением Хохмы, а Хохма – облачением хасадим. И это свечение светильников, получаемое от левой стороны, и свет лика от правой. И потому сказано: «И обонял Творец благоухание приятное», – подобно обоняющему, который вбирает все в себя.

238)[660] Сказано: «О, пусть он целует меня поцелуями уст своих!»[661]. Это высшее влечение, когда желание проходит через пэ (уста), а не через хотем (нос), в момент выхода огня. Ведь когда уста соединяются с тем, кого целуешь, выходит огонь – в желании, в свете лика, в ликовании всего, в радости слияния. И свет, проходящий через пэ (уста), является свойством ясный воздух (авира дахья) и светом хасадим. И это свет, исходящий от высших Абы ве-Имы, называемый «ясный огонь», и это всё свойство ГАР, имеющееся в мирах. И поскольку это свет хасадим от Абы ве-Имы, там нет никакого присоединения клипот, так как он является свойством «ясный огонь (эша дахья)».

239) Поэтому сказано: «Ибо ласки твои лучше вина!»[662] – т.е. вина радующего, от него и лицо сияет, и глаза смеются, и оно располагает и сближает; а не вина опьяняющего, порождающего раздор и гнев, и оно омрачает лик, и глаза загораются от вина раздора.

---

[660] Пункт 237 в данной редакции текста не приводится.
[661] Писания, Песнь песней, 1:2.
[662] Писания, Песнь песней, 1:3.

Объяснение. Свечение левой линии называется вином, и это свечение Хохмы, исходящее из точки шурук. И все ее исправление производится с помощью средней линии, соединяющей правую и левую друг с другом, и поддерживающую свечение обеих так, что левая светит снизу вверх, а правая – также и сверху вниз. И благодаря этому исправлению, свечение Хохмы ощущается как вино радующее. Но если это свечение Хохмы притягивается сверху вниз, то правая и левая линии отделяются друг от друга, и Хохма притягивается без хасадим и не может светить, и все суды исходят от нее. И называется оно вином опьяняющим, поскольку все это приходит к ним из-за притяжения свечения Хохмы сверх желательной меры, когда притягивается оно сверху вниз.

240) И поскольку это вино хорошее, когда и лицо сияет, и глаза радуются, и приходит влечение любви, они каждый день совершают его возлияние на жертвенник. В такой мере, что того, кто пьет его, оно радует и доставляет ему удовольствие. Как сказано: «И возлияние вина к нему – четверть ина»[663]. И поэтому сказано: «Ибо ласки твои лучше вина!» – того вина, которое пробуждает любовь и влечение.

241) И именно так, как это (происходит) внизу, так же пробуждается любовь наверху. Два светильника: когда гаснет свет светильника, который наверху, то дымом, поднимающимся от нижнего, зажигается светильник наверху. Бина и Малхут – это два светильника, высший и нижний. И при возвращении Бины в рош Арих Анпина, где есть у нее Хохма без хасадим, она полностью угасает. Поскольку даже находящийся там свет Хохмы она получить не может, так как невозможно получить Хохму без облачения хасадим.

Но с помощью зивуга, совершаемого затем на экран де-ЗОН, выводящего ступень света хасадим, устанавливается соответствие между правой и левой линиями, и Хохма облачается в хасадим, и тогда загорается Бина и светит. И это экран Нуквы Зеир Анпина. И тогда Бина, высший светильник, погасший при

---

[663] Тора, Ваикра, 23:13. «И с ним хлебный дар: две десятых части эйфы тонкой пшеничной муки, смешанной с елеем, в огнепалимую жертву Господу, в приятное благоухание, и возлияние вина к нему – четверть ина».

возвращении в рош Арих Анпина, снова зажигается благодаря нижнему светильнику – Нукве Зеир Анпина.

Высший мир, Бина, зависит он нижнего, Нуквы, поскольку Бина, которая погасла, снова загорается благодаря Нукве. А нижний мир, Нуква, зависит от высшего, Бины, потому что всей меры свечения, которую Нуква вызвала в Бине, удостоилась и Нуква. Со времени разрушения Храма нет благословений ни наверху, в Бине, ни внизу, в Нукве, и это показывает их зависимость друг от друга.

Храм – это Нуква. И поскольку она разрушена, и не поднимает свой экран в Бину, чтобы соединить правую и левую линии в себе, то и Бина остается без света, ибо не загорается от нее. И тем более без света Нуква – ведь ей не от кого получать. И тогда нет света ни в Бине, ни в Малхут.

242) Нет благословений, но есть проклятия. Поскольку питание всего исходит от этого состояния – зажигания высшего светильника дымом нижнего светильника. Ведь Исраэль не находятся на земле своей, и не совершают необходимой работы по зажиганию светильников, т.е. по зажиганию высшего нижним, и по привлечению в миры благословений. И потому нет благословений ни наверху, ни внизу, и мир не приходит к достойному существованию.

243) «Не буду больше проклинать»[664]. Разве может Творец раскаиваться? Все то время, пока высший огонь Бины все сильнее разгорается, есть дым – суд, действующий внизу, суд Нуквы, усиливающий гнев и уничтожающий всё. Ведь когда исходит огонь из Бины, он не прекращается, пока не завершится суд Нуквы, дым. А когда суд внизу, дым, не усиливается еще больше под воздействием суда свыше, огня, тот производит суд и прекращает его, не завершая уничтожением. И об этом говорится: «Не буду больше», означающее: «не буду больше» добавлять огня для усиления суда внизу, т.е. дыма.

---

[664] Тора, Берешит, 8:21. «И обонял Творец благоухание, и сказал Творец в сердце Своем: "Не буду больше проклинать землю за человека, потому что помысел сердца человека зол от юности его; и не буду больше поражать всего живущего, как Я сделал"».

Пояснение сказанного. Известно, что из-за нарушения запрета Древа познания, упали миры, а добро и зло перемешались друг с другом. И невозможно было отличить добро от зла. Поэтому первое исправление – выявление зла. А затем – отделение его от добра. Это и есть то проклятие, которым Творец проклял землю вследствие нарушения запрета Древа познания. Это проклятие лежит на земле и медленно-медленно раскрывает зло, пока не наводит потоп на землю. И тогда завершается раскрытие зла. Поэтому после потопа, когда зло уже раскрылось в необходимой мере, Ноах принес жертву и этим отделил зло от добра.

Нам уже известно, что суды Малхут, т.е. земли́, называются «дым». Благодаря нисхождению огня из Бины в ЗОН раскрываются суды Нуквы, называемые дымом. И проклятие заключается в том, что Творец проклял землю за человека. А чтобы исправить грех Древа познания, Творец извлекает дополнительный огонь из Бины, выявляя дым, идущий от земли, от Малхут, медленно-медленно, и завершается суд наведением потопа. Тогда раскрывается зло, перемешавшееся с добром, и становится возможным отделить его от добра.

И поэтому после потопа сказано: «Не буду больше» – так как теперь уже завершилось раскрытие зла, и у Него уже нет необходимости добавлять огонь для выявления суда, ведь зло уже раскрылось в достаточной мере. Но неужели Творец делает это для того, чтобы обрушить возмездие на грешников? И поэтому изречение заканчивается фразой: «Потому что помысел сердца человека зол от молодости его»[664], то есть незачем Творцу гневаться на него. А все наказания Творца – всего лишь исправления. И поскольку исправление, требовавшее потопа, уже завершилось, то сказал: «Не буду больше».

244) Сказано: «Проклята земля за тебя»[665] – ибо в тот час, когда проклята земля за прегрешения Адама Ришона, дано позволение змею зла властвовать над ней. И он (змей) – губитель мира. И таким образом медленно-медленно раскрывается это зло, пока он не наводит потоп. И он уничтожает всех живущих в мире этим потопом, и тогда раскрывается зло в доста-

---

[665] Тора, Берешит, 3:17. «Проклята земля за тебя, в горести будешь питаться от нее все дни жизни своей».

точной мере, когда можно отделить его. С того дня, как Ноах принес жертву, обоняемую Творцом, отделив этим зло от добра, дано позволение земле выйти из-под власти змея и избавиться от нечистоты, поскольку зло отделено от нее.

И поэтому Исраэль приносят жертвы Творцу, чтобы освятить лик земли – Малхут. То есть Ноах не завершил еще этого исправления, и потому Исраэль еще вынуждены возносить жертвы. И это исправление полагалось им до стояния на горе Синай. И тогда зло было окончательно отделено от земли, ибо прекратилась скверна и стали свободны от ангела смерти.

245) Творец уменьшил луну, Нукву, еще до прегрешения Адама и власти змея. Но вследствие греха Адама, она тоже была проклята, чтобы проклясть мир, получающий от нее. В тот день, когда Ноах принес жертву, освободилась только земля, Нуква, от этого проклятия, но луна еще находится в уменьшенном состоянии. Кроме того часа, когда в мире находится жертва, а Исраэль селятся на земле своей, когда исправляется состояние уменьшения луны, в дни Шломо. И благодаря жертве Ноаха дано позволение земле освободиться из-под власти змея. Однако, отменилось только проклятие, а власть змея осталась, и потому Исраэль должны приносить жертвы в Храме.

246) В будущем Творец удалит дух нечистоты из мира, как сказано: «И дух нечистоты удалю с земли»[666]. И сказано: «Уничтожит Он смерть навеки»[667].

247) В будущем Творец осветит луну, и выведет ее из мрака, который она ощутила в силу этого змея зла, как сказано: «И будет свет луны, как свет солнца, и свет солнца станет семикратным, как свет семи дней»[668]. Спрашивается, что это за свет «семи дней»? И ответ: это тот самый свет, который был скрыт Творцом в действии начала творения[669].

---

[666] Пророки, Захария, 13:2. «И будет в день тот – слово Повелителя воинств: истреблю имена идолов с земли, и не будут они более упомянуты, а также лжепророков, и дух нечистоты удалю с земли».
[667] Пророки, Йешаяу, 25:8.
[668] Пророки, Йешаяу, 30:26. «И будет свет луны, как свет солнца, и свет солнца станет семикратным, как свет семи дней, в день, когда Творец исцелит народ Свой от бедствия и рану его от удара излечит».
[669] См. Зоар, главу Берешит, часть 1, статью «Скрытый свет», п. 351.

# И благословил Всесильный Ноаха

248) «Благословение Творца обогащает»[670]. Благословение Творца – это Шхина, которая назначена для благословений мира, и от нее исходят благословения всему.

249) «И сказал Творец Ноаху: "Войди со всем семейством твоим в ковчег"»[671]. В описании входа в ковчег сказано: «И сказал Творец (АВАЯ)» – т.е. Зеир Анпин. А в описании выхода сказано: «И сказал Всесильный (Элоким)» – т.е. Нуква Зеир Анпина. И говорилось выше, что хозяин, т.е. Зеир Анпин, дал Ноаху разрешение войти. А затем говорит ему жена, Нуква Зеир Анпина – выйти. Сперва он вошел с позволения мужа – Зеир Анпина, а в конце он вышел с позволения жены – Нуквы Зеир Анпина. Отсюда следует, что хозяин впускает гостя в дом, а жена выводит его. «И сказал Всесильный (Элоким) Ноаху так: "Выйди из ковчега, ты и твоя жена"»[672], потому что было в ее руках позволение вывести гостя, но не впустить его.

Необходимо понять суть этих вещей. Почему здесь используется сравнение с гостем и хозяевами постоялого двора? Если человек пребывает во всем совершенстве, он называется сидящим в доме. Под словом «дом» подразумевается Нуква Зеир Анпина, которая светит в свойстве мохин де-ГАР, как сказано: «Мудростью устраивается дом»[673]. И потому те, кто получает от нее, называются сидящими в доме. Однако когда человеку нужны исправления, поскольку он не пребывает в совершенстве, ему нужно остерегаться, чтобы не присоединились к нему внешние с целью совратить его. И поэтому он вынужден выйти из дома, потому что нельзя ему получать эти возвышенные мохин из-за страха перед тем, что внешние будут подпитываться от него. И он обязан выйти на путь Творца, чтобы получить нужные ему исправления. И разрешено ему в это время

---

[670] Писания, Притчи, 10:22. «Благословение Творца обогащает, и не будет больше с ним горя».
[671] Тора, Берешит, 7:1. «И сказал Творец Ноаху: "Войди со всем семейством твоим в ковчег, ибо тебя увидел Я праведным предо Мною в этом поколении"».
[672] Тора, Берешит, 8:15-16. «И сказал Всесильный Ноаху так: "Выйди из ковчега, ты и твоя жена, и твои сыновья и жены твоих сыновей с тобою"».
[673] Писания, Притчи, 24:3. «Мудростью выстраивается дом».

получать мохин от соединения Зеир Анпина и Леи, поскольку они представляют собой свет хасадим, укрытых от Хохмы, и у внешних нет никакой подпитки от них.

И эти мохин называются постоялым двором, так как предназначены для путников. И потому, хотя Ноах и был «праведным и непорочным»[674], все равно он уподобляет его гостю-путнику, так как во время потопа, когда было дано разрешение разрушителю, он тоже нуждался в защите от него[675]. И потому нельзя ему было получать мохин от свойства «дом», но лишь от свойства «постоялый двор», оберегаемого от внешних, как и в примере с путниками. И эти мохин свойства «постоялый двор» относятся к Зеир Анпину, который называется Творец (АВАЯ), так как они притягиваются от свойства ХАГАТ, т.е. от Зеир Анпина.

Однако мохин свойства «дом» относятся только к Нукве, которая называется Всесильный (Элоким), так как мохин Хохмы не раскрыты ни на одной ступени в мире Ацилут, но только в Нукве. И теперь понятно, почему при его входе в ковчег упомянуто имя АВАЯ, а при выходе – имя Элоким. Ведь ковчег – как постоялый двор, и поэтому было сказано ему: «Войди со всем семейством (досл. домом) твоим в ковчег»[671]. То есть свойство «дом (בית)», в котором прямой порядок букв, станет свойством «ковчег (תיבה)», в котором обратный порядок букв[676], и это свойство мохин постоялого двора, относящиеся к Зеир Анпину, называемому Творец (АВАЯ). И потому сказано: «Творец (АВАЯ)»[671].

Это означает, что хозяин, Зеир Анпин, вводит гостя в «постоялый двор», так как от него исходят мохин. Однако нужно вывести его из ковчега и вернуть в дом, в мохин де-ГАР, которые во власти лишь Нуквы. И потому Нуква, называемая Элоким, должна вывести его, т.е. дать ему мохин свойства «дом». И потому названо имя Элоким при выводе, как сказано: «И сказал Всесильный (Элоким) Ноаху: "Выйди из ковчега"»[672]. И так же при выводе гостя из постоялого двора в дом.

---

[674] Тора, Берешит, 6:9. «Вот родословие Ноаха. Ноах муж праведный, непорочным он был в поколениях своих, пред Всесильным ходил Ноах».
[675] См. выше, п. 176.
[676] См. п. 178.

## И благословил Всесильный Ноаха

И не следует спрашивать о том, что есть много промежуточных ступеней, которые тоже можно получить от Зеир Анпина, так как речь идет о том, кто уже постиг мохин свойства «дом», как Ноах, но вышел из него в «постоялый двор» по какой-то причине. И потому, конечно же, как только исчезла причина, и он вышел с «постоялого двора» – сразу же возвращается в дом. И это зависит от позволения одной лишь Нуквы.

250) Когда вышел из ковчега, он поднес ей дары, т.е. принес жертву, так как она находится в доме, и дом в ее руках. Иными словами, мохин свойства «дом» находятся в руках одной лишь Нуквы. И те дары, которые он дал ей, предназначены для того, чтобы вызвать к ней любовь мужа. Отсюда мы видим, что правила приличия обязывают гостя дать подарки владелице постоялого двора во время его ухода. И потому, после того как дал ей подарки, чтобы вызвать к ней любовь мужа, она благословила его, как сказано: «И благословил Всесильный (Элоким) Ноаха»[677]. И потому сказано: «Благословение Творца обогащает»[670], так как благословение Творца – это Шхина, которая назначена для благословений мира[678].

251) «И не будет больше с ним горя»[670]. В этом смысл слов: «В горести будешь питаться от нее»[665]. Горесть – это горе и гнев, без приветливости. И это – когда покрывается мраком луна, и нет благословений. «В горести» – сторона иного духа, присущего клипот, который лишает мир благословений, заставляя людей грешить. И об этом сказано: «Не будет больше с ним горя»[670]. И в этом смыл слов: «Не буду больше проклинать землю»[664]. Ибо «горе» означает присоединение ситры ахра (иной стороны), несущей проклятие миру. Таким образом, когда «не будет больше с ним горя», «не будет больше проклинать», ибо это одно и то же.

---

[677] Тора, Берешит, 9:1. «И благословил Всесильный Ноаха и сыновей его, и сказал им: "Плодитесь и размножайтесь и наполняйте землю"».
[678] См. выше, п. 248.

# И боязнь и страх

252) «И боязнь и страх перед вами будет на всяком звере земли»[679], т.е. отныне и далее будете вы похожи на людей, и этого будут бояться звери полевые – ведь прежде этого, со времени нарушения запрета Древа познания, вы не были похожи на людей. Вначале сказано: «По образу Всесильного создал Он человека»[680], и сказано: «По подобию Всесильного создал Он его»[681]. И поэтому будут бояться их звери полевые. И по причине их греха была утрачена схожесть с высшей формой, и теперь они сами стали бояться зверей полевых.

253) Вначале все создания мира поднимали глаза и видели имеющуюся в людях высшую форму святости, и пугались и трепетали перед ней. А когда прегрешили, изменилась эта форма в глазах созданий на иную форму. И поскольку она изменилась, то люди уже сами пугаются и страшатся всех остальных существ.

254) Все те люди, которые не согрешили перед Господином своим и не преступали заповедей Торы, сияние их формы не отличается от вида высшей формы, т.е. от образа Творца. И все существа в мире пугаются и трепещут перед Ним. Но когда люди нарушают речения Торы, изменяется форма их, и все они пугаются и страшатся иных существ, поскольку изменилась высшая форма и оставила их. И тогда властны над ними звери полевые, ведь не видят в них этой высшей формы как подобает.

255) Поэтому, когда вышли из ковчега, поскольку мир снова стал таким, как вначале, благословил Он их этим благословением, и дал им власть над всеми тварями и даже над рыбами морскими, как сказано: «На всех рыбах морских; в ваши руки отданы они»[679]. «В ваши руки отданы» – прежде этого. Поскольку, когда создал Творец мир, он всё отдал в их власть,

---

[679] Тора, Берешит, 9:2. «И боязнь и страх перед вами будет на всяком звере земли и на всякой птице небесной, на всём, что движется на земле, и на всех рыбах морских; в ваши руки отданы они».
[680] Тора, Берешит, 9:6. «Кто прольёт кровь человека, того кровь прольётся человеком: ибо по образу Всесильного создал Он человека».
[681] Тора, Берешит, 5:1. «Вот родословная Адама: в день сотворения Всесильным человека по подобию Всесильного Он создал его».

о чем сказано: «И властвуйте над рыбой морской и над птицей небесной... и над всяким животным, что ползает по земле»[682]. Ведь отданы они в вашу власть еще со дня, когда сотворен Адам Ришон.

Внутренний смысл сказанного. Человек – последний в творении. И известно, что любое самое простое существо создано раньше него. Таким образом, человек по своим свойствам грубее всех существ в мире. Известно также, что любой экран – чем он толще, тем выше уровень принимаемого им зивуга. И поэтому человек получил более высокий уровень света, чем все существа мира, называемый «образ Творца». И потому напал страх перед ним на все существа мира, так как маленькому существу свойственно подчиняться тому, кто больше него, и бояться его.

Но когда человек преступил запрет Древа познания и потерял весь свой уровень света, он стал самым грубым из всех творений, пустым, без света. И раскрылось ему, что он самый низменный из всех созданий мира, а потому правила изменились, и человек стал бояться всех творений.

И поэтому сказали мудрецы: «Когда грешит человек, то говорят ему, что комар был создан до тебя»[683]. Но если бы он не грешил и сохранил экран на свои грубые желания, то обратил бы свои желания в достоинства, поскольку достиг бы более высокой ступени света. Но когда он грешит и теряет ступень света, оставаясь с пустым огромным желанием, это становится его унижением. И тогда комар выше него по достоинствам – ведь он создан раньше и является более чистым.

256) «И благословил Всесильный Ноаха»[677]. Сказано: «Давиду. Учение. Счастлив тот, чье преступление прощено и чей грех закрыт»[684]. Десятью видами восхвалений Давид воспел Творца. И один из них – учение, что указывает на постижение

---

[682] Тора, Берешит, 1:28, «И благословил их Всесильный, и сказал им Всесильный: "Плодитесь и размножайтесь, и наполняйте землю, и покоряйте ее, и властвуйте над рыбой морской и над птицей небесной, и над всяким животным, что ползает по земле"».
[683] Вавилонский Талмуд, трактат Санедрин, лист 38:1.
[684] Писания, Псалмы, 32:1. «Счастлив тот, чье преступление прощено и чей грех закрыт».

Хохмы. И это одна из десяти ступеней: дирижирование (ницуах), мелодия (нигун), учение (маскиль), изречение (михтам), напев (мизмор), песнь (шир), восславление (ашрей), молитва (тфила), благодарность (одаа), хвала (алелуйя). И из них Давид составил книгу псалмов. И Давид исправил себя прежде, чем спустилась к нему эта ступень. Как мы уже изучали разницу между сказанным: «Давида псалом» или «псалом Давида»[685].

257) «Счастлив тот, чье преступление прощено»[684]. Это означает, что в час, когда Творец взвешивает провинности и достоинства людей на весах, когда поднимается чаша стороны провинностей, а другое, то есть заслуги, находящиеся на другой чаше, перевешивают и тянут вниз, это означает «преступление прощено». Ведь чаша, несущая преступления, поднимается вверх потому, что у человека больше достоинств, чем провинностей.

Правая линия – это чаша заслуг. А левая линия – это чаша провинностей, ибо только от нее исходят все суды. И средняя линия, согласующая эти две чаши весов, притягивает свет правой сверху вниз, а свет левой – снизу вверх. И это согласование называется «прощением преступления». И поскольку она поднимает свечение левой линии, чтобы она не светила сверху вниз, – она аннулирует все нарушения и преступления, потому что в свечении снизу вверх нет подсоединения судов.

258) Сказано: «Чей грех закрыт»[684]. Это значит, что когда суд царит в мире, он будет «закрыт», чтобы губитель не был властен над ним. Как это было с Ноахом, когда укрыл его Творец во время потопа, который Адам Ришон навлек на мир нарушением запрета Древа познания. И поэтому не видел его губитель, иными словами, не было у него никакой зацепки, чтобы наказать его. И поскольку Адам навлек этот грех на мир, иные создания властвуют, и человек боится их, и мир не получил своего исправления. И потому, когда вышел Ноах из ковчега, благословил его Творец, о чем сказано: «И благословил Всесильный Ноаха»[677]... «и боязнь и страх перед вами будет на всяком звере земли»[679]. То есть, вернулись к тому же состоянию, в каком находился Адам Ришон до нарушения запрета Древа познания, когда все создания боялись его.

---

[685] См. выше, п. 168.

259) «А вы плодитесь и размножайтесь»[686]. В этих благословениях не упоминаются женщины, а сказано только, что благословил «Ноаха и сыновей его»[677]. Но Писание здесь ничего не говорит о женщинах. «А вы» – написано с дополнительной «вав» (соответствует «а»), и она включает всех вместе, как мужчин, так и женщин. Потому что эта «вав» в сочетании слов «а вы» включает также и женщин. И также сказано: «Ноаха (эт Ноах)»[677] – слово «эт», лишнее здесь, указывает на нукву и нужно для того, чтобы включить и жену Ноаха. «И сыновей Его (эт банав)» – здесь слово «эт» включает также их жен.

260) И потому написано: «А вы плодитесь и размножайтесь»[686], чтобы породить поколения. Таким образом, женщины тоже получили благословение: отныне и далее «распространяйтесь по земле»[686]. Здесь передал им Творец семь заповедей Торы, им и всем пришедшим за ними, вплоть до стояния у горы Синай, где вручил Исраэлю все заповеди Торы вместе.

---

[686] Тора, Берешит, 9:7. «А вы плодитесь и размножайтесь, распространяйтесь по земле и умножайтесь на ней».

# Радугу Мою поместил Я в облаке

261) И сказал Творец Ноаху: «Радугу Мою поместил Я в облаке»[687]. «Поместил Я» – указывает, что поместил еще прежде. Объяснение. «Радуга» – это краеугольный камень. А краеугольный камень был заложен еще до сотворения мира, ведь на нем базируется мир, и поэтому сказано: «Поместил Я», в прошедшем времени, поскольку Он издавна заложил его. Сказано: «А над небосводом, что находится над ними – образ престола, подобный камню сапфиру»[688]. О том, что находится над этим, сказано: «И слышал я, когда они шли, шум крыльев их»[689]. Это – четыре самых больших высших святых создания, на которых стоит этот небосвод. Крылья их соединяются, укрывая их туловища. Небосвод – окончание второго сокращения, называемое «парса»[690]. Этот небосвод стоит на четырех больших созданиях, и это Хесед-Гвура-Тиферет-Малхут.

262) И в час, когда они распростирают свои крылья, слышен звук их крыльев, всех вместе, воспевающих песнь. И сказано: «Словно голос Всемогущего»[689], не утихающий вовеки. Как сказано: «Чтобы воспевала о славе Твоей (душа моя) и не смолкала!»[691] И сказано: «Дал знать Творец о помощи Своей, пред глазами народов явил справедливость Свою»[692].

263) «Рев, подобный голосу стана»[689] – т.е. подобный голосу стана святости, когда соединяются все высшие воинства наверху. И говорят они: «Свят, свят, свят Повелитель воинств, полнится вся земля славой Его»[693]. Обращаются на юг, говорят: «Свят». Обращаются на север, говорят: «Свят». Обращаются

---

[687] Тора, Берешит, 9:13. «Радугу Мою поместил Я в облаке, и будет она знаком союза между Мною и землею».
[688] Пророки, Йехезкель, 1:26. «А над небосводом, что находится над ними – образ престола, подобный камню сапфиру, и над образом этого престола – образ, подобный человеку на нем сверху».
[689] Пророки, Йехезкель, 1:24. «И слышал я, когда они шли, шум крыльев их, подобный шуму многих вод, словно голос Всемогущего, рев, как голос стана; когда они останавливались, опускали крылья свои».
[690] См. «Введение в науку Каббала», п. 67.
[691] Писания, Псалмы, 30:13.
[692] Писания, Псалмы, 98:2.
[693] Пророки, Йешаяу, 6:3.

на восток, говорят: «Свят». Обращаются на запад, говорят: «Благословен».

**Пояснение сказанного.** В сказанном выясняется два вида голоса, на которых держится небосвод. Установление второго сокращения в Малхут называется «небосвод», и он стоит на этих созданиях. И по этой причине две точки, имеющиеся в Малхут[694], включены в туловище этих созданий и называются «мифтеха (ключ)» и «манула (замо́к)». И поэтому есть в них два вида голоса:

1. Голос, смягченный Биной, когда точка манулы скрыта и полностью исчезла, и только точка мифтехи раскрыта в них. И поэтому «крылья их соединяются, укрывая их туловища» – т.е. прикрывая суд, который включен в их тела в свойстве манулы в них. И тогда об их голосе сказано: «Рев, подобный голосу стана»[689]. И тогда распространяются в них эти мохин, и они трижды произносят «свят», в виде трех линий, называемых юг-север-восток[695]. А запад, Малхут, приобретает три этих святости, а об ее собственном свойстве сказано: «Благословенна слава Творца с места Его»[696]. И четыре этих свойства светят в этих созданиях, как сказано: «И создания эти двигались»[697].

2. Когда крылья их расправлены и не прикрывают тел, слышен голос суда, включенный в их тела и крылья. И голос этот не смягчается Биной из-за суда, который слышен в нем. Поэтому в нем действует другой вид смягчения. В свойстве этого суда устанавливается экран де-хирик, на который выходит средняя линия, согласующая между двумя линиями[698]. А до тех пор, пока не произошел зивуг на этот экран, есть разлад между линиями, и не светят они. Таким образом, все свечение линий зависит от свойства этого суда, содержащегося в экране, и именно он вызывает его в них, и потому он так же важен как и они, несмотря на то, что это суд.

---

[694] См. «Предисловие книги Зоар», статью «Две точки», п. 122.
[695] См. Зоар, главу Берешит, часть 1, п. 413.
[696] Пророки, Йехезкель, 3:12.
[697] Пророки, Йехезкель, 1:14. «И создания эти двигались вперед и назад, как вспышки молний».
[698] См. Зоар, главу Берешит, часть 1, п. 34, со слов: «Затем вышел небосвод...»

И про этот голос сказано: «И слышал я шум крыльев их, подобный шуму многих вод»[689]. Суды называются «многими водами». Ведь хотя и слышится в этом голосе суд, все же он очень важен, так как с момента его появления происходит согласование между линиями. И мохин светят благодаря ему, и слава Творца больше не умолкнет никогда. Как сказано: «Пред глазами народов явил справедливость Свою»[692]. И хотя этот голос «пред глазами народов», иначе говоря, есть в нем свойство суда – все же он очень важен, поскольку раскрывает справедливость Его, и благодаря ему раскрылись мохин, а без него не было бы мохин в ЗОН.

264) И этот небосвод устанавливается над головами их. И в какую бы сторону не направилось это создание, оно обращает лик свой в ту сторону, которая включает в себя четыре лика. Иначе говоря, четыре лика созданий включены друг в друга: в лике льва есть все четыре лика, и также в лике быка есть все четыре лика, и так далее. И различие между ними – в том, что властвует та сторона, в которую включены эти лики, и только к этой стороне оно обращает лик свой. Если они включены в лик льва, то властвует лик льва, т.е. южная сторона. А если включены в лик быка, властвует северная сторона, и так далее. И так обращают они лик свой в четырех направлениях, т.е. в четыре стороны, и все они повторяются в распространении от хазе и ниже.

Объяснение. Все создания происходят от внешнего свойства Малхут, т.е. только от ее НЕХИМ, но и у самих созданий тоже есть ХАГАТ НЕХИМ. ХАГАТ в них называется «высшими созданиями святости», которые также повторяются в распространении в свойство НЕХИ, то есть свойство от хазе и ниже, и тогда они называются «малыми созданиями»[699].

265) В четырех сторонах этого небосвода, юг-север-восток-запад, отпечатались создания в четырех ликах: лик льва – в южной стороне, лик быка – в северной стороне, лик орла – в восточной стороне, лик человека – в западной стороне. И во всех отпечатался лик человека: в лике льва отпечатался человек, в лике орла – человек, в лике быка – человек. Потому что все они включены в него – в лик человека. И потому сказано:

---

[699] См. Зоар, главу Берешит, часть 2, п. 128.

«И образ их ликов – лик человека»⁷⁰⁰. То есть имеется в виду, что у каждого из них есть лик человека.

266) И в этом небосводе, образующем квадрат с четырьмя сторонами, содержатся все цвета. Четыре цвета видны в нем: белый, красный, зеленый и черный. Отпечатались они по четыре, четыре. То есть, каждый из них состоит из всех, и всего их шестнадцать оттенков.

В четырех печатях запечатлены высшие – т.е. создания, относящиеся к ХАГАТ, и нижние – создания, относящиеся к НЕХИМ. Когда распространяются цвета этих четырех, т.е. созданий де-НЕХИМ, они становятся двенадцатью цветами, а не шестнадцатью, как у созданий де-ХАГАТ. И это цвета: зеленый, красный, белый и сапфир, который состоит из всех трех цветов. Иначе говоря, цвет сапфира, т.е. Малхут, сам по себе цветом не является, но включает в себя все три цвета. И потому здесь имеется лишь четырежды по три оттенка, всего двенадцать оттенков. И сказано об этом: «Как вид радуги»⁷⁰¹, в котором три цвета, «так и вид этого сияния вокруг – это вид образа величия Творца»¹⁷, – т.е. Малхут является образом всех этих трех цветов. Иначе говоря, у самой Малхут нет никакого цвета, но она состоит из этих трех цветов. И поэтому сказано: «Радугу Мою поместил Я в облаке»⁶⁸⁷.

Объяснение. Создания – это ХАГАТ и НЕХИМ. И известно, что Малхут находится только от хазе и выше, т.е. в созданиях ХАГАТ. И потому там есть четыре цвета, то есть и черный цвет тоже. И при их взаимном включении друг в друга там есть шестнадцать цветов. Однако от хазе и ниже суть самой Малхут скрыта⁷⁰², и потому там есть только три цвета: белый, красный, зеленый. А Малхут – это цвет сапфира, включающий эти три цвета, т.е. то, что она получает от них, а ее собственный цвет скрыт. И поэтому, когда они включаются друг в друга, там есть только четыре свойства, в каждом из которых есть три цвета, всего – двенадцать цветов. И потому в облаке видны только

---

⁷⁰⁰ Пророки, Йехезкель, 1:10.
⁷⁰¹ Пророки, Йехезкель, 1:28. «Как вид радуги, появляющейся в облаках в день дождя, так и вид этого сияния вокруг – это вид образа величия Творца. И увидел я и упал на лицо свое, и услышал голос говорящий».
⁷⁰² См. Зоар, главу Берешит, часть 2, п. 67, со слов: «Пояснение сказанного. В постоянном состоянии...»

три цвета белый-красный-зеленый, но ее собственный цвет, черный, не виден там. И везде, где говорится о зеленом цвете, т.е. цвете средней линии, имеется в виду зеленый цвет яркий, как свет Солнца, а не бледно-зеленый цвет.

267) Что значит «радугу (ке́шет) Мою»[687]? О Йосефе сказано: «Но пребывал в силе лук (кешет) его»[703]. «Лук (кешет) его» – это Малхут. Но поскольку Йосеф зовется праведником, Есодом, то «лук его» – это «союз радуги (брит де-кешет)», т.е. Есод де-Малхут: «союз» – это Есод, а «радуга» – Малхут. Ибо включается в праведника, так как «брит (союз)», Есод, соединяется с «кешет (радугой)».

Объяснение. «Кешет (радуга)» – это Малхут, женская половина Есода. И поскольку Писание говорит здесь: «Я увижу ее, чтобы вспомнить вечный союз»[704], получается, что «кешет (радуга)» – это союз, т.е. Есод. И потому спрашивается здесь: Что значит «радугу (кешет) Мою»[687]? И ответ следующий: «кешет (радуга)» – это не сама Малхут, а Есод де-Малхут. Потому что благодаря подслащению Малхут в Бине скрывается собственное свойство Малхут, она скрыта в РАДЛА, и Арих Анпин выходит в девяти сфирот, без Малхут, и атэрет Есода – это Малхут его. И это свойство точки мифтеха (ключа). Атэрет Есода считается Есодом де-Малхут, а Малхут де-Малхут отсутствует.

И это только Есод де-Малхут, потому что она включена в Есод таким образом, что стала атэрет Есода. Ведь Есод, который называется союз, соединился с радугой. И поэтому радуга тоже названа союзом, как сказано: «Чтобы вспомнить вечный союз»[704]. Ибо благодаря тому, что Ноах был праведником, его союз установился в виде радуги, так как включился в него. И потому Писание называет его союзом.

И отсюда становится понятным, что в сказанном выше: «Радугу Мою поместил Я в облаке»[687], «радугу Мою» означает – Есод Зеир Анпина, называемый «Оживляющий миры», «в

---

[703] Тора, Берешит, 49:24. «Но пребывал в силе его лук, и в золоте были руки его, – из рук Могучего (избавителя) Яакова, оттуда он (стал) пастырем камня Исраэля».

[704] Тора, Берешит, 9:16. «И как будет радуга в облаке, Я увижу ее, чтобы вспомнить вечный союз между Всесильным и между всяким живым существом во всякой плоти, что на земле».

облаке» означает – в Малхут⁷⁰⁵. Ведь «радуга» считается Есодом Малхут, и поэтому о ней сказано: «Оживляющий миры». А «облако» определяется как Малхут Есода, и потому сказано о нем, что это Малхут. И «радугу Мою поместил Я в облаке»⁶⁸⁷ означает, что поместил Есод де-Малхут в Малхут Есода. И они получили подслащение друг в друге, став свойством мифтеха. И тогда на нее (на эту Малхут) раскрываются все мохин, недостающие в мире. И это означает сказанное: «И как будет радуга в облаке, Я увижу ее, чтобы вспомнить вечный союз»⁷⁰⁴.

268) «И в золоте были руки его»⁷⁰³ – руки его сияли светом, желанным для всех. Подобно золоту и лучшему золоту, как сказано: «Желанней золота они, множества лучшего золота»⁷⁰⁶. Руки его сияли высшим светом, когда он хранил союз. Когда удостоился союза радуги (брит де-кешет), как сказано: «Но пребывал в силе лук (кешет) его»⁷⁰³, т.е. свойства мифтеха, смог удостоиться с его помощью высших мохин. И руки его, т.е. Хесед и Гвура, стали в золоте, т.е. стали Хохмой и Биной, о которых говорит Писание: «Желанней золота они, множества лучшего золота». И поскольку Йосеф удостоился союза, был назван праведником. И поэтому названа радуга союзом, так как они включены друг в друга.

269) «И эта радуга – это сияние высшего величия, видение всего видимого», т.е. Малхут, называемая высшим величием, и в ней – все видения⁷⁰⁷. И это видение, подобное видению скрытых светов, скрытых цветов, – цветов, которые не раскрылись. Иными словами, видение трех цветов, белого-красного-зеленого, т.е. свойств Хесед, Гвура, Тиферет (ХАГАТ), света́ которых укрыты и скрыты выше хазе, раскрылось в радуге.

И нельзя всматриваться в радугу, когда она видна в мире, чтобы не высмотреть изъяна в Шхине. Объяснение. Хотя радуга и является свойством мифтеха, и нет в ней свойства суда, все же свойство суда скрыто в ней. А посредством созерцания, т.е. привлечения света сверху вниз, происходит раскрытие свойства суда. И поэтому нельзя всматриваться в радугу. И цвета

---

⁷⁰⁵ См. Зоар, главу Берешит, часть 1, п. 70.
⁷⁰⁶ Писания, Псалмы, 19:11. «Страх Творца чист, пребывает вовек, законы Творца истинны, все справедливы. Желанней золота они, множества лучшего золота, и слаще меда и сотового нектара».
⁷⁰⁷ См. Зоар, главу Берешит, часть 1, п. 69.

радуги связаны также с видом тумана и облака – это означает, что они скрыты, подобно образу высшего величия, чтобы не всматриваться в него.

270) И когда земля видит радугу, – когда Малхут, называемая землею, исправляется в свойстве радуги, т.е. мифтехи, – святой союз воплощается в жизнь, давая ей высшие мохин. Поэтому сказано: «И будет знаком союза»⁷⁰⁸, т.е. три цвета белый-красный-зеленый, и еще один, включающий их все, становятся одним целым. То есть, и радуга состоит из трех цветов, и этот цвет включает все три. И эта радуга поднимается в облаке, чтобы быть увиденной, ибо видна она только в облаке.

271) «А над небосводом, что находится над ними – образ престола, подобный камню сапфиру»⁶⁸⁸. Это краеугольный камень, представляющий одну точку, на которой стоит весь мир, т.е. точку мифтеха. И на ней стоит святая святых. И эта точка – это высший святой престол, и она назначена над этими четырьмя цветами. И это – образ престола с четырьмя основаниями, т.е. четыре цвета белый-красный-зеленый-сапфировый стали ей четырьмя основаниями. И престол этот – устная Тора, Малхут.

272) «И над образом этого престола – образ, подобный человеку на нем сверху»⁶⁸⁸. Это письменная Тора, Зеир Анпин. Отсюда следует, что устанавливают письменную Тору на устной, ибо одна – престол для другой. «Образ, подобный человеку» – это образ Яакова, Зеир Анпина, который сидит на нем.

---

⁷⁰⁸ Тора, Берешит, 9:13.

# Камень этот, который я поставил памятником

273) «Камень этот, который я поставил памятником, будет домом Всесильного»[709]. Камень – это краеугольный камень, от него берет свое начало мир, и на нем выстроен Храм.

274) Но ведь краеугольный камень существовал до сотворения мира, и от него берет свое начало мир. Как же сказано (Яаковом): «Камень этот, который я поставил памятником» – что означает, что Яаков поставил его памятником сейчас, а до сих пор не был он установлен. Сказано: «И взял камень, который положил в изголовье»[710]. Но ведь краеугольный камень установлен еще до сотворения мира? А кроме того, ведь Яаков был в Бейт Эле, а краеугольный камень был в Йерушалаиме, так как находится на месте Храма, в Йерушалаиме?

275) Сказано: «Готовься к встрече Всесильного своего, Исраэль»[711]. И сказано: «Внимай и слушай, Исраэль»[712]. Ибо слова Торы нуждаются в намерении и должны утвердиться в теле и в желании, как одно целое. Счастливы праведники, ведь они занимаются Торой днем и ночью!

276) А слова Торы требуют исправления тела и исправления сердца. И если бы не это, лежал бы человек в своей кровати, погруженный в помыслы сердца своего. Сказано, что если человек сидит даже один и занимается Торой, Шхина соединяется с ним. А если Шхина здесь – будет ли он лежать в своей кровати? Более того, слова Торы нуждаются в ясности, а у того, кто лежит в своей кровати, нет ясного разума.

---

[709] Тора, Берешит, 28:22.
[710] Тора, Берешит, 28:18. «И встал Яаков рано утром, и взял камень, который положил в изголовье, и поставил его памятником, и возлил елей на его вершину».
[711] Пророки, Амос, 4:12. «Поэтому так Я поступлю с тобой, Исраэль; и по тому, как Я поступлю с тобою, готовься к встрече Всесильного своего, Исраэль».
[712] Тора, Дварим, 27:9. «И говорил Моше и коэны, левиты, всему Исраэлю так: "Внимай и слушай, Исраэль! Сегодня стал ты народом Творца, Всесильного твоего!"»

277) Кроме того, кто бы ни встал для занятий Торой с полуночи и далее, когда пробуждается северный ветер, – Творец входит тогда, чтобы забавляться с праведниками в Эденском саду, и Он – со всеми праведниками, что в саду, и все слушают эти слова, исходящие из уст Его. И если Творец и все праведники наслаждаются, слушая слова Торы в этот час, – разве останется он лежать в своей кровати?

278) Как такое может быть: краеугольный камень существовал до сотворения мира и от него берет свое начало мир, а Яаков только теперь установил его? Но ведь так и сказано: «И взял камень, который положил в изголовье»[710].

279) Яаков был в Бейт Эле, а камень этот был в Йерушалаиме. (Но Яаков) собрал под собой всю землю Исраэля, и этот камень был под ним, хотя сам он находился в Бейт Эле. Но ведь сказано, что он поставил: «Камень этот, который я поставил памятником...» – это означает, что установил его сейчас. Может ли быть, что краеугольный камень был установлен раньше, чем мир?

280) «Я в праведности буду созерцать лик Твой»[713]. Царь Давид испытывал расположение и привязанность к этому камню – к Малхут, которая называется «краеугольным камнем» и называется «праведностью». И о ней сказал он: «Камень, который презрели строители, стал главой угла»[714]. И когда он намеревался созерцать образ величия Господина своего, то сначала брал в руки этот камень, а затем входил.

281) Поскольку каждый, кто хочет предстать перед Господином своим, входит только с этим камнем, как сказано: «С этим войдет Аарон в святилище»[715]. «Этим» называется Малхут. И Давид прославляет себя, говоря: «Я в праведности, – и это Малхут, – буду созерцать лик Твой»[713]. И всей работой Давида было – вовремя показать этот камень в достойном виде по отношению к высшему.

---

[713] Писания, Псалмы, 17:15.
[714] Писания, Псалмы, 118:22.
[715] Тора, Ваикра, 16:3.

Объяснение. Мохин Хохмы называются «глазами», а также «видением». И после Хохмы Арих Анпина, которая была скрыта, эти мохин не светят ни на одной ступени, кроме Малхут – т.е. только в Нукве Зеир Анпина[716]. И она называется «краеугольным камнем». Поэтому сказано, что царь Давид испытывал расположение и привязанность к этому камню, а также сказал: «Я в праведности буду созерцать лик Твой»[713], – ведь эти мохин «видения» находятся только лишь в ней.

282) Авраам установил утреннюю молитву (шахари́т), в соответствии с Хеседом Зеир Анпина, и возвестил в мире о свойствах Господина своего. И исправил должным образом это время в своих исправлениях, исправив свойство милосердия (хесед), господствующее утром.

Ицхак установил послеполуденную молитву (минха́), в соответствии с Гвурой Зеир Анпина, и возвестил в мире, что есть суд и есть Судья, который может спасти мир и осудить мир. И исправил свойство преодоления (гвура́).

283) Яаков установил вечернюю молитву (арави́т), в соответствии с Малхут, которая является Нуквой Зеир Анпина. И тем, что установил эту молитву, которую Адам не установил ранее как до́лжно, он прославил себя и сказал: «Этот камень, – Малхут, – который я поставил памятником...», – потому что он установил его, а до того времени никто другой не установил его так, как он.

284) И поэтому он «взял камень, который положил в изголовье, и поставил его памятником»[710]. «Памятник» – означает, что в Малхут было падение, а он восстановил ее. «И возлил елей на его вершину»[710], – поскольку от Яакова зависит его исправление более, чем от всех обитателей мира. Ибо Яаков – это строение (мерквав) для Тиферет, т.е. муж Малхут, от которого зависят исправления ее, и она является нуквой (женской частью).

---

[716] См. Зоар, главу Берешит, часть 2, п. 30.

286)⁷¹⁷ «И Шломо сел на престол Давида, отца своего, и упрочилось очень царство его»⁷¹⁸. Слава Шломо в том, что установил краеугольный камень и поставил на него святая святых – т.е. исправил Малхут и привлек к ней мохин де-ГАР, называемые «святая святых». И тогда «упрочилось очень царство его».

287) Сказано: «И увижу ее, чтобы вспомнить вечный союз»⁷¹⁹. Ибо влечение Творца – всегда к Малхут. Кто не видится с ней, – не получает от нее мохин видения, т.е. Хохму (мудрость), – тот не предстанет пред своим Господином. Ведь эти мохин привлекаются только от нее. И поэтому сказано: «Увижу ее, чтобы вспомнить вечный союз», так как видение – лишь в ней.

288) Что значит: «Увижу ее»? Какое свойство в ней подразумевается под видением: свойство суда в ней, вызывающее все мохин с помощью экрана де-хирик⁷²⁰, или свойство мифтеха в ней, в которое принимается сущность мохин⁷²¹? И ответ мы находим в сказанном: «И начертаешь знак на лбах людей»⁷²², – чтобы этот знак (тав) был виден на них. Иначе говоря, видение указывает на свойство «тав ת» в Малхут, на свойство суда в ней, подобно тому, как этот знак (тав) спас людей, у которых он был виден на лбу, так как вызывает раскрытие мохин.

А некоторые говорят, что видение указывает на запись (решимо) святого знака, что на плоти их⁷²³, т.е. на включение его в венец Есода (атэрет Есóд) – на свойство мифтеха. И

---

⁷¹⁷ Пункт 285 в данной редакции текста не приводится.
⁷¹⁸ Пророки, Мелахим 1, 2:12.
⁷¹⁹ Тора, Берешит, 9:16. «И будет радуга в облаке, и увижу ее, чтобы вспомнить вечный союз между Творцом и всякой живой душой во плоти, которая на земле».
⁷²⁰ См. выше, п. 263, со слов «Пояснение сказанного...»
⁷²¹ См. выше, п. 267.
⁷²² См. Пророки, Йехезкель, 9:4-6. «И сказал ему Творец: "Пройди посреди города, посреди Йерушалаима, и начертаешь знак на лбах людей, стенающих и вопящих о всех гнусностях, совершающихся в нем". А тем сказал так, чтоб слышал я: "Пройдите по городу вслед за ним и поражайте; да не сжалится око ваше, и не щадите. Старика, юношу, и деву, и младенцев, и женщин убивайте во истребление; но ни к одному человеку, на котором знак, не приближайтесь..."»
⁷²³ См. Зоар, главу Лех леха, п. 388. «Всюду, где запишут сыны Мои эту святую запись на своей плоти, там явишься ты».

мохин, в сущности, принимаются в него, поскольку оно привлекает к нему келим Имы и мохин Имы[724].

289) Разумеется, всё заключено в словах «увижу ее» – и знак (тав) в ней, и венец (атара́). Но эта радуга, видимая в мире, устанавливается лишь в свойстве высшего, Бины, – т.е. лишь в свойстве венец (атара) в ней, приравнивающего ее к Бине, и получает он мохин и келим от нее. И когда Исраэль выйдут из изгнания, этой радуге предстоит украситься своими цветами, подобно невесте, украшающейся для своего мужа. Иными словами, три цвета белый-красный-зеленый, т.е. мохин в ней, будут очень яркими.

290) Сказано: не жди прихода Машиаха, пока не будет видна в мире эта радуга, украшающаяся яркими цветами, и не засветит миру. И тогда жди Машиаха.

291) Откуда мы это знаем? Из сказанного: «Увижу ее, чтобы вспомнить вечный союз»[719]. А сейчас, во время изгнания, когда радуга видна в тусклых цветах, она видна лишь как напоминание, что потоп не повторится никогда. Однако, когда придет Машиах, она будет видна в ярких цветах и украсится своими исправлениями, подобно невесте, украшающейся для своего мужа. И тогда исполнятся слова: «Чтобы вспомнить вечный союз». И вспомнит Творец об этом союзе, что он в изгнании, и поднимет его из праха.

Сказано об этом: «И будут искать Творца Всесильного своего и Давида, царя их»[725]. Под словами «Давида, царя их» имеется в виду Малхут, т.е. «радуга». И сказано: «Будут они служить Творцу Всесильному своему, и Давиду, царю их, которого Я поставлю им»[726] – т.е. восстановлю из праха, как сказано: «Восстановлю павший шатер Давида»[727]. И поэтому сказано теперь: «Увижу ее, чтобы вспомнить вечный союз»[719] и поднять ее из праха.

---

[724] См. Зоар, Берешит, часть 1, п. 5, со слов: «Если о парцуфе ИШСУТ…»
[725] Пророки, Ошеа, 3:5.
[726] Пророки, Йермияу, 30:9.
[727] Пророки, Амос, 9:11.

292) По этой причине упоминается в Торе избавление Исраэля и память о Малхут, «чтобы вспомнить вечный союз». Это указывает на избавление Исраэля и исправление Малхут. И сказано о времени избавления: «Как клялся Я, что воды Ноаха не пройдут более по земле, так поклялся Я не гневаться на тебя и не упрекать тебя»[728]. Объяснение. Как поклялся видением радуги, что не наведет потоп на мир, что относится также и к периоду изгнания, – так и во время избавления, когда радуга засветится яркими цветами, сказал Творец: «Поклялся Я не гневаться на тебя и не упрекать тебя». Ибо тогда будет восстановлен павший шатер Давида на веки вечные, и исполнятся слова: «чтобы вспомнить вечный союз».

---

[728] Пророки, Йешаяу, 54:9.

# И были сыновья Ноаха, вышедшие из ковчега

293) Если сказано: «Были сыновья Ноаха»[729], почему же добавлено: «Вышедшие из ковчега»[729], разве были у него другие сыновья, которые не вышли из ковчега?

294) Да. Ведь затем сыновья его породили сыновей, о чем сказано: «И вот родословие Ноаха»[674]. И они не вышли из ковчега, именно поэтому написано: «Вышедшие из ковчега: Шем, Хам и Йефет»[729].

295) Сказал рабби Шимон: «Если бы я находился в мире в то время, когда Творец дал миру книгу Ханоха и книгу Адама, я бы сделал все возможное, чтобы они не попали в руки людей». Потому что все мудрецы не остерегались тогда при изучении их и ошибались, подменяя обычное толкование слов иным толкованием, выводя их за рамки высшей святости, в иные рамки, не обладающие святостью. Но теперь мудрецы мира знают сказанное и скрывают его, не раскрывая тайн, и укрепляются в работе Господина своего. Поэтому сейчас разрешено заниматься тайным.

296) Эту историю о «сыновьях Ноаха, вышедших из ковчега»[729] я нашел в «тайне тайн». «Когда пробуждается упоение, вознесенное над всеми упоениями, утаенное, скрытое» – т.е. Бина во время ее подъема в рош Арих Анпина, где она становится Хохмой, «причина всех причин» – Арих Анпин, «начинает светить изнутри тонким светом» – ведь Бина может получить от Арих Анпина лишь тонкий свет, из-за отсутствия в нем хасадим[730]. И по этой причине Бина укрывается и становится скрытой. Поэтому пробудилась Бина и приняла в себя свечение трех линий, называемое «упоение, вознесенное над всеми упоениями, светит правой линии высшим елеем умащения» – это свечение хасадим, точка холам. «И светит левой линии упоением прекрасного вина» – это свечение Хохмы, точка

---

[729] Тора, Берешит, 9:18. «И были сыновья Ноаха, вышедшие из ковчега: Шем, Хам и Йефет. А Хам – это отец Кнаана».
[730] См. выше, п. 126.

шурук. «И светит средней линии» – точке хирик, «упоением двух линий» – правой и левой. «Ибо ветер (руах)» – т.е. Зеир Анпин, «пробудился» и входит в среднюю линию Бины, и от нее – точка хирик и средняя линия. «И ветер (руах)» – левой линии «поднялся и передался ветру (руаху)» – правой линии, и тогда три линии Бины включились друг в друга.

297) И сливаются Зеир Анпин с Биной, и тогда три линии Бины входят и становятся тремя линиями Зеир Анпина. Из трех линий, находящихся в Зеир Анпине, выходит одна, брит (союз), Есод (основа), и Нуква слита с союзом, а затем переходит от него поднимающийся руах (ветер), руах левой линии, и Нуква беременеет от него, то есть левая линия перешла от Зеир Анпина и передана Нукве[731]. Затем, когда Нуква включена в две линии Зеир Анпина, получая также хасадим справа, слились они, руах с руахом, Зеир Анпин с Нуквой, и Нуква беременеет тремя сыновьями. И тогда от Ноаха и ковчега происходят три сына, три высших линии. Это те, кто вышел из ковчега: Шем, Хам и Йефет. Шем – с правой стороны. Хам – с левой стороны. Йефет – это аргама́н (пурпур), средняя линия, включающая всех.

Объяснение. Шем, Хам и Йефет, вышедшие из ковчега, представляют собой сущность трех линий, находящихся в Бине, которые распространились в Зеир Анпин, а из Зеир Анпина в Нукву, т.е. ковчег. И это Шем, Хам и Йефет, которые родились в ковчеге и вышли из него. Вначале рассказано, как Бина находилась в свечении левой линии, получив лишь слабое свечение от Арих Анпина, затем рассказано, что благодаря руаху средней линии, поднявшейся в Бину, светит Бина тремя линиями, согласно правилу: «Три выходят из одного». То есть три линии Бины выходят из одного, Зеир Анпина. И поэтому «один, – Зеир Анпин, – существует в трех». «И три восходят в трех», поскольку вследствие того, что Зеир Анпин вызвал свечение трех линий в Бине, сам он тоже удостоился их.

А затем «из трех выходит один» – брит (союз). То есть из трех линий Зеир Анпина выходит одна – брит (союз). И с этим союзом, являющемся Есодом, слита Малхут в виде точки под этим Есодом. А затем выстраивается Нуква: сначала – от левой

---

[731] См. Зоар, главу Берешит, часть 1, п. 39.

линии Зеир Анпина, а затем – от всех трех линий. И она производит с ним зивуг (соединение), обозначаемый словами «Ноах и ковчег». И тогда она получает каплю зивуга, состоящую из трех линий Зеир Анпина, и эти три линии называются Шем, Хам и Йефет. И это именно те три линии, которые вышли в Бине и опустились и перешли к Зеир Анпину, а от Зеир Анпина перешли к Нукве, ковчегу, и происходят от ковчега, рождаясь и входя в мир. И потому настолько точно указано: «И были сыновья Ноаха, вышедшие из ковчега».

298) «А Хам – это отец Кнаана»[729]. Кнаан – это грязь от золота, которая ниже отходов, и она оседает в тигле во время плавки в нем золота. Это пробуждение нечистого духа первородного змея. Потому что Хам – это левая линия, то есть золото. А Кнаан – его отходы, и это – свойство первородного змея. И поэтому настолько точно указано: «А Хам – это отец Кнаана». Того самого Кнаана, который навел проклятия на мир. Того самого Кнаана, который был проклят. Того самого Кнаана, который омрачил лик творений. Змея, который соблазнил Хаву, и навел проклятия на мир, и был проклят, и омрачил лик творений, и принес смерть творениям.

299) И потому никто не был исключением из общей массы, кроме Хама, о котором сказано: «А Хам – это отец Кнаана». И это указывает на того, кто омрачил мир, на силу змея. И вовсе не пишется о том, что «Шем – отец того-то», или «Йефет – отец того-то», а сразу переходят к нему и говорят: «А Хам – это отец Кнаана». И конечно, это показывает нам, как сказано выше, что левая линия, то есть Хам – отец первородного змея, который зовется Кнаан.

300) И потому, когда пришел Авраам, сказано: «И прошел Аврам по земле... и кнааней был тогда на этой земле»[732], потому что в мире еще не было праотцев, т.е. мохин, которые они притянули в Нукву, называемую земля, и еще не вышло в мир потомство Исраэля, при котором это имя Кнаан отошло от земли, и она приобрела высшее святое имя Исраэль.

---

[732] Тора, Берешит, 12:6. «И прошел Аврам по земле до места Шхема, до дубравы Морэ, и кнааней был тогда на этой земле».

Земля – Нуква Зеир Анпина. И до тех пор, пока не исправили ее праотцы, в свойстве трех линий, она была только лишь свойством левой линии, и это золото, из которого происходят отходы золота – первородный змей, называемый Кнаан. Именно об этом сказано: «И кнаанеей был тогда на этой земле»[732]. И поэтому сказано: «Когда Исраэль были праведниками и притягивали три линии Нуквы, и она совершала зивуг с Зеир Анпином, Исраэлем, и тогда земля называлась "земля Исраэля". По имени нижних Исраэль, которые исправили ее, и по имени Зеир Анпина, мужа ее. А когда не были достойны Исраэль, и оставляли Нукву в левой линии, в которой есть отходы, называемые Кнаан, то тогда земля называется "земля Кнаана"».

301) И потому говорится: «И сказал он: «Проклят Кнаан, рабом рабов да будет он у братьев своих»[733]. Поскольку он является свойством первородного змея, который навлек проклятия на мир. И о змее сказано: «Проклят ты более всякого скота»[734]. Поэтому прокляли его и сейчас: «Проклят Кнаан, рабом рабов да будет он у братьев своих». Потому что животные – рабы человека. И так как он еще хуже и проклят более, чем все остальные животные, поэтому «раб рабов». Поэтому сказано о Шеме, Хаме и Йефете, что они – трое сыновей Ноаха, «вышедшие из ковчега», то есть три линии, которые Нуква, называемая ковчег, получила от Зеир Анпина, и забеременела ими, и произвела их на свет.

---

[733] Тора, Берешит, 9:25.
[734] Тора, Берешит, 3:14.

# Эти трое – сыновья Ноаха

302) «Эти трое – сыновья Ноаха»[735]. Они – осуществление всего мира. «Осуществление» означает мохин Нуквы, называемой «мир». Они – осуществление высшей тайны, мохин в Бине. «И от них населилась вся земля»[735] – т.е. все души всех людей происходят от них. Ибо они – продолжение трех высших цветов в Бине, трех линий. Эти три линии установились сначала в высшей Бине, а затем их получил Зеир Анпин и передал Нукве[736]. А Нуква породила их, и это – Шем, Хам и Йефет, от которых распространились все обитатели мира. Иными словами, все мохин в мире происходят от них.

Когда река, берущая начало и вытекающая из Эдена, т.е. Зеир Анпин[737], оросила сад, Нукву – она оросила ее силой трех этих высших линий, полученных от высшей Бины. И оттуда распространились цвета белый-красный-черный – т.е. три линии внизу, в Нукве, и каждая из них включена в другие. Это показывает, что слава Творца распространяется сверху, в Бине, и снизу, в Малхут, и она едина в высших и в нижних.

303) Три этих цвета содержатся во всех мохин, приходящих со стороны святости. И от их вида, т.е. Малхут, которая является образом, включающим три этих цвета[738], они распространяются ко всем, кто исходит со стороны иного духа. Объяснение. Шем, Хам и Йефет – это три линии мохин святости. Как же распространились от них все обитатели мира, и даже грешники? Они распространились от образа трех линий, от Малхут, и об этом сказано: «Царство (малхут) Его правит всем»[739]. Ибо даже нечистая сторона (ситра ахра) существует благодаря ей. Однако от самих трех линий может питаться только сторона святости.

Вглядевшись в тайну ступеней, ты увидишь, как цвета распространяются во все эти стороны: направо, налево и посредине, пока не входят вниз, в Малхут, по двадцати семи каналам тех столбцов, которые скрывают бездну.

---

[735] Тора, Берешит, 9:19. «Эти трое – сыновья Ноаха, и от них населилась вся земля».
[736] См. выше, п. 297.
[737] См. Зоар, главу Берешит, часть 1, п. 247.
[738] См. выше, п. 266.
[739] Писания, Псалмы, 103:19.

**Объяснение.** Буквы нисходят из Бины, и приходят в Зеир Анпин, и восполняются в Нукве. Когда они нисходят из Бины в Зеир Анпин, их количество – двадцать две буквы, создаваемые в этих трех линиях: семь букв в правой линии, семь букв в левой линии и восемь букв в средней линии. Всего – двадцать две буквы[740]. Таким образом, от самих трех линий происходят только двадцать две буквы. Но когда они нисходят в Малхут, т.е. в пять гвурот, – выходят из них буквы МАНЦЕПАХ (מנצפך), которые ставятся в конце слова, и становится двадцать семь букв.

Если мы рассмотрим три линии, нисходящие по ступеням, от Бины до Малхут, то увидим, как они распространяются во все эти стороны, т.е. в свойства трех этих сторон, и образуется двадцать две буквы, пока не входят вниз, в Малхут, которая является образом, включающим три этих цвета, – и там они вместе с пятью буквами МАНЦЕПАХ (מנצפך), относящимися к Малхут, становятся двадцатью семью буквами. И это – двадцать семь каналов, приносящих ей изобилие, из которых образуются столбцы, чтобы скрыть свойства суда в Малхут, называющиеся безднами.

304) И всё это известно высшим мудрецам. Счастливы праведники, славы которых пожелал Творец, раскрывший им высшие таинства мудрости. О них сказано: «Тайна Творца – для трепещущих пред Ним, и завет Свой Он объявляет им»[741].

305) «Творец, Ты – Всесильный мой!»[742] Насколько же должны люди созерцать величие Творца и восхвалять величие Его. Ибо каждому, кто умеет восхвалять Господина своего как подобает, – Творец исполняет желание его. И кроме этого, преумножает благословения наверху и внизу.

306) Поэтому тот, кто умеет восхвалять Владыку своего и освящать имя Его – дорог наверху и мил внизу, и Творец прославляется в нем. О нем написано: «И сказал мне: "Ты – раб Мой, Исраэль, в котором Я прославлюсь"»[743].

---

[740] См. Зоар, главу Берешит, часть 1, п. 34.
[741] Писания, Псалмы, 25:14.
[742] Пророки, Йешаяу, 25:1. «Творец, Ты – Всесильный мой, превознесу Тебя, восхвалю имя Твое, ибо Ты совершил чудо».
[743] Пророки, Йешаяу, 49:3.

# И стал – и насадил виноградник

307) «И стал Ноах земледельцем, и насадил виноградник»[744]. Здесь мнения мудрецов разделяются. Один говорит, что виноград был взят из Эденского сада и был посажен в землю. Другой говорит, что виноград был на земле, и он вырвал его со своего места и посадил в другом месте, потому написано: «И насадил». И в тот же день он произвел плоды, дав побеги и виноград, и он выдавил его, отведал этого вина и опьянел.

Объяснение. Один говорит, что это Древо познания, от которого отведал Адам Ришон, прегрешив тем самым. И считает, что Древо познания было виноградом. И когда согрешил Адам Ришон, оно было изгнано вместе с ним из Эденского сада. И Ноах исправил это изгнанное Древо и снова насадил его, вне Эденского сада, выпил вина его и опьянел. И грех его (Ноаха) подобен греху Адама Ришона.

Другой говорит, что виноград этот не был в Эденском саду, но он нашел его вне Эденского сада. И сказанное: «Насадил» означает, что вырвал с места его и посадил в другом месте. И по его словам, грех Ноаха не схож с грехом Адама Ришона.

308) Собрался Ноах испытать себя в нарушении запрета Древа познания как испытал Адам Ришон, но не для того, чтобы остаться в нем, а с целью познать и исправить мир. Не смог исправить его. Он выдавил виноград, чтобы испытать себя в этом винограднике, и когда начал это делать, «опьянел и обнажил себя»[745]. И не было у него сил подняться. И потому сказано: «И обнажил себя» – т.е. обнажил ту брешь в мире, которая была скрыта. «Внутри шатра (оала́ אהלה)»[745] – написано с буквой «хэй ה», а не «шатра (оало́ אהלו)» – с буквой «вав ו». И потому сказано: «И не приближайся ко входу в дом её (бейта ביתה)»[746], что означает – в шатер этого виноградника, а не в шатер его самого. И потому написано с «хэй ה», а не с «вав ו».

---

[744] Тора, Берешит, 9:20.
[745] Тора, Берешит, 9:21. «И выпил он вина, и опьянел, и обнажил себя внутри шатра».
[746] Писания, Притчи, 5:8. «Отдали от нее путь твой и не приближайся ко входу в дом её».

Объяснение. В строении Нуквы есть две точки:

Одна – смягченная в Бине, и она по своим свойствам становится достойной получать мохин, как и келим Бины.

Другая – ее собственное свойство, свойство суда, не смягченное свойством милосердия. И в этом свойстве она не может получить никаких высших мохин, ведь на нее было сделано первое сокращение (цимцум алеф), чтобы не получать в нее ничего от прямого света[747].

И сказано о них, что одна упрятана и скрыта, и это точка свойства суда. А другая раскрывается, и это точка, смягченная в Бине, в свойстве милосердия.

И когда точка свойства суда упрятана и скрыта, она (Нуква) достойна получить все высшие мохин посредством точки свойства милосердия, раскрытого в ней. И отсюда мы поймем смысл запрета вкушать от Древа познания, о котором предупредил его Творец: «В день, в который ты вкусишь от него, смертию умрешь»[748].

И говорится[749], что именно из-за этих двух точек Нуква называется «Древо познания добра и зла»:

1. Если удостоился человек – становится добром. То есть, если он остерегается, чтобы не притянуть свечение левой линии, имеющееся в Нукве, сверху вниз, она становится Древом познания добра, и он получает от нее все имеющиеся в ней мохин.

2. А если не удостоился – становится злом. То есть, притягивает свечение имеющейся в ней левой линии сверху вниз, что и называется «вкушать от Древа познания», тогда она становится злом, потому что точка свойства суда, которая была упрятана и скрыта, сейчас раскрывается. И тогда уходят из Нуквы все мохин, так как в этом свойстве она не пригодна для получения мохин. И это смерть для приходящих в мир, потому что мохин ее – это жизнь для всех приходящих в мир. И это смысл сказанного: «В день, в который ты вкусишь от него, смертию умрешь», ведь вскроется точка свойства суда, и уйдут все мохин, то есть жизнь человека, которую он получает от нее, а потому умрет.

---

[747] См. «Предисловие книги Зоар», статью «Две точки», п. 122.
[748] Тора, Берешит, 2:17. «А от Древа познания добра и зла – не ешь от него; ибо в день, в который ты вкусишь от него, смертию умрешь».
[749] См. «Предисловие книги Зоар», п. 123.

И все же, подобен грех Ноаха нарушению запрета Древа познания или нет? Рабби Шимон разрешает этот вопрос, говоря, что сам грех такой же, как и в случае с Древом познания, но Ноах не собирался согрешить подобно ему, а только хотел один раз притянуть свечение левой линии вниз, чтобы исправить его, а затем отделиться от него. И поэтому сказано, что когда «собрался Ноах испытать себя в нарушении запрета Древа познания как испытал Адам Ришон» – т.е. испытать, чтобы увидеть, умрет ли он вследствие этого, поскольку змей лгал от имени Творца, сказав: «Умереть не умрете»[750]. Но он не хотел остаться в этом, как Адам Ришон, сказавший: «Съел и буду есть еще», а лишь познать и исправить мир, а потом отстраниться от этого. Однако не смог исправить его.

«Он выдавил виноград» – означает, что притянул свечение левой линии, ведь свечение левой линии называется вином[751], «чтобы испытать себя в этом винограднике» – т.е. привлек ее сверху вниз, чтобы проверить, раскроется ли свойство суда в этом винограднике, и тогда он исправит его. «И когда начал это делать» – притягивать свечение левой линии сверху вниз, «опьянел и обнажил себя»[745] – тут он опьянел, и раскрылась точка свойства суда, и сразу ушли от него мохин. И не было у него больше сил подняться. «И потому сказано: "И обнажил себя"[745], т.е. обнажил ту брешь в мире, которая была скрыта» – точку свойства суда, которая до сих пор была скрыта и неразличима, а теперь раскрылась.

«Внутри шатра (оала́ אהלה)» – написано с буквой «хэй ה», что косвенно указывает на нукву клипот, называемую «чужая жена». Как сказано: «И не приближайся ко входу в дом её (бейта ביתה)»[746], этой «чужой жены», т.е. ко входу «в шатер этого виноградника». «Шатер» означает – свечение. Итак, высказывание говорит о том, что точка свойства суда раскрывается внутри свечения виноградника, которое притягивается сверху вниз.

309) Подобно этому – сыновья Аарона, которые были опьянены вином. Кто дал им пить вино? Неужели и вправду можно

---

[750] Тора, Берешит, 3:4. «И сказал змей жене: умереть не умрете».
[751] См. выше, п. 239, со слов: «Объяснение. Свечение левой линии называется вином...»

подумать, что они были столь дерзки, что напились вином? Однако же, разумеется, напились тем вином, о котором сказано: «И принесли пред Творцом чуждый огонь»[752]. Однако в другом месте сказано: «Чтобы предохранить себя от жены чужой»[753]. И это – одно и то же.

Объяснение. Опьянение вином – это привлечение свечения левой линии сверху вниз. И тогда раскрывается точка свойства суда, и пробуждается клипа «чужая жена», и мохин уходят из Нуквы, и грешник умирает. И поэтому сказано: «Разумеется, напились тем вином, о котором сказано: "И принесли огонь чуждый"». Вместе с опьянением они приближают клипу, чтобы питаться от святости, и мохин уходят. Поэтому в одном месте сказано: «И принесли пред Творцом чуждый огонь»[752], а в другом: «Чтобы предохранить себя от жены чужой»[753], потому что свойство захар называется «чуждый огонь (эш зара אש זרה)», а свойство нуква – «чужая жена (иша зара אשה זרה)».

310) И подобно этому: «И выпил вина, и опьянел, и обнажил себя»[745]. Поэтому пробудился Хам, отец Кнаана, из-за которого раскрылась точка свойства суда – нагота отца его. И было дано место Кнаану, чтобы правил; и то, что было для этого праведника, Ноаха, таинством союза, он удалил, сделав его скопцом. А следовательно, лишил его союза, т.е. ушли от него мохин порождения, которые устанавливаются только при хранении святого союза. И это определяется как оскопление его.

Хам согрешил, увидев его, но не Кнаан. Почему же был проклят Кнаан[754], а не Хам? Поэтому сказано: «И подобно этому: "И выпил вина, и опьянел, и обнажил себя"[745]», – то есть раскрылась точка свойства суда, называемая наготой отца его. «Поэтому пробудился Хам, отец Кнаана» – и при раскрытии этой точки пробудился Хам, отец Кнаана, из-за того, что увидел, так как он является левой линией. Ноах привлек свечение ее сверху вниз, и по этой причине раскрылось свойство

---

[752] Тора, Ваикра, 10:1. «И взяли сыны Аароновы, Надав и Авиу, каждый свой совок, и положили в них огня, и возложили на него курений, и принесли пред Творцом чуждый огонь, какого Он не велел им».
[753] Писания, Притчи, 7:5. «Чтобы предохранить себя от жены чужой, от чужестранной, чьи речи льстивы».
[754] Тора, Берешит, 9:25. «Проклят Кнаан. Рабом рабов будет у братьев своих».

суда. Но поскольку Ноах не намеревался согрешить, мохин не ушли из-за раскрытия этой точки. «И было дано место Кнаану, чтобы правил» – однако раскрытие точки свойства суда дало силы Кнаану приблизиться и питаться от Нуквы. Клипа Кнаана – это первородный змей, и это «чуждый огонь», который приближается из-за точки свойства суда. И он оскопил его, т.е. из-за Кнаана ушли от него мохин порождения, мохин де-хая, которые у него были. Таким образом, Хам ничего ему не сделал, а сделал Кнаан, сын его, – и потому проклял Кнаана, но в Писании это скрыто, ибо «слава Всесильного – таить дело»[755].

311) И поэтому Ноах сказал: «Проклят (Кнаан)»[754], потому что сначала проклятия пробудились в мире из-за него, так как он – змей. «Рабом рабов будет»[754]. Всё исправится в будущем, а Кнаан не исправится. Все рабы выйдут на свободу, а Кнаан не выйдет на свободу никогда. И тайна эта дана тем, кто познал пути и тропинки Торы.

---

[755] Писания, Притчи, 25:2. «Слава Всесильного – таить дело, а слава царей – исследовать дело».

# Бат-Шева и Урия

312) «Ибо преступления свои знаю я»[756]. Насколько же люди должны остерегаться, чтобы не согрешить перед Творцом. Ведь после того как согрешил человек, грех его записывается наверху и стирается лишь во время великого возвращения. Как сказано: «Даже если щелоком смывать его будешь и возьмешь много мыла, останется вина твоя пятном предо Мною»[757].

313) Когда человек впервые согрешил перед Творцом, остается след. Если во второй раз совершил это, след усиливается. Согрешил в третий раз – пятно это расходится во все стороны. Об этом сказано: «Останется вина твоя пятном предо Мною».

314) Когда царь Давид согрешил пред Творцом в том, что касается Бат-Шевы[758], думал, что грех этот записан за ним навсегда. Сказано: «Творец тоже снял грех твой – не умрешь»[759] – указывает на то, что Он снял с него это пятно.

315) Известно, что Бат-Шева принадлежала царю Давиду со дня сотворения мира. В таком случае почему отдал ее Творец сперва Урие-хитийцу?

316) Таковы пути Творца: хотя женщина и предназначена человеку, чтобы быть его женой, другой опережает его и женится на ней, прежде чем наступает его время. А когда настает его время, отвергается тот, кто взял ее в жены, перед вторым, пришедшим потом, и уходит из мира. И тяжко это пред Творцом – преждевременно удалить его из мира из-за второго.

317) И чтобы понять, почему Бат-Шева была отдана сперва Урие-хитийцу, необходимо разобраться, почему святая земля была отдана Кнаану, прежде чем пришли Исраэль. И тогда мы обнаружим, что всё это – одно целое.

---

[756] Писания, Псалмы, 51:5. «Ибо преступления свои знаю я и грех мой всегда против меня».
[757] Пророки, Йермияу, 2:22, «Даже если щелоком смывать его будешь и возьмешь много мыла, останется вина твоя пятном предо Мною, – сказал Господин мой, Творец».
[758] См. Пророки, Шмуэль 1, 16:12 и далее.
[759] Пророки, Шмуэль 2, 12:13.

## Бат-Шева и Урия

Дело в том, что Бат-Шева, также, как и земля Исраэля, – это Нуква. И строение Нуквы начинается с мохин свечения левой линии. А затем она строится с помощью мохин де-паним от всех трех линий[760]. И Урия – это мохин Хохмы без хасадим, свечение левой линии, а царь Давид – это свойство мохин де-паним от трех линий. Поэтому, хотя Бат-Шева и была супругой Давида, но чтобы получить от Давида мохин де-паним (лицевой стороны), она обязана была выйти замуж сначала за Урию, чтобы получить от него мохин де-ахораим (обратной стороны) свечения левой линии. Ведь не может она получить мохин де-паним, пока не получила мохин де-ахораим, то есть мохин свечения левой линии.

По той же причине властвовал Кнаан в земле Исраэля, прежде чем она была отдана Исраэлю. И когда Нуква получает от мохин левой линии, в ней царит клипа Кнаана, называемая «окалина золота». Но она не может получить мохин де-паним, т.е. свойство Исраэль, пока не получила мохин левой линии. Поэтому должен был властвовать в ней Кнаан, прежде чем пришли Исраэль.

Таким образом то, что Бат-Шева дана Урии, прежде чем была отдана Давиду, а также власть Кнаана в земле святости, прежде чем была отдана Исраэлю, – это одно понятие и одна суть: Нуква должна получить свечение левой линии, прежде чем будет получать от трех линий.

318) Хотя Давид признал свой грех и раскаялся, он не освободил свое сердце и желание от тех грехов, которые совершил, и также этот грех с Бат-Шевой, потому что всегда боялся – а вдруг впоследствии один из них станет поводом обвинить его в час опасности. И поэтому не отстранял их от себя и своего желания. А потому сказал: «Ибо преступления свои знаю я и грех мой всегда против меня»[761].

319) «Ибо преступления свои знаю я»[761]. «Преступления» – все ступени, к которым относятся грехи людей, «знаю я» – то есть уже исправил их. «И грех мой всегда против меня»[761] – это

---

[760] См. Зоар, главу Берешит, часть 2, п. 213, со слов: «Пояснение сказанного...»
[761] Писания, Псалмы, 51:5. «Ибо преступления свои знаю я и грех мой всегда против меня».

уменьшение луны, которое не исправил. И ущерб ее не прекратился, пока не пришел Шломо, и тогда стала светить в совершенстве, в полноте своей, без ущерба. И тогда улучшился мир, и Исраэль начали жить в спокойствии, как сказано: «И зажили Йегуда и Исраэль»[762]. И вместе с тем: «Грех мой всегда против меня» – то есть и в дни Шломо не было полностью исправлено уменьшение луны, ибо Храм снова был разрушен, и луна, то есть Нуква, вернулась к своему малому состоянию. И не прекратится этот ущерб в мире, пока не придет в будущем царь Машиах, как сказано: «И дух нечистоты удалю с земли»[763].

---

[762] Пророки, Мелахим 1, 5:5. «И зажили Йегуда и Исраэль в спокойствии, каждый под виноградной лозой своей и под смоковницей своей, от Дана до Беер-Шевы, во все дни Шломо».

[763] Пророки, Зехария, 13:2. «И будет в день тот – слово Повелителя воинств: истреблю имена идолов с земли, и не будут они более упомянуты, а также лжепророков, и дух нечистоты удалю с земли».

# Он был сильным охотником

320) «Он был сильным охотником»[764]. Он был человеком сильным и одевал облачения Адама Ришона, и знал, как охотиться в них за созданиями. Ведь все создания становились послушны ему благодаря этим облачениям, т.е. облачениям из кожаных одежд. Сказано в Писании: «И сделал Творец Адаму и жене его одежды кожаные и одел их»[765], и это – высшие мохин. Но у Нимрода была внешняя сторона этих облачений Адама Ришона. И благодаря их силе, он захватил и подчинил себе весь мир.

321) Нимрод заманивал людей к служению иным богам. И он властвовал, благодаря силе этих облачений, и подчинял себе населяющих этот мир. И говорил о себе, что он властелин мира, т.е. делал себя богом, и люди служили ему. И звался он Нимродом потому, что восстал (марад) против высшего Царя, правящего наверху, – т.е. восстал против высших, против высшей святости, и восстал против нижних, населяющих этот мир.

322) В силу этих облачений он властвовал над всеми живущими в мире, и царствовал над ними, и восстал против них, и восстал против Господина своего. И говорил, что он – правитель мира, т.е. он – бог. И увлекал за собой все создания, пока не увел людей от служения Властелину мира.

А мудрецы с помощью этих облачений познавали высшую тайну.

---

[764] Тора, Берешит, 10:9. «Он был сильным охотником перед Творцом, поэтому говорится: как Нимрод, сильный охотник перед Творцом».
[765] Тора, Берешит, 3:21.

# И когда строился этот дом

323) «На всей земле был один язык и единые слова»[766]. «И когда строился этот дом, то строился он из доставляемого цельного камня»[767]. «И когда строился этот дом», означает, что он строился сам собой. А что, разве Шломо и все мастера, которые были там, не строили его?

324) Однако это так, как сказано: «И чтоб ковался светильник из цельного слитка»[768]. И если это цельный слиток, значит мастера ковали слиток на наковальне, изготовляя его. Так что же, в таком случае, означает «чтоб ковался» – ведь это значит, что он изготавливался сам собой? Но безусловно, все делалось в Храме само собой, посредством знамения и чуда. И когда мастера начинали его изготовлять, сама работа обучала мастеров тому, как его делать, но прежде, чем они начинали ее, они не умели это делать.

325) Поскольку сила благословения Творца пребывала над деянием рук их. Поэтому сказано: «И когда строился», то есть строился сам собой, так как Он обучал мастеров умению строить его. И описание этой работы непрерывно находилось у них пред глазами. И они видели это описание и исполняли, пока не отстроился весь дом (Храм).

326) «Строился он из доставляемого цельного камня»[767]. Слово «цельного (шлема שלמה)» написано без буквы «йуд י», – конечно же, это камень Шломо. Ведь поскольку это слово написано без «йуд י», его можно прочитать Шломо (שלמה), а не «шлема (цельный שלמה)». То есть, это Нуква, называемая «камнем царя, несущего мир (шалом)». «Доставляемый» – означает, что цельный камень, то есть Нуква, доставляемая свыше, появляется и пребывает над ними.

«Доставляемый» – означает, что Он направлял их руки в работе, без их ведома. Здесь сказано «доставляемого», и

---

[766] Тора, Берешит, 11:1.
[767] Пророки, Мелахим 1, 6:7. «И когда строился этот дом, то строился он из доставляемого цельного камня. Ни молота, ни топора, и никакого железного орудия не было слышно в доме при постройке его».
[768] Тора, Шмот, 25:31.

сказано также: «Для перемещения станов»⁷⁶⁹ – в обоих случаях это действие, производимое извне.

327) «Ни молота, ни топора, и никакого железного орудия не было слышно»⁷⁶⁷. Потому что червь, называемый «шамир», разделял всё на части, и ничего «не было слышно». Ведь не было нужды работать иными инструментами. И все делалось посредством знамения и чуда. И не нужно было «ни молота, ни топора», чтобы раскалывать камни, потому что был у них червь, называемый «шамир». Помещали его на камни, и они раскалывались под ним. Чертилась на них чернильная линия, и показывалась шамиру снаружи, и они раскалывались сами⁷⁷⁰.

Внутренняя суть сказанного. Ступени называются камнями. А суды, разделяющие эти ступени посередине на Кетер-Хохму и Бину-Тиферет-Малхут, называются «шамир». Он так называется, поскольку защищен (шамур) от присоединения внешних свойств, потому что это Малхут, полностью смягченная в Бине. Она становится как Бина, и к Бине они пристать не могут. А металлические инструменты – это суды в свойстве сокращенной Малхут, в точке свойства суда. Если голос ее слышен, сразу же уходят мохин из Нуквы⁷⁷¹.

И поскольку разделение камней на части, называемое выходом катнута ее ступеней, происходит с помощью шамира, т.е. катнута Бины, образуется их строение, т.е. притяжение мохин гадлута, также от Бины. И тогда Нуква может подняться и облачить высшую Бину, и тогда Нуква называется Храмом святости, потому что получила мохин от Абы ве-Имы, называемых святостью. Но если бы у них не было того, что называется «шамир», и был бы слышен звук железных инструментов, т.е. точки свойства суда, не получила бы Нуква мохин святости для мира. И Храм святости не был бы построен.

328) Как приятны слова Торы. Счастлива участь тех, кто занимается ими и знает, как идти путем истины. И «когда строился этот дом», означает: когда возжелал Творец щедро

---

[769] Тора, Бемидбар, 10:2. «Сделай себе две трубы серебряные, чеканной работы сделай их, и будут они тебе для созывания общины и для перемещения станов».
[770] Вавилонский Талмуд, трактат Сота, лист 48:2.
[771] См. выше, п. 263, со слов «Пояснение сказанного...»

одарить того, кто дорог Ему, поднялось желание, чтобы распространиться из этой мысли. Когда Бина, называемая желанием, вышла из рош Арих Анпина, называемого «мысль», и распространилась Бина от места, называемого «скрытая мысль», от места скрытой Хохмы Арих Анпина, которая неизвестна, ибо Хохма Арих Анпина скрыта и неизвестна на ступенях Ацилута до конца исправления. И Бина, которая вышла из рош Арих Анпина, продолжает передавать Хохму вместо скрытой Хохмы Арих Анпина.

329) Пока не распространилась Бина и не расположилась в гортани (гарон) Арих Анпина, в месте, изобилующем всегда духом (руах) жизни. Руах означает уровень ВАК. И вследствие того, что Бина вышла из рош Арих Анпина в гарон, она стала ВАК, которому недостает ГАР. И поэтому говорится, что это дух (руах) жизни. А затем, когда распространилась эта мысль, Хохма Арих Анпина, и расположилась в этом месте, в Бине, т.е. Бина снова получила ГАР от Хохмы Арих Анпина, и опять стала Бина свойством «мысль», называется теперь Создателем (Элоким) жизни, как сказано: «Он – Создатель жизни»[772]. Объяснение. Прежде, чем Бина достигла ГАР, она была только с буквами МИ (מי) имени Элоким (אלהים), потому что его буквы ЭЛЕ (אלה) упали из нее в ЗОН. И когда она вернулась в рош Арих Анпина с буквами ЭЛЕ (אלה), снова образовалось в ней имя Элоким (אלהים). Но оно было еще скрыто и не светило, из-за отсутствия хасадим. И когда она обрела три линии, образовалось в ней имя «Элоким хаим»[773].

330) Создатель хотел еще более распространиться и раскрыться оттуда, из Бины. Вышли из Бины огонь, ветер и вода, включенные вместе, три линии. И вышел «Яаков, человек непорочный»[774], и это Зеир Анпин, и это один голос, который выходит и слышен. Отсюда слышен – мысль, которая была сокрыта

---

[772] Пророки, Йермияу, 10:10. «А Творец Всесильный есть истина, Он – Создатель жизни и Царь мира; от гнева Его содрогается земля, и не могут вынести народы ярости Его».
[773] См. «Предисловие книги Зоар», п. 20.
[774] Тора, Берешит, 25:27. «И выросли дети, и стал Эсав человеком, сведущим в охоте, человеком поля, а Яаков - человеком непорочным, жителем шатров».

в тайне, т.е. Бина, слышна, чтобы раскрыться посредством Яакова, Зеир Анпина[775].

331) Еще больше распространилась мысль, чтобы раскрыться, и голос этот трепетал и пробивался сквозь губы. И тогда вышла речь, которая восполнила все и все раскрыла. Отсюда видно, что всё является этой скрытой мыслью, находившейся внутри, и всё это – одно целое.

Пояснение сказанного. Известно, что есть пять разных уровней, называемых НАРАНХАЙ, выходящих вследствие зивуга де-акаа (ударного соединения) с пятью свойствами, содержащимися в экране, – шореш (корневое свойство), и четыре свойства ХУБ ТУМ (Хохма и Бина, Тиферет и Малхут). На корневое свойство (шореш) выходит ступень нефеш, на первое – ступень руах, на второе – нешама, на третье – хая, на четвертое – ехида[776]. И все парцуфы Ацилута получают от пэ Арих Анпина, каждый – уровень той ступени, которая относится к нему. И он отмеряет им в соответствии с пятью уровнями экрана, называемыми «пять частей рта»: нёбо, горло, язык, зубы и губы. Поэтому в момент, когда Бина вышла из рош Арих Анпина и уменьшилась, и может получить лишь нефеш-руах, т.е. ВАК без рош, дает ей Зеир Анпин от зивуга де-акаа на экраны нёба и горла, отмеряя ей оттуда ступень руах, называемую духом (руах) жизни. И это – катнут Бины.

А от ступени руах и далее – это уже мохин гадлута, называемые ГАР. Поэтому есть три стадии ГАР: нешама, хая, ехида. Они называются «мысль», «голос», «речь», которые выходят на экраны второго, третьего и четвертого свойства. Ступень Бины, называемая «мысль», выходит на экран второго свойства, находящийся в пэ и называемый «лашон (язык)».

И поэтому сказано: «Когда распространилась эта мысль... называется теперь Создателем жизни (Элоким хаим)». Ибо после того, как от пэ Арих Анпина Бина достигла ступени нешама, называемой «мысль», она называется по имени «Элоким хаим». И определяется эта ступень как неслышимая, и она

---
[775] См. Зоар, главу Берешит, часть 2, пп. 239-240.
[776] См. «Введение в науку Каббала», пп. 27-28.

в скрытии. «Но голоса ее не было слышно»[777], – потому что свечение Хохмы не раскрывается на этой ступени. И поэтому, хотя самой Бине и достаточно этого, чтобы быть ГАР и свойством рош, поскольку она не нуждается в свечении Хохмы, все же ЗОН могут получить от нее лишь ВАК без рош. Однако Зеир Анпин особенно нуждается в свечении Хохмы. Именно это означает «но голоса ее» – т.е. Зеир Анпин, называемый голос, «не было слышно»[777], – он не раскрывается вовне, потому что этот голос остается свойством ВАК без рош, поэтому считается это свечение ГАР находящимся в скрытии.

А ступень хая, называемая «голос», выходит на экран третьего свойства, находящегося в пэ, который называется «шина́им» (зубы). И на этой ступени есть свечение Хохмы, поэтому получает от нее также и Зеир Анпин, называемый «голос», и оно становится в нем свойством ГАР. И он слышен вовне, т.е. порождает души для нижних. И ступень нешама, которая не светила свойством ГАР Зеир Анпину, как сказано: «Но голоса ее не было слышно»[777], теперь будет услышана, т.е. голос ее будет услышан.

И ступень ехида, называемая «речь», выходит на экран четвертого свойства, находящегося в пэ, который называется «сфатаим (губы)». Ибо после того, как произошел зивуг де-акаа в сфатаим, вышла ступень ехида, называемая «речь», восполняющая и раскрывающая всё. То есть, в ней восполняются все пять светов НАРАНХАЙ, и в ней – совершенство раскрытия свечения Хохмы.

Отсюда видно, что все эти НАРАНХАЙ относятся к скрытой мысли, т.е. к ступени Бина, которая находилась внутри и не могла светить нижним, ЗОН, а теперь эта Бина распространилась оттуда и светит ЗОН двумя ступенями, хая и ехида. И теперь они стали благодаря ей голосом и речью, так как ЗОН не могут получать от пэ Арих Анпина, и только Бина получает эти ступени от Арих Анпина и передает их ЗОН, и они становятся голосом и речью. Таким образом, они являются только распространением этой мысли.

---

[777] Пророки, Шмуэль 1, 1:13. «Хана же говорила в сердце своем; только губы ее шевелились, но голоса ее не было слышно».

## И когда строился этот дом

332) И когда это распространение пришло от Бины и стало речью, т.е. протянулось в Нукву благодаря силе этого голоса, Зеир Анпина, получающего от Бины и дающего Нукве, сказано: «И когда строился этот дом»[767]. То есть он строился сам собой, посредством знамения и чуда. Ибо мохин, которые восполнились в Бине, передаются этому дому через Зеир Анпин, без всякого участия со стороны нижних, которые несомненно нуждаются в металлических инструментах, и это точка свойства суда.

Не сказано: «Когда был построен», а «когда строился». Если подразумевается, что он строился сам, достаточно было сказать: «И когда был построен этот дом», почему же надо было сказать: «Когда строился»? Это показывает, что мохин светили тогда неизменно, в любое время, в непрерывном зивуге. И это происходит потому, что когда у ЗОН есть эти мохин, называемые «голос» и «речь», они поднимаются и облачают высшие Абу ве-Иму, которые находятся в зивуге, не прекращающемся никогда. И поэтому ЗОН тоже стали, как они. Потому что нижний, поднимающийся к высшему, становится как он. Сказано, что «камень цельный (шлема)» означает «камень Шломо»[778], и сказано: «На венец, которым украсила его мать (има)»[779], – т.е. Бина, называемая Има. И когда Нуква тоже получает эти венцы, она называется камнем Шломо.

333) «Доставляемый» означает, что свечение мохин вышло изнутри, из Бины, в которой вся работа была проделана до конца. И будучи доставляемой оттуда, пребывала вовне, в Зеир Анпине. Таким образом, он (камень) выходил сверху, из Бины, и доставлялся и находился внизу, в Нукве. «Ни молота, ни топора, и никакого железного орудия»[767] – это остальные нижние ступени, и все они зависят от Нуквы. Но вместе с тем, не были слышны и не заносились внутрь, когда Нуква поднималась, чтобы соединиться наверху, облачить Абу ве-Иму и питаться оттуда.

---

[778] См. выше, п. 326.
[779] Писания, Песнь песней, 3:11. «Выходите и поглядите, дочери Циона, на царя Шломо, на венец, которым украсила его мать в день свадьбы его, в день радости сердца его».

«Молоты и все железные орудия» происходят от точки свойства суда, от первого сокращения[780]. А все мохин, которые Нуква постигает, приходят вследствие скрытия этой точки свойства суда, и только точка свойства милосердия проявлена в ней, и поэтому она могла подняться во внутреннюю суть, в Абу ве-Иму. И если бы были слышны эти ступени свойства суда, исходящие из нее и называемые железными орудиями, она тотчас потеряла бы мохин. Однако они пользовались шамиром, и не должны были задействовать эти келим (инструменты). И потому не было слышно их присутствия. И это смысл сказанного: «Когда строился» – т.е. он строился сам собой, без труда со стороны нижних.

334) В то время, когда Нуква питается от Абы ве-Имы, все миры пребывают в радости, и питаются от Нуквы, наполняясь благословениями. И тогда все миры как одно целое, в едином слиянии. И во всех мирах нет никакого разъединения. Объяснение. Когда не слышны железные орудия, – точка свойства суда, все миры находятся в едином свойстве, свойстве Бины, т.е. в этой точке свойства милосердия. И тогда нет никакого разделения во всех мирах, поскольку всё разделение происходит только из-за точки свойства суда. Но после того, как все миры, и каждый из них, взяли свою часть от Нуквы, все они распространяются, возвращаясь к своему предназначению.

---

[780] См. выше, п. 327, со слов: «Внутренняя суть сказанного...»

# Город и башня

335) Сказано: «На всей земле был один язык и единые слова»[766].

Все парные органы, такие, как глаза, уши, губы – от силы проникновения двух точек, Бины и Малхут, друг в друга. Поэтому есть два органа: один – от Бины, а другой – от Малхут. И уже выяснилось, что «когда строился этот дом»[767] не было проявления точки свойства суда, т.е. «никакого железного орудия»[767], но все делалось только из точки свойства милосердия. Находим, что ударное соединение (зивуг де-акаа), производимое посредством губ (сфатаим), и называемое речью (дибур), производилось не двумя губами, а только одной верхней губой (сафа), т.е. из точки свойства милосердия.

Поэтому сказано: «На всей земле был один язык (сафа)»[766], – т.е. ударное соединение (зивуг де-акаа), которое совершалось в свойстве «речь», еще не включало две губы, две эти точки, но это ударное соединение производилось только одной губой. И потому были «единые слова»[766], ведь еще не было разделения в мирах, и все было в виде слияния и единства. А затем сказано: «И было, когда двинулись они с востока (ке́дем)»[781] – отошли от Предвечного (кадмо́н), т.е. продолжили свечение левой линии сверху вниз, хотя Создатель запретил им это. Поэтому «и нашли долину в земле Шинар»[781], откуда распространяются законы во все стороны. И это рош и начало отделения этой Малхут от святости, как сказано: «Ты сам – голова из золота»[782]. Ибо «одно против другого создал Всесильный»[783], и в клипот есть тоже четыре свойства, Хохма и Бина, Тиферет и Малхут, а клипа Вавилона – это Хохма клипот, рош (голова) для всех клипот.

---

[781] Тора, Берешит, 11:2. «И было, когда двинулись они с востока, то нашли долину в земле Шинар и поселились там».
[782] Писания, Даниэль, 2:38. «И всюду, где живут люди, звери и птицы небесные, отдал Он их в твои руки и поставил тебя властелином над ними. Ты сам – голова из золота».
[783] Писания, Коэлет, 7:14.

336) Но ведь сказано: «Река вытекает из Эдена, чтобы орошать сад, и оттуда разделяется»[784]. Как же можно сказать, что «долина в стране Шинар» – это начало разделения? Разумеется, разделение начинается после Малхут мира Ацилут, сада, и «когда двинулись они»[781] оттуда, из сада, «то нашли долину в земле Шинар»[781], и произошло разделение. Но когда они собираются там, в саду, чтобы питаться, и не продолжают свечение левой линии оттуда и вниз, там нет разделения. И потому о саде сказано: «И оттуда разделяется». Однако именно если двигаются из сада, происходит разделение, как сказано: «И было, когда двинулись они с востока», из сада, «то нашли долину». А если бы не двигались оттуда, то не нашли бы «долину в земле Шинар», и не отделились бы от святости. И потому считается «долина в земле Шинар» началом разделения.

337) «На всей земле был один язык»[766] – потому что у мира тогда была единая основа, суть и корень, точка свойства милосердия, и люди пребывали в единой вере в Творца, чтобы не грешить пред Ним. «И было, когда двинулись они с востока»[781], когда двинулись от Предвечного и Основавшего мир, от общей веры. «То нашли долину», т.е. нашли находку и из-за нее оставили высшую веру.

338) О Нимроде сказано: «И началом царства его был Вавилон»[785], потому что оттуда взял силу ухватиться за власть ситры ахра. И сказано также: «И нашли долину в земле Шинар»[781], потому что оттуда они взяли желание в сердцах своих выйти из-под высшей власти в иную власть. Ведь земля Шинар, Вавилон, является началом и основой отделения от Творца.

Пояснение сказанного. Строение клипот началось с нарушения запрета Древа познания, хотя сами они существовали и до нарушения запрета Древа познания, потому что клипот представляют собой меру раскрытия недостатков святости. И потому еще со времени первого сокращения, когда раскрылся недостаток получения в Малхут, и она стала воздерживаться от получения внутрь прямого света, вышла, соответственно ей, и Малхут клипот. И в той мере, в какой Малхут святости

---

[784] Тора, Берешит, 2:10. «Река вытекает из Эдена, чтобы орошать сад, и оттуда разделяется и образует четыре главных реки».
[785] Тора, Берешит, 10:10.

включилась в Зеир Анпин, вышло также свойство Зеир Анпина клипот.

Однако у ЗОН клипот нет подлинной силы разделения вовсе, они только существуют, без всякой силы. Ведь то уменьшение, которое было в Малхут святости, вовсе не было уменьшением, а наоборот, Малхут благодаря этому уменьшению установила экран для совершения зивуга де-акаа и создала все миры, являющиеся всей ее красотой и великолепием. Поэтому, хотя вследствие первого сокращения и образовались ЗОН клипот, все же это было без всякой силы вреда и разделения.

И начало силы разделения раскрылось в них с нарушением запрета Древа познания. Ведь после того, как Малхут отстроилась вместе с келим Бины и получила в них прямой свет, из-за греха Древа познания в ней снова раскрылось свойство суда, непригодное для получения, и все света ушли из нее. Таким образом, раскрылся недостаток в самой Малхут, но поскольку Бина тоже включала ее в себя, недостаток затронул также и Бину. И в мере возвращения Бины в Хохму, чтобы передать Хохму в ЗОН, этот недостаток затронул в чем-то также и Хохму. К тому же, основное нарушение запрета Древа познания состояло в продолжении свечения Хохма сверху вниз. И потому здесь раскрылись четыре недостатка в святости, соответственно ХУБ (Хохме и Бине) и ЗОН (Зеир Анпину и Нукве), и из-за этих недостатков образовались четыре свойства ХУБ (Хохма и Бина) ТУМ (Тиферет и Малхут) клипот.

Но вследствие наказания потопом, выхода Ноаха и его сыновей из ковчега и принесения жертвы, нарушение запрета Древа познания было во многом исправлено и почти полностью была устранена нечистота змея, как и при даровании Торы[786]. И потому строения клипот снова аннулировались на некоторое время. И в них не осталось ни корня, ни возможности существования в Хохме и Бине, а только лишь в ЗОН, как это и было до нарушения запрета Древа познания. И поэтому сказано: «На всей земле был один язык и единые слова»[766], – т.е. не было никакой силы разделения в мирах.

---

[786] См. выше, п. 88.

«И было, когда двинулись они с востока»[781] – т.е. были согласны в сердце своем привлечь Хохму сверху вниз, как советовал змей, «то нашли долину»[781] – нашли находку, Бину клипот, которая до этого уже была аннулирована из миров и отсутствовала. А теперь снова раскрылась, и они нашли ее посредством того, что отдалились от Предвечного, создавшего мир, и в них раскрылась нечистота змея. И поэтому в них сразу же выстроилась снова Бина клипот, но только от свойства катнут в ней, которое называется «долина (бекаа)», и это название указывает на состояние раскола (бкия) ступени, произошедшего в Бине из-за включения в нее Малхут, и недостаток Малхут примешивается к Бине, и из-за этого недостатка отстроилась Бина клипы, с помощью которой они грешили и вышли из-под высшей веры, Бины. Потому что Малхут называется верой, а Бина называется высшей верой.

«Нашли долину»[781] – катнут и недостаток, «в земле Шинар»[781] – Бине клипот, «и поселились там»[781] – т.е. сделали ее местом поселения, и опять привлекли к ней завершенность келим так, чтобы она была достойной мохин Хохмы. Катнут сравнивается с пустыней, непригодной для поселения людей, а гадлут сравнивается с поселением. И тут же на месте «сказали они: "Давайте построим себе город и башню"»[787], – желая привлечь ГАР Хохмы и Бины к этой Бине клипы, называемой «город и башня», так, чтобы они светили сверху вниз вплоть до этого мира. И тем самым создали Хохму клипы. Таким образом, земля Шинар отстраивалась их силами, чтобы быть Хохмой клипы. И вернулось к клипот строение четырех свойств ХУБ ТУМ, как это было во время греха Древа познания.

339) «А нечестивые – как море разбушевавшееся»[788]. Они словно море, которое выходит из места исправления своего и переходит все границы, то есть хочет хлынуть через песок, являющийся ее границей, и затопить сушу, тогда оно бушует и выходит из себя, подобно опьяненному вином. Не остается в нормальном состоянии, а поднимается и опускается: «Когда

---

[787] Тора, Берешит, 11:4. «И сказали они: "Давайте построим себе город и башню, главою до небес, и сделаем себе имя, чтобы не рассеялись мы по лицу всей земли"».

[788] Пророки, Йешаяу, 57:20. «А нечестивые – как море разбушевавшееся, когда утихнуть не может оно и извергают воды его ил и грязь».

утихнуть не может оно и извергают воды его ил и грязь»[788] со дна моря на берег.

340) Сродни им и грешники поколения раздора, которые отошли от исправленного пути, от Сотворившего мир, и пошли без исправления, словно опьяненные вином, т.е. прилепившиеся к Бине клипы. И сошли с прямого пути на извилистый путь, в «долину земли Шинар»[781], – т.е. в недостаток, обнаруженный ими там. «Когда утихнуть не может»[788] – так как запутанность их пути, т.е. недостаток, обнаруженный в нем, побуждает их идти без исправления, не успокаиваясь. Пока не сказали: «Давайте построим себе город и башню»[787], – т.е. воздвигли Хохму и Бину клипот.

341) И мало того, они еще были переполнены гневом в тот час, когда сказали: «Давайте построим себе». Ибо собирались таким образом удовлетворить свои вожделения, а «ненасытная жадность до гнева доведёт». «И извергают воды его ил и грязь»[788], – клипот называются ил и грязь. Все они извергли грязь и смрад из уст своих наружу – то есть нечистоту змея, которую навлекли они призывами своими: «Давайте построим». Пока не перепачкались в скверне змея, и змей не осквернил их.

342) «Давайте построим себе город и башню, главою до небес»[787]. «Давайте» – это только нечистота, т.е. речь без действия. Но речь, которую они произнесли, привела к построению города и башни наверху. И все они последовали дурному совету – отказаться слушаться Творца. И дошли в безумии своем до полного бессердечия.

343) Безумие овладело их сердцем, но они обратились к Хохме (мудрости) клипы, чтобы выйти из-под высшей власти святости, и перейти к иной власти – клипот, и славу Творца подменить славой чужого бога. И за всем этим скрывается высшая мудрость.

344) Когда вошли в эту долину, во владения чужеземца, в испорченность Бины этой клипы, и поселились там, открылось им, что место это «заложено в рыбах морских», открылось им совершенство келим этой Бины, которая достойна поселения людей, чтобы получить Хохму. «Море» – это Хохма. «Рыбы морские» – ступени этой Хохмы. Сказали: «Вот то место, в котором

можно поселиться и укрепить сердце свое, и насладятся в нем нижние», т.е. желали привлечь наполнение сверху вниз, так как это место клипот. Тотчас сказали: «Давайте построим себе город»[787] – устроим в этом месте город и башню.

345) «И сделаем себе имя»[787] – т.е. это место, место клипот, станет для нас божеством, а не иное место. «И построим на этом месте город и башню»[787] – чтобы притянуть Хохму и Бину клипот. Зачем нам подниматься наверх, т.е. притягивать наполнение снизу вверх, когда мы не способны оттуда наслаждаться. А вот здесь место исправленное, чтобы притягивать сверху вниз. «И сделаем себе имя», т.е. будем поклоняться иным божествам. Чтобы не быть разбросанными по другим ступеням и рассеянными на все четыре стороны света.

# Тайны Торы

346) Основатели города и башни говорили на языке святости, который знают ангелы-служители, и не говорили на другом языке. Поэтому сказано: «И теперь не будет для них ничего невозможного»[789]. А если бы говорили на другом языке, которого не знают высшие ангелы, то был бы предотвращен их замысел, который задумали исполнить. Ибо деяния демонов – всего лишь на мгновение, только для показа людям и не более.

Пояснение сказанного. «И был на всей земле один язык»[766]. «Один язык» – это язык святости. И тем, что говорили на языке святости, они заклинали высших ангелов, чтобы те помогали им в строительстве. И потому сказано в Писании: «Теперь не будет для них ничего невозможного». Но если бы они не говорили на языке святости, не было бы у них помощи ангелов, и их дела были бы подобны деяниям демонов, которые возникают лишь на мгновение и тут же исчезают сами по себе.

347) «И единые слова»[766]. Они знали высшие ступени, каждую досконально, и ступень не менялась у них. И потому сказано: «единые слова» – то есть ступени были настолько ясны им, словно это «единые слова», и поэтому их познание не представляет особых трудностей. И потому последовали дурному совету, совету мудрости, как сказано: «Давайте построим себе город и башню»[787], а это свойство Хохмы (мудрости) клипот.

348) И всего добились этой мудростью, и собирались усилить нечистую сторону (ситру ахра) на земле и работать на нечистую сторону, так как знали, что все дурные свойства суда опускаются оттуда в миры, и хотели тем самым отмести ступень святости.

349) «Город и башня» – это высшая мудрость (Хохма). Ибо знали, что святое имя, Малхут, усиливается не на земле, а в городе и башне. Город – как сказано: «Город Давида – Цион»[790].

---

[789] Тора, Берешит, 11:6. «И сказал Творец: "Ведь один народ и речь у всех одна, а вот что затеяли; и теперь не будет для них ничего невозможного – что бы они ни вздумали делать"».
[790] Пророки, Мелахим 1, 8:1.

Башня – как сказано: «Подобна башне Давида шея твоя»[791]. Ведь и святое имя, то есть царство (малхут) Давида, называется теми же именами, город и башня, когда Малхут притягивает Хохму. И они сделали то же самое с Хохмой нечистой стороны (ситры ахра), собираясь установить на земле власть нечистой стороны, противоположной Малхут, и свергнуть Малхут, называемую «Владыкой всей земли»[792], с её места, чтобы было место для поселения и проживания нечистой стороны на земле.

350) «И сделаем себе имя»[787] – подобно тому как у святости есть имя наверху, укрепим его среди нас, чтобы было имя на земле. Как святость светит снизу вверх, так же привлечем сверху вниз, на землю. «Чтобы не рассеялись мы по лицу всей земли»[787] – они знали о том, что рассеются по земле, и потому объединялись, чтобы выполнить работу возведения города и башни с мудростью.

351) Нечистая сторона – это «захар и некева (мужское и женское свойства)». Они – нечистая сила сурового суда. И так же, как Адам нарушил запрет Древа познания, и вследствие этого укрепились мужское и женское свойства нечистой стороны в мире, так же сделали и они, чтобы еще больше укрепить нечистую сторону, как сказано: «город и башню, которые строили сыны человеческие»[793], т.е. сыновья Адама Ришона, приведшего нечистую сторону и воцарившего ее над миром. И это – сторона зла. Так же как у стороны святости нет власти в этом мире, а только в городе и башне, так же и они думали построить город и башню, чтобы утвердить власть этой стороны зла в мире.

352) «И спустился Творец, чтобы увидеть»[793] – святое имя спустилось, чтобы посмотреть на их действия в этом строительстве. А ко всем святым ступеням они обращались на святом языке, заклиная их и добиваясь успеха. Но когда опустилась святость, перепутались все эти ступени – высшие опустились, а

---

[791] Писания, Песнь песней, 4:4.
[792] Пророки, Миха, 4:13. «Встань и молоти, дочь Циона, ибо железным сделаю рог твой, а копыта твои сделаю медными, и истолчешь ты многие народы, и Творцу посвятишь захваченное ими, и богатство их – Владыке всей земли».
[793] Тора, Берешит, 11:5. «И спустился Творец, чтобы увидеть город и башню, которые строили сыны человеческие».

нижние поднялись, и не стояли в прямом порядке, как раньше. И поэтому не могли больше заклинать, так как поменялись их имена. А затем Он смешал их язык с семьюдесятью языками, и рассеялись они по всему миру.

353) Один правитель на небосводе, и с ним – все ключи от деяний мира. И он стоит наготове для требующих его только в известные часы и минуты дня. И они с помощью мудрости узнавали тайны этого управителя; и открывали и закрывали речениями уст врата всего утаенного. И добивались своего заклинаниями, которые произносили устами этому управителю, и добились успеха в строительстве города и башни, поскольку он – властитель мира и его правитель. Но когда перепуталась речь их уст, всё это стало для них невыполнимым, так как разучились заклинать этого управителя.

354) И нашли готовое и подходящее место в той долине. Это тайна тайн. «И нашли долину»[781], место, подходящее для стороны зла, которую они хотели усилить, – и это оказалось неосуществимым для них. Сила этой стороны осталась связанной с этой долиной, чтобы отомстить, вплоть до того, что когда отправились и пришли туда воинства и станы, сродни тем, которые строили город и башню, потомки Эфраима, все они были отданы в руки этой стороны и были убиты там.

355) А те, кто не хотел выйти в конце дней, – то есть потомки Эфраима, вышедшие из Египта преждевременно[794], – испугались и упали в конец дней, в то место, когда уже ослабла ее мощь в этой долине, т.е. в эпоху поколения раздора. Но теперь, при совершении греха, она снова усилилась и убила их. Об этом сказано: «И она (долина) полна костей»[795].

356) И укрепилась нечистая сторона (ситра ахра) в идоле, воздвигнутом Навухаднецаром. А потом была сокрушена ее мощь костями сыновей Эфраима, которые оживил Йехезкель. И образом этих первых, которые ожили и встали на ноги, был разбит образ, созданный Навухаднецаром.

---

[794] Вавилонский Талмуд, трактат Санедрин, лист 72:2.
[795] Пророки, Йехезкель, 37:1. «Была на мне рука Творца, и увлек меня духом Творец и опустил меня среди долины, и она полна костей».

357) И тогда узнали все народы мира, что нет никакого божества, но один только Творец. И Его имя было освящено Хананией, Мишаэлем и Азарией[796], и это тоже привело к тому, что разбилась мощь нечистой стороны. И всё это произошло в один день. И потому сказано: «Освящать будут»[797], ибо три эти линии – оживление мертвых Йехезкелем, и освящение имени Хананией, Мишаэлем и Азарией, и разбиение идола, воздвигнутого Навухаднецаром. И всё это произошло в один день, шесть чудес свершились в тот день[794].

358) «И спустился Творец, чтобы увидеть»[793] – это один из тех десяти раз, когда Шхина опускалась на землю[798]. Спрашивается, что же Он мог увидеть, чего не знал ранее? Однако «увидеть» означает – осуществлять высшее управление свойством суда, как сказано: «Увидит вас Всесильный и осудит»[799].

359) «Чтобы увидеть город и башню»[793]. Не сказано «увидеть людей», а сказано «увидеть город и башню». Почему? Однако, в тот час, когда Творец осуществляет высшее управление свойством суда, сначала он осуществляет его на высшей ступени, в корне, а затем – на нижней ступени, в ветви. Сначала – над высшими, а затем – над нижними. И поскольку город и башня достигают небес, т.е. высших миров, высшее управление было осуществлено там вначале, как сказано: «Чтобы увидеть город и башню»[793] – над городом и башней в высших мирах.

360) «Город и башню, которые строили сыны человеческие»[793]. Слова «сыны человеческие (бней адам)» намекают на то, что они были сыновьями Адама, который восстал против своего Владыки и принес смерть миру. Иными словами, они следовали его делам. «Которые строили сыны человеческие» – разумеется, они произвели возведение, хотя и сказали: «Давайте построим», что означает только призыв. Ибо сказали, вызвав строительство наверху, то есть произнесли устами заклинания, которые привели к возведению города и башни.

---

[796] Писания, Даниэль, 1:6.
[797] Пророки, Йешаяу, 29:23.
[798] Трактат Авот рабби Натана, раздел 34.
[799] Тора, Шмот, 5:21.

# Ворота внутреннего двора

361) «Так сказал Творец Всесильный: "Ворота внутреннего двора, обращенные к востоку, будут закрыты в течение шести дней труда, а в день субботний откроются, и в новомесячье откроются"»[800]. В этих словах кроется тайна. Как сказано: «Будут закрыты в течение шести дней труда». Почему они будут закрыты?

362) Но для того и предназначены будни, когда эти ворота будут закрыты – чтобы не пользоваться будничным в святом. «А в день субботний откроются, и в новомесячье откроются», ибо тогда это использование святого в святом. И тогда светит луна, Нуква, чтобы соединиться с солнцем, Зеир Анпином.

Объяснение. Место передачи нижним называется «ворота». А «ворота внутреннего двора» – это место передачи света Хохмы нижним. «Открыты» означает, что передают нижним. «Закрыты» означает, что они защищены от соприкосновения с внешними свойствами. «Будни» – когда у клипот есть возможность присосаться, и (ворота) не защищены от них. «Святость» – когда нет там совершенно никакого присасывания клипот.

И Писание говорит, что «ворота внутреннего двора будут закрыты в течение шести дней труда, а в день субботний откроются». А почему они «будут закрыты в течение шести дней труда»? Чтобы не пользоваться будничным в святом. Чтобы не смешалась ситра ахра со святостью. Поскольку до тех пор, пока есть присасывание клипот, не раскрывается наполнение святости. И лишь в субботу и новомесячье откроются они. Ибо в это время происходит соединение (зивуг) Зеир Анпина и Нуквы, в состоянии святость в святости, ибо ЗОН поднимаются в Абу ве-Иму, которые являются свойством «святость в святости» – и оттуда нет никакого питания для внешних свойств и клипот.

363) Ворота эти не раскрываются в шесть будних дней, поскольку в будние дни получает питание нижний мир, в

---

[800] Пророки, Йехезкель, 46:1. «Так сказал Творец Всесильный: "Ворота внутреннего двора, обращенные к востоку, будут закрыты в течение шести дней труда, а в день субботний откроются, и в новомесячье откроются"».

котором находятся внешние свойства и клипот, и господствуют все эти будние дни, т.е. ситра ахра, над всем миром, за исключением земли Исраэля.

364) И будние дни, господствующие вне земли Исраэля, не господствуют на земле святости, потому что эти ворота закрыты. Однако в субботний день и в новомесячье все они, все клипот, устраняются из мира и не господствуют, так как ворота эти открыты. И мир пребывает в радости и питается оттуда. И мир не передается прочей власти.

Название «земля Исраэля» применяется, в основном, когда ЗОН поднимаются и облачают Абу ве-Иму, и Зеир Анпин называется тогда «Исраэль», а Нуква – «земля Исраэля» или «земля святости». Ибо мохин Абы ве-Имы называются святостью, но не меньший уровень. И тогда, даже «в течение шести дней труда», которые исходят от Зеир Анпина, облаченного на Абу, мохин де-хасадим укрыты от Хохмы, и у будних дней нет там возможности получить питание, т.е. у сил ситры ахра. Поскольку эти «ворота внутреннего двора», которые светят свечением Хохмы, закрыты «чистым кольцом (и́зка да́хья)» от ГАР де-Бины Арих Анпина и светят только хасадим, укрытыми от Хохмы.

«Изка» означает «кольцо», окружающее их вокруг, чтобы не вошло в них свечение Хохмы. «Дахья» означает «чистое», т.е. нет там малейшего недостатка, ведь поскольку оно исходит от ГАР Бины Арих Анпина, несмотря на то, что это хасадим, считается свойством ГАР, как и свет Хохмы. И потому это «кольцо (изка)» прогоняет ситру ахра и силы её, так как ситра ахра бежит от совершенства и может приблизиться лишь к месту недостатка.

«В течение шести дней труда» эти ворота закрыты, т.е. закрыты «чистым кольцом», прогоняющим будние дни – силы ситры ахра. А субботний день и новомесячье, которые исходят от Нуквы, облачающей Иму, – это ИШСУТ, т.е. мохин свечения Хохмы. И об этом сказано: «А в день субботний откроются, и в новомесячье откроются»[800] – потому что эти мохин полностью прогоняют ситру ахра и будние дни из места святости.

И это означает сказанное выше: «Однако в субботний день и в новомесячье все они устраняются из мира и не господствуют, так как ворота эти открыты», потому что эти ворота, открытые для свечения Хохмы, полностью прогоняют внешние свойства из места святости. И потому нет власти у будних дней, у сил ситры ахра, в земле Исраэля, ни в «шесть дней труда», которые исходят от Зеир Анпина, находящегося в месте Абы, ни в субботний день и новомесячье, которые исходят от Нуквы, находящейся в месте Имы. Ни в «шесть дней труда» – так как эти ворота закрыты «чистым кольцом» свойства ГАР Бины Арих Анпина, которое прогоняет внешние свойства, несмотря на то, что они закрыты от Хохмы. И ни в субботний день – так как эти ворота открыты тогда для свечения Хохмы, и при этом совершенно исчезают силы ситры ахра и будних дней. Таким образом, в земле Исраэля будние дни не властвуют ни в субботу, ни в будни.

365) А может быть, все эти шесть дней властвуют сами по себе, ведь если сравнивать получение Зеир Анпина с получением Нуквы – это как ГАР по сравнению с ВАК. И если мохин притягиваются лишь в субботу и новомесячье, т.е. в свойство Нуквы, притягиваются лишь ВАК Хохмы. Но если бы получал мохин также и Зеир Анпин, являющийся шестью днями, то притягивались бы ГАР Хохмы. Известно также, что шесть дней получают от субботнего дня. И в таком случае, можно сказать, что и свечение Хохмы они получают от субботнего дня так, чтобы могли они властвовать в ней сами по себе, без включения в Нукву, т.е. светить в свойстве захар, являющемся ГАР Хохмы.

Ворота «обращенные к востоку»[800] означает, что они обращены к тому, что было раньше, до установления власти клипот. И они всегда были обращены к миру, даже в течение шести дней, но не открывались, – чтобы мир получал питание святости только в субботний день и в новомесячье. Потому и сейчас нельзя, чтобы «шесть дней труда» сами светили свечением Хохмы, ведь у них тогда не будет пропитания от святости, как и до этого. Но все эти дни, т.е. все «шесть дней труда», прикрепляются к субботнему дню и получают питание оттуда. И в субботний день все ворота открыты и наслаждение доступно всем – высшим и нижним. Но шесть дней не смогут светить, если не прилепятся к субботнему дню, потому что им будет недоставать питания, как уже выяснилось.

«И спустился Творец, чтобы увидеть»[793] – спустился из святости в будни посмотреть на то, что они построили и возвели для существования, т.е. на «город и башню», возведенные ими, Хохму и Бину клипы, призванные побудить весь мир служить им.

366) Что же заставило этих безумцев взбунтоваться против Творца, и почему они все как один последовали этому совету? Сказано: «И было, когда двинулись они с востока»[781] – двигались они сверху вниз, когда вышли из земли Исраэля и спустились в Вавилон. Сказали они: «Вот здесь место, чтобы закрепиться». До этого они были в земле Исраэля, где один язык и единые слова, и нет там никакого соприкосновения с внешними свойствами, так как «в течение шести дней труда» ворота закрыты и прогоняют внешние свойства. А в субботний день мохин Хохмы прогоняют внешние свойства из мира.

И потому сыны раздора не могли там ничего сделать, поскольку у них не было места, чтобы закрепиться. И лишь «когда двинулись они с востока», т.е. двинулись из земли Исраэля в Вавилон, за пределы земли, где властвуют будние дни, сказали они: «Здесь место закрепиться и притягивать Хохму сверху вниз, чтобы (мохин) светили также и в шесть дней труда». Ведь здесь нет исправления, при котором внутренние ворота закрыты в шесть дней труда, как в земле Исраэля.

367) «И сделаем себе имя»[787] – тогда помощь снизу соединится в этом месте, за пределами этой земли. Объяснение. На земле Исраэля свечение Хохмы есть только в субботний день, в который запрещена какая-либо помощь снизу. И поэтому запрещено заниматься трудом, так как мохин можно притянуть лишь в свойство нуквы, в которой нет никакой работы. Однако мы «сделаем себе имя» и притянем мохин в свойство захар, в котором возможно пробуждение снизу.

И когда наступит суд, чтобы властвовать в мире, это место будет противостоять ему. Другими словами, с помощью притяжения светов в это место сверху вниз отменяются все суды в мире, и мир наслаждается и питается от этого. Ведь от того, что выше, т.е. от свечений снизу вверх, мир питается недостаточно. И мало того, мы поднимемся к небосводу, и сразимся с ним, чтобы не напускал потопа в мир, как вначале. Ибо парса, которая установилась под Ацилутом, это особое исправление, не дающее притянуть свечение Хохмы сверху вниз. И потому сказали они: «Поднимемся к небосводу и сразимся с ним, чтобы отменить эту границу и притянуть света сверху вниз».

# И сказал Творец: «Ведь один народ»

368) И сказал Творец: «Ведь один народ и речь у всех одна»[801], потому что все они будут действовать как один в единстве, и добьются успеха в делах своих. Поэтому рассеялись ступени, каждая в свою сторону, и потому рассеялись также все эти народы внизу, являющиеся ветвями тех ступеней. Сказано: «И рассеял их Творец оттуда»[802] – т.е. Творец произвел суд над их высшими корнями, а ветви тянутся за ними[803].

369) Так почему же перепутался их язык? Дело в том, что когда все говорили на языке святости, язык помогал им в заклинаниях, которые они посылали высшим ступеням, потому что от действия и речения уст зависит то, что необходимо для достижения намерения сердца. И силой этого намерения они поддерживали и укрепляли то место, которое желали воздвигнуть.

Своими заклинаниями они добавляли силы ангелам, которых просили. И по мере добавления сил высшим ангелам, удостаивались их также и заклинающие, поскольку они их вызвали. Однако всё это – только в том случае, когда заклинания производятся на языке святости, поскольку при этом укрепляется намерение сердца, и ангелы нуждаются в нем.

370) И потому перепутался их язык, и не могли больше придать силы своему намерению с помощью языка святости. И поскольку изменился их язык, они также не достигали успеха в делах своих, так как высшие силы не понимают и не признают ничего, кроме святого языка. Поэтому, когда смешался их язык, ослабла их сила и разбилась их мощь. Иными словами, смешение языка ослабило их силу внизу, чтобы не могли направить сердце свое, а также разбило их мощь наверху.

371) Заклинание, произносимое нижними на языке святости, знают все небесные воинства и усиливаются с помощью

---

[801] Тора, Берешит, 11:6. «И сказал Творец: "Ведь один народ и речь у всех одна, а вот что затеяли; и теперь не будет для них ничего невозможного – что бы они ни вздумали делать"».
[802] Тора, Берешит, 11:9. «И рассеял Творец их оттуда по всей земле, и перестали они строить город».
[803] См. выше, п. 359.

него, т.е. получают дополнительную силу. А другого языка они не понимают и не признают. И потому, когда смешался их язык, они сразу же перестали строить город, потому что разбилась их сила, и не могли больше совершать что-либо своим намерением.

372) Да будет имя Творца благословенно во веки веков. Мудрость (Хохма) и сила (Гвура) – Ему принадлежат. И поэтому, когда Творец опустил тайны мудрости в мир, испортило это людей и захотели соперничать с Ним.

373) Дал высшую мудрость Адаму Ришону, и благодаря этой мудрости, которая раскрылась ему, он познавал ступени. И он примкнул к злому началу, пока не ушли от него источники мудрости. А потом вернулся к своему Владыке, и снова раскрылись ему ступени – частично, не так, как в начале. А затем, с помощью книги, которую дал ему ангел Разиэль, он познавал мудрости. А потом появились потомки Адама и стали грешить пред Творцом, пользуясь этими мудростями.

374) Дал мудрость Ноаху, и он работал с ней для Творца, а затем «выпил вина, и опьянел, и обнажился»[804]. Дал мудрость Аврааму, и он работал с ней для Творца, а потом произошел от него Ишмаэль, прогневавший Творца. И то же самое с Ицхаком – от него произошел Эсав. Яаков – женился на двух сестрах.

375) Дал мудрость Моше, о котором сказано: «Во всем доме Моем доверенный он»[805]. И не было человека, верного на всех ступенях, подобно Моше, сердце которого не отклонилось в силу вожделения к какой-либо из них, но держался он в высшей вере как подобает.

376) Дал высшую мудрость царю Шломо, и после этого сказано: «Речение мужа к Итиэлю, к Итиэлю и Ухалю»[806]. Сказал Шломо: «Со мною Творец (ити Эль), и мудрость – Ему принадлежит. И смогу (ухáль) выполнить свое желание и не потерплю неудачу». Иными словами, хотя сказано в Торе:

---
[804] Тора, Берешит, 9:21.
[805] Тора, Бемидбар, 12:7.
[806] Писания, Притчи, 30:1.

«Пускай не преумножает себе жен, дабы не развратилось сердце его»[807], – я преумножу, и не развратится сердце мое, ибо со мною Творец, и Он дал мне Свою мудрость. А потом сказано: «И поставил Творец противника против Шломо»[808], так как жены совратили сердце его к старости, – и наказал его.

377) С помощью ничтожной мудрости, оставшейся поколению раздора от мудрости основателей ее, они бросили вызов Творцу, и строили башню, и делали всё, что делали, пока не рассеялись по поверхности земли, и больше не осталось в них мудрости, чтобы делать что-то.

378) Однако в будущем Творец пробудит мудрость в мире, и будут служить Ему с помощью ее, как сказано: «И дух Мой вложу в вас, и сделаю»[809], – не как первые, которые уничтожили вместе с ней мир, а «сделаю так, что законам Моим следовать будете и уставы Мои соблюдать будете и выполните»[809].

379) «Ибо Творец Всесильный твой прохаживается (миталех מתהלך)»[810] Разве не надо было сказать «проходит (меалех מהלך)»? Однако сказано: «Расходящийся по саду с наступлением дня»[811]. «По саду» – речь идет о дереве, от которого вкусил Адам Ришон, т.е. о Нукве, Древе познания. Слово «расходящийся (миталех מתהלך)» указывает на свойство нуквы (женское), «проходит (меалех מהלך)» – на свойство захар (мужское).

380) И именно Нуква шла перед сыновьями Исраэля, когда шли по пустыне, как сказано: «И Творец (ве-АВАЯ) шел перед ними днем»[812]. «И Творец (ве-АВАЯ)» означает – Он и Его

---

[807] Тора, Дварим, 17:17.
[808] Пророки, Мелахим 1, 11:14. «И поставил Творец противника против Шломо, Адада эдоменянина из потомков царя в Эдоме».
[809] Пророки, Йехезкель, 36:27. «И дух Мой вложу в вас, и сделаю так, что законам Моим следовать будете и уставы Мои соблюдать будете и выполните».
[810] Тора, Дварим, 23:15. «Ибо Творец Всесильный твой прохаживается среди стана твоего, чтобы спасать тебя и низлагать врагов твоих перед тобой. И будут станы твои святостью, и не увидит у тебя срамного и снова будет позади тебя».
[811] Тора, Берешит, 3:8. «И услышали голос Творца Всесильного, расходящийся по саду с наступлением дня, и спрятался Адам и жена его от Творца Всесильного среди деревьев сада».
[812] Тора, Шмот, 13:21.

суд, Нуква[813]. И так же идет перед человеком, когда тот идет по пути, как сказано: «Справедливость пред ним пойдет»[814]. Справедливость – это Нуква. И так она идет перед человеком, когда он удостаивается, «спасать тебя и низлагать врагов твоих перед тобой»[810] – спасать человека в пути, и тогда не будет властвовать в нем нечистая сторона.

381) И потому человек должен остерегаться грехов своих и очищать себя. Что значит «чистота»? Это как сказано: «И будут станы твои святостью»[810]. Что значит «святостью» – ведь следовало сказать «святыми», во множественном числе? Но «будут станы твои святостью» – это органы тела, благодаря которым тело объединяется и исправляется. И потому говорится о нем: «И будут станы твои святостью, и не увидит у тебя срамного»[810].

382) Что значит «срамное»? Это кровосмешение, которое отвратительно Творцу более всего. Сказано: «И не увидит у тебя ничего срамного». Почему добавлено «ничего (давар)»? Но это грешники мира порочат и оскверняют себя словами (дварим), которые извлекают из уст своих, т.е. сквернословят. И об этом сказано: «ничего срамного», и в связи с этим Зоар разъясняет нам, что «чистота» – это когда человек оберегает себя от срамных вещей и оберегает уста свои от произнесения срамного слова.

383) Почему же Тора настолько строга? Потому что Он, т.е. Шхина, идет перед тобою. А если ты совершаешь подобное вышесказанному, сразу же снова оказывается позади тебя, ибо не пойдет с тобой «и снова будет позади тебя»[810]. И вот мы идем перед Ним, перед Шхиной, в пути будем заниматься словами Торы, потому что Тора становится венцом над головой человека, занимающегося ею, и Шхина не уходит от него.

384) «И сказал Творец: "Ведь один народ и речь у всех одна"»[801]. «И было: двигаясь с востока, они нашли долину»[815]. «С востока» (кедэм) – значит от Предвечного (кадмон). «Нашли», значит отыскали находку из тайн мудрости первых, которые были отвергнуты в поколении потопа. И с этой мудро-

---

[813] См. выше, п. 112.
[814] Писания, Псалмы, 85:14.
[815] Тора, Берешит, 11:2. «И было: двигаясь с востока, они нашли долину в земле Шинар и поселились там».

стью, которую нашли, пытались проделать совершаемую работу с целью воспротивиться Творцу. И произносили устами своими клятвы высшим правителям и проделывали работу – строительство города и башни.

385) «Ведь один народ и речь у всех одна»[801]. И поскольку они в едином сердце и едином желании и говорят на святом языке, то «теперь не будет для них ничего невозможного – что бы они ни вздумали делать»[801], и никто не сумеет предотвратить их деяния. «Но, – сказал Творец, – Я сделаю так: смешаю ступени наверху и язык их внизу, и тогда будет сорвана их работа».

386) Поскольку сердце и желание их были едины и говорили они на святом языке, сказано: «Не будет для них ничего невозможного – что бы они ни вздумали делать»[801], и высший суд не сможет властвовать над ними.

Мы или товарищи, которые занимаются Торой, ведь сердце наше едино и желание едино, и для нас тем более не будет невозможного в том, что мы пожелаем сделать.

387) Отсюда становится ясным, что любым зачинщикам раздора – нет существования. Ведь всё то время, пока сердца и желания жителей мира находятся в единстве между собой, хотя и восстают против Творца, не будет властен над ними высший суд, как это случилось в поколении раздора. Но после того, как разделились, сразу же сказано о них: «И рассеял их Творец оттуда». Потому-то зачинщикам раздора – нет существования.

388) Таким образом, всё зависит от произносимого устами. Ведь как только смешался их язык – сразу же «рассеял Творец их оттуда»[802]. Однако на будущее сказано: «И тогда Я сделаю этот язык понятным для всех народов, чтобы все призывали имя Творца и служили Ему вместе»[816]. «И будет Творец царем над всей землей, в этот день будет Творец един, и имя Его – едино»[817].

---

[816] Пророки, Цефания, 3:9.
[817] Пророки, Зехария, 14:9.

Выражаем огромную благодарность группе энтузиастов из разных стран мира, выступивших с инициативой сбора средств для реализации этого проекта.

Спонсоры и инициаторы:

Сергей Лунёв, Вадим Плинер - *Канада*

Максим Голдобин, Константин Фарбирович - *Россия*

Николай Полудённый, Александр Зайцев,

Александр Каунов, Сергей Каунов, Евгений Сачли,

Андрей Нищук, Михаил Плющенко - *Украина*

Идея:
Максим Маркин - *Украина*

Сайт спонсоров проекта:
http://zoar-sulam-rus.org/

Под редакцией президента института
ARI проф. М. Лайтмана

Руководители проекта: Г. Каплан, П. Ярославский

Перевод: Г. Каплан, М. Палатник, О. Ицексон

Редактор: А. Ицексон

Технический директор: М. Бруштейн

Дизайн и вёрстка: А. Мухин

Корректор: П. Календарев

Благодарность

Э. Винер, Н. Винокур, И. Каплан, Р. Каплан, Л. Гойман,
И. Лупашко, Р. Марголин, Э. Агапов, А. Каган, З. Куцина
за помощь в работе над книгой.

## Видеопортал Zoar.tv

Видеопортал Зоар.ТВ располагает уникальным контентом в виде бесплатных видео материалов, видеоклипов, ТВ онлайн, добрых фильмов онлайн, музыки.

http://www.zoar.tv/

## Курсы обучения

Миллионы учеников во всем мире изучают науку Каббала.

Выберите удобный для вас способ обучения на сайте:

http://www.kabacademy.com/

## Книжный магазин

РОССИЯ, СТРАНЫ СНГ И БАЛТИИ

http://kbooks.ru

АМЕРИКА, АВСТРАЛИЯ, АЗИЯ

http://www.kabbalahbooks.info

ЕВРОПА, АФРИКА, БЛИЖНИЙ ВОСТОК

http://www.kab.co.il/books/rus

www.ingramcontent.com/pod-product-compliance
Lightning Source LLC
LaVergne TN
LVHW081535070526
838199LV00006B/364